Harun al Raschid ist die größte Herrschergestalt der arabischen Geschichte. Die Erzählungen aus »Tausendundeine Nacht«, in denen er als Idealbild des weisen und gerechten Kalifen auftritt, haben ihn unsterblich gemacht.

In seiner meisterhaften Biographie zeichnet ANDRÉ CLOT, gestützt auf reiche Quellen, ein faszinierendes Lebensbild dieses epochalen Herrschers, der es mit Klugheit verstand, ein Weltreich aufzubauen und zu bewahren. Der Autor nimmt uns mit in die pulsierende Weltstadt Bagdad, führt uns ein in die geheimnisvolle Atmosphäre eines orientalischen Hofs, reich an Glanz und an Intrigen, schildert aber ebenso anschaulich das arabische »Wirtschaftswunder«, gegründet auf den weltweiten Handel mit erlesenen Textilien und anderen begehrten Luxuswaren, und macht uns vertraut mit der bewundernswerten Kultur und Gelehrsamkeit der Araber, die hierin zu Lehrmeistern Europas wurden. Der folgenreiche Dialog zwischen islamischer und abendländischer Welt wurde maßgeblich durch die lebhaften diplomatischen Kontakte zwischen Harun al Raschid und seinem Zeitgenossen Karl dem Großen vorbereitet.

ARTEMIS & WINKLER

André Clot
Harun al-Raschid

André Clot

Harun al-Raschid

Kalif von Bagdad

Artemis & Winkler

Aus dem Französischen übertragen von Sylvia Höfer.
Mit einem Glossar von Heinz Halm.
Bibliographische Nachträge: Ulrich Mattejiet.
Titel der Originalausgabe:
Haroun al-Rachid et le temps de Mille et Une Nuits

Die Deutsche Bibliothek – CIP-Einheitsaufnahme
Ein Titeldatensatz für diese Publikation ist bei
Der Deutschen Bibliothek erhältlich.

Neuausgabe 2001

Umschlagmotiv: »Harun al-Raschid empfängt die Gesandtschaft
Karls des Großen, 786«, Gemälde von Julius Köckert, 1864, © AKG Berlin
Umschlaggestaltung: Groothuis & Consorten, Hamburg
Druck und Bindung: Friedrich Pustet, Regensburg
ISBN 3-538-07125-x
www.patmos.de

Inhaltsverzeichnis

1. Kapitel

Allahs Reiter

Eine Religion, die von einem Propheten
oder einem Prediger der Wahrheit verkündet wird,
ist das einzige Fundament, auf dem sich ein großes
und mächtiges Reich errichten läßt.
Ibn Khaldun

Am 8. Juni 632 (13. Rabi I) starb Mohammed in Medina, kurz nachdem er zum ersten Male an der Wallfahrt nach Mekka teilgenommen hatte. Er hinterließ keinen männlichen Erben und hatte keine Vorkehrungen für seine Nachfolge getroffen. Die Araber, denen der Begriff erblicher Macht völlig fremd war, hätten einen Sohn von ihm auch gar nicht akzeptiert. So kam es in der Folge zu einer Auseinandersetzung zwischen den Gefährten von Medina und Mekka. Die Krise wurde dank der Klugheit von Abu Bakr und Omar gelöst, zwei von jenen Männern, die dem Propheten am nächsten gestanden hatten. Ali, Mohammeds Schwiegersohn und Vetter, hatte sich nicht durchsetzen können. Nun also übernahm Abu Bakr das Amt des Kalifen und wurde *khalifat al-rasul*, »Stellvertreter des Gesandten Gottes«. Diese »Wahl«, die die ersten Anhänger Mohammeds beinahe veranlaßt hätte, mit Waffengewalt aufeinander loszugehen, war eine ernste Warnung für die Zukunft. Als Abu Bakr zwei Jahre später sein Ende nahen fühlte, bestimmte er selbst Omar zu seinem Nachfolger, und dieser kam an die Macht, ohne auf irgendeinen Widerstand zu stoßen.

Die vernichtenden Reiterstürme aus der Wüste

Abu Bakr, der erste Kalif, hatte die arabischen Stämme zur Eroberung der nördlichen Provinzen Arabiens angetrieben. Nach ihm sollte Omar, der tatkräftigste und brillanteste der *raschidun*-Kalifen[1], den Einflußbereich der islamischen Lehre in Blitzesschnelle ausdehnen: 634 werden die Byzantiner bei Adschnadain in Palästina besiegt. Im darauffolgenden Jahr wird Damaskus erobert, und der Sieg am Yarmuk bringt ganz Syrien unter arabische Herrschaft. Nach den Schlachten von Qadisiya in Mesopotamien und von Nehavend in Iran zerfällt das Sasanidenreich. Seine Hauptstadt, Ktesiphon, wird besetzt, danach ganz Mesopotamien sowie West- und Zentralpersien. Yazdigird III., der Herrscher des Reiches, flüchtet nach Khorasan und wird 651 in Merv ermordert. 638 erobert Omar Jerusalem und im darauffolgenden Jahr Edessa. Ägypten leistet keinen Widerstand mehr. Die Byzantiner, die es 628 von den Sasaniden zurückerobert hatten, werden von Amr ibn al-As, einem der größten arabischen Heerführer, zuerst bei Heliopolis, dann bei Babylon in Ägypten (nahe dem heutigen Kairo) geschlagen. Alexandria wird 646 endgültig besetzt. Um 650 ist die erste Phase der arabischen Eroberung abgeschlossen. Sie wird bald in westlicher Richtung fortgesetzt und stößt dabei auf keinen Widerstand mehr.

In vielen Gebieten des durch religiöse Streitigkeiten zerrissenen Reiches des Basileus war die byzantinische Zentralgewalt verhaßt. Aramäer und Kopten, die dem Monophysitismus anhingen, bildeten eine regelrechte Kirche. Ein Versuch, den Monotheletismus durchzusetzen, hatte Orthodoxe und Heterodoxe, die sich beide auf ihre doktrinären Positionen versteift hatten, empört. Die Juden, die durch ein Edikt des Kaisers Herakleios zur Taufe gezwungen werden sollten, waren erbittert, und die aus dem Reich verbannten Nestorianer hatten sich auf sasanidisches Gebiet flüchten müssen. Die übergroße Mehrheit dieser Bevölkerungsteile akzeptierte nun die neuen Herren widerspruchslos, zumal diese ihre Steuerlasten minderten.

Das in völlige Anarchie abgesunkene Sasanidenreich seinerseits war am Ende seiner Kräfte angelangt. Der Eroberungskrieg, bei dem die Heere Khosraus II. bis vor die Tore Konstantinopels und Jerusalems gezogen waren, hatte eine verheerende Wende genommen. Die offizielle – *mazdäische* oder *zoroastrische* – Kirche verfolgte die Häretiker, und die aufgebrachte und zermürbte Bevölkerung war bereit, den erstbesten »Befreier« willkommen zu heißen.

Verglichen mit dem gespaltenen, entkräfteten Sasanidenreich wirkten die Araber wie die Jugend der Welt. Sie verfügten weder über eine revolutionäre Taktik noch über neue Waffen, sondern wurden von einer Begeisterung getragen, die sich aus einem unerschütterlichen religiösen Glauben speiste; zudem lockte reiche Beute. Die leichten Truppen waren an lange Entbehrungen und die härtesten klimatischen Bedingungen gewöhnt. Sehr oft schlugen die neuen Besatzer ihr Lager außerhalb bereits bestehender Siedlungen auf und legten so den Grundstein für neue Städte, wie etwa im Fall von Kufa und Basra im Irak und Fustat in Ägypten. Sie versuchten weder, die einheimische Bevölkerung zu bekehren, noch, ihr neue Beschränkungen aufzuerlegen. Christen aller Richtungen, Juden und Mazdäer durften gegen Zahlung einer Steuer, der *dschizya,* ihre Religion ausüben und sich nach Belieben organisieren. Die Vorsteher der nichtmuslimischen Gemeinschaften, der *dhimmi* – die Bischöfe in den christlichen Ländern und die *dihqan* oder Dorfnotabeln im Iran –, zogen die Steuern im Auftrag des *wali* ein, des Herrschers über die von der muslimischen Obrigkeit geschaffene Provinz. Das Land blieb in den Händen seiner Besitzer, die dafür eine Abgabe, den *kharadsch,* zu entrichten hatten.

Doch schon bald sollte sich unter den Muslimen Dramatisches ereignen. Am 16. Juni 656 wurde in Medina der dritte Kalif, Othman, ein Omayyade, ermordet. Daraufhin wurde Ali Kalif. Er, der Vetter des Propheten und Ehemann von dessen Tochter Fatima, hatte höchstwahrscheinlich nichts mit der Ermordung Othmans zu tun, und die Mehrheit der anwesenden Persönlichkeiten stimmte seiner Wahl nicht nur wegen seiner engen Verwandtschaft mit Mohammed zu, sondern auch weil sie seine unerschütterliche Frömmigkeit und seinen Willen, unter allen Umständen Gottes Gesetz anzuwenden, kannten. Doch ehe die Omayyaden und ihre Parteigänger Medina verließen, beschuldigten sie den neuen Kalifen, ein Königsmörder zu sein, und forderten ihn auf, die Schuldigen zu bestrafen. Mit einer als durchschnittlich beschriebenen Intelligenz und eher mit Tapferkeit als mit Geschicklichkeit begabt, verstand Ali es nicht, sich gegen die Vorwürfe zur Wehr zu setzen, die gegen ihn erhoben wurden. Zum ersten Mal kam es innerhalb der Gemeinschaft der Gläubigen zur Spaltung, und diese Spaltung sollte nie mehr überwunden werden. Vielmehr sollte sich die *shi'a* (die Partei Alis) ausbreiten und mitunter eine Abkehr von der *sunna* darstellen, jener Tradition also, die die islamischen Gelehrten im 8. und 9. Jahrhundert in Anlehnung an die Worte und Taten des Propheten festschrieben.

Einige Monate nach seiner Ernennung zum Kalifen verließ Ali Medina, das nie wieder Hauptstadt des Islam werden sollte, und ging zuerst nach Kufa, dann nach Basra. Eine erste Konfrontation mit seinen Gegnern in der sogenannten Kamelschlacht, an der auch A'ischa, Mohammeds Witwe, auf einem Kamel reitend teilnahm, endete mit der Flucht von Alis Gegnern. Gleichwohl blieb Mu'awiya, ein Mitglied der Familie der Omayyaden und von Othman zum Gouverneur von Syrien ernannt, bei seiner Forderung nach Rache. Da er an der Spitze einer reichen Provinz und einer schlagkräftigen Armee stand, hatte er im Vergleich zu Ali eine starke Position. Alis Stellung erfuhr mit der Schlacht bei Siffin (657) am Euphrat eine weitere Schwächung. Damals hefteten die Syrer, deren Truppen unentschieden waren, Blätter aus dem Koran an die Spitzen ihrer Lanzen, um damit zu zeigen, daß allein das Urteil Gottes, das heißt des Heiligen Buches, diesem Kampf unter Muslimen ein Ende setzen könne. Das Urteil fiel zu

Alis Ungunsten aus. Daraufhin sagte sich eine Gruppe seiner Anhänger von ihm los. Diese sogenannten Kharidschiten oder »Die, die ausgehen« sollten eine bleibende Kraft in der Geschichte des Islam darstellen. Während Mu'awiyas Truppen vorrückten, beging Ali, der die Entscheidung der Schiedsrichter zurückwies, den Fehler, das Schicksal der Kharidschiten mit Gewalt lösen zu wollen. Das Blutbad, das er unter ihnen anrichtete, sollte ihn das Leben kosten. Ein Kharidschit, der seine Brüder rächen wollte, ermordete ihn vor dem Portal der Moschee von Kufa mit einem in Gift getauchten Schwert (661). Unterdessen hatte Mu'awiya Ägypten und darauf den Hidschas erobert und war nun alleiniger Kalif.

Die Ära der *raschidun*-Kalifen war zu Ende, und es begann die der Omayyaden[2]. Die rudimentäre Organisation der ersten Jahre wurde durch ein regelrechtes Reich abgelöst, das zunächst einer weniger arabischen als vielmehr persischen und vor allem byzantinischen Verwaltung unterstellt war. Der neue Staat, dessen Zentrum Damaskus hieß, führte mit einem großenteils von den Griechen übernommenen Beamtenstab (Mu'awiya wählte für sich selbst einen christlichen Sekretär aus) das dynastische Prinzip ein und knüpfte an die verschiedenen, bereits bestehenden Traditionen an, wobei er sich auf die *mawali,* die zum Islam bekehrten Einheimischen, stützte. Damit verärgerte er die Muslime der ersten Stunde, welche in diesem Staat, der in die Hände von »neuen Männern« übergegangen war, weder die Traditionen des Propheten noch das religiöse Ideal wiedererkannten, für das sie gekämpft hatten. Die Omayyadenherrschaft sollte nicht einmal ein Jahrhundert Bestand haben. Doch in dieser Zeit gelang es den großen Ommayyadenkalifen – Mu'awiya selbst, Abd al-Malik und Hischam –, eines der mächtigsten Reiche zu errichten, das die Menschheit je gekannt hat, und die riesigen Gebiete südlich des Mittelmeeres und im fernen Orient zu erobern, die auf Dauer muslimisch bleiben sollten.

Die Gebetshalle der Großen Moschee in Damaskus, 706–714/715, Hauptwerk der Baukunst des Omayyadenreiches.

Die Omayyaden bedrohten mehrmals Konstantinopel. Vor allem aber besetzten sie innerhalb weniger Jahre die gesamte iranische Hochebene, wo sich Tausende von arabischen Familien niederließen. Nachdem sie den Oxus (heute Amu Darya) überquert hatten, nahmen sie Herat, Kabul und Balkh in Besitz, und im Jahr 710 auch Buchara und Samarkand. Qutaiba, ein arabischer General, den die Chronisten als einen »genialen Strategen« bezeichnen, führte die omayyadischen Fahnen bis nach Ferghana und Kaschgar in Chinesisch-Turkestan. 751 erlangten die Araber durch den Sieg, den sie am Talas über die Chinesen davontrugen, die Oberhoheit über die zwischen dem iranischen Hochland und Tien-Schan gelegenen Regionen. Noch weiter nach Osten sollten sie nicht vordringen. Im Süden waren die Truppen des Kalifen bereits 712 das Industal hinaufgezogen und hatten die Stadt Multan eingenommen.

Zur gleichen Zeit stießen aber arabische Einheiten nach Westen und nach Nordafrika vor. Nachdem die Araber 670 Kairuan gegründet hatten, gelangten sie nach Tlemcen und schließlich bis zum Atlantik. 710 unterwarfen sie die Stämme des mittleren und westlichen Maghreb. So ging das byzantinische Afrika unter, während ein Berber namens Tarik ibn Ziyad mit 7000 Mann die Meerenge überquerte, die später seinen Namen tragen sollte: Dschebel Tarik, der Berg Tariks oder Gibraltar. Tarik lieferte dem Westgotenkönig Roderich eine für das Schicksal der Halbinsel entscheidende Schlacht. Córdoba und Toledo fielen, darauf auch die anderen größeren Städte. 720 waren weite Teile Spaniens muslimisch beherrscht.

Der Islam sollte sich in Afrika und Asien noch weiter ausdehnen. In weniger als einem Jahrhundert jedoch sollte die Bekehrung abgeschlossen sein, und die *raschidun*-Kalifen und die Omayyaden sollten die mächtigen Grundlagen für ein riesiges islamisches Reich geschaffen haben.

Die Revolution der Rache

Die Geschichte des Islam kennt außer der Nacht, in der Mohammed Allahs Befehl vernahm, die Einheit Gottes zu verkünden, kein anderes so folgenschweres Datum wie das der grausamen Ermordung Alis in Kufa. Einige Jahre später, am 10. Oktober 680, sollte in Kerbela im Irak Alis Sohn Husain durch die Hand omayyadischer Soldaten ein ebenso tragisches Ende finden. Beide waren keine herausragenden Persönlichkeiten, wurden aber wegen ihrer Frömmigkeit und ihrer Treue zum Erbe des Propheten geschätzt, obschon sie sich politisch als nur mäßig begabt erwiesen. Ihr tragisches Ende sollte dem Islam eine Wunde schlagen, die sich nie mehr schließen ließ: Das Attentat von Kufa und das Drama von Kerbela führten zur bleibenden Spaltung der Gläubigen. Beide Ereignisse sollten dem Schiitentum – der Partei Alis – von Anfang an einen Anstrich von mystischem Messianismus und von Leidenschaft verleihen, der über die Jahrhunderte erhalten blieb und bis heute fortbesteht.

Nach vielen Umschwüngen und Komplotten sollte der Haß auf die Omayyaden, denen das Martyrium der beiden Abkömmlinge des Propheten, der von Gott für alle Ewigkeit[3] erwählten Imame, angelastet wurde, schließlich im Sturz der Dynastie gipfeln. In den Augen der Parteigänger Alis war es ihre Schuld, daß die Religion zu politischen und persönlichen Zwecken mißbraucht worden war und daß die beiden am meisten verehrten Mitglieder der Familie Mohammeds einen gewaltsamen Tod erlitten hatten.

Fast unmittelbar nach Kerbela schlossen sich Einwohner von Kufa, die sich Vorwürfe machten, weil sie die Ermordung Alis nicht hatten verhindern können, zu einer Gruppe zusammen, um die Verantwortlichen zu bestrafen. Mit dem Ruf: »Auf, laßt uns Husains Blut rächen!«, nahm eine tausend Mann starke Schar einen selbstmörderischen Kampf gegen die omayyadischen Einheiten auf und wurde niedergeworfen. Einige Monate später brach ein neuer, weit größerer und besser organisierter Aufstand aus, dessen treibende Kraft eine geheimnisvolle Persönlichkeit namens Mukhtar war. Sein Ziel war es, den Omayyaden die Macht zu entreißen, um sie wieder in die Hände der Nachkommen des Propheten in der Abstammungslinie Alis zu legen. Mukhtar, den die Stammesaristokratie verdächtigte, sich mit den *mawali* verbünden zu wollen, wurde 687 ermordet.

Eine vom selben Rachegeist beseelte neue Verschwörung, die

im Namen der Abkömmlinge von Abbas[4], dem Onkel des Propheten, handelte, wurde ebenfalls in Kufa angezettelt und blieb siegreich. Sie nahm ihren Ausgang in Iran, in Khorasan, wohin etwa 250 000 Araber irakischer Herkunft unter der Führung von Abu Muslim eingewandert waren. Dieser Mann – wahrscheinlich der Sohn eines zum Islam bekehrten Iraners – war eine starke Persönlichkeit und ein geborener Verschwörer. Er sollte die Revolution organisieren und zum Sieg führen. Aus dem anfänglich kleinen Häuflein wurden dann mehr als 100 000 Mann – muslimische Araber, aber auch zoroastrische und mazdäische Iraner, die schon bald der schwarzen Fahne[5] des Emirs aus der Familie des Propheten folgten. Feuer, die von Dorf zu Dorf entzündet wurden, kündeten vom Beginn des Aufstandes. 747 wurde Merv, die Hauptstadt von Khorasan, eingenommen. Dann folgte Nischapur. Kurze Zeit später vernichteten die Anhänger Abu Muslims eine omayyadische Armee, eroberten am 2. September 749 Kufa und riefen darauf Abu l-Abbas zum *amir al-mu'minin,* zum Befehlshaber der Gläubigen und Kalifen des Islam, aus. Doch der erste Abbasidenkalif, der unter dem Namen al-Saffah[6] bekannt ist, sollte nur wenige Jahre regieren.

Es galt noch, über das Schicksal Marwans, des Kalifen von Damaskus, zu entscheiden. Seine Armeen waren eine nach der anderen besiegt worden, und seine Generäle hatten seinen Gegnern bis dahin ganz alleine die Stirn bieten müssen. Doch nach der Niederlage seines Sohnes beim Kleinen Zab, in der Dschazira, zog er selbst in den Kampf und lieferte Abdallah ibn Ali, einem Onkel Saffahs, beim Großen Zab ein Gefecht. Als Besiegter erreichte der letzte der Omayyaden von Syrien Damaskus, dessen Bewohner ihm jedoch den Einzug verwehrten. Er floh von Land zu Land und wurde bis nach Ägypten verfolgt, wo er in einem Hinterhalt den Tod fand.

Saffah war nun der Herr des Vorderen Orients. Um jedes Risiko einer Propaganda zugunsten der Omayyaden auszuschalten, ließ er die Mitglieder der verhaßten Familie im ganzen Reich suchen, um sie auszurotten. Er befahl sogar, die Leichen der Omayyadenkalifen zu exhumieren, zu verbrennen und ihre Asche in den Wind zu streuen. Der Geschichtsschreiber Tabari erzählt, daß Saffah, nachdem er die letzten Überlebenden aufgespürt hatte, »diese niedermetzeln ließ, dann über ihre Leichen eine lederne Decke ausbreiten ließ, auf der für jene ein Mahl aufgetragen wurde, die dieser Szene beiwohnten, und sie speisten, während die Opfer noch röchelten und ihr Leben aushauchten.«[7]

Ein einziger Omayyadenprinz entging den Metzeleien der Abbasiden: Abd al-Rahman ibn Mu'awiya, der Enkel des Kalifen Hischam. Nach vierjährigen Wanderungen durch Palästina und Nordafrika, wo er dank seiner berberischen Herkunft Zuflucht fand, überquerte er die Straße von Gibraltar, um sich einer Gruppe von *mawali* anzuschließen, die den Omayyaden nahestanden. Im Herbst 756 wurde er in der Großen Moschee von Córdoba zum *amir al-Andalus* ausgerufen. Damit schlug die Geburtsstunde der Dynastie der Omayyaden von Spanien, die fast dreihundert Jahre lang an der Macht bleiben sollte.

Saffah scheint keine herausragende Persönlichkeit gewesen zu sein. Die Worte, die er am Tag seiner Inthronisation aussprach, ließen allerdings keinen Zweifel an seiner und der Abbasiden Entschlossenheit, die soeben erlangte Macht zu behalten. »Nehmt mit dankbarem Sinn an, was ihr empfangen habt«, soll er zu den Bewohnern von Kufa gesagt haben. »Gehorcht uns und täuscht euch nicht über die Lage, in der ihr euch gegenwärtig befindet, denn das ist unsere Sache.«[8] Deutlicher hätte man es kaum ausdrücken können: Die Herrschaft der Syrer war für immer zu Ende, die Omayyaden endgültig vertrieben und die Legitimität der Abbasiden bestätigt. »Dies war eine Revolution in der Geschichte des Islam, welche eine ebenso entscheidende Wende herbeiführte wie die Französische und die Russische Revolution in der Geschichte des Abendlandes.«[9]

Die Abbasiden etablierten sich fest im Irak und verließen Syrien, das durch die Anwesenheit der Omayyaden befleckt war. Sie gaben Damaskus, das traditionelle Zentrum der Staaten des Vorderen Orients, auf, um sich im südlichen Mesopotamien niederzulassen, und zwar zunächst in der Nähe von Kufa, und etwas später dann im Norden, in Anbar, das bis zur Gründung Bagdads, zehn Jahre später, Hauptstadt des Reiches blieb.

Dieser Rückzug nach Süden war in mehrfacher Hinsicht bedeutungsvoll. Die neue Dynastie gab zwar den Mittelmeerraum nicht auf, sollte künftig aber ihr Augenmerk immer mehr nach Osten, auf Persien, Indien, ja selbst auf das fernste Asien richten. Der Einfluß der Griechen und Byzantiner schwand dahin, und der Staat der Kalifen entwickelte sich zu einem echten vorderorientalischen Reich.

Die arabische Dynastie der Abbasiden stützte sich auf die Araber; ihre Sprache und ihre Zivilisation waren arabisch, und die höheren Ämter zum größten Teil mit Arabern besetzt. Die Abbasiden verfügten über zwei absolut verläßliche Kräfte, nämlich die Armee von Khorasan und die Familie der Nachkommen des Abbas. Die Armee bestand aus den ergebenen, opferbereiten, unbestechlichen und gehorsamen Männern, die sie an die Macht gebracht hatten und die sie in allen kritischen Augenblicken verteidigen sollten. Sie wurden über Stammeszentren verteilt, in den sensiblen Gebieten wie Syrien und Nordafrika stationiert. Sie erfreuten sich der Gunst des Regimes, erhielten innerhalb von Bagdad Grund und Boden zugeteilt und sollten seine schnelle Eingreiftruppe bleiben, bis sie, hundert Jahre später, von den Türken verdrängt wurden.

Die Familie der Nachkommen des Abbas ließ den ersten Kalifen, namentlich Harun al-Raschid, die Unterstützung zuteil werden, die es ihnen erlauben sollte, das Reich auch in schweren Zeiten zusammenzuhalten. Loyal um ihren Führer geschart, genossen sie aufgrund ihrer Abstammung vom Propheten ein unvergleichliches Ansehen. Diese Familie war groß genug, um selbst wichtige Ämter mit ihren Mitgliedern zu besetzen. So wurden sieben Onkel Saffahs mit Gouverneursposten in den westlichen Provinzen des Reiches betraut.

Doch die Abbasiden mußten noch erleben, wie ihnen der Osten entglitt: Abu Muslim, der absolute Herrscher über Khorasan, regierte dort jetzt als Vizekönig. Daß die Abbasiden ihm ihre Macht verdankten, war ein unerträglicher Gedanke für Saffah und sicherlich noch mehr für seinen Bruder Dscha'far, der zu ihm gesagt haben soll: »Er ist ein Riese unter Riesen, und solange er lebt, wirst du deines Lebens nicht froh sein können.«

754 starb Saffah, und sein Bruder Dscha'far trat unter dem Namen al-Mansur seine Nachfolge an. Da erhob sich der Statthalter von Syrien, Abdallah Ali, gegen den neuen Kalifen und behauptete, er – Saffahs Onkel – hätte diesem nachfolgen müssen. Abu Muslim warf die Rebellion nieder und erwies damit den Abbasiden einen letzten Dienst. Mansur brauchte nun keinen »Königsmacher« mehr. Er rief Abu Muslim in sein Lager und ließ ihn, nachdem er ihn mit Beleidigungen überhäuft hatte, enthaupten.

Wir befinden uns im Jahr 755. Die Abbasiden üben die unumschränkte Herrschaft aus. Nur elf Jahre später erblickte Harun al-Raschid – Aaron der Rechtgeleitete – das Licht der Welt. Er sollte seiner Dynastie einen Glanz verleihen, der die Jahrhunderte überdauerte. Doch vor ihm regierten noch zwei Kalifen – der Name des dritten darf getrost vergessen werden –, ohne die das riesige Reich weder seine festen politischen und institutionellen Grundlagen erworben hätte, die seine Dauer garantierten, noch seine ruhmreiche Hauptstadt.

Mansur der Städtebauer

Der neue Herrscher des Abbasidenreiches, der kluge und arbeitswütige, aber harte und gewalttätige, arglistige und geizige Dscha'far al-Mansur war damals etwas über vierzig Jahre alt. Da er keinerlei frivole Zerstreuung duldete, verbannte er die Musik aus dem Palast und verprügelte eigenhändig einen Knaben, der vor seiner Türe die Trommel schlug. Er stand beim Morgengrauen auf und arbeitete bis zum Abendgebet, wobei er sich nur eine kurze Ruhepause gönnte. Er traf alle Entscheidungen selber, auch wenn es um die belanglosesten Ausgaben ging. Man nannte ihn auch Abu al-Dawaniq, »Vater der Groschen«, und diesen Beinamen akzeptierte er voller Stolz: »Wer kein Geld hat, hat keine Leute; wer keine Leute hat, muß zusehen, wie die Macht seiner Feinde wächst«, stellte er fest.

Als Mansur Saffahs Nachfolge antrat, verfügte er bereits über eine lange Erfahrung im Umgang mit Menschen und in der Politik. Er war um 710 in Syrien, in Humaima, geboren, wo die Familie der Abbasiden residiert hatte, während sie die Verschwörung vorbereitete, die sie an die Macht bringen sollte. Nach dem Komplott der Generäle von Abu Muslim hätte eigentlich er zum Kalifen gewählt werden müssen, und er wäre zu diesem Amt auch eher befähigt gewesen als sein Bruder Saffah. Aber die Führer der Armee hatten diesem den Vorzug gegeben, weil er der Sohn einer legitimen Ehefrau war, während Mansur der Sproß einer Konkubine war. Tatsächlich aber hielten sie Saffah für leichter beeinflußbar. Mansurs starke Persönlichkeit, die die fünf Jahre währende Herrschaft Saffahs überstrahlte, trat noch deutlicher zutage, sobald er selbst dessen Platz eingenommen hatte. Während seiner einundzwanzigjährigen Herrschaft sollte er den Staat konsolidieren und organisieren.

Als Abdallah ibn Ali sich gegen den neuen Kalifen auflehnte, stützte er sich auf die syrischen Truppen, die unzufrieden waren, weil die Abbasiden Damaskus zugunsten des Irak aufgegeben hatten. Aber mit seiner Niederlage schwand die letzte Hoffnung, Damaskus wieder zur Hauptstadt des Reiches zu machen. Mansur nutzte diese Gelegenheit, um die Spannungen mit den Syrern zu mindern: Er ergriff keinerlei Sanktionen gegen die Aufständischen, beließ die Führer der Armee, die unter der alten Dynastie den Befehl innegehabt hatten, auf ihren Posten, übertrug einigen von ihnen hohe Ämter und beauftragte die syrischen Einheiten mit der Bewachung der Grenzen zu Byzanz. Auf diese Weise neutralisierte Mansur mit einem einzigen Schlag die Feindseligkeit einer der großen Provinzen des Reiches. Gleichzeitig schuf er ein Gegengewicht zur Allmacht der Khorasaner, die auf lange Sicht eine Gefahr hätten darstellen können.

Die Abbasiden hatten keinen militärischen Aufstand mehr zu befürchten. Es blieben noch die vom neuen Regime Enttäuschten, in erster Linie die Aliden. Die Familie Alis konnte nicht mehr darauf hoffen, daß einer der Ihren oberster Führer der Muslime wurde. Sie erkannte auch bald, daß ihr Kampf um eine neue, »auf den Koran, die Gerechtigkeit und die Gleichheit aller Muslime gegründete« Gesellschaft sinnlos gewesen war und daß die Macht der Nachkommen des Onkels des Propheten einfach die der Omayyaden verdrängt hatte. Der Staat war, wie unter den Omayyaden, ein laizistischer Staat. Die Revolution war gescheitert.

Bald schon bildeten sich im Irak und in den Provinzen oppositionelle Gruppen. Eine der ersten, die der Rawandiya – benannt nach der kleinen Stadt Rawand in Ostiran – machten den Abbasiden die Legitimität streitig. Sie hatte nicht viele Anhänger, doch diese waren fanatisch und unerschrocken und predigten gewalttätige Aktionen. Sie versuchten, Mansur zu ermorden, der sie daraufhin ausrotten ließ.

Der besser organisierte Aufstand von Mohammed al-Nafs al-Zakiya (»Die reine Seele«) und seinem Bruder Ibrahim, der sich auch auf mehr Leute stützte, hätte erfolgreich sein können. Im September 762 ging Mohammed – der von Hasan, einem der Söhne Alis, abstammte – nach langer Untergrundtätigkeit zur offenen Revolte über und brachte sich in den Besitz von Medina. »Der Fuchs hat seinen Bau verlassen«, rief Mansur aus und schickte viertausend Mann gegen ihn. Mohammeds Truppe wurde sofort vernichtend geschlagen und er selbst getötet. Zwei Monate später jedoch brach sein Bruder Ibrahim, um den sich zahlreiche Anhänger geschart hatten, in Basra eine Erhebung vom Zaun. Für Mansur war es diesmal schwieriger, sie zu zerschlagen. Doch sein strategischer Spürsinn und seine Taktik waren nicht geringer ausgebildet als sein politisches Geschick: Mit der Schlacht von Bakhrama, südlich von Kufa, wo Ibrahim den Tod fand, wurde im Februar 763 der einzige ernstzunehmende Aufstand während seiner Herrschaft niedergeworfen. So wurden der bereits langen Liste der Märtyrer der *shi'a* zwei weitere Namen hinzugefügt.

Mit der erbarmungslosen Unterdrückung dieser Aufstände und der Beseitigung Abu Muslims hatte Dscha'far al-Mansur seine Absicht, das Reich allein zu regieren, klar und mit aller Blutrünstigkeit zum Ausdruck gebracht. Die Tatsache, daß die Armee von Khorasan die brutale Ausschaltung ihres Führers hinnahm, und das Schweigen der Aliden nach der Exekution Mohammeds der Reinen Seele und Ibrahims zeigen, daß Mansur verstanden worden war. Bis zur Schwächung des Kalifats sollte der Abbasidenstaat ein zentralisierter Staat in den Händen eines Herrschers bleiben, dessen unumschränkte Autorität sich bis in die fernsten Provinzen erstreckte.

Mansur ernannte seine Gouverneure, die oft seiner eigenen Familie entstammten, selbst, und obwohl diese weitreichende Befugnisse besaßen, unterwarf er sie einer strikten Kontrolle. Er umgab seine Beamten mit einer Menge von Spionen, um auch über ihr belanglosestes Tun und Treiben stets unterrichtet zu sein, und ließ selbst seine nächsten Angehörigen überwachen. Nichts durfte dem Befehlshaber der Gläubigen entgehen, der sich den Titel al-Mansur, »der Siegreiche« oder »Der Empfänger von Gottes Beistand», zugelegt hatte. Als absolutem Autokraten dienten ihm die großen Omayyaden und die Herrscher des alten Orients – Achämeniden und Sasaniden – als Vorbild. Die *mawali* fungierten als seine Berater; doch sie waren nichts als bloße Vollstrecker seiner Befehle. Einer von ihnen, Khalid ibn Barmak, der zweifellos mit Steuerfragen befaßt war, trug einen Namen, der Berühmtheit erlangen sollte. Die Kluft zwischen der herrschenden Elite und der Masse der Muslime, die für die Regierungszeit der Omayyaden so bezeichnend gewesen war, blieb bestehen. Mansur sicherte seine Dynastie ab, ohne jedoch jene Muslime zufriedenzustellen, die wünschten, daß ihre Gemeinschaft von einem gottgeleiteten Imam geführt würde.

Mansur, der eigentliche Gründer des Abbasidenreiches, ist hauptsächlich als Erbauer von Bagdad in die Geschichte eingegangen.

Es ist bekannt, daß die Abbasiden bereits vor ihrem Machtantritt beschlossen hatten, ihre Hauptstadt in den Irak zu verlegen. Der Irak, eine traditionell gegen die Omayyaden eingestellte Provinz, die der Familie des Propheten die Treue hielt, war auch die reichste und zahlte die meisten Steuern in die Staatskasse. Bei der abbasidischen Revolution hatte Kufa eine große Rolle gespielt, und in der Moschee dieser Stadt war Abu l-Abbas – al-Saffah – zum Kalifen ausgerufen worden. Saffah richtete dann seine Hauptstadt in einem benachbarten Dorf, al-Haschimiya, ein, wo er einen Gebäudekomplex erbauen ließ. Etwas später hatte er sich in das am Euphrat gelegene al-Anbar begeben, das nicht weit von Ktesiphon, der alten Hauptstadt der Parther und Sasaniden, lag.

Nach seinem Machtantritt blieb Mansur dort wohnen und kehrte später aus unbekannten Gründen nach al-Haschimiya zurück. Aber diese Stadt war schwer zu verteidigen, und die Einwohner von Kufa waren unruhig und wenig zuverlässig. Da begab er sich auf die Suche nach einem Ort, um eine neue Hauptstadt zu gründen, und machte schließlich am Westufer des Tigris halt. Dieser Standort bot verschiedene Vorteile: Es war unmöglich, den östlich gelegenen Fluß über eine Furt zu durchqueren;

im Süden diente ein Netz von Kanälen gleichermaßen der natürlichen Verteidigung wie dem Nachschub. Das Klima war gesund; es gab fast keine Mücken, und die beiden Ufer waren zum Anbau geeignet. Es erübrigt sich wohl, dem auch noch die kosmologischen Gründe hinzuzufügen, die sich auf die ferne iranische Vergangenheit bezogen, obwohl zutrifft, daß ein Astronom namens Naubakht[10] die Entscheidung des Kalifen guthieß. Aber wäre ihm etwas anderes übrig geblieben? Christliche Mönche, die in einem nahegelegenen Kloster lebten, ließen ihn wissen, daß sich alte Bücher in ihrem Besitz befänden, die Prophezeiungen enthielten, denen zufolge sich einmal ein König an diesem Ort niederlassen würde.

Mansur entwarf selbst die Pläne für eine kreisförmige Stadt[11], deren Umrisse man ihm zuerst mit ausgestreuter Asche an Ort und Stelle vor Augen führte, damit der Kalif sich besser vorstellen konnte, wie seine Stadt aussehen würde. Dieser »Runden Stadt«, dem späteren Bagdad, gab er den Namen »Madinat al-Salam« (= Stadt des Friedens), um an das Paradies zu erinnern[12]. Der runde Grundriß erleichterte die Verteidigung, indem tote Winkel vermieden und die Kosten für die Errichtung von Mauern für dieselbe Fläche gesenkt wurden. Man ließ Architekten, Ingenieure, Bauarbeiter und Handlanger aus Syrien und Iran, aus Mosul, Kufa und Basra kommen; man spricht von insgesamt beinahe hunderttausend Mann.[13] Vier Jahre später, 762, war alles fertiggestellt.

Wie im Orient üblich, verwendete man als hauptsächliches Material ungebrannte Ziegel und gebrannte Ziegel für die Gewölbe und Kuppeln, wobei man zwischen die Schichten Schilf legte. Die beiden konzentrischen Mauern, die die Stadt schützten, waren ungefähr dreißig Meter voneinander entfernt und von einem Graben umgeben. Der Ring, dessen Mauern fast fünf Meter breit und dreizehn Meter hoch waren, hatte einen Durchmesser von über 2,5 Kilometer.

Mansur ließ seinen Palast und die Moschee im Zentrum der Stadt errichten. Das Wohngebiet erstreckte sich zwischen den Mauern und dem ausgedehnten Palastbezirk. Mansurs Palast, der sogenannte »Palast des Goldenen Tores«, hatte die Form eines Quadrats von zweihundert Metern Seitenlänge. Der *iwan,* die große, nur auf einer Seite offene Halle, wurde von einer Kuppel überwölbt. Im oberen Stockwerk befand sich eine weitere große Halle, der eine riesige grüne Kuppel als Dach diente. Dort gab der Kalif seine Empfänge, umgeben von einem Zeremoniell, das dem der altorientalischen und byzantinischen Herrscher entsprach und das in nichts mehr an die Schlichtheit der Frühzeit des Islam erinnerte. Die Moschee war dem Palast benachbart, mit dem sie auch direkt verbunden war. Viel Platz trennte sie von jenen Gebäuden, die die Verwaltungsämter – Schatzamt, Büros, Zeughaus – sowie die Wohnungen der Kinder des Kalifen und der hohen Beamten beherbergten.

Im Inneren dieses administrativen Zentrums begrenzten zwei Ringstraßen zwei Sicherheitszonen. Sie schnitten vier Prachtstraßen, die von den vier Toren ausgingen und zum Palast des Kalifen und zur Moschee führten. Zwischen den beiden Mauern befand sich das in vier Viertelkreise geteilte Wohngebiet, wo dem Geographen Ya'qubi zufolge die höheren Beamten wohnten – diejenigen, die genügend Vertrauenswürdigkeit ausstrahlten, um in der Nähe des Kalifen untergebracht zu werden –, seine wichtigsten Vertrauten und schließlich jene Leute, die in dringenden Angelegenheiten sofort herbeigerufen werden konnten.

Innerhalb der Mauern hatte man unter Arkaden Läden für die Geschäftsleute eingerichtet. Aber eines Tages, als Mansur einen byzantinischen Gesandten empfing, nahm eine Kuh aus einer Metzgerei Reißaus und verursachte in unmittelbarer Umgebung des Palastes einen großen Menschenauflauf. Der Grieche, der Augenzeuge dieser Szene geworden war, konnte es sich nicht verkneifen, zum Kalifen zu sagen: »Befehlshaber der Gläubigen! Ihr habt einen Bau errichtet, der nicht seinesgleichen hat. Doch er hat drei Fehler: Es gibt dort weder genug Wasser noch Gärten, und, was noch schlimmer ist, Eure Untertanen sind zusammen mit Euch in Eurem Palast, und wenn die Untertanen mit dem Herrscher im Palast sind, gibt es keine Geheimnisse mehr.« Der Kalif fand keinen besonderen Gefallen an derartigen Einmischungen und beschränkte sich darauf, dem Gesandten barsch zu antworten: »Was das Wasser anbelangt, so haben wir genug zu trinken. Was das zweite Manko angeht, so sind wir nicht für den Leichtsinn und das Vergnügen erschaffen worden. Und was schließlich Eure Bemerkung über meine Geheimnisse anbelangt, so kann ich nur sagen: Es gibt kein Geheimnis, das meine Untertanen nicht wissen dürften.«

Doch der Kalif dachte über die Vorschläge des Byzantiners nach, und bald darauf befahl Mansur die Verlegung neuer Wasserleitungen. Ein weiterer, diesmal verhältnismäßig ernster Vorfall überzeugte ihn davon, daß er sich nicht in Sicherheit befand. Der *muhtasib,* der mit der Marktpolizei beauftragte Beamte, stellte sich an die Spitze einer Gruppe von Schiiten und versuchte, in der Stadt einen Aufstand vom Zaun zu brechen. Er wurde sehr schnell festgenommen und hingerichtet und seine Leiche vor einem der Tore zur Schau gestellt. Dann befahl Mansur die Verlegung des Marktes nach al-Karkh, außerhalb der Mauern der Runden Stadt. Er ließ auch eine zweite Moschee errichten, die ebenfalls vor der Stadt gelegen war, weil die erste zu viele Leute in die Nähe des Palastes lockte. Aber schließlich beschloß der Kalif angesichts der Versorgungsprobleme, in den Khuld-Palast, den Palast der »Ewigen Seligkeit«, zu ziehen, der am Ufer des Tigris, im Norden der Stadt, erbaut worden war. Auf der anderen Seite des Tigris, auf dem Ostufer, wurde fast zur gleichen Zeit der Palast seines Sohnes, des Kronprinzen Mohammed al-Mahdi, des Vaters von Harun al-Raschid, errichtet.

Mansur mußte sich das Ziel einer friedlichen Herrschaft gesetzt haben, da er alle seine inneren Feinde der Reihe nach ausschaltete. In der Grenzregion zum Kaukasus hatten die Chazaren Tiflis erobert, waren aber zurückgedrängt worden. In den arabisch beherrschten Teilen Kleinasiens, wo der Basileus Konstantin V. das Reich zur Zeit der abbasidischen Revolution in Bedrängnis gebracht hatte, stellten Mansurs Truppen mühelos die Ordnung wieder her. Auch in Ägypten erkannte die Bevölkerung die abbasidische Oberhoheit, die sich im Westen nun schon bis Kairuan erstreckte, widerstandslos an. Was Spanien anbelangt, so galt es als endgültig verloren. Es hatte keine Bindungen mehr an das Reich, doch sollte zwischen den beiden Reichen stets jede Art von Austausch stattfinden.

Mansur starb am 7. Oktober 775 in Bi'r Maimun, in der Nähe von Mekka, als er, in Begleitung der wichtigsten Mitglieder seiner Familie, gerade die Wallfahrt machte. Er wurde im Sand der Wüste begraben. Sein Sohn und Erbe al-Mahdi befand sich in Bagdad, und dem Brauch entsprechend bewahrte al-Rabi ibn Yunus, der Oberkämmerer, das neue Geheimnis so lange, bis al-Mahdi die Lage fest im Griff hatte.

Die Nachfolge war nicht ganz problemlos geregelt worden. Kurz vor seinem Tod hatte Saffah, der damals einen Staatsstreich Abu Muslims gegen den designierten Erben Dschafar (Mansur) befürchtete, einen zweiten Erben ernannt, nämlich Isa ibn Musa, einen seiner Neffen. Nachdem Mansur Kalif geworden war, blieb Isa der Erbe. Mansurs Sohn Mohammed (Mahdi), der praktisch ausgebootet worden war, versuchte, Isa zu überreden, auf seine Ansprüche zu verzichten. Vergeblich. Es folgte ein langer Kampf. Schließlich gab Isa gegen Zahlung einer Entschädigung und dem Versprechen, daß ihm nach dem Tode Mahdis die Macht wieder zufallen würde, nach. Doch die Wahrscheinlichkeit, daß es dazu kommen würde, war gering, da Isa viel älter war als Mahdi.

Mahdi, der Milde und Verschwendungssüchtige

Mahdi, der Sohn eines Geizhalses, war in jeder Hinsicht das Gegenteil seines Vaters. Tabari schildert ihn uns mit anerkennenden Worten: »Er war überaus edelmütig und nachsichtig und verzieh selbst den schlimmsten Übeltätern. Keiner der Abbasidenkalifen war gerechter, milder, frömmer, tugendhafter oder schöner.«[14] Die Chronisten berichten, daß Mansur ihm, ehe dieser seine Wallfahrt nach Mekka antrat, folgende Ratschläge erteilt habe: »Klug ist nicht der, der es versteht, eine Krise zu überwinden, sondern der, der die Krise vorhersieht und ihr zuvorkommt.« – »Achtet auf Eure Finanzen! Ihr werdet so lange groß und siegreich sein, wie Eure Schatzkammer gefüllt ist...« Und schließlich: »Laßt nicht zu, daß die Frauen in der Politik mitmischen. Aber ich bezweifle, daß Ihr Euch an diesen Rat halten werdet.«

Der gestrenge Befehlshaber der Gläubigen kannte seinen Sohn gut. Verschwenderisch war er wirklich: Das Geld, das sein sparsamer Vater zusammengehalten hatte, gab er mit vollen Händen aus. Der gutaussehende, hochgewachsene, schlanke Mahdi hatte einen dunklen Teint, eine hohe Stirn und gelocktes Haar. Er war der Liebling der Frauen und liebte seinerseits die Frauen. Unter seiner Herrschaft übten die Frauen zum ersten Male so viel Macht aus, daß sie manchmal selbst an die des Herrschers heranreichte.

Mahdi, der um 745 geboren war, hatte seine Kindheit in Syrien verbracht. Von dort kam er nach dem Sieg der abbasidischen Revolution nach Kufa. Mit fünfzehn Jahren wurde er mit der Durchführung militärischer Aktionen in Khorasan beauftragt, und kurze Zeit später vertraute ihm sein Vater die Verwaltung dieser Provinz an, die eine der wichtigsten des Reiches war und deren bedeutendste Stadt das in der Nähe des heutigen Teheran gelegene Ray war. Dort verbrachte er mehrere Jahre und ließ einen großen Teil der Stadt wieder aufbauen, die nach ihm benannt werden sollte – al-Mohammediya.

In Ray kamen auch mehrere seiner Kinder zur Welt. Zuerst Abbasa, die Tochter einer Konkubine namens Rahim, die in die tragischsten Geschicke der Dynastie verwickelt werden sollte. Aber vor allem erhielt Mahdi zu einem nicht bekannten Zeitpunkt von seinem Vater ein junges Mädchen geschenkt, »schlank und anmutig wie ein Schilfrohr«, das mit Sicherheit jemenitischer Herkunft war und das dieser in Mekka gekauft hatte. Das Mädchen hieß Khaizuran. »Bringt sie zu meinem Sohn und sagt ihm, daß sie zum Kindergebären geschaffen ist.« Der große Kalif irrte sich nicht, und Khaizuran, die über genügend Bildung verfügte, um sich im verfeinerten Milieu des Hofes zu bewegen, verstand es sehr rasch, die Zuneigung des jungen Prinzen zu gewinnen. Sie sollte ihm drei Söhne schenken: Der erste, Musa, wurde wahrscheinlich 764 geboren, der zweite, Harun, zwei Jahre später. Beide sollten einmal Kalifen werden. Musa hatte ein tragisches Schicksal; Harun sollte der berühmteste Vertreter der Dynastie werden, während der dritte, Isa, beinahe unbekannt blieb.

Khaizurans Wünsche hatten sich erfüllt. Das übrige tat ihre Klugheit und ihr Ehrgeiz. Überraschend offenbarte sie die Existenz ihrer Familie, die sie bis dahin verschwiegen hatte, und schon bald verführte Salsal, ihre älteste Schwester, Dscha'far, einen Halbbruder Mahdis, dem sie einen Sohn und eine Tochter gebar. Unter dem Namen Zubaida (»Kleine Butterflocke«), den ihr ihr Großvater Mansur gab, sollte diese die Gemahlin ihres königlichen Vetters Harun al-Raschid werden, *Tausendundeine Nacht* machte sie unsterblich.

Als unermüdlicher Liebhaber hatte Mahdi unzählige Konkubinen, die sich in der Geschichte des schönen Abbasiden-Jahrhunderts verloren. Zu ihnen gehörte etwa Schikla, eine junge Sklavin des Fürsten von Dailam (einer Landschaft am Südufer des Kaspischen Meeres), die man diesem samt seinem ganzen Harem nach einer Schlacht weggenommen hatte. Die brünette, liebreizende, kluge Schikla, eine ausgezeichnete Musikerin, schenkte Mahdi einen Sohn, der den Namen Ibrahim erhielt. Er wurde ein berühmter Musiker, Dichter und Sänger und viel später auch für kurze Zeit Kalif. Seine Schwester, ebenfalls eine Tochter Mahdis, war eine der großen Schönheiten ihrer Zeit und ein »Wunder an Geist und Begabung«.[15] Dann war da Mamuna mit den schlanken Fesseln und der hohen Brust. Mahdi hatte sie ohne Wissen seines Vaters für die phantastische Summe von hunderttausend Dirham gekauft. Khaizuran bekannte einmal, daß keine andere Frau ihre Stellung derart gefährdet habe wie Mamuna. Außerdem gab es noch Hasana, Hulla, Nalka, Asma, Khaizurans jüngere Schwester… Aber Khaizuran, die wahrscheinlich 775 seine rechtmäßige Gemahlin wurde, stellte all diese jungen Schönheiten mit ihrer Klugheit, ihrem Geist, ihrem Sinn für Humor und ihrer Fähigkeit, sich leicht allen Situationen anzupassen, weit in den Schatten. Mit der Zeit gewann sie großen Einfluß auf Mahdi und infolgedessen natürlich auch auf die Staatsangelegenheiten.

Mansurs Hof im Zentrum des Reiches hatte sich ebenso rasch gewandelt. In der neuen Hauptstadt herrschte nicht nur Wohlstand, sondern Lebensgenuß und Luxus, und der junge Kalif gab als erster das Beispiel der Verschwendungssucht.

Ebenfalls im Gegensatz zu seinem Vater versuchte Mahdi, den fortdauernden Konflikt mit den Anhängern Alis, den Aliden, zumindest mit den gemäßigteren, nicht durch Gewalt, sondern durch Verhandlungen zu lösen. Er verzieh den Hasaniden, die sich mit Mohammed der Reinen Seele unter Mansur aufgelehnt hatten, und als einer von ihnen, Hasan ibn Ibrahim, sich nach einem Ausbruch aus dem Gefängnis ergab, schenkte er diesem beträchtlichen Grundbesitz im Hidschaz. Zahlreiche Parteigänger der Aliden, vor allem in Medina, profitierten von seiner Großzügigkeit.

Er traf eine noch folgenschwerere Entscheidung: Mahdi nahm Ya'qub ibn Davud bei sich auf, dessen Vater in den Diensten der Omayyaden gestanden hatte, und verfolgte dabei zweifellos die

Absicht, sich gegen die Aliden seiner zu bedienen. Ya'qub gewann so geschickt das Vertrauen des Kalifen, daß dieser ihn zu seinem »Bruder in Gott« und zum Wesir ernannte. Als erster, der diesen Titel unter den Abbasiden tragen sollte, war er mit beachtlichen Befugnissen ausgestattet und durfte das Reich im Namen des Kalifen regieren, designierte die Provinzgouverneure und leitete die zentrale Verwaltung. Al-Mahdi wollte den Aliden auf diese Weise zeigen, wie großherzig er sich gegenüber jenen erweisen würde, die sich ihm anschlossen.

Diese Politik schlug bei den radikalsten Aliden, den Zaiditen, fehl, und einer von ihnen, Isa ibn Zaid, lehnte es ab, sich Mahdi anzuschließen. Ya'qub befand sich in einer zwiespältigen Position, da er gute Beziehungen mit den Aliden unterhielt. Da fädelten seine Feinde, insbesondere einige *mawali,* eine Intrige ein, um ihn zu stürzen. Sie warfen ihm vor, Mahdis Neigungen zu einem leichtfertigen Lebenswandel und zum Trunke zu fördern. Und ein Dichter schrieb jene Verse, die bald schon im ganzen Reich die Runde machten: »Erwachet, Söhne Omayyas! Zu lange schon habt ihr geschlafen! Ya'qub ist der Kalif. O Volk, dein Kalifat liegt darnieder. Da siehst du deinen Kalifen zwischen dem Weinschlauch und der Laute!« Ya'qub kam mit dem Leben davon, verbrachte aber fünfzehn Jahre im Gefängnis.

Die Kluft zwischen den Abbasiden und den Aliden verbreiterte sich im gleichen Maße, wie sich die Abbasiden als die einzigen Verteidiger des rechten Glaubens ausgaben. Wie die meisten von ihnen mußte al-Mahdi trotz seines zur Versöhnung neigenden Wesens an allen Ecken und Enden gegen die Häretiker kämpfen. Er nahm eine härtere Haltung an und verfolgte nicht nur die Zindiqs (»Jene, die gegen den offenbarten Glauben verstoßen«) und die Schiiten, sondern auch die »Manichäer«, Schismatiker und Atheisten. Die große Verfolgung setzte 782 ein. Sie fiel zeitlich mit dem Kampf gegen die Anhänger al-Muqannas zusammen, eines Iraners mit verschleiertem Gesicht, der sich auf Abu Muslim berief. In der Gegend des Kaspischen Meeres mußte sich der Kalif auch mit den Muhammira mit den roten Fahnen auseinandersetzen.[16]

Während der relativ kurzen Regierungszeit Mahdis, die eine echte Wende in der Geschichte der Abbasiden darstellte, bildeten sich auch noch innerhalb der führenden Schicht Interessengruppen, deren Rivalitäten das Regime schließlich in Gefahr brachten.

Da waren zunächst die Iraner. An ihrer Spitze stand eine mächtige Familie, die der Barmakiden. Die Barmak oder Barmakiden – ursprünglich wahrscheinlich Oberpriester des buddhistischen Tempels von Balkh, wo dem Pilger Huang-Tsang zufolge[17] im 7. Jahrhundert beinahe dreitausend Mönche lebten – spielten in Baktrien seit undenklichen Zeiten eine wichtige Rolle.[18] Es steht fest, daß sie während der letzten Jahre der Omayyadenherrschaft zum Islam übertraten. Dann schlossen sie sich der abbasidischen Revolution an, bei der einer von ihnen, Khalid, bedeutenden Anteil gehabt haben soll. Ihr Einfluß sollte bis zu ihrem spektakulären Sturz fast ins Uferlose wachsen. Um diese Familie, die über mehrere Jahrzehnte eine Macht ausübte, welche in der Geschichte des Orients nicht ihresgleichen kennt, sollten sich später regelrechte Legenden ranken.

Khalid ibn Barmak vererbte seine hervorragenden Fähigkeiten an seine Kinder weiter. Mas'udi lobt »seine tiefe Weisheit, seine Tatkraft, sein Wissen, seine Macht«, und der Historiker Yazdi bezeichnet ihn als »edelmütigen Mann, der sein Wort hält – fromm, menschlich, entschlossen und geschickt«.[19] Seine Kenntnisse waren ebenso gründlich wie vielfältig, insbesondere in der Medizin. Er war berühmt für seine Freigebigkeit gegenüber Dichtern und Gelehrten. Es heißt, er habe einem von ihnen, der sein Lob gesungen hatte, zehntausend Dinar geschenkt. Khalid sollte mit Hilfe seines Sohnes Yahya eine dominierende Persönlichkeit im Gefolge al-Mahdis werden.

Bei der Gewinnung des ungeheuren Einflusses, den die Barmakiden auf den Kalifen und auf den Staat ausüben sollten, stützten sie sich auf die *kuttab*, die im kunstvollen Abfassen von offiziellen Dokumenten, in Kalligraphie und Verwaltungsfragen geschulten »Sekretäre«. Diese Leute, die zumeist iranischer Herkunft waren und die ruhmreiche Vergangenheit des Sasanidenreiches keineswegs vergessen hatten – das ja ebenfalls über eine mächtige Bürokratie verfügt hatte –, diese Sekretäre also stellten schon bald eine Kraft dar, die die Verwaltung immer weiter »iranisieren« sollte.

Die Gruppe der »Sekretäre« war oftmals mit der der *mawali* identisch. Als zum Islam bekehrte Einheimische waren die *mawali* jetzt zusammen mit den Siegern an der Verwaltung des Landes beteiligt. Mit der Zeit war es ihnen gelungen, sich zu integrieren, und mehrere von ihnen gehörten zur herrschenden Elite. Zum großen Mißfallen ihrer Rivalen wurden einige zu Provinzgouverneuren und Leitern der Post *(barid)*, das heißt des Nachrichtendienstes, ernannt.

Mahdi, der weit davon entfernt war, seine Pflichten als Regierungschef zu vernachlässigen, setzte in jeder Abteilung eines Ministeriums einen Kontrolleur ein, der ihm direkt unterstellt war, mit dem Ziel, die Befugnisse des Militärs und die der Administration voneinander zu trennen. Das galt insbesondere im Hinblick auf die Festsetzung und Eintreibung der Steuern.

Die dritte Interessengruppe war ein treuer Verbündeter des Regimes, nämlich die Armee von Khorasan, die sogenannten *abna* oder »Söhne«, die zuverlässigste Stütze der Abbasiden. Diese in Bagdad stationierte Armee erfreute sich bestimmter Privilegien und handelte solidarisch, um sie sowohl gegen die *mawali* als auch gegen die Sekretäre zu verteidigen. Diese Spannungen zwischen Zivilisten und Militärs einerseits und zwischen Gruppen von Zivilisten andererseits sollten zu Konfrontationen führen, die sich ungefähr dreißig Jahre später zu einer Bedrohung für das Reich auswuchsen.

Der Aufstieg einer Bürokratie, die Kämpfe zwischen verschiedenen Interessengruppen und im Bereich der Politik ein immer größerer Spielraum für den Hof und die Frauen – die Zeiten, in denen die Dynastie darum kämpfte, ihre Macht abzusichern, waren vorbei. Im Inneren gab es keine ernsthafte Gefährdung des Kalifen, dessen Titel »Gottgeleiteter« an die Durchführung der abbasidischen Revolution erinnerte. Mit einer Art von »Taschenspielertrick«, der nicht der erste in der Geschichte war, stellten die Abbasiden einen direkten Zusammenhang zwischen sich und dem Propheten sowie al-Abbas, dessen Onkel, her, den Mohammed – wie sie behaupteten – selbst zu seinem Nachfolger bestimmt hatte. Dann zog sich der Kalif in majestätische Isolation zurück, die eher an die Achämeniden- und Sasanidenherrscher erinnerte als an die Omayyadenkalifen oder gar an die ersten Nachfolger Mohammeds.

Zehn Jahre nach seiner Thronbesteigung konnte sich Mahdi über den – relativen – Frieden freuen, der innerhalb der Grenzen seines Reiches herrschte, und über die Demütigungen, die er den byzantinischen Ungläubigen zugefügt hatte. Mit dreiundvierzig Jahren schien der gerechte Kalif, der das Leben und seine Vergnügungen liebte, noch eine lange und glückliche Regierungszeit vor sich zu haben. Doch das Schicksal wollte es anders. Der Tod ereilte ihn, als er sich gerade nach Gurgan, in Khorasan, begeben wollte, wo sich al-Hadi aufhielt. Wenn man dem Glauben schenkt, was einige behaupten, so kam er bei der Jagd ums Leben, als er mit dem Pferd eine Gazelle verfolgte, die sich inmitten von Ruinen geflüchtet hatte, und dabei mit der Stirn gegen eine niedrige Tür stieß. Anderen zufolge soll er versehentlich von seiner jungen Lieblingssklavin vergiftet worden sein. Diese Konkubine namens Hasana soll ein starkes Gift in eine Birne getan haben, um eine Rivalin aus dem Weg zu räumen, und Mahdi, der nicht weit entfernt saß, soll, als er sah, wie ein Teller mit Früchten vorbeigetragen wurde, im Vorübergehen nach der vergifteten Birne gegriffen haben.

Hadi, ein skrupelloser Machthaber

Die Nachfolge warf keine großen Probleme auf. Mahdi hatte Hadi zu seinem präsumtiven und Harun zu seinem zweiten Erben bestimmt: Es wurden also nur die beiden Kinder der Sklavin Khaizuran berücksichtigt, was beweist, wie groß ihr Einfluß auf den Kalifen war. Hadi hatte die Regierung über den östlichen Teil des Reiches übertragen bekommen und Harun die über den Westen und Armenien. Als Mahdi später seine Entscheidung überdachte, wollte er Harun zu seinem ersten Erben bestimmen, und er war nur nach Gurgan gereist, um Hadi zu überreden, sich vor seinem Bruder zu verneigen. Man munkelte auch, daß Hadi beim Tod seines Vaters die Hände im Spiel gehabt hätte.

Als der neue Herr des Reiches die Neuigkeit erfuhr, machte er sich auf den Weg nach Bagdad, das er zwanzig Tage später erreichte. Während seiner Abwesenheit gewährte Harun den Truppen der Hauptstadt im Namen seines Bruders ein Antrittsgeschenk, indem er ihnen das Achtzehnfache ihres Monatssoldes im voraus ausbezahlte und ihnen den Treueid der Würdenträger und Soldaten abnahm. Hadi mußte nur noch die Macht in Besitz nehmen. Er ernannte al-Rabi ibn Yunus, der das Amt eines Kämmerers innehatte, zum Wesir, und Yahya blieb der Mann seines Vertrauens.

Hadi, der Kalif »mit der kurzen Lippe« (er hatte die Angewohnheit, ständig den Mund offen zu halten), war von aufbrausendem Wesen, rachsüchtig und skrupellos: »Ein harter Mann mit unangenehmen Manieren und schwer zugänglich. Er war der erste Kalif, der hinter Wachsoldaten mit blankem Schwert, geschulterter Waffe und gespanntem Bogen einherging«, heißt es bei Mas'udi. Während seiner kurzen Regierungszeit sollte er beides bestätigen – den schlechten Ruf, den er sich im Reich erworben hatte, und die Befürchtungen seiner Familie, insbesondere die seiner Mutter und seines Bruders Harun.

Anfänglich waren die Beziehungen zwischen Khaizuran und

ihren Söhnen durch nichts getrübt. Die Privilegien und Ehren, deren sie sich zu Mahdis Zeiten erfreute, blieben unangetastet. Hadi brachte ihr Respekt und Zuneigung entgegen. Da er im Palast von Isabadh, in dem östlichen Vorort von Bagdad, wohnte, kam er sie oft besuchen. Wenn ihn seine Pflichten als Herrscher, die er gewissenhaft erfüllte, daran hinderten und er persönlich hohe Beamte und Bittsteller empfing, ließ er ihr einige Zeilen, begleitet von einem Geschenk, zukommen.

Harun seinerseits nahm, Yahyas Rat folgend, die Situation als gegeben hin und verhielt sich loyal. Zumindest dem Anschein nach war er mehr auf sein Vergnügen, auf Poesie und Musik erpicht, in seine junge Frau, die bezaubernde Zubaida, vernarrt und wenig geneigt, den Kampf gegen seinen Bruder aufzunehmen, dessen Brutalität und Bösartigkeit er besser kannte als irgend jemand sonst.

Mit al-Rabi ibn Yunus' grausamem Tod waren auch die schönen Tage seiner Herrschaft zu Ende. Al-Rabi ibn Yunus hatte in den schwierigen Augenblicken nach dem Tode Mahdis eng mit Khaizuran zusammengearbeitet, und Hadi hatte ihm das nicht vergessen. Eine Frau sollte das Verhältnis vergiften. Eine junge Sklavin, Amat al-Aziz, war, ehe sie zur Favoritin des Kalifen avancierte, die Lieblingsfrau von al-Rabi gewesen. Nun kam Hadi das Gerücht zu Ohren, der Wesir habe einem Höfling anvertraut, daß er, al-Rabi, niemals eine Frau so wie sie geliebt hätte. Rasend vor Eifersucht versuchte Hadi, al-Rabi umzubringen. Das Komplott wurde erst ein paar Tage später aufgedeckt, und letzterer starb, nachdem er einen Becher Honig getrunken hatte. Dieser Meuchelmord hinterließ einen tiefen, nachhaltigen Eindruck bei Harun und Khaizuran.

Khaizuran verstand es, den Einfluß, den sie zu Mahdis Zeiten gehabt hatte, nicht nur zu wahren, sondern sogar noch zu mehren. Damit entsprach sie der orientalischen Tradition, der zufolge der Königinmutter eine hervorragende Stellung zuerkannt wird.

Sie besaß sagenhafte Reichtümer und sah, wie sich ihre Vorzimmer mit Bittstellern füllten, und die vielen Höflinge, die sie umgaben, waren Hadi ein Dorn im Auge. Eines Tages sandte er ihr einen Brief, in dem er ihr befahl, sich nicht in die Angelegenheiten des Staates einzumischen. Doch Khaizuran war nicht die Frau, die klein beigab, und so brach der drohende Sturm bald los. Der junge Kalif lehnte es ab, dem Chef der Polizei die Gunst zu erweisen, um die sie ihn gebeten hatte. Als sie nicht lockerließ, antwortete ihr Hadi in sehr heftigem Ton: »Merke dir gut: Ich schwöre bei Allah und bei meiner Abstammung. Sobald ich höre, daß einer meiner Generäle oder einer meiner Beamten an deine Türe klopft, werde ich ihm den Kopf abschlagen und seinen Besitz beschlagnahmen lassen. Was sollen diese täglichen Prozessionen vor deinem Haus? Hast du denn keine Spindel, um deine Hände zu beschäftigen, keinen Koran, um zu Allah zu beten, und kein Haus, um das du dich kümmern könntest? Sieh dich vor! Öffne deine Türe niemandem, sei er Muslim, Jude oder Christ!«[20]

Hadi mochte seinen Bruder nicht, der begabter und schöner war als er und der sich gerade anschickte, seinen Platz als Kronprinz einzunehmen. Kaum hatte er die Macht erlangt, begann er daran zu denken, ihn in der Erbfolge durch seinen eigenen Sohn, den Prinzen Dscha'far, zu ersetzen. Er vertraute sich zum ersten Male Yahya dem Barmakiden an, der ihm davon abriet und ihm darlegte, daß sein Bruder ihm eines Tages gegen Dscha'far selbst nützlich sein könnte. Hadi stimmte zu, kam aber einige Zeit später wieder auf die Frage zurück. Da machte ihn Yahya darauf aufmerksam, daß das Volk Dscha'far weder als militärischen noch als religiösen Führer akzeptieren würde, wenn er, der Kalif, sterben sollte, solange Dscha'far noch im Kindesalter war, und daß dann andere Mitglieder der Familie der Abbasiden Ansprüche auf die Macht erheben könnten. Er riet ihm deshalb abzuwarten, bis Dscha'far das Alter erreicht habe, in dem er Kalif werden könnte, um dann Harun zu bitten, auf seine Rechte zu verzichten. Noch einmal ließ sich Hadi von diesen klugen Argumenten überzeugen. Aber nachdem ihn einige seiner Generäle ermuntert hatten, schob er schließlich alle Einwände beiseite.

Harun war kaum darauf vorbereitet, den Kampf gegen seinen schrecklichen Bruder aufzunehmen. Am Anfang hatte es so ausgesehen, als wäre er bereit, alles hinzunehmen. Doch da ihm seine Vorrechte als Kronprinz entzogen worden waren, war das Schlimmste zu befürchten. Alle hatten ihn im Stich gelassen mit Ausnahme von Yahya, der ihn seit langem unter seine Obhut genommen hatte (ein Sohn Yahyas war Haruns Milchbruder gewesen) und der ihn nach und nach in seinem Widerstand gegen den Kalifen bestärkte. Eine von mehreren Geschichtsschreibern überlieferte Anekdote macht deutlich, welche Entschlossenheit Harun plötzlich gegenüber seinem Bruder an den Tag legte. Ihr Vater hatte ihm einen sehr kostbaren Ring geschenkt, den Hadi unbedingt zurückbekommen wollte. Er beauftragte Yahya mit dieser Mission und drohte, ihm den Kopf abzuschlagen, wenn er den Ring nicht zurückbrächte. Obwohl Yahya insistierte, weigerte sich Harun, den Ring zurückzugeben, und erklärte, er würde ihn selbst seinem Bruder bringen. Als er aber die Tigrisbrücke überquerte, warf er ihn in den Fluß und sagte: »Und jetzt soll er machen, was er will.« Es geschah aber nichts, da Yahya in dieser Sache offenkundig keine Schuld trug. Doch der Zorn des Kalifen kochte weiter.

Dann versuchte Hadi, seine Mutter umzubringen. Eines Tages schickte er ihr ein Reisgericht mit ein paar begleitenden Zeilen, in denen er sagte, er habe es ausgezeichnet gefunden und wolle es mit ihr teilen. Khaizuran warf es ihrem Hund vor, der innerhalb weniger Minuten verendete. Dann teilte sie ihrem Sohn mit, daß auch sie die Speise köstlich gefunden habe. Und Tabari berichtet, was Hadi seiner Mutter entgegnete: »Du hast sie nicht gegessen, sonst wäre ich dich jetzt los. Noch nie hat es einen Herrscher gegeben, der erleben mußte, daß seine Mutter an seiner Statt regiert.«[21] Hadi unternahm auch mehrere Versuche, Harun zu vergiften. Da versuchte dieser zu fliehen, doch Hadi ließ ihn von seinen Männern einfangen, und er wurde zusammen mit Yahya in das Gefängnis von Bagdad geworfen.

Die Tage des Prinzen schienen gezählt, als Hadi plötzlich ernstlich erkrankte. War es ein Magengeschwür, wie es in seiner Familie häufig vorkam? Wahrscheinlicher ist, daß er ein langsam wirkendes Gift in sich aufgenommen hatte, das seine Mutter einem Getränk beigemengt hatte. Der Arzt, der ihn untersuchte, erklärte, daß er höchstens noch neun Stunden zu leben hätte. Er irrte sich nicht. Doch es heißt, seine Mutter habe sein Ende beschleunigt, indem sie junge Sklavinnen beauftragte, ihn mit Kissen zu ersticken.

Nach dem Tod des Kalifen befahl Khaizuran, Yahya freizulassen, damit er die Zügel in die Hände nähme. Dann schickte sie den General Harthama zu dem noch schlafenden Harun, um ihn zu benachrichtigen: »Erwachet, o Befehlshaber der Gläubigen!« – »Was sagst du da?« rief Harun. »Was wird aus mir, wenn Hadi erfährt, daß man mich so genannt hat?«[22] Sobald er erfahren hatte, daß sein Bruder tot war, machte sich Harun auf den Weg, um die Staatssiegel in Besitz zu nehmen. Wenige Augenblicke später traf die Botschaft ein, daß eine Konkubine Haruns namens Maradschil, die persischer Herkunft war, einen Knaben auf die Welt gebracht hatte, der den Namen Abdallah erhielt. Aus ihm sollte einmal der Kalif Ma'mun werden, einer der größten Herrscher aus der Abbasidendynastie. »So vollzog sich in dieser Nacht der Bestimmung, die Khaizuran vorhergesagt worden war, der Tod eines Kalifen, die Thronbesteigung eines zweiten und die Geburt eines dritten.«[23]

Ungefähr zur selben Stunde weckte man den jungen Dscha'far, um ihn zu zwingen, öffentlich auf seine Rechte als Thronfolger zu verzichten. Keiner der Generäle, die Hadi gedrängt hatten, seinem Bruder diesen Titel zu entziehen, rührte eine Hand. Yahya und General Harthama hatten die Operation meisterhaft ausgeführt. Die Provinzen nahmen die Nachricht mit derselben Ruhe auf wie Bagdad. Am 15. oder 16. September 786 (15 Rabi 170) wurde Harun al-Raschid – der »Rechtgeleitete« – zum Kalifen ausgerufen. Er war etwas über zwanzig Jahre alt.

Dem Brauch entsprechend feierten die Dichter den neuen Herrscher:

O Kalif, lebe lange nach Lust und Laune,
Im Schatten der erhabensten Paläste.
Daß Osten und Westen und alles, was dich umgibt,
Deinen Wünschen willfahren möge!
An dem Tag jedoch, an dem die Krämpfe des Todes
Deine Brust schütteln,
Wirst du, ach! erkennen, daß deine Wonnen
Nichts waren als Trug und Eitelkeit.

2. Kapitel

Jugend und Glanz des Rechtgeleiteten

Hast du nicht gesehen,
daß die bis dahin fahl scheinende Sonne
mit der Thronbesteigung Haruns begann,
die Fluten ihres Lichts zu verströmen?
Mossuli

Der Kalif Harun al-Raschid war der
hochherzigste Fürst seiner Zeit
und der prächtigste dazu.
Tausendundeine Nacht

Was ist über Kindheit und Jugend orientalischer Herrscher bekannt? Eigentlich recht wenig. Viele kamen infolge von Nachfolgestreitigkeiten an die Macht, und die Chronisten hatten kaum Grund, sich schon früh für sie zu interessieren. Die meisten Details bezüglich der Kindheit der Kalifen oder Sultane sind daher erst später zusammengetragen worden, als sie bereits als Herrscher auf dem Thron saßen. Der »gute Harun« machte da keine Ausnahme.

Haruns Kindheit und süßes Leben

Harun, der im Februar 766 in Ray in Khorasan geboren wurde, verbrachte dort auch seine ersten Jahre, und zwar in einem Schloß, das die Stadt beherrschte. Ray war durch einen Graben und eine dicke, mit fünf Toren versehene Mauer geschützt und von zwei Flüssen gut bewässert und sollte innerhalb weniger Jahre zu »einer der Perlen der islamischen Länder« werden. Es heißt, Harun habe sich immer gerne an seine Geburtsstadt erinnert, wo

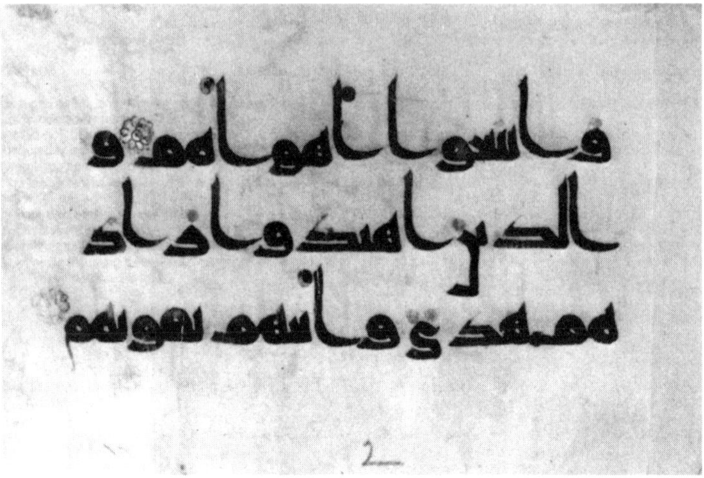

Koranseite aus dem 9./10. Jahrhundert (Ägypten): »Das sind diejenigen, denen Gott ihr Herz versiegelt hat und die nur ihren Neigungen folgen. Diejenigen aber, die rechtgeleitet sind, bestärkt Gott noch in ihrer Rechtleitung und gibt ihnen Gottesfurcht«(aus der Sure 47). New York, Metropolitan Museum of Art.

sich die Frauen der Notabeln gegenseitig die Ehre streitig machten, ihn an ihrer Brust zu nähren.

Mahdi ließ sich in Bagdad nieder, als Harun drei oder vier Jahre alt war, und zog in einen Palast, den er am Ufer des Tigris hatte errichten lassen. Hier erhielt der junge Prinz die Erziehung, die man Königskindern angedeihen ließ und die sich nicht oder nur wenig von der unterschied, die den Kindern aus der höheren Gesellschaftsschicht zuteil wurde. Die Kalifen verwandten größte Sorgfalt auf die Erziehung ihrer Söhne; denn nahmen nicht die gelehrten Männer Mohammed zufolge »den dritten Rang ein nach Gott und den Engeln«? Sie vertrauten sie Gelehrten an, aber auch Dichtern und Musikern, die sie persönlich auswählten. Sie überwachten regelmäßig ihre Fortschritte und unterzogen sie privaten oder öffentlichen Prüfungen. Die Erziehung der jungen Prinzen begann im Alter von fünf Jahren und wurde abgeschlossen, wenn sie ungefähr fünfzehn Jahre alt waren. »Kinder zu unterweisen heißt, in einen Stein zu schneiden«, sagte man damals.

Während die Omayyaden, die noch dem Leben der Beduinen verbunden waren, den Waffenspielen und sportlichen Betätigungen größeren Raum gaben als der Religion und dem Geistesleben, rückten unter den Abbasiden die Lehre des Koran, die Philosophie und die Rechtswissenschaft an den ersten Platz. Der junge Omayyadenprinz hatte einfach gelernt, den Koran zu lesen; der Abbaside hingegen mußte sich mit der Exegese und der Überlieferung *(Hadit)* vertraut machen. Das hohe intellektuelle Niveau der abbasidischen Zivilisation, die dem Abendland das Erbe der Antike sicherte, ist gewiß zum großen Teil auf den Respekt vor den Dingen des Geistes zurückzuführen, der den jungen Prinzen der Dynastie von Kindesbeinen an eingeimpft wurde.

Mas'udi berichtet, daß Harun al-Raschid die Erziehung seines Sohnes Amin dem Grammatiker al-Ahmar anvertraute. »Ahmar«, sagte Harun, »der Befehlshaber der Gläubigen vertraut dir sein kostbarstes Blut, die Frucht seines Herzens, an. Er gibt dir Vollmacht über seinen Sohn, und dieser macht es sich zur Pflicht, dir zu gehorchen. Zeige dich der Aufgabe, die der Kalif dir gestellt hat, gewachsen: Lehre deinen Schüler, den Koran zu lesen, unterweise ihn in den Überlieferungen; schmücke sein Gedächtnis mit klassischer Dichtung und mache ihn mit unseren heiligen Bräuchen vertraut. Er möge lernen, seine Worte abzuwägen und zur Sache zu reden. Lege fest, welche Stunden ihm zum Vergnügen dienen. Lehre ihn, die Alten aus der Familie Haschims, die bei ihm vorstellig werden, mit Respekt zu empfangen und die Anführer, die an seinen Empfängen teilnehmen, mit Rücksicht zu behandeln. Laß keine Stunde des Tages verstreichen, ohne sie für seine Unterweisung zu nutzen! Sei weder allzu streng, damit seine Intelligenz nicht verkümmert, noch allzu nachsichtig, damit er nicht der Trägheit frönt und sich daran gewöhnt. Korrigiere ihn, soweit er auf dich angewiesen ist, und lasse dabei Freundschaft und Milde walten; wenn diese aber ihre Wirkung verfehlen, bediene dich der Strenge und wende Härte an!«[1]

Dieses Erziehungsprogramm, dem man folgen muß, um ein rechtschaffener Mann, ein Mann mit guten Manieren *(adib)* zu werden, erinnert zweifellos sehr stark an die Erziehung, die Harun selbst genossen hatte. Mahdi, der selber ziemlich gebildet war, vertraute seinen Sohn mehreren Erziehern an, von denen jeder in einem besonderen Wissenszweig spezialisiert war. Kitai, sein »Hofmeister«, dem diese unterstellt waren, war ein berühmter Intellektueller. Sein »Vormund« aber war Yahya der Barmakide, den Harun seinen »Vater« nannte. Dieser war ohne jeden Zweifel einer der bemerkenswertesten Männer, die die arabische Welt in den ersten Jahrhunderten der Hidschra regierten. Yahya sollte an Haruns Seite bleiben, bis er in Ungnade fiel.

Die engen Bande, die zwischen der Familie der Abbasiden und der der Nachkommen der Barmak seit den ersten Jahren der neuen Dynastie bestanden,[2] hatten sich mittlerweile noch verstärkt. Wie in der vorhergehenden Generation wurden die Kinder der einen Familie von den Frauen der anderen gestillt und umgekehrt. Und auch Haruns Kinder sollten noch an der Brust der Frau von Dscha'far dem Barmakiden saugen, während eine von dessen Töchtern von der Gemahlin des Kalifen ernährt wurde.

Als Harun das dreizehnte Lebensjahr vollendete, wurde Yahya ganz selbstverständlich zum »Sondersekretär« ernannt – ein Titel, der ihm weiter reichende Befugnisse über seinen Zögling verlieh. Er tat dann mehr, als ihm nur zu sekundieren: Als der junge Prinz das Kommando über einen großen Feldzug gegen die Byzantiner übernahm, begleitete er ihn. Später, als Harun den Auftrag erhalten hatte, die westlichen Provinzen Aserbaidschan und Armenien zu regieren, war es in Wirklichkeit Yahya, der diese riesigen Gebiete verwaltete. Mit großem politischen Geschick verstand es Yahya sofort, seine Qualitäten als Administrator und sein Verantwortungsbewußtsein unter Beweis zu stellen. Da er sich in erster Linie für die militärischen Probleme interessierte, ließ ihm Harun freie Hand. Für diesen Prinzen mit seiner Neigung, das Leben zu genießen, war Yahya der ideale Mitarbeiter. Und für Yahya waren diese in den Provinzen verbrachten Jahre eine ausgezeichnete Vorbereitung auf die Aufgaben, die ihn in der Zukunft erwarteten.

Im September 786 bestieg Harun den Thron. Seine erste Handlung bestand darin, Yahya zum Wesir zu ernennen. Folgende Darstellung findet sich in den Geschichten von *Tausendundeiner Nacht:* »Der Tod von al-Hadi und die Besteigung des Kalifenthrons durch al-Raschid waren, noch vor der Morgendämmerung, der Bevölkerung von Bagdad bekannt. Und Harun nahm, umgeben vom Prunk der Souveränität, den Treueid der Emire, der Notabeln und des versammelten Volkes entgegen. Und am selben Tag erhob er al-Fadl und Dscha'far, beide Söhne von Yahya dem Barmakiden, ins Wesirat. Und alle Provinzen und Landschaften des Reiches und alle islamischen Völkerschaften – Araber und Nichtaraber, Türken und Dailamiten – erkannten die Autorität des neuen Kalifats an und schworen ihm Gefolgschaft. Und es begann seine Herrschaft in Wohlstand und in Herrlichkeit, und man sah ihn in seinem neuen Ruhm und in seiner neuen Macht glänzen.«[3]

Als Ratgeber des Herrschers und gleichzeitiger Chef der Verwaltung, als Mitglied der Regierung und erster Mann im Staat nach dem Kalifen übt der Wesir zu unterschiedlichen Zeiten unterschiedliche Funktionen aus. Am häufigsten entstammt er der *mawali*-Schicht. Das heißt, er ist nicht arabischer, sondern meistens iranischer Herkunft; jedenfalls immer ein Konvertit, ein gebildeter Mensch und ein hochherziger Mäzen. Zur Zeit Haruns erfüllte er beim Kalifen im wesentlichen einen persönlichen Dienst. Im nachfolgenden Jahrhundert gewannen die Wesire immer mehr an Bedeutung, und schließlich wurden die Verantwortlichkeiten des Kalifen so weit abgebaut, daß er nichts mehr zu tun hatte, als die durch seinen Minister getroffenen Entscheidungen gutzuheißen. Manche Wesire, die »Dynastien« von Wesiren und Sekretären *(kuttab)* entstammten, sollten Großes leisten, vor allem im Hinblick auf die Finanzen, die Politik und das Militär. Viele von ihnen traten als große Staatsdiener an die Stelle inkompetenter oder solcher Kalifen, die auf die Regierung des Reiches schlecht vorbereitet waren, was schließlich manche veranlaßte, Entscheidungen zu treffen, die mehr in ihrem eigenen Interesse lagen als in dem des Staates.

Harun räumte Yahya Vorrechte ein, die bis dahin dem Herrscher gebührt hatten, darunter die, selbst die Sekretäre der Diwane (Ministerien)[4] zu ernennen und Übergriffe *(mazalim)* der Beamten zu ahnden. Wenn man Mas'udi Glauben schenkt, dann hatte Harun ihm seinen eigenen Ring gegeben und erklärt: »Mein lieber Vater, du bist es gewesen, der mich auf diesen Thron gebracht hat dank deiner vom Himmel gesegneten Hilfe, deines glücklichen Einflusses und deiner weisen Lenkung. Und deshalb statte ich dich auch mit absoluter Macht aus.«[5]

Yahya mußte seine Macht allerdings mit der Königinmutter, der gefährlichen Khaizuran, teilen. Zu ihrer Macht gesellten sich noch die sagenhaften Reichtümer der ehemaligen jemenitischen Sklavin. Über mehrere Jahre hinweg und bis zu ihrem Tode 789 mußte er sein ganzes Geschick aufwenden, um zwischen Harun und einer Frau zu lavieren, die es besser denn je verstand, von dem Einfluß zu profitieren, den sie aufgrund ihres Status genoß. Der Wesir, der sich ihnen auf keinen Fall direkt widersetzen durfte, mußte mit Hilfe von »Argumentationen und Anspielungen«, auf dem Umweg über symbolreiche Anekdoten, vorgehen. »Wenn man sich den Kalifen gegenüber in einer Sache widersetzt, bedeutet das, sie anzustacheln, diese erst recht zu tun; denn wenn ihr sie daran hindern wollt, in einer bestimmten Richtung zu handeln, dann treibt ihr sie erst recht dazu an«, sagte er.

Freilich erhielt Yahya bei der Durchführung seiner Aufgaben

große Unterstützung von zweien seiner Söhne, al-Fadl und Dscha'far. Diese wohnten den Amtshandlungen des Wesirs bei und saßen bei den öffentlichen Audienzen an seiner Seite, was im Orient außergewöhnlich war. Dscha'far sollte das Siegel erhalten, das dann an Yahya und noch später an al-Fadl weitergegeben wurde. Das Siegel des Herrschers blieb also in ein und derselben Familie. Tatsächlich sollten Haruns Geschicke in den ersten zehn Jahren seiner Herrschaft eng mit denen der Barmakiden verflochten sein. Während seiner Regierungszeit nämlich herrschten in Wirklichkeit diese drei fähigen, sachkundigen und außergewöhnlich klugen Männer.

Würden nach dem dramatischen Ende Hadis und der Reihe von Treubrüchen, die diesem vorausgegangen waren, Köpfe rollen? Die vielen, die Harun, dem damaligen Kronprinzen, den Eid verweigert hatten, um sich mit Dscha'far zu verbünden, durchlebten jetzt sicher schlaflose Nächte. Es war Yahya, der sie und damit auch den inneren Frieden rettete, der zumindest eine Zeitlang hielt. Khaizuran, die wollte, daß alle Verräter hingerichtet würden, gab er zu bedenken, daß es nützlicher sei, sie in den Kampf gegen den Feind zu schicken.

Der Rat wurde befolgt, und zwei »kleine Fische« mußten für die anderen zahlen. Ein hoher Würdenträger, der Chef der Polizei, zog sich anders aus der Affäre. Er erwirkte, von dem Eid entbunden zu werden, den er Harun geleistet hatte, indem er versprach, zu Fuß nach Mekka zu pilgern. Das tat er auch, ließ aber Diener vorausgehen, die Teppiche ausrollten, welche sie, wenn er vorübergegangen war, wieder aufhoben, um sie erneut vor ihm auszubreiten. Ali ibn Isa ibn Mahan, einer der Hauptverantwortlichen der *abna,* und Yazid ibn Mazyad, einer von Hadis Militärberatern, die diesen gedrängt hatten, Harun durch Dscha'far zu ersetzen, wurden einfach in die Verbannung geschickt. Erst lange nach Khaizurans Tod erinnerte man sich ihrer. So begann Haruns Regentschaft unter einem guten Stern.

Einige Monate nachdem ihn Gott – mit Khaizurans und Yahyas Hilfe – auf den Gipfel der Macht geführt hatte, unternahm Harun seine erste Wallfahrt nach Mekka. Von diesem Akt, den er mehrmals wiederholen sollte und dem die Abbasiden die größte Bedeutung beimaßen, hat uns die Geschichte nichts Genaueres überliefert. Sie bot dem neuen Herrscher zweifellos Gelegenheit, seine Großherzigkeit zu beweisen. Besser informiert sind wir über die Wallfahrt, die Khaizuran einige Monate später antrat. Sie verlief triumphal. Es heißt, daß dabei die Almosen in Strömen flossen. Jeden Tag oder beinahe jeden Tag erteilte die Königinmutter den Befehl, Unterkünfte für die Pilger zu errichten und ihrem Weg entlang Brunnen und Moscheen zu bauen. Sie fand auch Mohammeds Geburtshaus wieder – oder das, was dafür gehalten wird – und ließ es in eine Moschee umwandeln; das gleiche geschah mit dem Haus, in dem sich der Prophet und seine Gefährten zu versammeln pflegten. Dieses sollte dann lange Zeit »Khaizurans Haus« genannt werden.

Die Abbasiden wollten also den religiösen Charakter ihres Regimes hervorheben. Mansur und Mahdi hatten damit das Komplott der Nachfahren des Abbas und den Gewaltstreich von 750 gewissermaßen gerechtfertigt. Die Abbasiden hatten die Omayyadenkalifen in der Absicht vertrieben, die Gläubigen auf den wahren Weg des Islam zurückzuführen. Mehr noch als sein Vater und sein berühmter Großvater war Harun der tiefen Überzeugung, daß er von Gott zum *amir al-mu'minin,* dem Befehlshaber der Gläubigen, und zum *imam,* dem Führer der Gemeinschaft, bestimmt worden sei. Bei jedem feierlichen Anlaß legte er den Mantel des Propheten *(burda)* um und hielt den Stab *(qadib)* in der Hand – Symbole seiner herausragenden Eigenschaft als »Nachfolger des Gesandten Gottes« (Kalif), also der »Macht Gottes auf Erden«. Diesen Titel hatte Mansur sich zugelegt. Das Kalifat war vor allem eine religiöse Institution, deren erste Pflicht darin bestand, die Religion zu verteidigen. Und die Aufgabe des Abbasidenkalifen war es, über die Wahrung der strengen Rechtgläubigkeit sowie über die Befolgung der ein für allemal festgeschriebenen Gebote zu wachen.

Um die von Gott gewollte Ordnung und die Anwendung des islamischen Rechts durchzusetzen, umgab sich Harun al-Raschid von den ersten Jahren an mit Religionsgelehrten, mit denen er über Dogma und Recht diskutierte. Mit ihm gewannen die heiligen Stätten ihre Bedeutung zurück, und er verlieh der Wallfahrt nach Mekka schon bald einen spektakulären Charakter von Frömmigkeit und Propaganda, den seine außerordentliche Großzügigkeit – im Laufe einer einzigen Wallfahrt gab er eine Million Dinar aus – zu neuen Gipfeln führte.

Und vor allem bekämpfte Harun aus religiösen wie politischen Gründen die Häresie in all ihren Erscheinungsformen. Das Riesenreich mit seinen so unterschiedlichen Völkern, in dem das Arabertum sich allmählich auflöste, konnte nur einen Glauben und nur ein Gesetz kennen; sie waren sein Bindemittel und seine raison d'être. Und Auftrag des Kalifen war es, dafür zu sorgen, daß sie respektiert wurden. Deshalb bekriegte er die Aliden und kämpfte, wie noch zu zeigen sein wird, gegen die Zindiqs.[6]

Für die ersten Abbasiden stellten nur die religiösen und sozialen Agitatoren eine Gefahr dar. Kein Feind bedrohte sie von außen. Ihre einzigen bedeutenden Nachbarn, die Byzantiner, waren mit ihren Komplotten und Krisen beschäftigt und wären unfähig gewesen, sie in Unruhe zu versetzen. Harun, der von seinem Vater ins Feld, jenseits des Taurus, geschickt worden war, ließ dennoch das Reich des Basileus nicht aus den Augen. Er vergaß niemals, daß der Islam den Kampf gegen die Ungläubigen vorschreibt, und konnte sich wahrscheinlich auch nicht dem Traum von einer Eroberung Konstantinopels entziehen, dem so viele Könige und Kaiser nach ihm erlagen. Er würde also gegen Byzanz marschieren, und dieser Krieg war, zusammen mit dem Kampf für die Religion, das große Anliegen seines Lebens.

Nach seinem Machtantritt nahm er die Armee selbst in die Hand und machte das Militärwesen zu seiner persönlichen Domäne. Daher beschloß er, in bestimmten Grenzregionen eine neue Abwehrfront aufzubauen, um die befestigten Orte, die *thughur,* die Mahdi gebaut hatte, die inzwischen aber meist in Verfall geraten waren, auszubauen oder durch neue zu ersetzen.

Der Befehlshaber der Gläubigen in seinem Palast

Khaizuran starb Ende 789, wahrscheinlich eines natürlichen Todes. Sie war gerade fünfzig Jahre alt. Ohne seinen Schmerz zu verbergen, folgte Harun, barfuß durch den herbstlichen Schlamm watend, ihrem Sarg bis zum Friedhof von Rusafa, am Ostufer des Tigris. Er stieg in das Grab hinab, wo er selbst die letzten Gebete sprach und die Elegie Ibn Nuwairas rezitierte, die in der muslimischen Welt berühmt ist und die auch A'ischa, Mohammeds Frau, am Grabe ihres Vaters Abu Bakr, des ersten Nachfolgers des Propheten, gesprochen hatte. Dann fiel zunächst Schweigen über die große Khaizuran. Doch als auch die Protagonisten der Dramen, bei denen sie mitgespielt oder zugesehen hatte, nicht mehr lebten, erinnerten sich Chronisten, Geschichtsschreiber und Dichter des romantischen Schicksals der jemenitischen Sklavin, Gemahlin und Mutter von Kalifen, die nicht vor Verbrechen zurückschreckte, um ihren Lieblingssohn auf den Thron zu bringen.

Kaum war seine Mutter gestorben, entzog Harun Dscha'far dem Barmakiden das Siegel, um es einem anderen seiner Günstlinge, al-Fadl ibn al-Rabi, anzuvertrauen. Khaizuran hatte sich dem immer widersetzt, und nun machte Harun seine Absicht deutlich, ein Gegengewicht zu dem Einfluß der großen Familie der Barmak zu schaffen, der sein Wesir entstammte. Er befahl auch, Ibrahim al-Harrani, den früheren Wesir, der unter Hadi gedient hatte, zu verhaften und sein Vermögen zu beschlagnahmen. Yahyas Intervention hatte nur eine Abmilderung dieser Maßnahmen zur Folge.[7]

Harun war jetzt dreiundzwanzig Jahre alt. Er war von angenehmem Äußeren, gutgebaut und hochgewachsen. Tabari zufolge hatte er ein schönes Gesicht, helle Haut und gelocktes Haar, und in *Tausendundeiner Nacht* heißt es, er habe »einen ganz kleinen Mund und dicke, pralle Backen« gehabt. Er residierte damals meistens in Bagdad, im Khuld-Palast, dem Palast »der Ewigen Seligkeit«, den sein Vater am Ufer des Tigris hatte errichten lassen. Vor dem Palast lag ein großer freier Platz, der von den Gebäuden des Polizeichefs beherrscht wurde. An Festtagen lockten Paraden und Truppenschauen große Menschenmengen an, die das eindrucksvolle Schauspiel imperialer Prunkentfaltung und den Vorbeimarsch der Regimenter des Kalifen bewundern wollten.

Wir wissen nichts Genaues über die Inneneinrichtung des Khuld-Palastes; bekannt ist jedoch, daß er, wie alle Paläste des Orients von alters her, von imposanten Ausmaßen war. Als erster einer Reihe von Palästen, die bald schon entlang dem Tigris errichtet werden sollten, entsprach al-Khuld[8] dem Sicherheitsbedürfnis der Kalifen, da er zugleich ihre Residenz und das politische und administrative Zentrum des Reiches bildete. Außer großen Audienz- und Empfangssälen beherbergte der Palast zahlreiche Räume für die Würdenträger und Sekretäre sowie deren Privatgemächer. Ebenso wie die Runde Stadt selbst war auch al-Khuld, der traditionellen orientalischen Technik entsprechend, aus ungebrannten Ziegeln gebaut, die durch gebrannte Ziegel verstärkt und mit Stuck bedeckt waren. Mächtige, mit dicken Türmen versehene Außenmauern verliehen dem Komplex das Aussehen einer gewaltigen Festung.

Gleichzeitig mit dem Palast hatte Mansur paradiesische Gärten anlegen lassen, die von den Gärten der Sasaniden und den »Paradiesen« der Omayyaden inspiriert waren – zauberhafte Rahmen für ein Hofleben, das die Kalifen, zunächst Mahdi, aber vor allem Harun, noch verfeinern und verschönern sollten. Sachkundig gezüchtete Blumen wurden derart arrangiert, daß sie berühmte arabische Gedichte bildeten, die sich von den Beeten ablesen ließen. Es gab Bäume, deren Stämme von juwelengeschmückten Edelmetallen umgeben und deren Blätter mit Gold und Silber überzogen waren, Wasserbecken und künstlich angelegte Bäche, kleine, aus exotischen Hölzern gebaute Brücken, Gartenpavillons, Eiben und Zypressen, die sich im Wasser spiegelten, auf dessen Oberfläche Seerosen die Schriftzeichen eines Verses zum Ruhme des Kalifen formten … In diesen Gärten war fast nichts der Natur überlassen, sondern alles das Werk einer bis zur Perfektion betriebenen Kunst: Tabari berichtet, daß es im Inneren des Palastes einen kleinen Garten gab, der vollkommen mit rosablühenden Bäumen bepflanzt war und in dessen Zentrum sich eine mit rosafarbenen Stoffen dekorierte Halle befand, in der in gleicher Farbe gekleidete Diener umherhuschten. In *Tausendundeiner Nacht* finden sich Beschreibungen davon:

»Nun hieß dieser Garten der Lustgarten, und darin stand ein Schloß, das hieß das Schloß der Schönen Aussicht und der Bilder; und das Ganze gehörte dem Kalifen Harun al-Raschid, der diesen Garten und das Schloß zu besuchen und dort zu sitzen pflegte, wenn ihm die Brust beklommen war. Der Palast hatte achtzig vergitterte Fenster, und achtzig Lampen hingen darin mit einem großen, goldenen Kronleuchter in der Mitte. Wenn der Kalif dorthin kam, so befahl er den Sklavinnen, die Fenster zu öffnen und mit seinem Tischgenossen Ishak ibn Ibrahim Lieder zu singen, bis ihm die Brust weit ward und sein Kummer sich legte …«

Selbst im Inneren der weitläufigen Säle des Palastes sprossen die schönsten und seltensten Blumen: »Im Versammlungssaal spiegelte sich ein kleiner Garten in einem Alabasterbecken, wo der diamantene Wasserstrahl sang, der an sich schon eine Quelle erquickender Wonne war und bezaubernd wirkte.«

Es gibt viele lyrische und malerische Schilderungen dieser zauberhaften Orte aus der Zeit Haruns und aus dem Jahrhundert, das auf seine Herrschaft folgte. Eine der bekanntesten ist die des

Empfangs[9] der byzantinischen Gesandten Johannes Rhadinos und Michael Toxaras, die Kaiser Konstantin Porphyrogennetos entsandt hatte, um einen Waffenstillstand mit dem Kalifen al-Muqtadir zu schließen und die griechischen Gefangenen freizukaufen.

»Was man im Palast des Befehlshabers der Gläubigen nicht alles aufgehängt hatte an Vorhängen aus Goldbrokat, verziert mit prachtvollen Goldstickereien, die Kelche, Elefanten, Pferde, Kamele, Löwen und Vögel darstellten, und die vielen großen Wandbehänge …, einfarbig oder mit Mustern geschmückt. Und es gab achtunddreißigtausend bestickte Vorhänge, darunter zwölftausendfünfhundert Vorhänge aus Goldbrokat. Wie viele längliche Teppiche in den Korridoren und in den Höfen, auf die die Kadis und die Gesandten des Königs von Griechenland traten, wenn sie von dem einen Ende, vom Bab al-Amma al-Dschadid genannten Tor bis zu al-Muqtadir schritten … gar nicht zu reden von den Teppichen in den Privatgemächern und den Audienzsälen, die aus Filz aus Tabaristan und Dabiq angefertigt waren, die nur angesehen und nicht mit den Füßen betreten werden durften. Es waren zweiundzwanzigtausend an der Zahl.

Die Gesandten des Kaisers der Griechen wurden durch das Vestibül des großen Tores Bab al-Amma bis zu dem Palast geführt, der Khan al-Khail genannt wird und zu einem großen Teil aus Portiken mit Marmorsäulen besteht. In diesem Gebäude, auf der rechten Seite, hielt man fünfhundert Stuten, die fünfhundert goldene und silberne Sättel ohne Satteldecken trugen, und auf der linken Seite fünfhundert Stuten, die Schabracken aus Brokat mit langen Hauben trugen … Man ließ sie dann in die Gehege der wilden Tiere eintreten, danach zu einem Palast, wo sich vier mit Brokat und bunter Seide geharnischte Elefanten befanden: Auf dem Rücken jedes Elefanten saßen acht Männer aus Sind und mit Feuerlanzen bewaffnete Pyrotechniker, was die Gesandten in Angst und Schrecken versetzte. Daraufhin führte man sie zu einem Palast, in dem hundert Löwen eingesperrt waren, fünfzig rechts, fünfzig links, wobei jeder Löwe von einem Wächter an der Leine gehalten wurde, und jeder trug Ketten und Eisenreifen um Kopf und Hals[10]. Dann wurden sie zu dem modernen Kiosk geführt; das war ein Palast zwischen zwei Obstgärten, in dessen Mitte sich ein Zinnsee befand, der von einem Kanal aus Zinn umflossen wurde, das heller strahlte als poliertes Silber. Die Länge des Sees betrug dreißig Ellen, die Breite zwanzig. Dort sah man vier leichte, elegante Schiffe, die vergoldet und mit Stoffen aus besticktem Dabiq ausgeschmückt und mit vergoldetem Dabiq bedeckt waren. Um diesen See herum erstreckte sich ein Obstgarten, in dem Palmen wuchsen; es heißt, daß ihre Anzahl vierhundert betrug und ihre Höhe fünf Ellen maß. Der ganze Baum war mit geschnitztem Teakholz bedeckt, vom Fuß bis zur Krone, und von rotgoldenem Kupfer umgeben... Dann führte man die Gesandten von diesem Palast in den Palast des Baumes, wo sich inmitten eines großen kreisförmigen Beckens, das klares Wasser enthielt, ein Baum befand. Dieser Baum hatte achtzehn Äste, von denen jeder zahlreiche Zweige trug; auf denen saßen vergoldete und versilberte Vögel von jeder Art und Größe. Der größte Teil der Äste des Baumes war aus Silber, einige vergoldet. Sie bogen sich zu bestimmten Zeiten und trugen verschiedenfarbige Blätter, die sich bewegten, wie wenn der Wind die Blätter der Bäume bewegt, während jeder dieser Vögel pfiff und gurrte.«[11]

In *Tausendundeiner Nacht* wird ebenfalls ein großer Saal des Palastes beschrieben, der ohne Zweifel sehr ähnlich aussah wie der, in dem der Kalif die Gesandten des Basileus empfing:

»Es war ein von einer Kuppel überwölbter Saal. Sie wurde ihrerseits von achtzig durchsichtig schimmernden Säulen aus reinstem Alabaster getragen, deren Basen und Kapitelle sehr kunstvoll geschnitzt und mit goldenen Vögeln und vierbeinigen Tieren verziert waren. Und diese Kuppel war ganz ausgemalt, auf goldenen Untergrund, mit farbigen Linien, die das Auge erfrischten. Es waren dieselben Bilder wie auf dem großen Teppich, mit dem der Saal ausgelegt war. Und in den Räumen zwischen den Säulen standen große Töpfe mit wunderbaren Blumen oder einfach große Schalen, die zwar leer, aber für sich allein schön und aus Jade, Achat oder Kristall angefertigt waren. Und dieser Saal führte auf ebener Erde in den Garten, an dessen Eingang kleine bunte Kiesel das gleiche Muster wie auf dem Teppich bildeten: Das bewirkte, daß die Kuppel, der Saal und der Garten unter freiem Himmel und dem stillen Azur ineinander übergingen.«[12]

Stellen wir uns noch die riesigen, überaus fein gearbeiteten Teppiche vor, die mir Goldfäden übersät waren, unter die sich noch Perlen und Edelsteine mischten, die seidenen Wandbehänge, die ebenfalls mit Juwelen verziert waren, goldene Lüster, die von den Decken herabhingen, Wandgemälde, auf denen die Stunden und Tage der früheren Kalifen dargestellt waren. Alles, was Mensch und Natur damals an Schönem und Erlesenem hervorbrachten, fand sich an diesen traumhaften Orten, den Palästen und Gärten von Bagdad, versammelt.

Der Kalif lebte, zusammen mit Hunderten von Personen, in diesen majestätischen Sälen und in seinen Privatgemächern. Der Palast war Mittelpunkt des offiziellen Lebens des Reiches und zugleich Privatwohnung des Befehlshabers der Gläubigen. Auf ihn liefen sämtliche Aktivitäten zu, und von ihm gingen alle Manifestationen dieses Staates aus. Es war eine in sich geschlossene, fast mythische Welt, eine abgeriegelte Stadt, in die niemand eindrang, außer denen, die dort wohnten beziehungsweise ihre Ämter ausübten. Viel mehr als in der Moschee wurde im Inneren des Palastes die Kunst der dekorativen Raumausstattung gepflegt. Er war eine einzige Vitrine, wenn er auch den Privilegierten eines Staates vorbehalten blieb, der damals den Gipfel seiner Macht und seines Reichtums erreichte. Wenn der Kalif dort Würdenträger und Besucher empfing, saß er mit gekreuzten Beinen auf einer Art Bett, dem *sarir,* der mit gold- und perlendurchwirkten

Seidenstoffen bezogen war, und meistens auch unter einem Baldachin. Ein Vorhang trennte ihn von den Anwesenden und unterstrich den sakralen Charakter des *amir al-mu'minin.* Mit diesem Titel wurde er übrigens von jedem Besucher begrüßt.

Das Leben im Palast wurde von einem strengen Zeremoniell geregelt. Im darauffolgenden Jahrhundert, als sich nach dem Regierungsantritt der Buyiden[13] der iranische Einfluß verstärkte, sollte dieses noch rigider werden. So warf sich der Buyide Adul al-Daula bei einer Zeremonie, die ihn mit beträchtlichen Befugnissen zu Lasten des Kalifen ausstattete, neunmal nacheinander auf die Erde, ehe er vor der *sidilla,* dem Prunkbaldachin, anlangte. Als er dann die Schwelle übertreten durfte, küßte er noch zweimal den Boden. Je mehr die tatsächliche Befehlsgewalt des Kalifen schwand, desto grandioser wurde das Protokoll.

Zu Haruns Zeiten führte der Kämmerer *(hadschib)* den Besucher hinter den Vorhang zum Kalifen. Nachdem er diesem Hände und Füße geküßt hatte, wartete er auf die Erlaubnis, sich setzen zu dürfen. Je länger der Kalif ihn warten ließ, um so deutlicher wurde seine Absicht, ihn zu demütigen. Keiner richtete als erster das Wort an ihn. Bei den großen Audienzen wurden die Würdenträger und die Mitglieder des Hofes nacheinander, in einer genau festgelegten Reihenfolge, aufgerufen. Die Nachkommen der ersten Gefährten des Propheten und der ersten Bekehrten hatten Vorrang vor den einfachen Gläubigen, die Würdenträger und die aufgrund ihres Ranges und ihrer Einkünfte herausragenden Beamten vor den anderen. Sicherlich, alle Muslime sind gleich, aber einige stehen selbst im Hinblick auf Gott über den anderen.

Hunderte von Personen bewegten sich ständig um den Kalifen herum: Es waren die Prinzen, Söhne und Enkel früherer Kalifen, Sprößlinge der Familie von Abbas, Kämmerer, Sekretäre, Wachen und all die Bediensteten, die für das tägliche Leben notwendig waren – Köche, Wasserträger, Zimmerleute, Sattler, Diener –, ganz zu schweigen von den Ärzten, den Muezzinen, den Astronomen und den Hofnarren. Es war eine Stadt in der Stadt, die im folgenden Jahrhundert noch größer werden sollte, während gleichzeitig die Zahl der nichtarabischen (zumeist türkischen) Diener und Wachen wuchs.

Der Harem

Die Frauen und die Familie des Kalifen wohnten im Harem.[14] Es heißt, Harun habe zweihundert Frauen in seinem Harem gehalten, von denen etwa zwanzig ihm Kinder schenken sollten. Das war wenig im Vergleich zu den zwölftausend Frauen, die circa fünfzig Jahre später den Palast von Mutawakkil bevölkerten! Jener Teil des Palastes, der so lange die Phantasie der Abendländer beflügelte, war nicht der Ort der Ausschweifung, als der er oft beschrieben wurde. Dort waren die Frauen des Kalifen und jene Konkubinen untergebracht, die ihm einen Sohn geboren hatten. Zahlreiche andere Frauen – Konkubinen und Dienerinnen – lebten ebenfalls in dieser von Frauen und Eunuchen organisierten und gelenkten Welt.

Die meisten Frauen im Harem waren Händlern abgekauft worden, die Sklavenhandel trieben, oder waren dem Kalifen von Mitgliedern seiner Familie oder von einem Würdenträger geschenkt worden, der seine Gunst zu gewinnen suchte. Zu Haruns Zeit stammten sie aus den unterschiedlichsten Gegenden: Es waren Araberinnen, Tscherkessinnen, Türkinnen und Griechinnen. Letztere stammten zum größten Teil aus der Beute, die im Rahmen der Überfälle und der zahllosen Kriege zwischen Arabern und Byzantinern gemacht wurde.

Unter Mahdi hatte der Hof von Bagdad begonnen, sich der Kultur, dem Luxus und der verfeinerten Lebensart zu öffnen. Harun versuchte ebenfalls seit seinem Regierungsantritt, sich mit gebildeten Männern und Frauen zu umgeben. Seine Gemahlinnen und Konkubinen wählte er – letztere noch mehr als erstere – unter jenen Frauen aus, die nicht nur besonders verführerisch, sondern auch besonders klug waren. Einige von ihnen wurden nach Ta'if und vor allem nach Medina geschickt, wo es seit langem Schulen gab, die für ihren Gesangs- und Musikunterricht berühmt waren. In Bagdad selbst erteilten Lehrer, von denen manche achtzig »Studentinnen« hatten, Unterricht in der Musik und in anderen Künsten. So war es etwa Aufgabe des großen Sängers Ishaq, mehrere von ihnen auszubilden. In *Tausendundeiner Nacht* findet sich ein Zeugnis davon: »Der Kalif (Harun), der Ishaq abgöttisch liebte, hatte ihm den schönsten und erlesensten seiner Paläste als Wohnsitz geschenkt. Und dort erfüllte Ishaq seine Aufgabe, die jungen Mädchen in der Kunst des Gesanges und in der Harmonielehre zu unterweisen, und die begabtesten von denen, die man auf dem Sklavensuk und auf den Märkten der Welt kaufte, für den Harem des Kalifen auszubilden. Und sobald sich eine von ihnen unter ihren Gefährtinnen hervortat und sie in der Kunst des Gesanges, des Lauten- und des Gitarrenspiels überflügelte, führte Ishaq sie vor den Kalifen und ließ sie vor ihm singen und spielen. Und wenn sie dem Kalifen gefiel, wurde sie sofort in seinen Harem aufgenommen.«[15]

Für solch künstlerisch begabte Sklavinnen wurden Preise bis zu zweitausend Dinar gezahlt; ein Jahrhundert später sollte eine von ihnen sogar für 13000 Dinar verkauft werden. Der Besitz gebildeter Sklavinnen oder Konkubinen war Teil des imperialen Luxus. Immer mehr Kalifen waren – wie auch Harun – Söhne von Sklavinnen. Zuerst handelte es sich bei den Kalifenmüttern um Araberinnen, später dann auch um solche aus anderen Völkern. Wie das Blut der osmanischen Sultane seit dem Ende des 16. Jahrhunderts, vermischte sich das der Abbasiden mit dem fremder Ethnien.

Bekanntlich kann jeder Muslim vier rechtmäßige Frauen haben. Als Harun die Nachfolge seines Bruders antrat, hatte er deren drei: Aziza, die Tochter Ghitrifs, des Bruders von Khaizuran, Ghadir[16], die Konkubine Hadis, und Zubaida, seine Cousine, die er 781 oder 782 heiratete (sie war die Tochter von Dscha'far, einem der Söhne Mansurs, und Salsal, einer Schwester Khaizurans). Sie war gewiß schön, aber wahrscheinlich übertraf ihre Intelligenz noch ihre Schönheit. Zwischen Dutzenden von Frauen, von denen die eine betörender war als die andere, ein Ziel zu verfolgen und sich durch die Windungen der Politik hindurchzuschlängeln, war kein leichtes Unterfangen. Zubaida war sicherlich die einzige Frau, für die Harun eine tiefe Zuneigung empfand.

Nach dem Tod seiner beiden ersten Frauen sollte Harun später drei Frauen vornehmer Herkunft heiraten – Umm Mohammed, Abbasa und ein junges Mädchen aus der Familie Othmans –, aber sie spielten kaum eine Rolle. Trotz seiner zahllosen Liebschaften war Zubaida stets seinem Herzen nahe.

Die islamische Gesellschaft war polygam und daher positiv zum Geschlechtsverkehr eingestellt: »Ihr Gläubigen! Erklärt nicht die guten Dinge, die Gott euch erlaubt hat, für verboten!« (Koran V, 87). »Wann immer ihr den Geschlechtsakt vollzieht, gebt ihr ein Almosen« (Hadit). »Sinnenfreude und Wollust haben die Schönheit der Berge« (Hadit, nach Zaid ibn Ali). Dem eigenen Ehemann eine schöne Frau anzubieten, ist also in keiner Hinsicht etwas Verwerfliches, und Zubaida tat das bei mehreren Gelegenheiten, was zumindest in einem Fall unerwartete Konsequenzen haben sollte.

Eines Tages hatte Harun im Palast von Yahya dem Barmakiden eine junge dunkelhäutige Sklavin, Dananis, singen hören, die die beste musikalische Ausbildung erhalten hatte. Aus Gründen, die nicht allein auf ihre Kunst zurückzuführen waren, überhäufte er sie mit Geschenken. Unter anderem verehrte er ihr eine Halskette im Wert von 30 000 Dirham. Das erregte Zubaidas Argwohn. Um sie zu überzeugen, daß er nur Dananis' Talente als Sängerin belohnt hatte, schlug er Zubaida vor, sie sich selbst einmal anzuhören. Und Dananis trat vor den Abbasidenprinzen auf, die ebenfalls in Verzückung gerieten. Zubaida ließ sich überzeugen und schenkte Harun zehn prachtvolle junge Sklavinnen, um sich bei ihm zu entschuldigen.

Mehrere von ihnen sollten Harun Kinder gebären. Maradschil, die aus der Gegend von Herat stammte, schenkte ihm einen Sohn, Abdallah, der in der berühmten Nacht der Bestimmung zur Welt kam: Aus ihm sollte einmal der große Kalif Ma'mun werden, jener Mann, der Amin, das Kind, das Zubaida zu jener Zeit unter ihrem Herzen trug und der sein Rivale geworden war, umbringen ließ. Eine andere Sklavin namens Marida aus dem fernen Sogd sollte ihm fünf Kinder schenken; darunter befand sich ebenfalls ein späterer Kalif, nämlich Mu'tasim, der Nachfolger Ma'muns. Harun liebte Marida leidenschaftlich, und mehrere Anekdoten erzählen von ihren Liebeshändeln und ihren Versöhnungen, die durch Dichter vermittelt wurden.

Viele andere Frauen kreuzten den Weg des Befehlshabers der Gläubigen und raubten Zubaida den Schlaf. Eines Tages begab sie sich, zutiefst beunruhigt über den Erfolg einer schönen Rivalin bei Harun, zu Ulaiyah, der jungen Schwester des Kalifen, um sie um Rat zu bitten. Diese versprach ihr, den flatterhaften Ehemann zurückzubringen. Als recht begabte Dichterin schrieb sie Verse, die sie auch selbst vertonte: »Mag man mir auch das Herz ausreißen, nie wird es sich von ihm trennen…« Und als Harun sich, wie es seine Gewohnheit war, am Abend anschickte, in einem Hof des Palastes frische Luft zu schöpfen, stimmten die jungen Sklavinnen der beiden Prinzessinnen das neue Versöhnungslied an. Tief bewegt kehrte der Kalif zu Zubaida zurück, und über die jungen Sängerinnen ergoß sich ein Dinar- und Dirhamregen.

Dat al-Khal (»Die mit dem Leberfleck«), Sihr (»Zauber«), Diya (»Glanz«), Hilana, eine Griechin (wahrscheinlich wohl Helena). Die erste, die den Kalifen um die 30 000 Dinar kostete, hatte einen Leberfleck auf der Wange, den sie aber eines Tages im Verlauf eines Streites mit einer anderen Frau aus dem Harem verlor. Diese war eifersüchtig, weil sie gesehen hatte, daß Harun sich zu

»Der mit dem Leberfleck« begab: In ihrer Wut schnitt sie der anderen die Nase ab, worauf diese ihr den kostbaren Schmuck vom Leib riß. Alles löste sich in Wohlgefallen auf, als Ibrahim al-Mausili mit seiner goldenen Stimme Gedichte vortrug. Es gab auch noch Inan, eine aus Zentralarabien stammende Schönheit, die eine große Begabung für die Poesie hatte. Harun konnte sie allerdings nicht kaufen, weil ihr Besitzer einen exorbitanten Preis für sie verlangte. Später lebte noch eine andere Griechin im Harem, die aus Herakleia stammte und während der Kämpfe um die Stadt in Gefangenschaft geraten war.

Inmitten all dieser jungen, reizvollen Rivalinnen verstand es Zubaida nun, in zunehmenden Alter, sich Haruns Liebe, Zuneigung und Wertschätzung zu bewahren. Sie beeindruckte ihn durch ihren Geschmack, ihre Phantasie und die Pracht ihrer häuslichen Einrichtung, aber auch durch ihre Frömmigkeit. Eine Truppe von etwa hundert Sklavinnen rezitierte, zu zehnt einander abwechselnd, den ganzen Tag lang den Koran. Gewiß, sie gab mit vollen Händen das Geld für ihre Kleidung und ihre wahrlich extravaganten Einfälle aus: Sie besaß sogar einen Affen, den dreißig Männer bewachten, deren Auftrag es auch war, ihn auf seinen Streifzügen zu begleiten; eines Tages zog ein entnervter General sein Schwert und hackte das Tier entzwei. Doch Zubaidas Großzügigkeit und Mildtätigkeit kannten keine Grenzen. Auf den vielen Seiten, die Mas'udi den Taten der Abbasidenprinzen und -prinzessinnen widmet, spricht er von Zubaidas »guten Werken und Stiftungen, die im Islam beispiellos waren«: »Glanz und Edelmut hoben diese Prinzessin in freudigen wie in ernsten Angelegenheiten in den ersten Rang. Sie spendete Tausende von Dinar für Gasthäuser, Zisternen und Brunnen, mit denen sie den Hidschaz und die Grenzregionen des Reiches ausstattete… all das, ohne mit anderen großzügigen Geschenken, Hilfsleistungen und Wohltaten zu geizen, die sie den bedürftigen Schichten zuteil werden ließ.«

Gegen Ende des 8. Jahrhunderts war Harun nicht nur der große Herrscher des Orients, sondern auch der mächtigste und reichste Herrscher der bekannten Welt. Sein Ruf drang bis in die letzten Winkel der Erde. In seinem Palast am Tigris lebte er, umgeben von Hunderten von Frauen, Prinzen, Beamten und Dienern, in unvorstellbarem Prunk. Diese ganze Gesellschaft führte ein Dasein zwischen Genuß und Intrige in einer Atmosphäre von Raffinesse und Grausamkeit, von der die zeitgenössischen Schriften uns ein zwar märchenhaft überhöhtes, aber doch nicht unzutreffendes Bild vermitteln. Tausende von Dirham und manchmal sogar auch Tausende von Dinar erhielt der Verfasser eines Distichons geschenkt. Eine schöne, auf dem Sklavenmarkt gekaufte Sängerin wurde in den Harem des Befehlshabers der Gläubigen oder eines Prinzen aufgenommen, und sogleich wurden ihre verrücktesten Träume erfüllt. Zwischen diesen schönen und erlesenen Schätzen erblühte die zarteste, aber auch die roheste Liebe. Der Scharfrichter Masrur, der »Schwertträger seiner Rache«, pflegte den guten Harun auf seinen nächtlichen Spaziergängen durch Bagdad zu begleiten – jenen »guten Harun«, der von einem seiner Söhne einmal verlangte, einem Gefangenen in seiner Gegenwart den Kopf abzuschlagen, um zu sehen, wie gut er mit dem Krummschwert umzugehen verstand…

Millionen von Dirham

An gewöhnlichen Tagen werden die Besucher in weißen Kleidern in den Palast gelassen, aber während der feierlichen Audienzen müssen sich alle schwarz kleiden, weil Schwarz die Farbe der Abbasiden ist. Die obligatorische Kleidung besteht aus der *qaba,* einer Art Mantel mit Ärmeln, der bis zu den Waden reicht, der *qalansuwa,* einer hohen Mütze aus Stoff oder Pelz, dem Säbel und dem Gürtel. Bei diesen Zeremonien trägt Harun die *durra'a,* ein weites Gewand mit Ärmeln, das vorne mit einem Schlitz und mit Knöpfen versehen ist; es ist aus Seide oder Wolle und üppig mit Gold durchwirkt. Außerdem trägt er die *qalansuwa* und einen Turban. Über die Schultern hat er den Mantel des Propheten *(burda)* geworfen und hält seinen Stab und seinen Säbel in der Hand. Die Audienzen finden im Zusammenhang mit der Verleihung von Auszeichnungen, Amtseinführungen und der siegreichen Heimkehr eines Generals statt. Am feierlichsten und prunkvollsten verlaufen diese Feste, wenn ein Gesandter empfangen wird, den der Kalif besonders beeindrucken möchte, damit dieser dann seinem Herrscher zu Hause über die Macht des Befehlshabers der Gläubigen berichtet.

Von allen Festen, die in den Palästen von Bagdad veranstaltet wurden, erreichte keines den Glanz der Feierlichkeiten, die anläßlich der Heirat des Kalifen Ma'mun, des Sohns von Harun, mit Buran, der Tochter des Wesirs Hasan ibn Sahl, abgehalten wurden. Sie sollten noch Jahrhunderte später in den Ländern des Orients Gesprächsstoff sein. Sie kosteten Hasan, den Vater der Braut, die phantastische Summe von fünfzig Millionen Dirham; bei derselben Gelegenheit gab Zubaida fünfunddreißig Millionen und eine andere Prinzessin fünfundzwanzig Millionen aus. Die zeitgenössischen Chronisten berichten, Hasan habe Moschuskugeln in der Größe einer Melone über den Gästen abwerfen lassen: Jede enthielt ein Blatt Papier, auf dem der Name eines Landgutes oder eines Sklaven oder einer Sklavin usw. stand. Die Eingeladenen brauchten den Zettel nur dem zuständigen Beamten vorzulegen, und schon konnten sie diese Geschenke in Besitz nehmen, von denen einige ein wahres Vermögen darstellten. Man warf auch aus vollen Händen echte Perlen vor die Füße des Bräutigams, und die Gäste mußten sich nur bücken, um sie vom Boden aufzulesen. Schließlich warf die Großmutter der Braut auf diese echte Perlen, die auf ein großes Tablett gebreitet waren, welches Ma'mun ein zweites Mal mit Perlen füllen ließ, um sie der zu schenken, die jetzt seine Frau war. Anläßlich dieser Hochzeit kleidete Zubaida Buran, die Braut, in eine berühmte Weste, die Abda, der Gemahlin des Omayyadenkalifen Hischam, gehört hatte und deren Knöpfe aus Diamanten und Rubinen bestanden. Die Feiern dauerten siebzehn Tage, und man verteilte Gold- und Silberstücke unter die Menge sowie Kugeln, die Moschus und grauen Amber enthielten.

Die Feiern, die bei Mahdis Regierungsantritt abgehalten wurden, sollen so kostspielig gewesen sein, daß die königliche Schatzkammer eine Zeitlang völlig leer war. Im Gedächtnis haften blieben auch Feste, die einige Jahrzehnte später vom Kalifen Mutawakkil anläßlich der Beschneidung eines seiner Söhne veranstaltet wurden und zu denen viertausend Personen eingeladen waren. Die Sitze und die Tabletts für die Getränke waren mit Edelsteinen verziert, und es wurden Tabletts herumgereicht, die mit Goldstücken beladen waren. Die Gäste konnten mit vollen Händen hineingreifen. »Der Befehlshaber der Gläubigen befiehlt euch, das zu nehmen, wonach euch gelüstet«, riefen die Diener. Man verteilte eine Million Dirham an die Mitglieder des Kalifenhauses und an die Diener. Jeder Gast erhielt drei Ehrengewänder, während tausend Pferde und Esel zu ihrer Verfügung gestellt wurden, damit sie die empfangenen Geschenke abtransportieren konnten. Der Kalif gab für diese Feste sechsundachtzig Millionen Dirham aus.

Das Alltagsleben im Palast spielte sich, vor allem zur Zeit Haruns, infolge der für die Schatzkammer des Kalifen erfolgreichen Steuerpolitik der Barmakiden in fast dem gleichen Luxus ab. »Und gib dem Verwandten, was ihm zusteht ... Aber sei nicht ausgesprochen verschwenderisch! ... Streck sie (deine Hand) nicht vollständig aus (indem du hemmungslos Geschenke austeilst) ...« (Koran XVII, 26 und 29). Von dieser Vorschrift hatte man sich weit entfernt. Es wurde aus goldenen Bechern getrunken, und Zubaida benutzte nur Geschirr aus Edelmetall. Die Löffel waren aus Gold oder Kristall, und selbst die Tische wurden mit einer Schicht aus Gold und Silber überzogen. Im Inneren des

Harems sah man nur die schönsten und erlesensten Gegenstände – Tonwaren aus China, Gefäße aus Gold und Kristall.

Die Berichte der Chronisten und die zahlreichen Beschreibungen in *Tausendundeiner Nacht,* welche Bagdad zum Schauplatz haben, vermitteln uns gewiß ein genaues Abbild der Wirklichkeit… »Sie zeigte ihnen das Becken und das goldene Gefäß voller Duftwasser für ihre Hände, und dann zeigte sie ihnen eine wunderschöne, mit Rubinen und Diamanten verzierte Wasserkanne… Danach brachte sie in einer kleinen goldenen Räucherpfanne Aloe herbei.« Oder weiter: »Man trug einen Wein auf, der in Bechern aus Gold, Silber und Kristall kredenzt wurde… Knaben kamen mit goldenen, edelsteinverzierten Sprühgefäßen und besprengten die Lebensmittel mit Wasser, das mit Moschus versetzt war.«

Zubaida, die edelsteinbestickte Pantoffeln trug, brach buchstäblich unter dem Gewicht ihrer Juwelen zusammen und konnte sich an manchen Tagen nur auf den Beinen halten, wenn sie von zwei Sklavinnen gestützt wurde. Sie ließ sich in Sänften aus Silber, Eben- und Sandelholz tragen, die mit Seidenstoffen und Zobel ausgeschlagen und deren Griffe aus Gold gefertigt waren; im Inneren wurden Fackeln mit grauem Amber abgebrannt. Dichtern, die es verstanden hatten, Loblieder auf sie zu singen, füllte sie den Mund mit Perlen. Khaizuran lebte in demselben Prunk. Sie soll einmal ein Stück Stoff zu dem fabelhaften Preis von fünfzigtausend Dinar gekauft haben. Nach ihrem Tod sollte man achtzehntausend Kleider in ihren Truhen finden. Für den Erwerb eines schönen Stoffes[17] waren tausend Dinar nichts Außergewöhnliches, und die Stoffe, die die Prinzen trugen und in großen Mengen einkauften, konnten gut und gern fünfhundert Dinar kosten.

Neben Seidenstoffen, Brokaten, gold- und perlenbestickten feinen Wollstoffen gab es auch Luxusparfums. Sie mußten auf die Kleidung abgestimmt werden, und ihre Verwendung entsprach

Liebesgetändel in einem Harem (Joseph der Keusche flieht vor der verführerischen Sulaika). Miniatur aus dem »Garten« des persischen Dichters Saadi (Buchara, 16. Jahrhundert). New York, Metropolitan Museum of Art.

genauen Regeln. Man mischte pulverisierten Moschus mit Rosenwasser, Aloe und Nelke. Man besprenkelte sich und sogar den Boden mit Amber aus Bahrain und mit Rosenöl. Die Toten wurden damit gesalbt, und man verbrannte es in den Räuchergefäßen aus Edelmetall, die in den verschiedensten kunstvollen Formen hergestellt wurden. Bei den Banketten ertrank man in Wohlgerüchen. Kleidung, Nahrung, Häuser – alles war mit den mannigfaltigsten Düften geschwängert. Die Luft der Säle der Paläste war davon gesättigt. »Weihrauch, Benzoeharz und Räucherdüfte durchzogen den Saal. Es gab auch das Rosen- und Orangenblütenwasser, mit dem die Gäste besprenkelt wurden... Ich werde auch nicht die aromatischen Essenzen und die silbernen Gefäße vergessen, die die Duftwässer enthielten.«[18]

Im Palast bedeckten sich Männer und Frauen mit Juwelen. Sie trugen sie an den Fingern, um den Hals, über ihren Kleidern, die selbst überreich mit Rubinen, Diamanten, Türkisen und Bernstein verziert waren. Die Tücher, die sie sich um den Kopf wanden, waren mit Perlen und Edelsteinen bestickt. Höflinge und Konkubinen, Würdenträger, Prinzen und Prinzessinen wetteiferten miteinander in Eleganz und Verschwendung. Die Barmakiden gaben sich dem hemmungslosesten Luxus hin. Dscha'far warf das Gold mit vollen Händen unter die Poeten und die Musiker, und sein Palast stellte fast den des Kalifen in den Schatten.[19] Er zögerte nicht, märchenhafte Summen auszugeben, um in den Besitz eines Stoffes oder eines Kunstgegenstandes zu kommen, der ihm gefiel. Die Würdenträger und die reichen Kaufleute von Bagdad taten es ihm im Rahmen ihrer Möglichkeiten nach.

Der engere Kreis der Privilegierten

Die Privilegierten – Männer und Frauen –, die durch ein strenges Protokoll vom Kalifen ferngehalten wurden, richteten nur dann das Wort an ihn, wenn sie in demutsvoller Verbeugung vor ihm standen, um auf seine Fragen zu antworten. Nur eine kleine

Gruppe genoß das Privileg, zu ihm vorgelassen zu werden, sich sogar mit ihm zu unterhalten und mit ihm zu diskutieren: Das waren die *nadim,* die Gefährten des Kalifen.

Die Omayyaden hatten sich, wie auch schon die Sasaniden Persiens vor ihnen, mit talentierten Männern umgeben. Saffah, der erste Abbaside, ließ kluge und gewandte Männer zu sich kommen, aber ein Vorhang trennte sie von ihm. Mansur tat es ihm nach, während Mahdi sich als erster unbefangen unter sie mischte, seinen Söhnen Hadi und Harun aber unter Androhung der Auspeitschung verbot, mit ihnen zu verkehren. Als Hadi Kalif geworden war, machte er sie zu seinen Trinkkumpanen.

Harun verlieh der Institution offiziellen Charakter, indem er beschloß, fähige Männer aus der Literatur, den Künsten, der Wissenschaft und der Theologie an sich zu ziehen. Er gewährte ihnen eine feste Stelle und ein großzügiges Gehalt. Die Aufgabe der *nadim,* die mit den hohen Würdenträgern gleichgestellt waren, bestand darin, den Kalifen auf geistvolle Art zu zerstreuen. Über ihren hohen Sold hinaus erhielten diejenigen, die Harun besonders schätzte, Geldgeschenke. So bekam etwa der Sänger Ibrahim al-Mausili für eine seiner Kompositionen viertausend Dirham ausbezahlt.

Die *nadim* mußten unterhalten, ohne in Vulgarität abzugleiten; sie mußten lehren, ohne pedantisch zu sein, ernsthaft sein und Humor besitzen, Konversation über alle Themen treiben können, selbst über Gastronomie, und bei Gelegenheit auch hier ihre Künste unter Beweis stellen.[20] Sie mußten sich auch im Ballspiel, bei der Jagd, im Scheibenschießen und vor allem im Schachspiel hervortun.[21] Mas'udi zufolge war Harun der erste Kalif, der Schach spielte: »Es ist unmöglich, ohne Zerstreuung zu leben, und für einen Herrscher gibt es keine bessere als das Schachspiel.« Mit seinen *nadim* spielte Harun auch Tricktrack, und man erzählt, daß er eines Tages seine Kleider verwettete und sich ganz ausziehen mußte.

Im Winter versammelten sich die *nadim* mehrmals in der Woche abends im Inneren des Palastes, zu anderen Jahreszeiten in den Gärten. Sie trugen besondere Kleider: eine *durra'a* über dem Hemd und einen Turban aus goldgewirkter oder -bestickter Seide. Zu viert oder fünft neben dem Kalifen sitzend, antworteten sie auf seine Fragen, erzählten Anekdoten, rezitierten Gedichte und tranken dabei Wein: »Wenn sich der König in Gesellschaft seiner nächtlichen Begleiter und Geschichtenerzähler befindet, darf keiner von ihnen als erster die Lippen bewegen, und niemand darf ihn unterbrechen, um ihm zu widersprechen, selbst wenn es sich um seltsame Dinge handelt, die zu erzählen interessant wäre; jeder muß die einzige Absicht haben, gut zuzuhören und seine ganze Aufmerksamkeit auf die Worte des Königs zu richten ... Wer sich an den König wendet, darf nicht schnell sprechen, sondern muß seine Worte wohl setzen, ohne die Hände oder den Kopf zu bewegen; er darf nicht von seinem Sitz rutschen, die Körperhaltung ändern, und er muß seinen Blick einzig und allein auf den König richten.«[22]

Einer der *nadim*, die Harun al-Raschid am meisten schätzte, war Ishaq, der Sohn von Ibrahim al-Mausili, der ebenfalls zu Haruns *nadim* gehörte und ein berühmter Musiker war. Ishaq war über seine künstlerische Begabung hinaus für seine Kenntnisse in Geschichte, Grammatik und Poesie berühmt. Harun soll eines Tages zu ihm gesagt haben: »Wenn du kein Sänger geworden wärest, hätte ich einen Richter aus dir gemacht.« Ishaq kommt mehrere Male in *Tausendundeiner Nacht* vor: »Der Kalif Harun al-Raschid, der Stellvertreter des Herrn der Drei Welten und Befehlshaber der Gläubigen, hatte unter seinen intimen Freunden und Mundschenken einen zum Zechkumpan und Lieblingsfreund, in dessen Fingern die Harmonie lebte, dessen Hände die Liebhaber der Lauten waren und dessen Stimme eine Meisterin für die Nachtigallen war – den Musiker, König der Musiker und Wunder der Musik seiner Zeit, den wunderbaren Sänger Ishaq al-Nadim aus Mosul. Und der Kalif, der ihn abgöttisch liebte, hatte ihm den schönsten und erlesensten seiner Paläste als Wohnsitz geschenkt.«[23]

Die geistreichen Antworten des Dichters Abu l-Atahiya ergötzten Harun ebenso. Viele andere *nadim*, die für ihre Begabungen berühmt waren, waren lange oder auch nur für einige Monate die nächtlichen Begleiter des Kalifen: so etwa der illustre Abu Nuwas, einer der größten Dichter arabischer Zunge, sowie Abbas al-Ahnaf, Salm al-Kaschir und Merwan ibn Abi Hafsa, die ebenfalls Dichter und Musiker waren.

Ibrahim, Haruns Halbbruder[24], nahm im Gefolge des Herrschers einen besonderen Rang ein. Diesem *nadim* sollte ein außergewöhnliches Schicksal beschieden sein, da er selbst einmal – allerdings nur für kurze Zeit – den Kalifenthron besteigen sollte.

Ibrahim und seine Schwester Ulaiya, die eine äußerst sorgfältige Erziehung genossen hatte, waren Sänger und Musiker geworden, »von einer Art, wie man sie weder vor der Verkündung des Islam noch danach je gehört hat«. Harun, der spürbar älter war als die beiden, brachte ihnen große Zuneigung entgegen. Nachdem er Ibrahim zum Statthalter von Damaskus ernannt hatte, bereute er, sich von ihm getrennt zu haben, und ließ ihn nach Bagdad, in den Kreis seiner Vertrauten, zurückholen. Er wurde nicht müde, ihm zuzuhören, aber nur privat, da es unschicklich gewesen wäre, wenn ein Prinz von Geblüt ein anderes Auditorium als seine eigene Familie gehabt hätte. In der Aristokratie von Bagdad löste die Poesie dieselbe Begeisterung aus wie in den anderen Klassen der Gesellschaft.[25] Die Öffentlichkeit ergriff – wie im 19. Jahrhundert in Wien oder in den kleineren Hauptstädten Italiens – für oder gegen einen Sänger Partei. Die großen Musiker wie Ishaq standen auf der gleichen Stufe wie die wichtigsten Persönlichkeiten. Harun selbst, der sehr musikliebend war. begeisterte sich für die Gedichte von Abu Nuwas oder Abu l-Atahiya, die sein Halbbruder sang, der sich dabei von Sängerinnen, Oboen und Lauten begleiten ließ. Eines Tages, als sich Ibrahim gerade beim Kalifen befand, erlaubte dieser ihm, vor einer kleinen Gruppe seiner Vertrauten, die ihn noch nie gehört hatten, ein Gedicht von Ahwaz vorzutragen. Vor Bewunderung überschäumend, befahl Harun, ihm sofort eine Million Dirham auszuzahlen. Wahrscheinlich warf dieser dunkelhäutige, eigenwillige und verschwenderische Riese das ganze Geld noch am gleichen Tag zum Fenster hinaus.

Ibrahims Verschwendungssucht übertraf zweifellos noch die von Harun al-Raschid, der auch nicht gerade als Geizhals bekannt war. Sie ging so weit, daß dieser sich eines Tages darüber aufregte. Ibrahim hatte den Kalifen eingeladen und ließ ihm einen Fisch servieren, der in winzige Stückchen aufgeschnitten zu sein schien. »Was ist das für ein Fisch?« erkundigte sich Harun. »Das, was du für Stückchen hältst, sind nur die Zungen von Fischen.« – »Und wie viele sind es?« Der Küchenmeister erwiderte, daß es wohl einhundertfünfzig sein mochten. »Und wieviel hat das gekostet?» – »Mindestens tausend Dirham, Herr.« Harun weigerte sich, davon zu essen, und verlangte, daß Ibrahim ihm die gleiche Summe geben sollte. Ibrahim gehorchte. »Dieses Geld wird als Almosen gespendet werden«, sagte der Kalif, der von Ibrahim weitere tausend Dirham forderte: »Damit sollst du für deine Verschwendungssucht büßen. Nicht nur dieses Geld soll den Armen gegeben werden, sondern auch der Teller, auf dem der Fisch serviert wurde.«[26] Der Wert dieses Geschirrs belief sich gut und gern auf dreihundert Dirham.

Ibrahim, der außerordentlich eitel war und anderen Künstlern Talent und Erfolg neidete, verfolgte Sänger und Musiker, die gelobt wurden, mit seiner Feindschaft. Neben anderen flößten ihm Ishaq und sein Vater regelrechten Haß ein. Doch als er Kalif wurde, nutzte er seine kurze Regentschaft nicht zur Befriedigung der Rachegefühle, die er als Künstler hegte. Diese urwüchsige Persönlichkeit befleckte ihre Hände nicht mit all dem vergossenen Blut, und er kehrte wieder auf seinen Platz als *nadim* in den Palast zurück. Ibrahim trat an die Seite von Ma'mun, Harun al-Raschids Sohn, der ihm die zeitweilige Usurpation des Thrones verzieh.

Ein ganz anderer Mensch war Dscha'far der Barmakide, der dem rechtgeleiteten Kalifen am nächsten stand und am liebsten war – und mit dem ihn, wie behauptet wurde, eine besondere Freundschaft verband. Ibrahim wirkte wie ein Riese und hatte wenig Gewinnendes an sich, während Dscha'far schlank und von einer Schönheit war, die Ibrahim einmal so besang: »Wenn man seine Schönheit beschreibt, ist man geneigt, sie mit dem reinen Gold alter ägyptischer Münzen zu vergleichen oder mit der Perle, die, in ihrer Muschelschale schimmernd, den Fischer zur Verzweiflung treibt, und sie erinnert wohl auch an das Gold, das der Vergolder über das Blatt eines Buches streicht...« Es heißt, Dscha'far sei, als er diese Verse hörte, in Verzückung geraten.

Dscha'far, ein Sachverständiger in Fragen des guten Geschmacks und selbst stets mit äußerster Erlesenheit gekleidet, kreierte auch neue Moden. Er war es, der das Tragen von Kragen populär machte, mit denen er seinen Hals versteckte, der ein wenig zu lang war. Und er war es auch, den die Erzähler Harun auf seinen nächtlichen Streifzügen durch Bagdad beigesellten, wenn der Kalif »die Brust beklommen fühlte« – das heißt, wenn er sich langweilte – oder wenn er »sich über die Handlungen der Statthalter und der *wali* informieren wollte, um all jene abzusetzen, gegen die Klage geführt wurde«.[27]

Dscha'far war als Gehilfe des Kalifen die Symbolfigur einer Epoche, in der im Reich Gerechtigkeit und Wohlstand herrschten, zusammen mit Yahya, seinem Vater, der Mann, der Harun am nächsten stand und der – neben Yahya – den größten Einfluß ausübte, bis der Befehlshaber der Gläubigen die Barmakiden stürzte. Dscha'far war umfassend gebildet, ein bedeutender Kalligraph und Rechtsgelehrter, Schriftsteller und Redner und besaß ein heiteres und liebenswürdiges Wesen. Seine Neigung zum Genuß teilte er mit Harun zu Beginn von dessen Herrschaft, und sie schlossen eine sehr tiefe Freundschaft. Seine Wohnung lag in demselben Flügel des Khuld-Palastes, in dem auch Harun residierte, und er nahm, zusammen mit anderen *nadim* und in Gesellschaft von Sängerinnen, an allen Abendgesellschaften des Befehlshabers der Gläubigen teil. Beide waren große Weinliebhaber – Harun trank zweimal wöchentlich Wein[28] –, und so arteten diese Lustpartien oft in Saufgelage aus, was Dscha'far, der ungewöhnlich viel und schnell arbeitete, nicht daran hinderte, am nächsten Tag schon in der Frühe wieder seinen vielfältigen Verpflichtungen nachzugehen.

Harun sollte ihn zum Gouverneur von Ägypten ernennen und nach Syrien schicken, damit er dort die Unruhen unterdrückte. Aber Dscha'far hatte vor allem mehrere Ämter am Hofe inne, wo er oft zusammen mit seinem Vater Yahya und seinem Bruder Fadl saß, um sich die Klagen aus der Bevölkerung anzuhören und Mißbräuche zu bekämpfen. Einige Jahre lang bewahrte er das Staatssiegel, befehligte die Garde des Kalifen, leitete den Nachrichtendienst *(barid)*, die Weberwerkstätten *(tiraz)*, die im Reich beinahe ein Monopol auf die Herstellung von Luxusstoffen besaßen, sowie die Münze (etliche Münzen wurden sogar in seinem Namen geschlagen). Bei all seinen Aktivitäten stellte er seine großen Fähigkeiten, seine Klugheit und sein Verantwortungsbewußtsein unter Beweis. Wie Ibn Khaldun sagt, »hielt er die Leitung der Regierung und der Reichsverwaltung in Händen«.[29] Schließlich vertraute Harun ihm die Vormundschaft über Ma'mun an, als Amin, Zubaidas Sohn, zum präsumtiven und sein jüngerer Bruder zum zweiten Erben erklärt wurde. »Reich wie Dscha'far«, sagte man in Bagdad. Man erzählte sich, daß der Sänger Ibrahim al-Mausili einmal in Gesellschaft von Harun und Dscha'far einen schönen Garten sah, den er besichtigen wollte. Er fragte, ob er zu kaufen sei. Diese Frage wurde bejaht. Wieviel er koste? Vierzehntausend Dinar. Daraufhin verfaßte er die gleiche

Anzahl an Versen über diesen Garten und trug sie Harun vor. Dieser ließ ihm die gewünschte Summe auszahlen, die Dscha'far noch um fünftausend Dinar erhöhte. Seine sprichwörtliche Großzügigkeit war nur noch mit dem Luxus zu vergleichen, in dem er lebte. Auf Anraten Ibrahim ibn al-Mahdis schenkte er seinen prachtvollen, soeben erworbenen Palast seinem Mündel Ma'mun. Als großer Liebhaber von Musik und Poesie, der sich auch selbst als Musiker betätigte, umgab er sich mit Tausenden von Dichtern, Sängern und Sängerinnen, entlohnte sie üppig, empfahl sie dem Kalifen und verteidigte sie, wenn sie von Rivalen angegriffen wurden: Einer von ihnen, Abu Zakkar, wollte später seinen Tod nicht überleben und bat darum, mit ihm zusammen hingerichtet zu werden.

Seine gute Laune, seine großzügigen Geschenke und der Kredit, den er beim Kalifen genoß, machten ihn zu einem der populärsten Männer von Bagdad. Man applaudierte ihm, wenn er durch die Straßen ging, und dieses Ansehen trug wahrscheinlich zu seinem Sturz bei.

Ein anderer *nadim* war Fadl, der ältere Bruder von Dscha'far. Tabari zufolge war er fast so brillant wie dieser, verfügte aber über mehr Erfahrung und zeigte sich »in Geschäften geschickter«.

Weniger zum Genuß neigend als Dscha'far trank er keinen Wein und nahm auch nicht an den rauschenden Nächten teil. Er war ebenfalls äußerst freigebig und verwöhnte die Dichter mit Wohltaten, indem er mehreren von ihnen Renten aussetzte. Einem Inder, der ein Gedicht auf ihn verfaßt hatte, schenkte er tausend Dinar, ein Rennkamel und ein Kleid; der Rezitator des Poems erhielt noch einmal fünfhundert Dinar.

Fadl war ein ernster Mann, arbeitsam und klug. Er sollte eine Zeitlang seinen Vater an der Spitze der Regierung vertreten und ebenfalls das Staatssiegel bewahren, ehe Harun es an Dscha'far weitergab. Er gehörte lange Zeit zu jenen Männern, denen der Kalif vertraute, der ihm vor allem Provinzstatthalterschaften und das Kommando über Feldzüge übertrug. Er wurde Gouverneur des westlichen Iran – und zuvor vielleicht der Provinz von Ray[30] – und vor allem von Khorasan, wo er Bemerkenswertes leisten sollte; denn es gelang ihm, in dieser stets unruhigen Provinz eine Politik der Beschwichtigung zu betreiben. Er erfreute sich dort einer außerordentlichen Beliebtheit, und man erzählt sich, daß während seiner Regierungszeit zwanzigtausend Kinder nach ihm benannt wurden aus Dankbarkeit für die Wohltaten, die er der Bevölkerung erwiesen hatte.

Der Umgang mit diesem Milchbruder Haruns (er wurde von Khaizuran gestillt) war wegen seines unbeugsamen, gebieterischen Wesens nicht ganz leicht. Doch er neigte eher zu einer Versöhnung mit den Aliden als Harun; deshalb fiel er, nachdem einer von diesen, die er, Fadl, begünstigt hatte, geflohen war, in Ungnade. Er blieb jedoch der Vormund des Prinzen Amin, dessen Ernennung zum Thronerben er betrieb. Er war seit jeher ein Rivale von Dscha'far. Die Tatsache, daß der eine der Vormund des Thronfolgers und der andere des zweiten Erben nach der Primogenitur war, ließ die Beziehungen sowohl innerhalb der Familie der Barmakiden als auch die mit Harun nicht ganz ungetrübt.

Yahya der Barmakide hatte noch zwei andere Söhne: Musa, der zum Statthalter von Syrien ernannt wurde, und Mohammed. Beide, vor allem aber Mohammed, sollten lange Zeit zu den Vertrauten des Kalifen gehören. Sie trugen den Titel eines Emirs, den auch ihre Kinder und Vettern erhalten sollten. Ein Bruder Yahyas, Mohammed ibn Khalid, sollte neun Jahre lang ohne Unterbrechung das Amt eines Kämmerers des Kalifen innehaben.

Die Barmakiden begegneten an Haruns Hof ihrem Erzrivalen al-Fadl ibn al-Rabi, dessen Stern im gleichen Maße aufstieg, wie der ihre verblaßte. Nach ihrem Sturz, den al-Fadl ibn al-Rabi mitverursacht hatte, wurde dieser Haruns rechte Hand. Al-Rabi ibn Yunus, sein Vater, war ein Mann niederer Herkunft, aber seine Intelligenz und seine Fähigkeiten hatten es ihm erlaubt, unter

Mansur wichtige Ämter zu bekleiden, darunter das des Kämmerers. Er besaß das ganze Vertrauen des Kalifen, der ihn mit der Führung des Staatshaushaltes betraute und ihn später zum Wesir ernannte (das Wesirat war damals eher eine Würde als ein Amt), während sein Sohn al-Fadl ihn in seinem Amt als Kämmerer ablöste. Auch Fadl sollte den Kalifen – zunächst Mahdi, und dann Harun – sehr nahe stehen. Er erhielt das Staatssiegel, wurde dann 795 zum Kämmerer ernannt und 803, als die Barmakiden in Ungnade gefallen waren, zum Wesir. Als vertrauter Ratgeber Haruns, dessen Rat auch Zubaida beherzigte, blieb er eine der beherrschenden Figuren im Palast zu einer Zeit, als die Inhaber der selten genau definierten politischen, militärischen und administrativen Ämter oft auch die delikatere Aufgabe von Lust- und Spielgefährten des Befehlshabers der Gläubigen übernehmen mußten.

Noch andere Würdenträger und bedeutende Persönlichkeiten wurden im Palast empfangen. In erster Linie die Abbasidenprinzen, Haruns Halbbrüder und Onkel sowie seine Neffen und Vettern: Abdallah ibn Mohammed, Ali, der illustre Abd al-Samad, der fünf Kalifen diente, und viele andere. Der bereits erwähnte General Harthama, Ali ibn Isa, der spätere Gouverneur von Khorasan, mehrere andere Generäle, Dschibril, der Leibarzt des Kalifen sowie der Theologe und Kadi Abu Yusuf waren ebenfalls häufige Gäste in dieser kleinen geschlossenen Welt, in der Intrigen gesponnen, Finessen ausgeheckt und Einflußnahme geübt wurde.

3. Kapitel

Erste Schatten über dem Stand der Gnade

Es waren die Bauern selbst,
die die Armen, die unter ihnen lebten,
mißhandelten.
Dionys von Tell Mahre

Der Preis der Verschwendung

Die Freigebigkeit des Kalifen und der Prinzen, der extravagante Luxus der Frauen und Männer, die paradiesischen Gärten und die Gebäude, in denen die Gemahlin des Herrschers ihre Pantoffeln mit Edelsteinen übersäen und den Mund eines Dichters mit Perlen vollstopfen ließ – woher kamen all diese schwindelerregend hohen Summen, die für solche Narreteien notwendig waren? Die Razzien gegen die Byzantiner versprachen keine nennenswerte Beute mehr, und die Zeit der großen Eroberungen war vorbei. Und obgleich die Ausgaben des Hofes die Entwicklung des Handels förderten, reichten die dabei erzielten Gewinne keineswegs aus. Wie immer und überall gab es auch im Reich der Abbasiden nur eine Quelle, aus der der Staat schöpfen konnte: die Geldbörse dessen, den wir heute unumwunden als Steuerpflichtigen bezeichnen.

Das Besteuerungssystem war recht einfach. Die Muslime entrichteten das freiwillige Almosen *(zakat, sadaqa)*, das dem Zehnten *(uschr)* angeglichen war; dabei handelte es sich um eines der fünf Gebote des Islam. Die Nicht-Muslime zahlten eine Kopfsteuer, die *dschizya*, sowie die Grundsteuer, den *kharadsch*. Um die Zahlung dieser Steuer zu vermeiden, trat die örtliche Bevölkerung massenweise zum Islam über. Dieser Steuer aber wurden später alle Länder unterworfen – ohne Rücksicht auf die Religion ihrer jeweiligen Bewohner. Der Besitz an Immobilien, der im Zuge der Eroberung erbeutet worden war, der *fay*, umfaßte auch jene Ländereien, die zu den Besitzungen der Besiegten – Fürsten, Kirchen oder flüchtigen Eigentümern usw. – gehört hatten. Der Staat konnte sie entweder direkt nutzen oder einer bestimmten Person unter der Bedingung zuteilen, daß diese dafür Steuern zahlte oder Dienste leistete. Bei diesem System, *qati'a* oder *iqta* genannt, das bei den Byzantinern mit anderen Akzenten gebräuchlich war, handelte es sich also um die langfristige Konzession eines öffentlichen Gutes. Später, im 11. Jahrhundert, sollte noch die *waqf* hinzukommen, eine Art ständiger Stiftung zum Wohle bestimmter Gruppen (Bedürftige oder öffentliche Einrichtungen wie Moschee, Karawansereien, Hospitäler etc.). Die *waqf* oder *habus* gibt es noch heute.

Die Steuer *(kharadsch)* wurde entweder in Naturalien gezahlt – und zwar machte sie, je nach der Anbausorte, ein Viertel bis zur Hälfte der Ernte aus – oder in Geld. Grundlagen der Berechnung waren dann die Größe des Landes, die Art des Anbaus und vor allem die Bewässerung. Das erste System wurde vor allem im Sawad, der Bagdad benachbarten Region, angewandt, das andere fast überall sonst. Die Steuer wurde innerhalb der Grenzen eines Bezirks von einem Beamten des Staates oder von einem Pächter eingezogen. In diesem Fall legte der Vertreter des Fiskus die zu entrichtende Summe fest, die selbstverständlich niedriger war als der Steuerertrag; die Differenz bildete den Gewinn des Steuerpächters. Dieses System, das seit undenklichen Zeiten angewandt wird und noch immer üblich ist, verleitet wahrscheinlich am ehesten zum Mißbrauch. Im übrigen waren die Bauern – die Steuerzahler – verpflichtet, den größten Teil der Kosten zu decken, die im Rahmen der Steuereintreibung entstanden, und sie mußten jenen Unterkunft gewähren, die damit beauftragt waren.

Zu diesen Abgaben kamen andere hinzu, die ebensosehr zu

Mißbräuchen einluden: Geldbußen, Beschlagnahmung von Vermögen und Ländereien, deren Aneignung als illegal betrachtet wurde, und Zahlungen, mit denen man sich den Schutz der Polizei erkaufte. Dionys von Tell Mahre, ein monophysitischer Patriarch aus Obermesopotamien, hat uns in seiner *Syrischen Chronik* ein finsteres Bild vom Los der kleinen Leute dieser Region kurz vor Haruns Thronbesteigung hinterlassen. In den anderen Teilen des Reiches war die Situation wahrscheinlich sehr ähnlich. Das Schicksal der unteren Schichten verbesserte sich unter Harun nicht, im Gegenteil. Dionys erwähnt einen Steuereinnehmer, der um alles, was als öffentliches Gebäude betrachtet werden konnte, eigenmächtig eine 20-Meter-Zone in Staatsbesitz übergehen ließ. Ein anderer entnahm von jeder Ware, die sich in bestimmten Geschäften und Häusern befand, eine Probe. Alles, »einschließlich der Bienen, der Tauben und der Hühner«, wurde, wie Dionys sagt, nach einem völlig willkürlichen Satz besteuert.

Die in Geldwert errechnete Steuer mußte auch in Bargeld bezahlt werden, was die Bauern verpflichtete, ihre Ernte sofort zu verkaufen, zumeist an Kaufleute, die mit dem Fiskus gemeinsame Sache machten und nur die Hälfte des eigentlichen Wertes anboten. Wer mit der Zahlung im Rückstand war, wurde streng bestraft und manchmal gar gefoltert. Die sanfteste Methode bestand darin, den Steuerpflichtigen so lange einzusperren, bis er zahlte. Statt sein Getreide zu einem Spottpreis zu verschleudem, lieh sich der Bauer oft Geld, um die Steuer zu zahlen, und da er nicht zurückzahlen konnte, lieh er dann von der Stadt, um seine erste Anleihe zurückzuzahlen. So gerieten hochverschuldete Bauern in unentwirrbare Situationen, begaben sich mit ihrem Besitz unter den »Schutz« von Notabeln und gaben so zugleich mit ihrem Land, das rasch aufgezehrt war, ihren Status als freie Männer auf. Andere flohen, um dem Steuereintreiber zu entgehen, und vergrößerten das Heer der Arbeitslosen. Auf der Suche nach einem Unterhalt zogen sie von einem Dorf zum anderen und endeten meistens als Bandenräuber. Die Behörden verfolgten sie, und wenn sie sie aufgriffen, brandmarkten sie sie mit unauslöschlichen Aufschriften und zwangen sie, ihrer Dorfgemeinschaft – die kollektiv als verantwortlich galt – den Steuerbetrag, den sie schuldeten, zu entrichten. Die Dorfbewohner hatten also jedes Interesse, ihre flüchtigen Brüder wiederzufinden; sie zögerten nicht, sie ihrerseits zu verfolgen, und heizten so die Spannungen unter den Bauern an. Diese Flucht von Bauern wirkte sich auch schädlich auf die Wirtschaft aus, und die Behörden versuchten, die verlassenen Dörfer neu zu bevölkern. Doch sie hatten nicht immer Erfolg.

Dasselbe Elend herrschte zu jener Zeit in fast allen ländlichen Gebieten des Orients – in Nordafrika, in Syrien, in Ägypten (wo ein obligatorischer Paß eingeführt wurde) und im Iran. In Khorasan und Transoxanien verstärkten die alten Vorstellungen von einem agrarischen Egalitarismus den sozialen Charakter der Aufstände, die fast überall ausbrachen. Diese vereinigten sich mit verschiedenen messianischen Bewegungen[1], wie der von Sanbad dem Magier, der des Ustadsis oder der von al-Muqanna, dem verhüllten Propheten, oder jener Bewegung, die sich auf Abu Muslim, den Ermordeten, berief.

Die Bauernaufstände hatten nicht immer rein soziale Ursachen. In Ägypten erlebte man etwa 785, wie die abbasidische Obrigkeit von einer omayyadischen Erhebung in große Bedrängnis gebracht wurde. Jedesmal aber bewirkte das Elend eine Zuspitzung der politischen oder religiösen Konflikte. Seit der zweiten Hälfte des 8. Jahrhunderts trat der Gegensatz zwischen der Armut der Bevölkerung und dem schwindelerregenden Luxus, den der Hof und die privilegierten Klassen trieben, immer schärfer zutage.

Mansur, einer der großen muslimischen Herrscher, war für den Steuerzahler auch einer der unbarmherzigsten gewesen. »Der geizigste aller Kalifen aus der Familie des Abbas«, wie Tabari meint, änderte das Steuersystem der Omayyaden nicht. Dieses im wesentlichen auf die Agrarwirtschaft gegründete System wies von einer Provinz zur anderen beträchtliche Unterschiede auf. Die Städte zahlten infolge der raschen Urbanisierung viel weniger als die ländlichen Gemeinden. Reiche Kaufleute entrichteten oft keine angemessenen Steuern, da sie nach dem Prinzip der Selbsteinschätzung verfahren konnten. Die Einfuhrsteuern auf die importierten Waren waren ebenfalls niedrig, und viele Geschäftsleute umgingen die Besteuerung ganz. Mansur versuchte, die Kontrollen zu verstärken, aber ohne großen Erfolg. Die ganze Steuerlast drückte also auf die Landwirtschaft: Der Bauer war leicht dingfest zu machen und auch leicht in Schranken zu halten.

Der verschwenderische Mahdi, von dessen grenzenlosem Bedarf an Geld bereits die Rede war, entzog der Armee das Recht, die Steuern einzuziehen. Das war zwar eine kluge Maßnahme, veränderte aber gleichzeitig die Bemessungsgrundlage und führte zu einer noch strengeren Besteuerung. Trotz der Entwicklung der Landwirtschaft sank daher der Lebensstandard der Bauernschaft.

Die Barmakiden taten nichts, um Abhilfe zu schaffen. Yahya, ein bemerkenswerter Administrator, suchte vor allem, den Reichtum des Staates und des Kalifen zu mehren – und natürlich auch seinen eigenen beziehungsweise den seiner Familie. Er zögerte nicht, Ländereien zu beschlagnahmen, um sie dem Kalifen oder einem der Barmakiden zu überschreiben: Grund und Boden, der herrenlos oder ohne Erben war, Geschäfte, Häuser und Ländereien, die »Feinden« des Staates oder des Islam gehörten, wurden unter einem mehr oder weniger legalen Vorwand ihren Besitzern weggenommen. Der Kalif und seine Familie[2] besaßen also ein immenses Vermögen, das enorme Gewinne abwarf: Ein Verwalter war nur damit beauftragt, jene Güter zu verwalten, die Zubaida allein in Ägypten gehörten.

Als strenger Finanzmann kümmerte sich Yahya kaum um das Schicksal der Bevölkerung. Er dachte niemals daran, jene Steuerreform durchzuführen, die die klarblickendsten Männer im Gefolge des Kalifen empfahlen. Durch eine bessere Organisation sorgte er für eine effizientere Eintreibung der Steuern, und vor allem verlangte er, daß der gesamte Ernteertrag im voraus gezahlt wurde. Er ernannte auch Beamte, die mit der speziellen Aufgabe betraut wurden, die Rückstände einzutreiben. Diese legten in der Gegend von Mosul eine besondere Härte an den Tag. Dort wurden der gesamte Viehbesitz ausnahmslos besteuert, alle Rückstände eingefordert, und selbst die Araber, die sich bis dahin gewisser steuerlicher Vergünstigungen erfreut hatten, wurden der Besteuerung unterworfen. Einige Bauern empörten sich, andere flohen, vor allem nach Aserbaidschan. Dort vergrößerten sie das Heer derer, die bereits zu den Waffen gegriffen hatten, um gegen die Abschaffung der Vorrechte zu protestieren, welche man den Arabern seit ihrer Ansiedlung dort eingeräumt hatte. Schon bald schlossen sich ihnen andere Unzufriedene an – in dieser Region, die unter häufigen Chazareneinfällen zu leiden hatte.

Soziale und religiöse Unruhen

In Ägypten und Nordafrika wurden die sozialen Bewegungen von antimuslimischen Rebellionen begleitet. 767 hatten die Kopten die muslimischen Truppen geschlagen, die von Fustat (Alt-Kairo) aus entsandt worden waren, um die Ordnung wiederherzustellen. Den Abbasiden, die sich damals mit den Berbern konfrontiert sahen, gelang es erst fünf Jahre später, Kairuan zurückzuerobern und den Aufstand niederzuschlagen. Doch unter Harun erhoben sich die Araber, die sich östlich des Deltas niedergelassen hatten, in der Region von Hauf, weil die Besteuerung von urbar gemachtem Land wieder eingeführt worden war. Nach dem Sieg über den Präfekten und seiner Ermordung wurden neue Truppen – unter dem Befehl von Harthama ibn A'yan, einem der bedeutendsten Generäle Harun al-Raschids – aus Syrien entsandt, um die Rebellen niederzuwerfen. Im Jahr 789 wurden 10 000 zusätzliche Männer zusammengezogen. Sie griffen sogleich gegen die Bauern durch, die sich infolge einer erneuten, vom Präfekten beschlossenen Erhöhung der Grundsteuern erhoben hatten. 793 folgten eine weitere Steuererhöhung und neue Auseinandersetzungen, die dieses Mal ernsterer Natur waren. Zur Befriedung wurde Verstärkung entsandt. Doch der Friede sollte gefährdet bleiben, und einige Jahre später mußte Harun nochmals Truppen aus Bagdad schicken, um eine neue Revolution zu ersticken, die auf der anderen Seite des Roten Meeres, südlich des Sinai, und dann in Fustat selbst ausgebrochen war, wo meuternde Soldaten die Stadt mit Feuer und Schwert verwüstet hatten: Diese hatten dagegen protestiert, daß ihnen der Sold laut Regierungsbeschluß zu je einem Drittel in bar, in Getreide und in Textilien ausgezahlt werden sollte.[3]

In Khorasan und im westlichen Iran kamen noch andere Gründe zu der Unzufriedenheit, deren Ursache in übermäßigen Forderungen und Mißbräuchen lag. In diesen Provinzen, von denen die abbasidische Revolution ihren Ausgang genommen hatte und die dem neuen Reich seine bedeutendsten Männer geschenkt hatten, herrschte ständige Unruhe. Ausgelöst und am Leben erhalten wurde sie von den Gegnern der Omayyaden, die die Massen angelockt hatten, indem sie ihnen Versprechungen aller Art machten – insbesondere solche in sozialer Hinsicht –, die zu halten sie nicht imstande waren. Entsprechend groß waren die Enttäuschung und die verlorenen Illusionen. Die Bauernschaft, die sich in ihren Hoffnungen betrogen sah, machte dafür die örtlichen Führer – die *dihqan* – ebenso wie die Araber verantwortlich. Die zum Zeitpunkt der Revolution verbreitete messianische Propaganda vermischte sich mit lokalen Glaubensvorstellungen und bei vielen mit einer allgemeinen Ablehnung des Islam. Nichts war leichter für angebliche »Gesandte Gottes« oder »Reinkarnationen von Abu Muslim« oder andere, als die Heerscharen von Unglücklichen um sich zu sammeln, die bereit waren, alles zu glauben, solange man ihnen nur versprach, ihr Los zu erleichtern. Sie akzeptierten alle Bewegungen, die an den alten Manichäismus oder die alte persische Kultur anknüpften, obwohl die Revolten dieser Leute zweifellos nichts mit iranischem Nationalgefühl zu tun hatten. Sie waren vielmehr bereit, jedem zu folgen, der sich zum Gegner der Obrigkeit und der Mächtigen erklärte.

Bei Haruns Machtantritt war also die Autorität in den meisten Provinzen Persiens in Frage gestellt. In Khorasan und Transoxanien war die Bewegung von al-Muqanna (»dem verhüllten Propheten«) – die gefährlichste – mit Mühe und Not niedergeworfen worden. Aber die Muhammira, die eine sehr ähnliche Ideologie predigten wie dieser »Prophet«, waren an seine Stelle getreten. Die dem Mazdaismus nahestehenden Khurramiten befanden sich ebenfalls in Aufruhr, und noch viele andere auch. 796 gelang es den Truppen Haruns nach mehrjährigen harten Kämpfen, sie niederzuschlagen.

In Tabaristan und Dailam, den am Rand des Kaspischen Meeres gelegenen Regionen, traten die Unruhen vor allem in einer alidischen und kharidschitischen Form auf. Yahya ibn Abdallah, ein Nachkomme von Hasan (einem der Söhne Alis), ging in offene Rebellion gegen die Abbasiden über und wurde dabei von den einheimischen Stammesfürsten und einem breiten Teil der Bevölkerung unterstützt. Die Ereignisse nahmen sehr rasch eine beunruhigende Wendung. Die örtlichen Truppen, die zahlenmäßig nicht ausreichten, und, wie es den Anschein hat, auch wenig bereit waren, den Nachkommen des Neffen und Schwiegersohns des Propheten zu verfolgen, verzeichneten keinerlei Erfolge gegen die Rebellen, deren Anzahl vielmehr unablässig wuchs.

792 stellt Harun al-Raschid Fadl den Barmakiden an die Spitze der westlichen Provinzen Irans. Eine glücklichere Wahl hätte er nicht treffen können. Fadl nutzte die schlechte Jahreszeit, die keine militärischen Operationen erlaubte, zu Verhandlungen: Gegen feierliche Garantien akzeptierte der Rebellenführer Yahya ibn Ab-

dallah die Kapitulation. Der Kalif unterzeichnete persönlich das Dokument, das von den Rechtsgelehrten und den Haschimiten von Bagdad[4] gegengezeichnet wurde. Nachdem er reiche Geschenke in Empfang genommen hatte, zog sich Yahya nach Medina zurück. Aber er wurde trotz des *aman*, der Sicherheitsgarantie, ermordet: Der Respekt vor dem gegebenen Wort war nicht gerade die hervorstechendste Charaktereigenschaft von Harun al-Raschid. Fadl, dem es gelungen war, die Rebellion ohne Blutvergießen zu beenden, nahm sogleich ein beträchtliches Werk in Angriff: Er baute Karawansereien und Moscheen, namentlich in Buchara, und ließ in Balkh einen Kanal graben[5]. Schließlich erließ er der Bevölkerung die ausstehenden Steuern. So konnte im ganzen Land – bis zur Region von Kabul und dem neueroberten Gebiet von Bamyan – die Ruhe wiederhergestellt werden.

Nun stellte Fadl in Khorasan eine Truppe von 50 000 Mann auf, von denen 20 000 unter dem Befehl von General Harthama in die westlichen Gebiete des Reiches entsandt wurden, und die anderen nach Bagdad. Sie sollte die Eingreiftruppen gegen die aufständischen Bewegungen verstärken. Sie war den Barmakiden ergebener als die *abna* und erhielt den Namen *abbasiya*. Wir werden ihr in einem anderen Zusammenhang wiederbegegnen.

Nachdem Yahyas Revolte im Keim erstickt worden war, verfolgte Harun die Aliden mit Argwohn, und sein Mißtrauen wandte sich nun gegen Musa al-Kazim[6], einen direkten Nachkommen von Husain, dem bei Kerbela getöteten Sohn Alis. Dieser heilige Mann, der von allen geachtet wurde, war von Mahdi festgenommen und später wieder freigelassen worden. Er war politisch nicht aktiv, doch Harun ließ ihn erneut verhaften. Er starb in Gefangenschaft, wahrscheinlich eines natürlichen Todes, obgleich man Harun beschuldigte, er habe ihn umbringen lassen.

Noch andere religiöse Bewegungen mit sozialem Charakter erschütterten das Reich. Die meisten waren vom Kharidschismus inspiriert. Das heißt, sie beriefen sich auf jene islamische Sekte, die sich nach der Schlacht von Siffin, 657, gebildet hatte. Die Kharidschiten, deren Lehre sich auf die freie Willensentscheidung und die Verantwortlichkeit des Menschen gründete, forderten das Recht, den Führer der Gemeinschaft frei zu wählen – ob er Araber war oder nicht – sowie das Recht, sich gegen ihn zu erheben; sie widersetzten sich einem unitären Kalifen. Sie hatten sich aufgespalten[7], aber alle Richtungen waren einig im Kampf gegen die etablierte Macht.

Während Haruns ersten Regierungsjahren erhob sich ein kharidschitischer Aufstand in der Dschazira, in der Region von Nisibis, der von einem Stammesführer, Walid ibn Tarif, angeführt wurde. An der Spitze von 30000 Mann marschierte Walid in die Länder Aserbaidschan und Armenien ein, die er in kurzer Zeit unterwarf. Zwei Jahre lang zog Walid Steuern ein und machte die Autorität der Zentralgewalt zum Gespött. Um den Aufstand niederzuwerfen, mußte Harun einen jener Männer entsenden, die zum Zeitpunkt seiner Thronbesteigung seine größten Gegner gewesen waren, nämlich den General Yazid al-Schaibani. Als hervorragender Befehlshaber, mit dem Harun gegen die Byzantiner gekämpft hatte, führte Schaibani den tödlichen Schlag gegen Walid.

In Khorasan, in der Gegend von Herat, kam es ebenfalls zu einer Revolte, der dieselben religiösen und sozialen Ursachen zugrunde lagen. Ein Kharidschit, Hamza ibn Atrak, empörte sich, legte sich den Titel eines »Befehlshabers der Gläubigen« zu und ermordete den Gouverneur. Nach einer blutigen Niederlage zurückgedrängt, zog er sich zunächst nach Seistan, dann nach Kirman zurück. Nach jahrelangen Kämpfen gelang es, diese Rebellion niederzuwerfen, die auf terroristischen Aktionen basierte und für jeden Gläubigen die Pflicht predigte, gegen die Autorität des Kalifen und all jene, die sie anerkannten, zu kämpfen. Mit seiner bemerkenswerten Organisation, seiner guten Armee und seinem erstaunlichen Propagandadienst wurde Hamza ibn Atrak erst 820 durch die Einwohner von Nischapur besiegt, die sich zu Zwecken der Selbstverteidigung in Milizen zusammengeschlossen hatten.

In all diesen Regionen kamen die übermäßigen Forderungen der Obrigkeit und die Härte einiger Gouverneure zu der Unzufriedenheit sozialen Charakters und den religiösen Divergenzen hinzu. Das Elend der Menschen zeugt immer Aufstände, ebenso wie die Tyrannei, vor allem dann, wenn sie von Mißbräuchen begleitet wird, die die vorherrschende Not noch vergrößern. Aber auch der religiöse Haß kann mächtig sein, und man gleitet nicht in den Bereich des Irrationalen und des Aberglaubens ab, wenn man unter anderem in den religiösen Gefühlen einen Beweggrund für das Handeln des Menschen erkennt.

Es ist dabei ganz offenkundig, daß Versuche, die Ereignisse des 7. und 8. Jahrhunderts mit einem angeblichen Konflikt zwischen dem Semitentum und dem Ariertum zu erklären, nicht ernst zu nehmen sind. Muß man noch darauf hinweisen, daß die Menschen aus Khorasan und vom Kaspischen Meer, ebensowenig wie die aus dem Jemen und dem Hidschaz die Probleme je unter diesem Blickwinkel gesehen haben, und daß es nicht möglich ist, zu jener Zeit von einem »persischen Nationalismus« und einem »arabischen Nationalismus« zu sprechen? Ebenso falsch ist es, das Schiitentum und die Häresien, die sich von ihm ableiten, als typisch iranisches Phänomen zu betrachten. Als »ganz und gar arabische Bewegung«[8] hat das Schiitentum seinen Ursprung in Mesopotamien und in Nordsyrien. In der Folge haben sich ihm gewisse iranische Kreise der städtischen Bevölkerung angeschlossen. »Es gab die Araber, die die Schia nach Persien importierten, wo die Garnisonsstadt Qom, eine Kolonie von Kufa, zu einem der stark schiitisch orientierten Zentren wurde. Die durch die Schia ausgedrückte Opposition war eine soziale Erhebung gegen die arabischen Aristokraten, ihren Glauben, ihren Staat und seine Untertanen, und kein nationaler Aufstand gegen die Araber.«[9]

Seit den ersten Regierungsjahren Harun al-Raschids nahmen also die politischen, religiösen und sozialen Unruhen, die das Reich seit der frühen Zeit der Abbasiden ununterbrochen beunruhigten, an Umfang zu. Hinter der blendenden Fassade ließen die Risse, die man hie und da bemerkte, die Erschütterungen vorausahnen, die schon bald die Einheit des riesigen, von den beiden ersten arabischen Dynastien geschaffenen Gebäudes in Gefahr bringen sollten. Die übertriebene Zentralisierung des Regimes, die Harun und die Barmakiden noch weiter strafften und die sämtliche Entscheidungen in die Hände der Regierung von Bagdad legte – selbst die, die die entferntesten Provinzen betrafen –, diese Zentralisierung hatte das Reich verwundbar gemacht. Dank der bemerkenswerten Organisation des *barid* war die Zentralgewalt über alles informiert, was in den großen und kleinen Städten – selbst in den entlegensten des Reiches – vor sich ging. Doch sie war ungenügend, und die Entscheidungen des Kalifen und des Wesirs, die erst nach vielen Wochen bekannt wurden, hatten nicht dieselbe Wirkkraft wie die, die ein Gouverneur an Ort und Stelle hätte treffen können. Nun waren die Gouverneure, ungeachtet der Befugnisse, mit denen sie ausgestattet waren, nicht alle fähige und zuverlässige Leute. Das wurde deutlich, wenn in einer Provinz unerwartet eine Krise ausbrach und der Kalif einen kompetenten Mann hinschickte – zum Beispiel Fadl den Barmakiden nach Iran und Dscha'far nach Syrien: Dann wurde die Ordnung rasch wiederhergestellt.

Die zentrifugalen Bewegungen, deren Existenz sich bald in mehreren Teilen des Reiches bemerkbar machen sollten, nahmen trotzdem noch keinen beunruhigenden Charakter an, und die Krisen wurden, wenn auch mit einigen Schwierigkeiten, überwunden. Die Truppen waren, wie es scheint, nicht zahlreich genug, um überall die Ordnung aufrechtzuerhalten, aber die Rekrutierung war ziemlich einfach, und während die Araber zunehmend zögerten, sich anwerben zu lassen, lieferten Iran und

Khorasan ganze Kontingente. Die Zeit, da die Kalifen den Staat und ihre persönliche Sicherheit Söldnern anvertrauten, war noch nicht gekommen.[10]

Der Kalif macht von seiner Autorität Gebrauch

Der erste Abschnitt von Haruns Regierungszeit ging zu Ende. Aus dem jungen, unerfahrenen Prinzen war ein Herrscher geworden, der sich seiner nahezu unbeschränkten Macht immer mehr bewußt war. Nicht daß der Befehlshaber der Gläubigen Wachs in den Händen der Frauen und der Barmakiden war – man weiß, daß er Entscheidungen gegen Yahyas Rat und sogar gegen den der gebieterischen Khaizuran getroffen hat. Er, der leicht erregbar und selbstbewußt war und auf alles, was seine Macht bedrohen könnte, nervös reagierte, veranlaßte die Festnahme des frommen, harmlosen Musa al-Kazim und die Beseitigung Yahya ibn Abdallahs, dessen Leben zu schonen er versprochen hatte. Er war weder ein liebenswerter Hampelmann, noch der »gute Harun«, als den ihn die orientalischen Legenden beschreiben, sondern ein Mann, der es übelnahm, wenn man sich ihm widersetzte oder ihm auch nur widersprach. Wie viele Staatschefs umgab er sich nunmehr lieber mit geschmeidigen Männern als mit allzu brillanten. Fadl al-Barmaki sollte das bald schon zu spüren bekommen.

Fadl war als Mann der Verwaltung und als Kriegsführer sehr geschickt und zögerte nicht, den Kalifen offen anzugreifen und einige seiner Entscheidungen nicht auszuführen. Diese Unvereinbarkeit der Charaktere sollte eine der Ursachen seines Sturzes sein. Sie kam zu den in Haruns Augen allzu großen Erfolgen hinzu, die der »kleine Wesir« in Khorasan errang, und zu dem Schutz, den er, wie man ihn beschuldigte, den Aliden gewährte, gegen die sich die Barmakiden toleranter zeigten als Harun, der stets bereit war, die Nachkommen Alis zu verdächtigen, seinen Sturz zu betreiben. Fadl, der nach seiner Rückkehr aus Khorasan vom Kalifen mit Glückwünschen überschüttet wurde, erhielt nie mehr einen bedeutenden Posten. Einige Jahre später wurde er gar von seinen administrativen Funktionen entbunden.

Das Amt eines Gouverneurs von Khorasan wurde daraufhin Ali ibn Isa ibn Mahan übertragen, der in dieser Provinz einen Fehler nach dem anderen beging. Aber er gehörte zu jener umstürzlerischen Gruppe, die in Opposition zu den Barmakiden stand. Darüber hinaus befehligte er die *abna*, die sich seit der Schaffung der *abbasiya* unzufrieden zeigte – jener Truppeneinheit, die Fadl in den Ostprovinzen ausgehoben hatte. Die syroirakischen Einheiten hatten die Einrichtung dieser Truppe auch nicht gerade mit Begeisterung aufgenommen. Yahya versuchte, sich der Ernennung Ali ibn Isa ibn Mahans zu widersetzen, den er für unfähig hielt. Doch vergebens. Mit dieser Ernennung, die den Unmut der Barmakiden erregte, hatte der Kalif ja gerade ein Gegengewicht zu deren Einfluß schaffen wollen.

Die Tatsache, daß Fadl immer weiter abstieg, daß entgegen Yahyas Rat an die Stelle von Mohammed, Yahyas Bruder, der das wichtige Amt eines Kämmerers bekleidet hatte, dessen Rivale Fadl ibn al-Rabi berufen wurde, der aus einer mit den Barmakiden rivalisierenden Familie stammte und um den sich nunmehr die Opposition scharte – all dies deutete darauf hin, daß der Kalif sich nun, zehn Jahre nach seiner Thronbesteigung, der Herrschaft der allmächtigen Familie entledigen wollte.

Raqqa

Um diese Zeit bereitete sich Harun auch darauf vor, Bagdad beinahe endgültig zu verlassen. Es heißt, der Kalif habe diese prestigereiche Stadt, die auf Anordnung seines Großvaters errichtet worden war, nie gemocht. Die Luft sei dort schlecht, behauptete er, und behage ihm nicht. Die Nähe der *abna*, mit all ihren Privilegien und Konflikten, mißfiel ihm. Die Bevölkerung der riesigen Hauptstadt wuchs und verhielt sich unruhig. Wie seine Vorgänger war Harun sehr um seine Sicherheit besorgt und fühlte sich dort nicht wohl. Er hatte schon mindestens zweimal beabsichtigt, Bagdad zu verlassen. Zunächst hatte er geplant, sich am Fuße des Sagros-Gebirges im Westiran einen Palast bauen zu lassen, dann wurde er krank und verzichtete auf dieses Vorhaben. Zwei Jahre später ließ er in der Gegend von Mosul eine Residenz errichten, die er aber nicht bezog. 796 entschied er sich schließlich für Raqqa in der Dschazira, am linken Euphratufer, wo bereits seit dem Altertum eine Stadt namens Kallinikos existierte.[11]

Warum gerade Raqqa, das sehr weit von Bagdad und dem Unteren Zweistromland entfernt war, wo sich die meisten politischen, kommerziellen und geistigen Zentren des Reiches befanden? Wenn die Sicherheitsfragen die einzigen Motive seiner Abreise aus Bagdad waren, hätte Harun dann seine Frauen, seine Kinder und seine Schätze im Khuld-Palast zurückgelassen? Wahrscheinlich spielten Erwägungen militärischer Art bei seiner Entscheidung, sich nahe der Grenze zum Byzantinischen Reich niederzulassen, eine große Rolle.

Man erinnert sich, daß sein Vater ihn als blutjungen Mann mit der Leitung eines Feldzuges gegen die Byzantiner betraut hatte. Er war nahe an Konstantinopel herangerückt, gegen dessen Mauern »er seine Lanze gerichtet« hatte[12]. Gleich nach seiner Thronbesteigung gab er, wie bereits erwähnt, den Befehl, die Stützpunkte an dieser Grenze zu verstärken. Diese Vorbereitungen dienten gewiß nicht nur Verteidigungszwecken, denn Byzanz, das in einer tiefen Krise steckte, stellte keine Gefahr dar. Es ist daher wahrscheinlich, daß Harun al-Raschid seit seinem Machtantritt beabsichtigt hatte, gegen Byzanz Krieg zu führen und nicht nur Überfälle und Razzien durchzuführen, und, wenn Gott es zuließ, bis nach Konstantinopel zu ziehen. Der Krieg gegen die Griechen war das große Vorhaben seiner Regierungszeit. Für seine Politik, mächtige Basen am Fuße des Taurusgebirges zu errichten, und für die Verlegung seiner Residenz in die Nähe der Grenze lassen sich keine anderen Erklärungen finden.

Das von Christen bewohnte und 639 von den Arabern eroberte Raqqa war von Mansur aus seiner Betäubung geweckt worden, der in der Nähe eine neue Stadt, al-Rafiqa, hatte erbauen lassen. Beide Siedlungen wuchsen schnell zusammen. Die Stadt hatte die Form eines Hufeisens, dessen gestreckte Seite vom Euphrat umspült wurde, der heute einen Kilometer entfernt fließt. Die Tore, die beiden konzentrischen Mauern und die Anordnung der Straßen erinnerten an den Grundriß der Runden Stadt. Nur war sie nicht so groß (1500 Meter in der Nord-Südausdehnung und in der Ost-Westausdehnung). Von Platz zu Platz, um den zinnenbewehrten Mauerring von vier bis fünf Metern Breite, standen achtundzwanzig Türme mit Verteidigungsposten. Die Türme waren aus gebrannten Ziegeln gebaut, die Mauern aus getrockneten ungebrannten Ziegeln. Kanäle wurden gegraben, um Wasser herbeizuführen. Eine große Moschee über rechteckigem Grundriß (93 zu 108 Meter) wurde im Zentrum der neuen Stadt errichtet.

Südöstlich von der Moschee, innerhalb der Stadtmauern, erhob sich Haruns Palast, Qasr al-Salam, »der Palast des Friedens«. Dieses gewaltige, prachtvolle Bauwerk[13] enthielt Gebäude, die durch Höfe und Gärten voneinander getrennt waren und über eine weite Fläche verstreut lagen. An den Fassaden war die Dekoration bescheiden; man sah nur blinde Mauern aus ungebrannten Ziegeln (der Sockel war aus gebrannten Ziegeln gebaut). Der ganze Luxus befand sich im Inneren: Stuckarbeiten, Tapisserien, Goldverzierungen, Gemälde und Teppiche. Inmitten dieses prachtvollen Dekors lebten Hunderte von Personen, die von der örtlichen Bevölkerung noch mehr abgeschnitten waren als in Bagdad; diese lieferte die Arbeitskräfte und die von diesem gigantischen Hof benötigten Produkte.

Der Einfluß des sasanidischen Persien, der sich im nachfolgenden Jahrhundert noch stärker bemerkbar machte, war in allen Bereichen immer deutlicher zu spüren. Der Kalif, der den König der Könige nachahmte, isolierte sich in seinem Palast und umgab sich mit einem immer komplizierteren Zeremoniell. Als religiöses Oberhaupt und Befehlshaber der Gläubigen, bald schon der »Schatten Gottes auf Erden«, war er der mächtigste Herrscher seiner Zeit: Sein Palast war wie ein Allerheiligstes, das er nur unter größter Prunkentfaltung verließ, um sein Volk zu blenden. Der Trümmerhaufen, der heute in der Ebene östlich des Euphrat zu sehen ist, erlaubt es, uns in Gedanken an seinen Hof zu versetzen, in diesen gewaltigen Palast, umgeben von den »Paradiesen«, die er hatte anlegen lassen, seinen Wildgehegen, die jenen glichen, die die Omayyaden in der Wüste hatte einrichten lassen, um dort auf die Jagd zu gehen und sich zu vergnügen. Als großer Liebhaber sportlicher Aktivitäten an der frischen Luft und als hervorragender Reiter ließ Harun in Raqqa ein Hippodrom für die Pferde aus seinem eigenen Marstall anlegen. Der Chronist Dschaschiyari hat die Freude beschrieben, die den Kalifen erfüllte, wenn eines seiner Pferde oder ein Pferd seiner Söhne siegte. Auf dem Hippodrom wurde auch Polo *tschaugan*[14] gespielt. Wahrscheinlich hat Harun dieses Spiel iranischen Ursprungs selbst eingeführt, während er in Raqqa residierte. Aber der Kalif bevorzugte vor allem eine Variante dieses Spiels, nämlich den *tabtab*. Er führte ebenfalls den *birdschas* ein, der daraus bestand, vom Pferde aus Pfeile abzuschießen oder eine Lanze durch einen Ring zu stoßen. Dieser Sport wurde zu einer militärischen Übung. Harun nahm mit seinen Gefährten daran teil, die er bei dieser Gelegenheit als seinesgleichen behandelte. Er beteiligte sich auch an den Wettkämpfen der Bogenschützen und war einer der ersten Kalifen, die ständig eine Kompanie Bogenschützen in ihrem Dienst hielten.

Der Rechtgeleitete verbrachte die letzten dreizehn Jahre seiner Regierungszeit und seines Lebens in Raqqa. Seine Aufenthalte in Bagdad waren kurz und wurden mit der Zeit immer seltener. Schließlich ging es so weit, daß er, wenn er von Süden kam, einen Bogen um die Hauptstadt machte. Das Zentrum der Administration war zwischen den beiden Städten aufgeteilt worden, was das Funktionieren des Staates komplizierte. Das Interesse des Kalifen war auf das Grenzgebiet gerichtet, und die Vorbereitung von Feldzügen jenseits des Taurus nahm seine Aufmerksamkeit mehr in Anspruch als die Regierung des Reiches. Vielleicht muß man darin eine der Ursachen für den Niedergang des Reiches in jenen Jahren sehen, die dem Wegzug des Kalifen aus Bagdad folgten.

Palast (»Wüstenschloß«) der Abbasidenzeit in Ukhaidir südlich von Bagdad, mittleres oder spätes 8. Jahrhundert, wohl etwas älter als Haruns Residenz in Raqqa. Das Zentrum der Anlage bildet der große Hof, umgeben von Arkadengängen, die in den großen Audienzsaal und in Privatgemächer führen.

4. Kapitel

Die schwierigen Jahre

Wie die Menschen, so haben auch die Reiche
einen Weg, eine Existenz, die sie durchlaufen müssen.
Sie wachsen, erreichen ihre Reife und
beginnen dann zu verfallen.
Ibn Khaldun

Die Jahre, die seit Haruns Machtantritt vergangen waren, hatten Unruhen oder Krisen gekannt; aber es war nichts wirklich Ernstes vorgefallen, nichts, was das Reich in Gefahr gebracht hätte. Doch alles weist darauf hin, daß der Zustand der Gnade zu dem Zeitpunkt, als der Kalif von Bagdad nach Raqqa übersiedelte, beendet war. Beabsichtigte er bereits, sich von den Barmakiden zu trennen? Sicher noch nicht, obwohl der Überdruß, den er an ihrer Präsenz zeigte, so manchem in seinem Gefolge auffiel, wo man den Stern von Fadl ibn Rabi, ihres großen Rivalen, aufsteigen sah.

Über die Vorbereitungen eines Krieges gegen Byzanz hinaus (seine Beziehungen zu Karl dem Großen fügen sich in das Bild seines militärischen Projektes gegen den Basileus) machte sich Harun Sorgen um seine Nachfolge. Wie er seinen Vertrauten offenbarte, kreisten seine Gedanken unablässig um diese Frage. Schließlich sollte er darüber entscheiden, ohne das Problem tatsächlich zu lösen.

Die Periode von Raqqa, die längste in der Regierungszeit des Rechtgeleiteten, war also die aktivste, in der sich die Probleme nach dem Vorspiel der zehn ersten Jahre erstmals im rechten, manchmal auch tragischen Licht zeigten. Es war die Zeit, in der sich die Auflösung des Reiches, deren Anzeichen bereits da und dort sichtbar geworden waren, beschleunigte. Sie mündete in der fast vollständigen Unabhängigkeit einiger Provinzen.

Die Einheit des bedrohten Reiches

Gegen Ende des 8. Jahrhunderts erreichte das Abbasidenreich seine größte Blüte. Eine wirtschaftliche Prosperität, wie sie dieser Teil der Welt nie erlebt hatte, und das Bewußtsein, *die* militärische Supermacht seiner Zeit zu sein und eine verfeinerte Zivilisation zu besitzen – alles trug dazu bei, aus dem Kalifen des Islam den mächtigsten Herrscher seiner Zeit zu machen. Seine Besitzungen erstreckten sich vom Atlantischen Ozean bis Tien Schan und zu den Mündungen des Indus, vom Taurus bis zum Bab el-Mandeb und zum Blauen Nil. Seine Feinde waren durch ihre inneren Zwistigkeiten geschwächt. Das Reich des Basileus mühte sich mit seinen Krisen ab. Die letzte – die des Ikonoklasmus, des Bildersturms – war noch nicht beendet und hatte das Byzantinische Reich bereits tief erschüttert. Was Karl den Großen anlangt, der sich in Rom die Krone des Kaisers aufs Haupt setzte, so konnte er für den Kalifen kein Rivale sein, und noch weniger ein Gegner. Und zudem war er so weit weg! Niemand auf Erden kam also dem Befehlshaber der Millionen von Gläubigen gleich, dessen Untertanen Araber, Afrikaner, Perser, Ägypter, Türken und Berber waren, die fünfmal am Tag dieselben Gebete sprachen, sich in die Richtung desselben Heiligtums verneigend, vereint auch durch die arabische Sprache, die Sprache des Koran, die rasch von einem Ende des Reiches zum anderen zur Sprache der Verwaltung und der Kultur geworden war.

Der Kalif und Herr über einen zentralisierten Staat, für den das Sasanidenreich als Vorbild gedient hatte, sorgte dafür, daß in diesen so unterschiedlichen Ländern Ordnung herrschte. Er kämpfte gegen partikularistische Strömungen, gegen die großen und kleinen Feudalherren, gegen die Häretiker aller Richtungen und gegen jene Bewegungen, die sich aus dem Elend und der

Enttäuschung speisten. Es verging kaum ein Jahr, in dem nicht eine oder mehrere Rebellionen Gouverneure und Generäle zwangen, da und dort einzugreifen, um Aufständische niederzuwerfen.

Die Omayyaden hatten sich der Provinzen bemächtigt, indem sie gewaltige Massen der Herrschaft Weniger unterwarfen. Kamen ihre Nachfolger, die Abbasiden, die die Administration zum großen Teil in die Hände von nichtarabischen, den einheimischen Bevölkerungsteilen näherstehenden Muslimen legten, zu spät, um die Abneigung der unterworfenen Völker zu bezwingen? Oder war es unvermeidlich, daß einige von ihnen bei der ersten Gelegenheit ihr Joch abschütteln würden? Noch vor Ende des Jahrhunderts sollten die sozialen und religiösen Bewegungen, die sich schon in den ersten Jahrzehnten der Herrschaft der Abbasidendynastie herausgebildet hatten, Gräben öffnen, die nie wieder zugeschüttet werden sollten. Hinzu kam auch, daß es aufgrund der extremen Ausdehnung des Reiches und seiner übertriebenen Zentralisierung schwierig war, die entfernt gelegenen Provinzen zu kontrollieren. War es für die Gouverneure nicht verlockend, sich immer weiter aus der Abhängigkeit von der Zentralgewalt zu befreien?

Das Ende des 7. Jahrhunderts eroberte Nordafrika war zum großen Teil über das Kharidschitentum islamisiert worden; das war die Häresie, die damals am weitesten verbreitet war. Sie war, wie bereits erwähnt, entstanden, nachdem sich eine Gruppe von Gläubigen geweigert hatte, den Schiedsspruch zu akzeptieren, der die Entscheidung zwischen Ali und Mu'awiya hätte herbeiführen sollen. Der egalitäre Charakter ihrer Doktrin führte dazu, daß sie rasch von der ländlichen Bevölkerung des Maghreb angenommen wurde. Ihre Propagandisten waren aus den Berberstämmen hervorgegangen; die Erklärung dafür ist wahrscheinlich in der Tatsache zu suchen, daß sie im Irak unter den Omayyaden Verfolgungen erleiden mußten. Diese »Häresie der Befreiung« breitete sich sehr schnell unter den Land- und den Bergbewohnern aus, die wenig Sinn für das Prestige der Araber hatten, deren Überheblichkeit sie enttäuscht hatte. Schon 757 hatte sich, unter der Herrschaft von Mansur, eine Gruppe von Kharidschiten in den Besitz von Tripolis gebracht, aus dem sie ihre Hauptstadt machten. Andere nahmen im Jahr darauf Kairuan ein und blieben dort drei Jahre lang die Herren, bis der Gouverneur des Kalifen die Stadt zurückeroberte. Trotz des Massakers, das folgte, blieb die Regierung des Repräsentanten von Bagdad gefährdet, und in Tlemcen wurde gar ein Gegenkalif ausgerufen. Der Gouverneur al-Aghlab verzichtete darauf, ihn zu verjagen. Am Ende von Mansurs Regierungszeit erschien die Situation äußerst gefährlich. Das Land war erneut Schauplatz des Heiligen Krieges, und der in Kairuan belagerte abbasidische Gouverneur Omar ibn Hafs wurde ermordet. Um die Revolte zu ersticken, wurden umfangreiche Verstärkungen unter dem Befehl von Yazid ibn Hatim entsandt: 60 000 Mann aus dem Irak und aus Syrien und 30 000 aus Khorasan – gut ausgestattet und gut gerüstet. Man verstärkte die Schwachpunkte und richtete dort *ribat*[1] ein. Die alten byzantinischen Zitadellen wurden wieder instand gesetzt, um dort Elitetruppen zu stationieren. Diese Maßnahmen trugen Früchte: 772 wurden die Kharidschiten in Tripolitanien vernichtet und ihre Anführer getötet. Yazid eroberte Kairuan zurück. Fünfzehn Jahre lang wandte der neue Gouverneur Gewalt an – mit Erfolg. Sein Sohn sollte ihm nachfolgen, dann sein Bruder. So konnte man mit ansehen, wie sich Gouverneurs-Dynastien herausbildeten – ein »wirksames« System, das aber nicht ohne negative Folgewirkungen blieb.

Dieses Mal jedoch gelang es der Familie Yazids nicht, die Macht zu bewahren. Die Barmakiden, die nicht zusehen wollten, wie die Gouverneursposten in den Provinzen vom Vater an den Sohn »vererbt« wurden, räumten die Männer, die imstande waren, ihre Eigenliebe zu kränken, aus dem Weg. Nach einem langen Kampf der beiden Parteien um ihren Einfluß bei Harun al-

Raschid gelang es den Barmakiden, die Ernennung des berühmten Harthama ibn A'yan zu erzwingen, jenes Generals, der ihnen am nächsten stand. Dank der Unterstützung durch einen Teil der Truppen, nämlich die *abbasiya,* die Fadl al-Barmaki in Khorasan rekrutiert hatte, trieb er die Befriedung des Landes voran. Er ließ auch in Monastir das *ribat* bauen, das man noch heute dort sehen kann – eines der majestätischsten und besterhaltenen von Nordafrika. Harun soll persönlich seinen Bau angeordnet haben, um so die Route nach Spanien abzusperren.

Unterdessen brauten sich neue Unwetter über der Region zusammen, und Harthama wurde auf eigenen Wunsch zurückgerufen. Es folgte eine Zeit der Wirren: Der von den Barmakiden ernannte Gouverneur Mohammed al-Muqatil wurde durch den *dschund,* die Armee, und die Bevölkerung verjagt, dann vom Gouverneur des Zab[2], Ibrahim ibn Aghlab, wieder eingesetzt und daraufhin erneut von seinen eigenen Untertanen vertrieben. Diese drängten Ibrahim ibn Aghlab, Anspruch auf die Provinz zu erheben. Nach einigem Zögern ging Harun darauf ein: Im Juli des Jahres 800 wurde derjenige, der Ibrahim I., Emir von Ifriqiya, genannt werden sollte, mit der Gouverneurswürde über die große Provinz im Westen des Abbasidenreiches betraut.

Nun begann für Ifriqiya[3] – und zweifellos auch für das Reich selbst – eine neue Ära. Zum ersten Male war ein Abkommen zwischen dem Kalifen des Islam und dem Gouverneur einer Provinz geschlossen worden, unter der Bedingung, daß dieser nicht nur auf die Subvention in Höhe von 100 000 Dinar verzichtete, die Ägypten für den Unterhalt der Besatzungstruppen beigetragen hatte. Er verpflichtete sich vielmehr seinerseits, dem Kalifen alljährlich 40 000 Dinar zu zahlen. Seitdem besaß Ifriqiya seine finanzielle Autonomie, ohne daß dies auch gleich eine politische Unabhängigkeit impliziert hätte. Der Emir von Ifriqiya, der kein absetzbarer Beamter war, verwaltete die Provinz, und seine Regierung war der Kontrolle durch Bagdad entzogen. Er blieb aber Vasall des Kalifen, der ihn belehnt hatte. Doch da dieser nicht in die Erbfolgeregelung eingriff, sollte die Familie von Ibrahim ibn Aghlab über ein Jahrhundert lang die Macht innehaben.

Die Ferne der Hauptstadt und die Unfähigkeit der Zentralgewalt, in dieser Provinz zu intervenieren, die reich genug war, um ohne jede Unterstützung auszukommen, bewirkten, daß sich die Bindungen zwischen Bagdad und Kairuan allmählich lockerten. Im übrigen trat Ibrahim schon bald als beinahe unabhängiger Führer auf. Er stellte für sich eine »schwarze Garde« von 5000 Mann auf, die seiner Person vollkommen ergeben waren; auf diese Weise schützte er sich vor jeder möglichen Überraschung von seiten des *dschund*. Seine kluge Verwaltung, der innere Friede, für den er sorgte, sowie die wirtschaftliche Entwicklung des Landes garantierten ihm die Treue der Bevölkerung.

Um deutlich zu machen, daß er nicht ein zeitweilig amtierender Gouverneur, sondern ein faktisch unabhängiger Herrscher war, dessen Prestige beinahe dem des Kalifen gleichkam, ließ sich Ibrahim in der Umgebung von Kairuan eine großartige Residenz bauen[4], Al-Qasr al-Qadim, die er aus Ehrerbietung gegenüber der herrschenden Dynastie Abbasiya nannte. Er ließ sich mit seinen schwarzen Soldaten, den zuverlässigsten arabischen Einheiten, mit seinem Hofstaat und seinen Dienern dort nieder. Dort soll er auch die Gesandten Karls des Großen empfangen haben, die ihn aufsuchten, um ihn um die Gebeine des heiligen Cyprianus zu bitten. Einer seiner Nachfolger, Ibrahim II., sollte nicht weit von dort ein prachtvolles Schloß – Raqqada – erbauen, das von riesigen Gärten umgeben war, von denen einige Spuren erhalten geblieben sind.

Wie die Kalifen sollten auch die Aghlabiden ihre Mittel in Kult- oder Nutzbauten investieren. Sie vergrößerten die Sidi Oqba-Moschee in Kairuan, eine der ältesten und am meisten verehrten des Islam, die Große Moschee von Tunis, die großen Moscheen von Sousse und Sfax, errichteten Festungsbauten und führten Wasserbauprojekte aus. Die wirtschaftliche Blüte spiegelte sich in dieser Umgestaltung des Landes wider. Unter den Aghlabiden wurde Kairuan zu einem bedeutenden Zentrum der Gelehrsamkeit und des Koranstudiums, wo die Anhänger der verschiedenen orientalischen Schulen für eine Blüte des geistigen Lebens sorgten, die an die von Bagdad, Fustat und Basra erinnerte.

Gegen Ende der Regierungszeit Ibrahims I. – das zeitlich beinahe mit dem Ende von Haruns Herrschaft zusammenfiel – gehörte Ifriqiya faktisch nicht mehr zum Reich. Der Kalif beschränkte sich darauf, sich durch Geschenke an die Opfer von Naturkatastrophen und seine Beteiligung an der Errichtung von religiösen Bauwerken in Erinnerung zu bringen. Als weltlicher Herrscher und spiritueller Führer nahm Harun al-Raschid in diesem Land bereits die geschwächte Position ein, die dem Abbasidenkalifen im folgenden Jahrhundert allgemein zukommen sollte.

Die kharidschitische Häresie, die in Ifriqiya ausgerottet worden war, durfte dort nicht mehr in Erscheinung treten. In der westlichsten Region, dem zentralen Teil des heutigen Algerien, lebte sie dennoch fort. Die schon in der Mitte des 7. Jahrhunderts eroberte, von Berbern besiedelte Gegend war im Laufe der ersten Hälfte des 8. Jahrhunderts durch den Kharidschismus islamisiert worden, den es noch heute dort gibt, vor allem im Mzab. Als die Armeen des Kalifen die Gebiete zurückeroberten, konnten sie nicht weiter westlich als Ifriqiya vordringen, das zusehen mußte, wie an seinen Flanken Fürstentümer lebten und blühten, deren Bevölkerung fast ausnahmslos einem heterodoxen Islam anhing.

Das wichtigste dieser Emirate war 761 in Tahert (Tiaret) gegründet worden, und zwar von Abdarrahman ibn Rustam, einem Perser, der während der Kämpfe aus Kairuan vertrieben worden war. Diese hatten zur Folge, daß sich die Orthodoxie in dieser Stadt und in Ifriqiya wieder etablierte. Als von den Kharidschiten dieser Region gewählter Imam sollte er seine Nachfolger unter den Mitgliedern seiner Familie auswählen. Auf diese Weise wurde die höchste Autorität erblich, und die Rustamiden gewannen fast in ganz Nordafrika rasch an Prestige. In diesem theokratischen Regime, in dem die Berber eine große Rolle spielten, fehlte es nicht an wirtschaftlichen Problemen. Die Politik der Rustamiden, aus deren Familie bis zum Beginn des 10. Jahrhunderts Imame hervorgehen sollten, bestand vor allem darin, den Warenaustausch zwischen der Küste und dem Landesinneren zu fördern, ja selbst mit den Ländern, die jenseits der Sahara gelegen waren, insbesondere mit dem Sudan. Diese »Erbrepublik« von Kaufleuten, in der die Perser ihren Einfluß bewahrten, unterhielt Beziehungen zu den Nomaden und Ackerbauern im Landesinneren und garantierte die Sicherheit der Karawanen. Auf diese Weise dehnte sie ihren Einfluß und den des Kharidschitentums bis nach Spanien und in den Irak aus. Angelockt von dem Wohlstand, der in Tahert herrschte, kamen Einwanderer von überallher, während die Rustamiden Ämter am Hof der Emire von Spanien innehatten.

Wie immer in den Ländern des islamischen Mittelalters ging die wirtschaftliche Blüte mit einer Blüte der Gelehrsamkeit einher. Mathematik, Astronomie[5], Literatur, Poesie und selbstverständlich Theologie waren Gegenstand des Studiums bei dieser freiwillig asketischen Bevölkerung, die auf jeden Fall von einer Verschwendung wie im Kairuan der Aghlabiden weit entfernt war. Diese übte in Tahert keinerlei Einfluß aus; dort hielt man sie vielmehr für ein abschreckendes Beispiel. Bagdad war in jeder Hinsicht noch weiter von der Geisteshaltung dieser Berber und Perser entfernt, die die Lehren, welche der Kalif und seine Umgebung verkündeten, ebenso verurteilten, wie die in ihren Augen lockeren Sitten des Hofes und der Hauptstadt. Diese ganze Region im Herzen des Maghreb war lange vor den Aghlabiden von der Zentralgewalt abgerückt. Harun übte dort keinerlei Kontrolle mehr aus, und nicht einmal sein Name wurde noch ausgesprochen.

Weiter westlich, im heutigen Marokko, war der Islam in den letzten Jahren des 7. und zu Beginn des 8. Jahrhunderts zu den Bergbewohnern vorgedrungen, die ihm bald schon eine häretische Färbung geben sollten. Außerdem sorgten die Ausbeutung durch das Steuersystem, die Übergriffe der Gouverneure und die Schwäche der Administration dafür, daß sich die Bevölkerung, die oft ohnedies nur oberflächlich islamisiert war, sowohl vom orthodoxen Islam wie von den Behörden des Kalifen rasch loslöste. Sie wurden Anhänger der kharidschitischen und mu'tazilitischen Lehren, vor allem deshalb, weil sie sich der offiziellen Macht widersetzten und rebellierten, wann immer sich die Gelegenheit dazu ergab. Schon 740 brach im fernen Westen eine Revolte aus: Stämme eroberten Tanger, dann einen großen Teil des Landes. Die Autorität der Omayyaden wurde auf der ganzen Linie heftig angegriffen, und unter den Abbasiden war es nicht besser. Unter den Stämmen herrschte eine Beinahe-Anarchie. Es bildeten sich Fürstentümer, die rasch wieder verschwanden. Andere wuchsen und wurden Königreiche. Einem von diesen, gegründet von einem Mitglied der Prophetenfamilie, sollte der Islam eines der großen Zentren seiner Zivilisation und eine seiner schönsten Städte – nämlich Fes – verdanken.

786, im selben Jahr, in dem Harun al-Raschid den Thron bestieg, brach in Medina ein alidischer Aufstand aus. Husain ibn Ali, ein Hasanide, besetzte eine Moschee, in der er sich verbarrikadierte und sich zum *amir al-mu'minin* ausrief. Seine Truppen waren wenig zahlreich: Es handelte sich nur um sechsundzwanzig Aliden, einige Konvertiten und eine Gruppe von Pilgern. Sein verzweifelter Versuch hatte keine Aussicht auf Erfolg. Die Obrigkeit gestattete ihm den Rückzug, und er begab sich nach Mekka. Die Angelegenheit wäre damit zu Ende gewesen, wenn nicht die Einheiten des Kalifen, die den Pilgerzug begleiteten, seine Eskorte abgefangen hätten. In dem sich anschließenden Gefecht stießen seine Anhänger auf die Leute der Abbasiden. Husain wurde getötet, und seine Gruppe zerstreute sich. Die Aliden, die von den Männern des Kalifen eifrig gesucht wurden, flohen in alle Richtungen. Einer von ihnen, Yahya ibn Abdallah, gelangte in den Irak und dann nach Ray. Obwohl Harun – der gerade den Thron bestiegen hatte – einen Preis auf seinen Kopf ausgesetzt hatte, zog er nach Khorasan, dann nach Transoxanien und von dort nach Dailam, in die Nähe des Kaspischen Meeres, von wo aus er zum Aufstand aufrief. Fadi überredete ihn schließlich, sich zu ergeben.

Aber sein Tod wurde später eine der Ursachen für den Bruch zwischen Harun und Fadl. Der Kalif beschuldigte diesen – zu Unrecht – dafür verantwortlich gewesen zu sein.

Idris, einem anderen Mitglied der Familie, war ein ruhmreicheres Schicksal beschieden. Begleitet von einem seiner Freigelassenen, Raschid, gelangte er nach Ägypten. Da er von Haruns Polizei gesucht wurde, hielt er sich eine Zeitlang versteckt und zog dann in den Maghreb, wo er in Volubilis (Walila) bei einem Berberstamm Zuflucht fand. Die Tatsache, daß er ein Nachkomme des Propheten war, garantierte ihm Prestige. Er gründete eine Dynastie, die über ein Jahrhundert bestehen sollte, und vor allem gründete er die Stadt Fes.

Idris I. war sehr bald von dem Ehrgeiz beseelt, eine Hauptstadt zu besitzen, die es mit Tahert und Kairuan aufnehmen konnte. Die Gründung von Fes – in der Nähe eines Flusses und am Schnittpunkt von wichtigen Verkehrswegen gelegen – war das Ergebnis einer wohlüberlegten Wahl: Idris, der sich inmitten der Berber ein wenig erdrückt fühlte, versuchte so, arabische Emigranten anzulocken. Von Fes aus konnte er auch die Islamisierung der Bevölkerung im Landesinneren vorantreiben, die keineswegs ihren christlichen oder jüdischen Glauben oder gar die »Götzendienerei« aufgegeben hatten. Ab 801 ließ sein Sohn Münzen prägen. Er selbst starb 791. Er fiel, wie es heißt, einer Vergiftung zum Opfer, die Harun al-Raschid angeordnet haben soll, dessen Unruhe und Haß auf die Aliden weiter wuchsen.

Idris II., sein Sohn, setzte sein Werk fort. Er verlegte Fes auf das andere Ufer des Wadi, talaufwärts, und ließ die Scherifen-Moschee sowie einen Palast errichten. 814 trafen achttausend arabische Familien ein, die nach dem Ausbruch eines Aufstands gegen die Omayyaden aus Spanien vertrieben worden waren, und ließen sich in Fes nieder. So entstand das Andalusier-Viertel, das noch heute diesen Namen trägt.

Die Blütezeit des Königreichs der Idrisiden sollte noch etwa dreißig Jahre dauern. Als Zentrum des Handels und des Warentransits sowie als geistiges und religiöses Zentrum strahlte Fes bis nach Ägypten aus. Die wenig fanatischen Idrisiden[6] akzeptierten alle religiösen Strömungen, bis hinunter zu den am wenigsten orthodoxen, und dachten nicht daran, aus ihrer Hauptstadt ein schiitisches Zentrum zu machen. In dieser Stadt, die ebenso weit von Bagdad entfernt war wie von den religiösen Zentren und dem Hof, war der Einfluß des Kalifen außerordentlich begrenzt, und dieser Teil des Maghreb sollte auch nicht mehr in den Einflußbereich der Abbasiden zurückkehren.

Dasselbe galt für Spanien. Abdarrahman I., der Omayyadenprinz, der dem Massaker an seiner Familie entgangen war, hatte sich 756 zum *amir al-Andalus* ausrufen lassen und die Abbasiden niemals anerkannt. Er ließ keine Einmischung der Kalifen von Bagdad in seinen Herrschaftsgebieten zu. Die schwarze Farbe war aus seinem Reich verbannt, und er selbst und sein Gefolge kleideten sich weiß, in der Farbe der Omayyaden. Die Freitagspredigt wurde eine Zeitlang im Namen des Kalifen gehalten, aber nach der Unterwerfung des abbasidischen Gouverneurs schaffte man diesen Usus ab. Nun war selbst der Name der Abbasiden verflucht. Die Emire versuchten mehrmals, Erhebungen gegen die Kalifen anzuzetteln. Abdarrahman I. sollte sogar so weit gehen, offen einen Feldzug gegen Syrien vorbereiten zu lassen, mit dem

Ziel, die Abbasiden von dort zu verjagen. Unter Harun gab es zwischen dem neuen arabischen Königreich und dem Reich des Kalifen keinerlei politische Beziehungen mehr.

Ifriqiya, Spanien, Tahert – diese Regionen waren weit von Bagdad entfernt, und ihre Abspaltung wirkte sich auf das Schicksal des Reiches nicht sonderlich belastend aus. Andererseits waren die Bewegungen, die Ägypten oder Syrien erschütterten, vorläufig weder tiefgreifender noch schwerwiegender Natur. Der Aufstand des Jemen im Jahr 795 wurde mühelos erstickt: Seine Anführer wurden nach Bagdad geschickt und auf Befehl Harun al-Raschids erdrosselt. Nach der Absetzung des Gouverneurs kehrte wieder Ruhe und Ordnung ein.

In Khorasan (das heißt im östlichen Iran sowie in einem Teil von Afghanistan und Transoxanien) war die Lage anders. Alles, was dort geschah, fand in Bagdad und im Rest des Reiches seinen Widerhall – in der Administration, deren Bedienstete mehrheitlich persischer Herkunft waren, sowie in der Armee, bei den *abna* und der *abbasiya.* Jetzt wurde immer offenkundiger, daß die Berufung von Ali ibn Isa an die Spitze der Provinz ein Fehler gewesen war. Er hatte nichts anderes im Sinn, als Khorasan zu seinem persönlichen Vorteil auszuplündern, ließ die *dihqan,* die sich ihm in den Weg stellten, niedermetzeln und preßte aus der entsetzlich leidenden Bevölkerung das Geld heraus, das er nach Bagdad schickte. Die Unterdrückung nahm so überhand, daß die Klagen bis in die Hauptstadt drangen. Einer der wichtigsten Notabeln, Hischam ibn Farrkhusrau, floh nach Bagdad und bat um den Schutz des Kalifen. Ein anderer täuschte eine Lähmung vor, um sich Ali ibn Isas Zorn zu entziehen. Dann intervenierte Yahya bei Harun, damit er Ali ibn Isa zur Ordnung riefe. Ohne Erfolg. Ali verfügte vor Ort über starke, ihm ergebene Truppen, und Harun wollte um keinen Preis dem Einfluß der Barmakiden weichen: Sein Gouverneur ließ ihm üppige Geschenke zukommen, die ihn jedesmal besänftigten.

Harun sah nur die Schwächung der Macht jener örtlichen Notabeln, die zuvor an die Barmakiden gebunden gewesen waren, und das Geld und die Geschenke, die nach Raqqa flossen. Aber die Lage war so gespannt, daß mehrere Aufstände ausbrachen. Der Kalif schickte daraufhin Truppen nach Iran, die einige Schlachten schlagen sollten. Doch vergebens. Tief besorgt beschloß er endlich, sich persönlich an Ort und Stelle zu begeben. Er unterbrach seinen Feldzug gegen die Byzantiner. An der Grenze zu Kleinasien ließ er bedeutende Einheiten unter dem Befehl seines Sohnes Qasim zurück und reiste nach Khorasan.

Es war das erste Mal, daß ein regierender Kalif so weit nach Osten vorstieß. In Ray machte er halt. Merv, die Hauptstadt, sah er nicht. Der kurze Aufenthalt in seiner Geburtsstadt brachte die Dinge kaum voran. Abmachungen wurden geschlossen mit den Stammeshäuptlingen des Kaukasus und der kaspischen Region. Doch die Ergebnisse waren mager. Ali ibn Isa kam, mit Geschenken beladen, an den Hof des Kalifen. Er malte ihm die Situation in den schönsten Farben und kehrte, in seinen Ämtern bestätigt, zurück. Harun verlangte wahrscheinlich nichts, als sich überzeugen zu lassen. Er traf keine Entscheidung in bezug auf Khorasan, versicherte Ali seines Vertrauens und kehrte nach Raqqa zurück. Einige Jahre später fand er erneut den Weg in die östlichen Provinzen. Doch dann sollte es keine Rückkehr mehr geben.

Das schwierige Problem der Nachfolge

Die Nachfolgeregelungen waren im muslimischen Orient niemals kodifiziert, ja nicht einmal genau definiert worden. Alis Erhebung in das Kalifat hatte ein Drama ausgelöst, dessen Konsequenzen bis in unsere Tage hinein spürbar sind.

Das Jahrhundert der Omayyaden war ein einziger langer Kampf gegen die Aliden. Als die Abbasiden an die Macht gekommen waren, mußte Mansur seinerseits einen schwierigen Kampf gegen seinen Onkel Abdallah führen. Harun al-Raschid hatte, wie der Leser sich erinnern wird, in der »Nacht der Bestimmung« die Macht erlangt – nach der Ermordung seines Bruders durch ihrer beider Mutter, die zuvor vom herrschenden Kalifen und Bruder Haruns mit dem Tod bedroht worden war. Die Tatsache, daß die Abbasidenfamilie infolge der rechtlichen Gleichstellung der Kinder der legitimen Gemahlinnen mit denen der Konkubinen ständig anwuchs, begünstigte die Entstehung von Gruppierungen und Konflikten. Die Kalifen wurden also unablässig und vorrangig von Nachfolgeproblemen geplagt, und das um so mehr, als Männer und Frauen ja damals in relativ jungen Jahren starben.

Harun al-Raschid hatte vierzehn Söhne, aber es wurde ziemlich rasch bekannt, daß nur die beiden ältesten, Abdallah, der spätere Ma'mun, und Mohammed (Amin) für die Nachfolge in Frage kamen. Der erste, das Kind der »Nacht der Bestimmung«, war von der persischen Sklavin Maradschil geboren worden, die noch in derselben Nacht starb. Der andere, der sieben Monate später zur Welt kam, war der Sohn von Zubaida, der rechtmäßigen Gemahlin aus königlichem Geblüt. Zahlreiche Berichte bezeugen die Zuneigung, die Harun ihnen entgegenbrachte, und die Sorgfalt, mit der er über ihre Erziehung wachte. Er selbst wählte ihre Erzieher aus, darunter den illustren Gelehrten Kisai, seinen eigenen ehemaligen Lehrer. Dieser hat uns die Schilderung einer rührend-liebenswürdigen Szene hinterlassen, in deren Mittelpunkt der Kalif und seine beiden Söhne stehen: »Die beiden jungen Prinzen machten ihre Aufwartung, zwei Sternen des Firmaments gleich, zauberhaft in ihrer Sanftmut und Ernsthaftigkeit: Sie gingen mit gesenktem Blick und langsamen Schritten bis zur Schwelle des Saales. Dort richteten sie den königlichen Gruß an ihren Vater, begleitet von den wortreichsten Wünschen. Raschid hieß sie näherzutreten, und auf seinen Befehl hin setzten sie sich nieder – Mohammed zu seiner Rechten, Abdallah zu seiner Linken. Nun forderte er mich auf, sie Passagen aus dem Koran rezitieren zu lassen und ihnen einige Fragen zu stellen. Sie beantworteten alle auf die zufriedenstellendste Art und Weise und gingen mit Erfolg aus der Prüfung hervor. Raschid war entzückt und verhehlte seine Freude nicht.« Die beiden kleinen Prinzen sagten dann Gedichte auf. Kisai fährt fort: »Ich habe unter den Kindern der Kalifen nie zwei junge Prinzen erlebt, die schlagfertiger gewesen wären, eine elegantere Sprache gesprochen hätten und fähiger gewesen wären, das unter Beweis zu stellen, was sie wußten, als die beiden Söhne Raschids. Ich sprach ihnen dann tausend Wünsche für eine glückliche Zukunft aus, denen sich ihr Vater mit dem Wort *amen* anschloß. Er drückte sie an sein Herz, hielt sie lange im Arm, und als er sie wieder losließ, sah ich, daß ihm Tränen auf die Brust geflossen waren.«

Die Zuneigung, die Harun für seine beiden älteren Söhne empfand, konnte ihm nicht den Blick dafür trüben, daß der Sohn, den ihm seine rechtmäßige, königliche Gemahlin geboren hatte, schwere Fehler hatte, während das Kind seiner persischen Konkubine verheißungsvolle Eigenschaften besaß. »Der erste«, sollte er einmal sagen, »ist der Gefangene seiner Leidenschaften und seiner Launen, die seine einzige Lebensregel sind…, die Leichtigkeit, mit der er sein Vermögen verschleudert und die Frauen, ja selbst die Sklaven in seine Absichten einweiht. Im Gegensatz dazu verdient Abdallah nur Lob: Seine Urteilskraft ist sicher, und ihm können die wichtigsten Angelegenheiten anvertraut werden… Ich finde bei Abdallah Mansurs tatkräftige Klugheit wieder, Mahdis Frömmigkeit und Hadis Stolz.«[8] Über den späteren Ma'mun sagte Harun noch: »Gott sei gedankt, daß Er mir einen Sohn geschenkt hat, der mit den Augen des Geistes noch besser sieht als mit denen des Körpers.«

Von dem tiefen Wunsch beseelt, die Stabilität des Reiches und die Macht der Abbasidenfamilie für die Zeit nach seinem Tod zu sichern, war Harun wie besessen von der Vorstellung, daß sein Nachfolger seiner Aufgabe nicht gewachsen war. 791 hatte er

Amin, der damals fünf Jahre alt war, die *bai'a* (den Eid) ablegen lassen und war dabei auf Widerstände gestoßen. Einige Mitglieder der Familie wiesen auf das zarte Alter des Prinzen hin. In Wirklichkeit jedoch dachten sie an sich selbst für den Fall, daß der Thron plötzlich verwaisen sollte. Fadl al-Barmaki, Amins »Vormund«, gelang es, dem Zögern ein Ende zu bereiten. Die Notabeln von Khorasan leisteten ihren Eid, die anderen folgten.

Doch je älter Amin wurde, um so klarer erkannte Harun, was für ein mittelmäßiger Mann dieser einmal werden würde. »Ich möchte meine Nachfolge einem Mann sichern, dessen Verhalten ich gutheiße und dessen Handlungen ich schätze, einem Mann, bei dem ich sicher wäre, daß er geschickt regiert, ohne daß man von seiner Seite Kleinmut oder Schwäche befürchten müßte. Ich denke jetzt an Abdallah (Ma'mun).« Und er fügte hinzu: »Die Familie jedoch bevorzugt Mohammed (Amin), und wenn ich Abdallah diesem vorziehe, bringe ich sie gegen mich auf.«[9] Hier lag wohl das Problem. Von dieser Zeit an konnte man die Spaltungen, die das Reich nach Haruns Tod erschüttern sollten, vorausahnen. Harun beschloß dann, daß die Krone nach Amin an Abdallah gehen sollte; dieser erhielt kurz danach den *laqab* (Titel) »Ma'mun« und wurde mit der Verwaltung von Khorasan beauftragt. Amin seinerseits wurde mit der des westlichen Teils des Reiches betraut. Die Zeremonie der *bai'a* fand zuerst in Raqqa, dann in Bagdad statt.

Doch mit der Zeit traten die Fehler des einen und die Vorzüge des anderen deutlich zutage. Und was vielleicht noch schwerer wog, war, daß jeder der beiden Prinzen seine Anhänger hatte, die sich offen zu ihm bekannten. An Amins Seite stand die königliche Familie und allen voran natürlich Zubaida. Ohne sich Illusionen zu machen, sah selbst sie ein, daß ihr Sohn einen kümmerlichen Kalifen abgeben würde, träge wie er war und den Staatsgeschäften gegenüber nahezu gleichgültig. Harun hatte Ma'mun besonders starke Streitkräfte zugeteilt, weil Khorasan eine unruhige

Provinz war. Zubaida aber glaubte ihren Sohn in Gefahr. Der Kalif herrschte sie an: »Wenn einer Angst vor dem anderen haben muß, dann wohl Ma'mun vor Eurem Sohn, und nicht umgekehrt.« Zubaidas Befürchtungen waren nicht ganz unbegründet: Es scheint, daß Raschid eine Zeitlang beabsichtigte, aus Ma'mun nicht den zweiten, sondern den ersten Erben zu machen. Schließlich beschloß er, die Verfügungen, die er getroffen hatte, in eine feierlichere und verbindlichere Form zu bringen, weil er ganz offensichtlich befürchtete, daß sie nicht befolgt würden.

Für eine Zeremonie, die über die Zukunft der Abbasidenfamilie und ihres Hauptes, des »Nachfolgers des Propheten«, entschied, war Mekka der einzige passende Schauplatz. Harun brach im Dezember 802 auf in Begleitung der Prinzen, zahlreicher hoher Würdenträger und des gesamten Hofes, mit Yahya al-Barmaki und dessen Söhnen Fadl und Dscha'far. Der Oberkämmerer al-Fadl ibn al-Rabi befand sich ebenfalls im Gefolge. Ein Text, der die Nachfolge und die Verpflichtungen, die die beiden Prinzen eingehen sollten, in allen Einzelheiten regelte, war von den Hofjuristen vorbereitet worden. Die beiden jungen Brüder leisteten bei Allah einen Eid, der für denjenigen, der ihn brechen würde, alle möglichen Strafen vorsah: die Pfändung seines Vermögens, das unter die Armen verteilt werden sollte, eine Wallfahrt nach Mekka zu Fuß, die Scheidung von all seinen Ehefrauen und die Freilassung seiner Sklaven.

Nachdem die Riten der Wallfahrt vollzogen waren, schlugen Ma'mun und Amin, Haruns Wunsch entsprechend, in Gegenwart aller Würdenträger den Text, dem sie zugestimmt hatten, an die heilige Mauer der Ka'ba an. Ein Vorfall beunruhigte jene, die an warnende Vorzeichen glaubten: Die Urkunde löste sich von der Mauer und fiel zu Boden, was die Abergläubischen veranlaßte zu sagen, daß sie nie befolgt werden würde. Harun maß dem keine Bedeutung bei, und es wurden in alle Provinzen Briefe gesandt, um die vom Kalifen getroffenen Verfügungen, die die Zukunft des Reiches betrafen, bekanntzumachen. Er befahl, sie selbst in den entlegensten Dörfern zu verlesen. Die Akten selber wurden den Wächtern der Ka'ba ausgehändigt und in kostbare, mit Perlen, Rubinen und Smaragden verzierte Kästen gelegt.

Die so unterzeichneten und verkündeten Dokumente gingen im Hinblick auf ihre Tragweite weit über die Lösung des Problems der Nachfolge des Kalifen hinaus. Amin verpflichtete sich, das Recht seines Bruders auf die Nachfolge zu respektieren, vor allem aber erkannte er seine Oberhoheit über Khorasan an, das heißt über den ganzen östlichen Teil des Reiches, von Hamadan bis nach Transoxanien, mit Kirman, Fars und Seistan. Die Befugnisse, die Ma'mun über diese riesigen Gebiete zugewiesen wurden, gingen über die eines Gouverneurs, ja selbst über die eines jener Prinzen von Geblüt hinaus, die manchmal abkommandiert wurden, um die Gewalt des Staates über einen Teil des Reiches zu festigen. Armee, Schatzkammer, Steuer, Zehent – alles war seiner alleinigen Entscheidung unterstellt. Der Steuerertrag mußte an Ort und Stelle ausgegeben und durfte nicht nach Bagdad geschickt werden. Administration, Verteidigung und *barid* waren nur von ihm persönlich abhängig. Der Kalif hatte nicht das Recht, Beamte oder Inspektoren zu entsenden, und konnte keinen Tribut verlangen. Seine Autorität beschränkte sich auf eine vage Gehorsams- und Treueformel. Während das arabische Abbasidenreich noch in voller Blüte stand, zeichnete sich also bereits eine Entwicklung ab, an deren Ende der Kalif nur noch eine spirituelle Autorität verkörpern sollte. Diese Konzeption von der spirituellen Autorität des Kalifen sollte schon bald in den Territorien vorherrschen, in denen die Aghlabiden, Idrisiden und Tahiriden regierten, und später dann im ganzen übrigen Reich.

Trotz der Feierlichkeit der Zeremonien von Mekka gab es nur wenige, die glaubten, daß die beiden Prinzen sich an ihre Verpflichtungen halten würden. Es wurde berichtet, daß Dscha'far al-Barmaki sich beim Verlassen der Ka'ba Amin näherte, um ihn zu nötigen, dreimal die folgende Formel zu wiederholen: »Gott möge mich verlassen, wenn ich meinen Bruder verrate!« Die Zeitgenossen sahen vor allem die Unzulänglichkeiten der Lösung, die Harun zu verwirklichen suchte. Wie üblich machten sich die Dichter zum Sprachrohr der öffentlichen Meinung:

> »Der vollkommene Herrscher hat den schlechten Rat erhalten, das Kalifat und die Territorialherrschaft zu teilen.
>
> Dem, der diese Idee hatte, wären, hätte er sie aufmerksam studiert, weiße Haare gewachsen.«

Und Masu'di berichtet, daß man einmal einen Kameltreiber vor sich hin trällern hörte: »Das ist eine Wahl, deren Versprechungen gebrochen werden; das ist ein Krieg, der einen Brand entflammen wird.« Nach dem Sinn dieser Worte befragt, soll der Mann geantwortet haben: »... Die Säbel werden aus der Scheide gezogen, Zwietracht und Streit werden das Reich spalten.«

Diese Anekdoten wurden wahrscheinlich lange Zeit später erfunden, liefern aber eine zutreffende Beschreibung der Zweifel und Befürchtungen, die der Schwur von Mekka ausgelöst hatte.

Drei Jahre später beschloß Harun, einen weiteren seiner Söhne, Qasim, zum dritten in der Reihenfolge zu ernennen. Er gab ihm die Gewalt über den Norden des Zweistromlandes und die Provinzen im südlichen Anatolien. Das Reich wurde noch weiter zerstückelt.

Der Kalif, der Rechtgeleitete, verriet niemals, aus welchen Gründen er das Erbe der Abbasiden aufteilte und so zu dem vorislamischen Begriff des kollektiven Eigentums zurückkehrte. Über die Mittelmäßigkeit seines Sohnes Amin hinaus begann er zweifellos zu ermessen, wie schwerwiegend die Nachteile der übermäßigen Zentralisierung des Reiches waren, die die Gouverneure ausnutzten, um Exzessen aller Art zu frönen. Auf sie mußte man aus größerer Nähe ein wachsames Auge haben. Wäre es nicht besser, wenn ein Mitglied der Herrscherdynastie die Situation in die Hand nähme, insbesondere in Khorasan, der unruhigsten Provinz des Reiches, so wie es zu Mansurs Zeiten geschehen war, der seinen Sohn Mahdi nach Ray geschickt und mit weitreichenden Vollmachten über die Gebiete im Osten ausgestattet hatte? Glaubte Harun al-Raschid, er könne, wenn er die beiden Hälften des Reiches direkt der Autorität seiner Söhne unterstellte, die zentrifugalen Kräfte, die er in Ost und West wachsen sah, bändigen?

Das Gegenteil war der Fall, und die Teilung bewirkte nur, daß die Polarisierung und die Risiken einer Konfrontation zunahmen. Fraglos gab es wenig Möglichkeiten, sie zu vermeiden: Die unermeßliche Größe der Besitzungen des Kalifen, die auseinanderstrebenden Interessen der verschiedenen Provinzen, die von der Gemeinsamkeit der Religion nur verschleiert wurden, und die Enttäuschungen, die der Übernahme der Staatsführung durch die Abbasiden gefolgt waren – all das trug zur Auflösung des Reiches bei. Der Schwur an der Ka'ba war – wenn er schon nicht die Ursache des Bürgerkriegs war, der die Abbasidenfamilie und die Araber entzweien sollte – jedenfalls sinn- und zwecklos gewesen.

Die Tragödie der Barmakiden

Diese Geschichte voller Tränen,
die die Herrschaft Harun al-Raschids mit einem Blutfleck besudelt,
den auch die vier Paradiesflüsse nicht reinzuwaschen vermögen.
Tausendundeine Nacht

Harun verrichtete noch einige Tage lang seine Andachten in der Heiligen Stadt, dann machte er sich im Januar 802 (Muharram 187) mit seinem Hof auf den Rückweg nach Raqqa. Als die Karawane al-Umr bei Anbar erreicht hatte, machte sie halt, um sich einige Tage auszuruhen. Am vierten Tag, so erzählt Tabari, sammelte der Kalif die anwesenden Barmakiden – Yahya und seine Söhne, Fadl, Dscha'far und Musa – um sich, und »nachdem er sich mit Yahya über Staatsangelegenheiten unterhalten hatte, ließ er ihnen Ehrengewänder geben, wie um die Gerüchte zu widerlegen, die seit einiger Zeit im Umlauf waren und davon sprachen, daß sie in Ungnade gefallen seien. Sie waren glücklich darüber und vollkommen beruhigt.«

Ein paar Stunden später brach einer der blutigsten Stürme in der Geschichte des Islam los.

»Zur Stunde des Gebetes sagte Harun zu Dscha'far: ›Ich würde dich heute abend nicht weggehen lassen, wenn ich mich nicht vergnügen und mit meinen Sklaven trinken wollte; amüsiere auch du dich mit den Deinen!‹ Er begab sich sogleich in seinen Harem und begann zu trinken. Nach einiger Zeit schickte er jemanden, der nachsehen sollte, ob Dscha'far dasselbe tat. Als er gehört hatte, daß Dscha'far in Traurigkeit versunken war, ließ er ihm ausrichten: ›Du mußt unbedingt – und ich schwöre das bei meinem Haupte und bei meinem Leben – ein Festmahl abhalten und dich ergötzen; denn es würde mir keine Freude bereiten zu trinken, solange ich nicht weiß, daß auch du trinkst.‹ Dscha'far, dem das Herz schwer war von Sorgen und Ängsten, ließ ein Gastmahl zubereiten. Er hatte einen blinden Musiker namens Abu Zakkar in seinen Diensten. Nachdem er eine Zeitlang getrunken hatte, sagte er zu diesem Musiker: ›Mein Gemüt wird heute abend von der schlimmsten Unruhe gequält.‹ Da erwiderte Abu Zakkar: ›O Wesir, niemals hat der Befehlshaber der Gläubigen dir und deiner Familie so großes Wohlwollen erwiesen wie heute.‹ – ›Ich habe traurige Vorahnungen‹, sagte Dscha'far. ›Verjage diese Wahnideen‹, entgegnete Abu Zakkar, ›und gib dich der Freude hin.‹ Als sich die Stunde des Nachmittagsgebets näherte, brachte einer von Haruns Dienern Dscha'far Zuckerzeug, getrocknete Früchte und wohlriechende Aromen vom Kalifen. Um die Stunde des Abendgebets schickte ihm Harun erneut davon, dann noch ein drittes Mal. Gegen Mitternacht verließ der Kalif das Zelt seiner Frauen. Er rief den Eunuchen Masrur zu sich und sagte zu ihm: ›Geh sofort Dscha'far suchen! Führe ihn in das Zelt und schlage ihm dort den Kopf ab, den du mir dann bringst.‹ Als Masrur bei Dscha'far vorsprach, zuckte der Wesir zusammen. Masrur sagte zu ihm: ›Der Beherrscher der Gläubigen ruft dich.‹ – ›Wo ist er?‹ fragte Dscha'far. ›Er ist gerade von seinen Frauen gekommen‹, antwortete Masrur, ›und in sein Zelt zurückgegangen.‹ Da sagte Dscha'far: ›Laß mich in das Zelt meiner Frauen gehen, um ihnen einige Ratschläge zu erteilen.‹ – ›Nein, das geht nicht‹, erwiderte Masrur, ›erteile deine Ratschläge hier.‹ Dscha'far gehorchte. Masrur führte ihn gleich fort, und sobald er in seinem Zelt angelangt war, zog er den Säbel. Dscha'far fragte ihn nach dem Befehl, den er erhalten hatte. Masrur sagte: ›Der Kalif hat mir befohlen, ihm deinen Kopf zu bringen.‹ Da sagte Dscha'far: ›Gib acht, es ist möglich, daß er dir diesen Befehl im Zustand der Trunkenheit erteilt hat und ihn alsbald bereut.‹ Er beschwor Masrur, ihn an ihre alte Freundschaft erinnernd, zum Kalifen zurückzugehen. Masrur stimmte zu. Harun saß auf seinem Gebetsteppich und wartete auf den Eunuchen. Als er ihn eintreten sah, fragte er ihn sofort: ›Wo ist Dscha'fars Kopf?‹ – ›Befehlshaber der Gläubigen‹, erwiderte Masrur, ›ich habe Dscha'far gebracht.‹ – ›Nicht Dscha'far habe ich verlangt‹, rief der Kalif aus, ›sondern seinen Kopf!‹ Da kehrte Masrur zu Dscha'far zurück und schlug ihm den Kopf ab. Als er ihn Harun zeigte, sagte dieser zu ihm: ›Bewahre den Kopf und den Körper so lange auf, wie ich es von dir verlange. Jetzt geh und nimm Yahya, seine drei Söhne und seinen Bruder Mohammed, den Sohn des Khalid, auf der Stelle fest, und führe sie in das Zelt, wo du sie in Ketten legst. Dann nimm ihre Besitztümer an dich.‹ Masrur führte all diese Befehle aus. Bei Tagesanbruch schickte Harun al-Raschid Dscha'fars Kopf nach Bagdad. Und am folgenden Tag machte er sich auf den Weg nach Raqqa.«[10]

Tötungsszene (Enthauptung eines Fürsten). Miniatur aus dem »Schahname/ Königsbuch« des persischen Dichters Firdausi (Isfahan, 17. Jahrhundert). New York, Metropolitan Museum of Art.

Dscha'fars Leichnam wurde General Harthama und anderen Würdenträgern anvertraut. Harun befahl ihnen, ihn nach Bagdad zu bringen. Der Kopf wurde an der Mittleren Brücke, der Hauptverkehrsader der Stadt, zur Schau gestellt, und der Körper, den man in zwei Stücke gehackt hatte, auf der Oberen beziehungsweise der Unteren Brücke. Diese grauenhaften sterblichen Überreste sollten zwei Jahre lang dort bleiben, bis Harun sie verbrennen ließ.[11]

Alle Mitglieder der Familie der Barmakiden, ihre Klienten und ihre Diener wurden festgenommen. Yahya, den man zunächst unter Bewachung gestellt hatte, sollte zusammen mit Fadl in Raqqa ins Gefängnis gesperrt werden. Er hatte Haruns Angebot, seinen Wohnsitz nach Belieben zu wählen, abgelehnt und ihm gesagt, daß er so lange dort bleiben würde, wo er jetzt sei, bis er sich mit ihm ausgesöhnt habe. Yahya wurde bald milde, bald rücksichtslos behandelt und starb Ende 805 in Raqqa im Gefängnis. Er war ungefähr siebzig Jahre alt. Fadl, der mittlerweile halbseitig gelähmt war, starb 808 mit fünfundvierzig Jahren, ungefähr im selben Alter wie Dscha'far. Harun soll ihn einige Zeit davor habe foltern lassen, um zu erfahren, wo das Vermögen der Familie und sein eigenes versteckt waren. Von zwanzig Peitschenhieben getroffen, sei Fadl dann trotz der Pflege eines Mannes, der sich im gleichen Gefängnis befand wie er, gestorben. Er schrieb dieses Gedicht: »Zu Gott erhebt sich unser Flehen in unserem Unglück, denn die Linderung unserer Schmerzen und Leiden liegt in Seiner Hand. Wir haben diese Welt verlassen und wohnen doch noch dort. Weder unter die Toten noch unter die Lebenden rechnen wir uns.« Fadls Begräbnis sollte Anlaß zu einer Sympathiekundgebung für ihn und die Barmakiden geben. Zubaida nahm, zusammen mit dem Kronprinzen Amin und zahlreichen Würdenträgern, persönlich daran teil. Als Harun al-Raschid von Fadls Tod hörte, soll er gesagt haben: »Mein Schicksal ist es, ihm zu folgen!«, denn die Astrologen hatten vorhergesagt, daß ihm sein Milchbruder nur kurze Zeit ins Grab vorangehen würde, was sich auch bewahrheiten sollte.

Musa und Mohammed, die beiden anderen Söhne von Yahya, sollten im Gefängnis bleiben, bis Amin an die Macht kam, der sie freiließ. Der gesamte Besitz aller Mitglieder der Familie in Bagdad, in Raqqa und in den Provinzen wurde konfisziert, ebenso der ihrer Verwandten, Freunde und Diener. Zubaida bint Mani'a, Fadls Mutter, Dananir[12], die berühmte Sängerin und freigelassene Sklavin Yahyas, sowie andere Frauen, die ebenfalls zu ihren Sklaven gehörten, wurden verhaftet, aber Fadls Kinder, Dscha'far und Mohammed sowie Yahyas Mutter und die von Dscha'far, wurden verschont. Mehr als tausend Frauen, Kinder, Freigelassene oder Klienten der Barmakiden wurden umgebracht, ihre Häuser durchwühlt, und alles, was sie an Naturalien und Geld besaßen, fiel dem Fiskus anheim.

Der Sturz der Barmakiden und die brutale Behandlung, die die wichtigsten Mitglieder der Familie erfuhren, lösten in Bagdad und im ganzen Reich sogleich ein großes Echo aus. Mit Ausnahme ihrer Feinde gab es nur wenige, die sich freuten. »Haruns Vorgehen wurde allgemein mißbilligt«, lautet Tabaris lakonischer Kommentar. »Die Erinnerung daran wird bis zu dem Tag der Auferstehung lebendig bleiben, und man wird wissen, daß die Bestrafung der Barmakiden kein Akt politischer Weisheit war.« Die Dichter machten sich zum Sprachrohr der allgemeinen Stimmung. Zahlreiche Elegien sind uns überliefert worden. In allen wird das Bedauern über den Tod dieser klugen und hochherzigen Männer zum Ausdruck gebracht, deren Namen mit einer vergangenen Epoche verknüpft werden.

»Halten wir an und lassen wir unsere Pferde ausruhen! Es gibt keine Wohltäter mehr, es gibt keine Bittsteller mehr. Sag zur Großzügigkeit: Du bist mit Fadl gestorben, und zum Unglück sag: Du kannst jeden Tag auftreten.« (Al-Aschdscha' bei Mas'udi).

»Das Glück hat die Söhne Barmaks gestürzt, ohne einen einzigen unserer Liebe zu erhalten. Sie waren Besitzer aller Güter und würdig, sie zu besitzen, doch mit ihnen sind all diese Güter aus der Welt verschwunden.« (Derselbe).

»Der Stern des Edelmuts ist erloschen, die Hand der Wohltätigkeit verdorrt, der Ozean der Freigebigkeit verebbt, seit es die Barmakiden nicht mehr gibt. Der Stern dieser Familie, der dem Führer der Karawane den rechten Weg wies, glänzt nicht mehr am Horizont.« (Salm al-Khaschir).

»Sie hatten die Erde geschmückt wie eine Braut und lassen sie heute als Witwe zurück. Dscha'far war der Wesir des anerkannten Stellvertreter Gottes; er glänzte durch seine Klugheit, seine Verdienste und seinen Ruhm. Die ganze Welt gehorchte ihm, auf dem Lande wie auf den Meeren. Sein Genius regierte das Reich, und sein Wille wurde allenthalben respektiert (...). Er hielt die Welt unter seinen Fittichen und rechnete mit einem Leben von außergewöhnlicher Dauer, als das Schicksal ihn in den Abgrund riß. Möge der Himmel uns vor einem solchen Unglück bewahren.« (Mansur al-Nimri).

Die Ära der Barmakiden wurde schon bald mit dem Goldenen Zeitalter der Abbasiden gleichgesetzt, das seinerseits mit der segensreichen Regierungszeit Harun al-Raschids verschmolz. In einer berühmten Passage aus *Tausendundeiner Nacht,* die von Nostalgie erfüllt ist, werden diese Jahre in idealisierender Weise gerühmt.

»Damals war die Familie der Barmakiden in ihrem Jahrhundert das, was ein Diadem für die Stirn ist und eine Krone auf dem Haupt. Und das Schicksal überhäufte sie mit allem, was seine Gunst an Verführerischem hat, und überhäufte sie mit seinen erlesensten Geschenken. Und Yahya und seine Söhne sollten glänzende Gestirne werden, weite Ozeane an Großzügigkeit, grandiose Sturzbäche der Gnade, wohltätige Regen. Die Welt wurde belebt von ihrem Atem und das Reich zum höchsten Gipfel des

Glanzes geführt. Und sie waren die Zuflucht der Betrübten und die Quelle der Unglücklichen. Und über sie hat der Dichter Abu Nuwas unter Tausenden gesagt: ›Nachdem die Welt euch verloren hat, o ihr Söhne des Barmak, sind die Wege, von der Morgendämmerung zur Abenddämmerung, nicht mehr mit Reisenden bedeckt.‹

Sie waren in der Tat kluge Wesire, bewunderswerte Reichsverwalter, sie füllten die Schatzkammer, waren redegewandt, gebildet, entschlossen, wußten stets einen guten Rat und waren großmütig. Sie waren Quellen des Glücks, wohltätige Winde, die fruchtbarkeitsspendende Wolken heranwehten. Und es war vor allem ihrem Prestige zu danken, daß der Name und der Ruhm Harun al-Raschids widerhallte von den Ebenen Zentralasiens bis zum Ende der nordischen Wälder und vom Maghreb und Andalusien bis zu den äußersten Grenzen Chinas und der Tatarei.«

Einige Jahrhunderte später war das Renommee der Barmakiden im Orient noch immer lebendig. Lange Zeit stand die Wendung die »Zeit der Barmakiden« für »alles, was gut war, und für das höchste Maß an Glück und Überfluß.« Noch im 17. Jahrhundert benutzte der Geschichtsschreiber al-Makkari das Adjektiv *barmaki,* um das zu bezeichnen, »was der Zeit der Barmakiden würdig war«.[13]

Seit zwölf Jahrhunderten sind zahlreiche Spekulationen über die Frage angestellt worden, warum die Barmakiden in Ungnade fielen und gestürzt wurden. Es wurde vielfach versucht, Haruns Brutalität gegenüber jenen Leuten zu erklären, denen er vieles verdankte und von denen der eine sein »Vater«, der andere sein Milchbruder und der dritte sein intimster Freund war. Die ganze Familie hatte den Abbasiden seit drei Generationen mit Sachverstand und Aufopferung gedient. Er selbst hat niemals die Gründe für ihre Bestrafung offengelegt. Als seine Schwester Ulaiya ihn einmal fragte, warum er Dscha'far habe umbringen lassen, antwortete er ihr: »Wenn ich dächte, daß das Kleidungsstück, das meinem Körper am nächsten ist, es wüßte, würde ich es zerreißen.« Und ein andermal: »Wenn ich wüßte, daß meiner rechten Hand der Grund bekannt wäre, würde ich sie mir abhacken.« Die Hinrichtung des Mannes, der seinem Herzen am nächsten war, sollte also keinen anderen Grund gehabt haben als einen plötzlichen Wutanfall.

Zahlreiche Zeugen beweisen das Gegenteil. Dschahiz zufolge[14] erzählte einer von jenen, die Harun am nächsten standen – wahrscheinlich Masrur, der Schwertträger –, daß er sich in Mekka »ganz in der Nähe Raschids« befunden habe. »Unsere Kleider berührten sich; da hielt er sich an den Schleiern der Ka'ba fest und sagte, direkt an Gott gewandt: ›Mein Gott, ich erbitte von Dir die Gnade, Dscha'far ibn Yahya umkommen zu lassen.‹« Andere Anhaltspunkte deuten auf einen langsam im Laufe der Jahre gefaßten Entschluß hin, zu dem er wahrscheinlich unter dem Einfluß von Personen gelangte, die den Barmakiden feindlich gesinnt waren. »All jene, die über sie zu klagen hatten, belauerten ihre Schritte und berichteten dem Kalifen über ihre Fehler, die sich in seinem Gedächtnis anhäuften«, sagt Tabari. Schon lange vor ihrem Fall herrschte um sie herum ein Klima der Unruhe. Einmal warf der Kalif Yahya vor, er komme zu ihm, ohne vorher um Erlaubnis zu bitten, obwohl eine Anmeldung doch eigentlich üblich sei. Ein andermal machte er wutentbrannt seinen Arzt darauf aufmerksam, daß Yahya die Staatsgeschäfte führe, ohne ihn zu informieren, und nach seinem Belieben handele. Was Fadl anbetrifft, so wurden ihm nach und nach seine Befugnisse entzogen, und Dscha'far hatte selbst lange vor der Tragödie bemerkt, daß Harun sein Verhalten ihm gegenüber geändert hatte. Die Ungnade, die sie traf, ging nicht auf die Laune eines Potentaten zurück, sondern war gewiß die Folge einer reiflich überlegten Entscheidung. Sie entsprach der Verärgerung, die er zunehmend gegenüber jenen Männern empfand, die ihm zu gut gedient hatten, die bei verschiedenen Gelegenheiten eigenmächtige Maßnahmen ergriffen hatten, welche er selbst nicht billigte, und die sich oft so verhalten hatten, als existierte er gar nicht.

In der Phantasie des Volkes, die sich sehr bald schon des schrecklichen Todes von Dscha'far annahm, wurde dieser sofort mit romantischen Motiven in Zusammenhang gebracht, die eher rührend als zutreffend waren. Diese Interpretation wurde von zahlreichen zeitgenössischen Geschichtsschreibern übernommen, und bis in unsere Tage traten Erzähler und Romanschriftsteller in ihre Fußstapfen[15].

Wie uns Tabari und Mas'udi berichten, empfand Harun al-Raschid große Zuneigung zu seiner Schwester Abbasa und liebte es, die Abende in ihrer Gesellschaft zu verbringen. Sein liebster Begleiter aber war Dscha'far. Nun war es nicht gerade schicklich, daß ein Mann, der nicht ihrer Familie angehörte, in die Gesellschaft einer jungen Frau zugelassen wurde. Harun fand ein Mittel, alles einzurenken: Er beschloß, die beiden miteinander zu verheiraten, »unter dem Vorbehalt« – wie er Dscha'far gegenüber klarstellte –, »daß du sie nur in meiner Gegenwart siehst, daß dein Körper sich nie dem ihren nähert und daß du keine ehelichen Beziehungen mit ihr unterhältst. Dann könntest du unseren Lustbarkeiten ohne Furcht beiwohnen.« Dscha'far akzeptierte und schwor feierlich und vor Zeugen, seine junge Frau niemals aufzusuchen, nicht allein bei ihr zu verweilen oder mit ihr unter dem gleichen Dach zu bleiben, es sei denn, Raschid sei zugegen. Jedesmal also, wenn Dscha'far seine Frau sah, »vermied er, sie anzusehen, und schlug die Augen nieder«.

Aber Dscha'far war schön, und Tabari zufolge »gab es in Haruns Palast weder unter den Freien noch unter den Sklavinnen eine schönere Frau als Abbasa«[16]. Nun geschah, was geschehen mußte: Abbada, Dscha'fars Mutter, »eine Frau von geringem Verstand und ziemlich beschränktem Geist«, war das Werkzeug des Schicksals. Abbasa überschüttete sie mit Geschenken und Juwelen. Als sie begriff, daß sie von ihr alles bekommen würde, wonach sie verlangte, überzeugte sie sie, daß sie und ihren Sohn nichts glücklicher machen würde, als diesen mit einer Tochter und Schwester eines Kalifen zusammenzubringen. Abbada war einverstanden und kündigte ihrem Sohn eines Tages an, daß sie eine junge, reizende, anmutige und gebildete Sklavin – »eine unvergleichliche Schönheit, eine hinreißende Gestalt« – kenne und sie kaufen würde, um sie ihm zu schenken. Sie ließ ihn eine Zeitlang zappeln. Schließlich begab sich Dscha'far eines Nachts zu seiner Mutter, wo ihn Abbasa erwartete. Aber »noch vom Wein benebelt« erkannte er sie nicht. Erst nach Vollzug der Ehe fragte ihn Abbasa, was er von den Listen und Ränken der Töchter von königlichem Geblüt hielte. »Auf wen spielst du an?« – »Auf mich, Mahdis Tochter,« Dscha'far war entsetzt. »Du hast mich zu einem Spottpreis verkauft und an den Rand des Abgrunds geführt», sagte er zu seiner Mutter.

Abbasa wurde schwanger und brachte einen Knaben zur Welt, den ein Eunuch und eine Magd sofort nach Mekka brachten. Vielleicht wäre nichts geschehen, wenn nicht Zubaida von der Sache Wind bekommen hätte. Als sie sich einmal Harun gegenüber verärgert darüber ausließ, daß Yahya al-Barmaki in seiner Eigenschaft als Verwalter des Kalifen abends die Türen von dessen Gemächern schließen ließ, fügte sie hinzu: »Wenn er den Harem wirklich bewachen würde, hätte er seinen Sohn daran hindern können, ein Verbrechen zu begehen!« Er drängte sie, sich genauer auszudrücken, und so enthüllte ihm die rechtmäßige Gemahlin alles und führte als Beweis die Existenz des Kindes an. Als Harun sich einige Zeit später in Mekka befand, überzeugte er sich von der Anwesenheit des Kindes und ließ es genauso umbringen wie Abbasa.

Einer anderen Version zufolge[17] hatte Abbasa für Harun in einem Garten am Ufer des Tigris große Feste veranstaltet. Am ersten Abend hatte sie eine bildschöne Sklavin zu ihm und eine andere zu Dscha'far geschickt. Dasselbe machte sie an den darauffolgenden Abenden, bis sie selbst die Rolle der Dscha'far zugedachten Sklavin übernahm. Sie sollen zwei Söhne bekommen haben, Hasan und Husain, die zum Zeitpunkt des Dramas von al-Umr zehn beziehungsweise acht Jahre alt waren. Harun soll sie verschont haben. Aber einer von Zubaidas Eunuchen behauptete, Harun habe seine Schwester dadurch bestraft, daß er sie, samt all ihren Juwelen, in eine Truhe sperrte. Dann sei die Truhe zugenagelt und in einen Graben hinabgesenkt worden, der dann mit Kalk und Ziegelsteinen aufgefüllt worden sei. Ihr Verwalter und ungefähr zehn ihrer Dienerinnen sollen niedergemetzelt und ihre Kinder in ein loderndes Feuer geworfen worden sein, während Harun ausrief: »Lieber den Stahl als die Schande!« Ihre Henker, Masrurs Gehilfen, sollen dann in Säcke gebunden und in den Tigris geworfen worden sein.

Handelt es sich um einen Roman, um Basargeschwätz oder um eine wahre Geschichte? Mas'udi und Tabari nahmen die Geschichte von der wunderbaren und tragischen Vermählung der beiden schönen Liebenden für bare Münze, während Ibn Khaldun[18] darauf hinweist, daß Harun die Prinzessin Abbasa niemals, auch nicht zum Zweck einer Scheinehe, mit Dscha'far verheiratet hätte, dessen Vorfahren Perser und Götzendiener gewesen waren. Die meisten modernen Geschichtsschreiber sind skeptisch. Die Quellen, in denen diese Episode erwähnt wird, stammen ihrer Ansicht nach aus zu später Zeit, um noch glaubwürdig zu sein. Aber in diesem Falle müßten auch die wichtigsten zeitgenössischen Chronisten – Mas'udi und Tabari, um nur diese beiden zu nennen – völlig abgelehnt werden. Was uns überhaupt nicht überzeugt, ist in erster Linie die Unwahrscheinlichkeit der Geschichte, ihr Charakter eines »orientalischen Märchens« und ihre moralisierende Aussage sowie die Bestrafung der Schuldigen mit all diesen wundersamen, im Laufe der Zeit hinzugefügten Einzelheiten. Man darf nicht vergessen, daß Abbasa zu jener Zeit gut und gern vierzig Jahre alt war (sie war älter als Hadi und Harun) und bereits zweimal verheiratet war. Man kann sich kaum vorstellen, daß diese Frau, die kein blutjunges Ding mehr war, zu solchen naiven und komplizierten Kriegslisten gegriffen haben sollte, nur um einen schönen Mann in ihr Bett zu locken, der seinerseits schon wirklich stockbetrunken gewesen sein müßte, wenn er sie weder vorher noch nachher erkannte. Und Harun müßte stark kurzsichtig gewesen sein (worüber die Geschichte uns nichts überliefert), wenn er die Schwangerschaft seiner Schwester nicht bemerkte, die er doch so oft sah. Oder muß man den Ursprung dieser schönen und schauderhaften Geschichte in einer Affäre sehen, in die Dscha'far tatsächlich verwickelt gewesen sein soll, wobei es zu einer Verwechslung von Mann und Frau kam …?[19]

Was waren also die Gründe für Dscha'fars Hinrichtung und diese fürchterliche Tragödie, die die Araber so lange bewegt hat? Es heißt, Dscha'far sei nur nach außen hin Muslim gewesen. Er habe zwar Moscheen bauen lassen, aber nur zu seinem eigenen Vergnügen. Die Lektüre des Koran habe ihn unendlich gelangweilt. Im Grunde seines Herzens sei er ein Mazda-Verehrer geblieben[20]. Als Beweis dafür wird angeführt, daß er Harun al-Raschid geraten habe, in der Ka'ba Tag und Nacht Wohlgerüche verbrennen zu lassen, wie wenn er sie in einen Feuertempel hätte umwandeln wollen. Die Lauheit seiner muslimischen Überzeugungen soll sich auch in seiner Toleranz gegenüber den Aliden, den Häretikern und anderen Gegnern des orthodoxen Islam geäußert haben. Dscha'far soll auch Yahya ibn Abdallah, jenen Aliden, der in Dailam einen Aufstand vom Zaun gebrochen hatte, freigelassen haben.

Aber auch das ist unwahrscheinlich; denn es war, wie erwähnt, Fadl, der diese Geschichte beendete, und Haruns Vorwürfe richteten sich gleichfalls gegen Fadl. Dscha'far soll aus Rache und entgegen dem Befehl des Kalifen die Hinrichtung eines anderen

Aliden, Abdallah ibn Hasan, befohlen haben. Er wurde außerdem beschuldigt, der Staatskasse einen großen Betrag entnommen zu haben, der einem Abbasiden, Abd al-Malik ibn Salih, zugedacht war, den Harun seinerseits verdächtigte, ihn entthronen zu wollen. Der Kalif, der stets auf der Hut war, soll empört gewesen sein.

Dscha'fars Reichtum und sein Hang zum verschwenderischen Luxus, angefangen bei dem Palast, den der schöne Barmakide am Ufer des Tigris errichten ließ, erzürnte Harun. Uns sind verschiedene Anekdoten überliefert, die über den Zorn des Kalifen angesichts von Dscha'fars Prunkentfaltung berichten. Als Harun einmal in der Begleitung eines umfangreichen und glanzvollen Gefolges auf die Jagd ging, fragte er: »Hat man je ein prächtigeres Gefolge gesehen als das meine?« – »Nichts könnte mit dem von Dscha'far verglichen werden«, antwortete ein Höfling... Und als der Zug durch Dörfer kam, in denen man herrliche Gärten sah, die luxuriöse Pavillons umgaben, fragte er, wem all dies gehöre. »Den Barmakiden natürlich«, entgegnete man ihm. Da sagte Harun: »Wir haben uns selbst verraten, indem wir alles taten, um die Macht und den Reichtum der Barmakiden zu vermehren. Nun stehen sie auf dem Gipfel ihres Ruhms! Wer vermöchte einzuschätzen, wie reich sie sind?«[21]

Entscheidender als diese Eifersuchts- und Wutanfälle des Kalifen, die vielleicht einer späteren Erfindung zuzuschreiben sind, war wahrscheinlich die blinde Feindseligkeit, die der Kämmerer al-Fadl ibn al-Rabi gegenüber Dscha'far empfand. Die beiden Männer verabscheuten einander. Dscha'far stand al-Fadls Ehrgeiz im Wege, und er wußte, daß dieser zu allem fähig war, um ihn zu vernichten. Al-Fadl flößte Harun zunächst Mißtrauen und dann Haß gegen Dscha'far ein. Um ihn herum begann sich die Opposition gegen die Barmakiden zu formieren.

Al-Fadl ibn al-Rabi war nicht der einzige, der Dscha'far und die Barmakiden haßte. Der schöne Günstling hatte sich mit seinem Hochmut und seiner Prachtentfaltung sowie mit seiner oftmals herablassenden Art dauerhafte Feindschaften eingehandelt. Unter anderen hatte Zubaida niemals Sympathie für diesen Intimus des Kalifen gehegt, der übrigens der »Vormund« von Ma'mun, dem brillanten Rivalen ihres Sohnes, war. Im Palast wußte jeder, daß Harun Ma'muns Begabungen schätzte und daran dachte, ihn in der Erbfolge an die erste Stelle, vor Amin, zu setzen. In den Verfügungen von Mekka war Ma'mun Khorasan mit seinen starken Truppeneinheiten zugeteilt worden; sonst aber hatten sie nichts geregelt, und Zubaidas Unruhe hatte sich nicht gelegt, ganz im Gegenteil. Alles deutet darauf hin, daß sie während der Wochen, die dem Drama vorausgingen, ihren nicht geringen Einfluß spielen ließ, und zwar zum Nachteil von Dscha'far, der dem Rivalen ihres Sohnes völlig ergeben war.

Die Beziehungen zwischen Harun und Fadl al-Barmaki waren ganz anderer Art. Der Kalif schätzte den Sachverstand des älteren der Barmakiden, empfand aber wenig Zuneigung zu ihm. Er war zweimal nacheinander Gouverneur von Khorasan gewesen und hatte dort bewundernswerte Erfolge erzielt. An der Spitze der Truppen erwies er sich als ebenso tüchtig wie in der Politik und der Verwaltung, und seine Erfolge riefen Neider auf den Plan – allen voran seinen Bruder Dscha'far, der ihn beim Kalifen anschwärzte, und die hohen Würdenträger, die auf die Popularität eifersüchtig waren, die er gewonnen hatte, obwohl er nicht leicht zugänglich war und einen Stolz besaß, den er nicht verbarg.

Fadl al-Barmaki zeigte sich den Aliden gegenüber ebenfalls sehr tolerant. Man schrieb ihm – wie Dscha'far – die Befreiung von Yahya ibn Abdallah zu. Er soll auch dem Kalifen den Gehorsam verweigert haben, als dieser Musa al-Kazim verschwinden lassen wollte. Es heißt, er habe diesen – vorläufig – geschont, bis sein Vater Yahya – zweifellos auf Haruns Befehl – Musa schließlich zugrunde gehen ließ. Der Kalif warf Fadl auch seine Nachsicht gegenüber einem anderen Aliden, Ibn Tabataba, einem Hasaniden, vor: Alles, was in ihm den Verdacht einer Rebellion erwecken konnte, löste bei diesem Mann, dessen Macht doch grenzenlos war, eine Art Panik aus. Fadl meinte vielmehr, daß es klüger sei, die Aliden in Frieden zu lassen, solange sie keine echte Gefahr darstellten. Der Schwäche gegenüber den Gegnern des Kalifen bezichtigt, mit dem eigenen Bruder und mit fast allen hohen Würdenträgern, die nicht zur Gruppe der Barmakiden gehörten – an der Spitze al-Fadl ibn al-Rabi – verfeindet, war Fadl al-Barmaki der erste, den Harun von seinen Ämtern entband. Er behielt nur noch das eines Vormundes von Amin, dem Kronprinzen.

Yahyas Fehler bestand zu dem Zeitpunkt, als Harun der »Herrschaft« seiner Familie ein brutales Ende bereitete, vor allem darin, daß er überhaupt existierte. Er, der dem jungen Kalifen während der ersten Jahre als »Schutzengel« zur Seite gestanden und sein volles Vertrauen genossen hatte, war mit der Zeit ein lästiger Ratgeber und schließlich ein Hemmschuh geworden. Von anderem Charakter und Temperament als der Kalif – der eine neigte zu brutalen und oft unüberlegten Entscheidungen, der andere zur Flexibilität und zum Ausgleich – stellte der alte Mann für Harun im reiferen Alter eine untragbare Last dar. Mußte ein ruheloser und eifersüchtig auf seine Vorrechte bedachter Herrscher ihn nicht zwangsläufig entlassen? Harun, dem es nicht an Intelligenz mangelte, erkannte gewiß die tatsächliche Gefahr, daß nämlich die Macht unmerklich in andere Hände übergleiten und er dann nur noch die scheinbare Souveränität ausüben könnte. Mehrere Historiker berichten, daß Dschibril, Haruns Leibarzt, einmal, als er sich gerade im Palast befand, ein Gemurmele gehört habe. »Was ist denn das?« fragte Harun. »Das ist Yahya, der über Übelstände Gericht hält«, sagte man ihm. »Möge Gott ihn segnen und es ihm lohnen!« rief der Kalif aus. »Er hat mir diese Bürde abgenommen und vertritt mich.« Dieselbe Szene spielte sich einige Jahre später wieder ab, doch dieses Mal sagte Harun: »Gott möge ihn mit Unglück schlagen! Er lenkt die Geschäfte in völliger Unabhängigkeit, führt sie gegen meine Anweisung und folgt seiner eigenen Neigung und nicht der meinen.« Zubaida, die zugegen war, ging noch weiter und richtete heftige Angriffe gegen Yahya.[22]

Yahya hatte gewiß nicht die Absicht, an Haruns Stelle zu treten, wie man ihm das vorgeworfen hat. Aber hätte nicht er selbst oder einer seiner Söhne oder ein anderes Mitglied seiner Familie später eine Intrige anzetteln können, um ihn durch einen anderen Abbasiden zu ersetzen oder – wovor Harun sich besonders fürchtete – durch einen Aliden? War die Ausrottung der Barmakiden für den Befehlshaber der Gläubigen nicht die logische und unvermeidliche Konsequenz aus den Beschlüssen von Mekka? Könnte die Aufteilung des Reiches nicht die Barmakiden an die Macht bringen? Man muß das Drama von Umr vielleicht unter dem Gesichtspunkt des Erbfolgeproblems sehen, und nicht unter dem eines Kampfes zwischen dem arabischen und dem iranischen Einfluß.

Die Barmakiden stammten aus Khorasan, waren aber Buddhisten, keine Zoroastrier, und es hat nicht den Anschein, daß sie die Verbreitung des persischen Einflusses und der persischen Kultur übermäßig vorantrieben – zumindest nicht mehr, als die Zeitläufe es erforderten. Ihre Toleranz gegenüber den Aliden, die bekanntlich Araber und keine Iraner waren, hatte nichts mit ihrer khorasanischen Herkunft zu tun. Zudem war dies alles andere als ein Makel: Die abbasidische Revolution war vielmehr von Khorasan ausgegangen, und die Khorasaner waren die zuverlässigsten Stützen des Regimes. Die Barmakiden hatten sich vollkommen der arabischen Kultur angepaßt, selbst wenn sie, wie damals jedermann, für die iranischen Kulturbeiträge – von den philosophischen Lehren bis zur Kleidung und zur Kochkunst – empfänglich waren. Bei allen Vorwürfen, die Harun gegen sie richtete, fehlte jeder Hinweis auf ihr «Iranertum«.

Den zahlreichen Nachkommen der Barmakiden war ein unterschiedliches Los beschieden. Diejenigen, die verschont geblieben waren oder sich hatten verstecken können, nahmen, als Ma'mun Kalif wurde, wieder ihr normales Leben auf. Mohammed ibn Yahya und Abbas ibn Fahdl wurden zu Gouverneuren ernannt, der eine von Basra, der andere von Khorasan. Musa wurde Gouverneur von Sind; sein Sohn Imran sollte später dieselbe Provinz regieren. Ein Enkel Musas namens Abu l-Hasan, ein Dichter und Geschichtsschreiber, gehörte zu den *nadim* des Kalifen Muqtadir. Unter den berühmten Nachkommen der Familie seien noch der bekannte Biograph Ibn Khallikan (der von Dscha'far abstammte und 1282 in Damaskus starb) erwähnt sowie ein Wesir der Samaniden, ein Botschafter der Ghaznawiden und ein Rechtsgelehrter, der sich im 10. Jahrhundert in Spanien niederließ. Manche Männer wurden al-Barmaki genannt, weil sie von Klienten der berühmten Familie abstammten. Einige Völkerschaften erhoben den Anspruch, die Barmakiden zu Vorfahren zu haben, so etwa die Boramik oder Bormaka, die sich zunächst in Tripolitanien und dann in Touat niederließen. Schließlich beschwört Gérard de Nerval in seiner *Voyage en Orient* Tänzerinnen oder Ghawasies herauf, die behaupten, sie hießen Baramikeh oder Bormeke und stammten von den Barmakiden ab.

5. Kapitel

Harun und die Welt seiner Zeit

Mit dem Könige Harun von Persien,
der mit Ausnahme Indiens fast das ganze Morgenland beherrschte,
stand Karl in so freundschaftlichem Einvernehmen,
daß dieser seine Huld der Freundschaft aller Könige und Fürsten
der ganzen Welt vorzog.
Einhard

Ihr werdet gewiß Konstantinopel einnehmen.
Vortrefflich die Armee und der Befehlshaber, die es erobern.
Mohammed: Hadit

Die einzige Weltgegend, mit der die Araber Beziehungen unterhielten und die ihnen auch am nächsten lag, war der Mittelmeerraum. Auf die Länder rings um das Mittelmeer konzentrierte sich ihre Außenpolitik, sofern sie eine solche überhaupt betrieben – denn der Befehlshaber der Gläubigen war so mächtig und seine Besitzungen erstreckten sich so weit in alle Himmelsrichtungen, und er hegte eine solche Verachtung für alles, was nicht zum *dar al-islam* – dem Gebiet des Islam – gehörte, daß die fremden Herrscher in seinen Augen nicht mehr als Vasallen waren, deren Botschafter er nur bei außergewöhnlichen Anlässen zu empfangen geruhte, um ihre Huldigung entgegenzunehmen.

Den ersten Rang nahm Byzanz ein. Ihm hatten die Araber alle Besitzungen im Osten und in Nordafrika entrissen, und die Zeiten, da das Mittelmeer als »byzantinisches Meer« galt, waren vorbei. Auch die Herrschaft des Basileus über Italien war geschrumpft. Vom Norden kommend, rollte der Vorstoß der Slawen, die längst die Donau überquert hatten, jetzt auf die Mauern von Konstantinopel zu. Das Schicksal von Byzanz sollte lange Jahrhunderte hindurch von der Unfähigkeit seiner Gegner, sich zu einigen, abhängen sowie von seiner technischen Überlegenheit – man denke nur an das griechische Feuer – und von außergewöhnlichen Persönlichkeiten. An der Schwelle des 9. Jahrhunderts zeichnete sich jedoch eine Wende ab, die das Reich im 9. Jahrhundert zu neuer Blüte führen sollte.

Im 8. Jahrhundert überwiegen jedoch die Krisenerscheinungen. Sieben Kaiser werden der Reihe nach ausgerufen und gestürzt. Zwei Minister Justinians II. werden bei lebendigem Leib verbrannt. Eine Katastrophe jagt die andere. Überall kommt es zu Aufständen und Erhebungen. Das Reich wartet auf seinen Retter. Er kommt in der Gestalt von Leo dem Isaurier, dem »Strategen« von Anatolien. Er rebelliert gegen den Kaiser und wird alsbald von Senat, Armee und Volk bejubelt.

Die erste Aufgabe des neuen Kaisers bestand darin, dem Siegeszug der Araber Einhalt zu gebieten. Leo III., der Isaurier, erreichte dieses Ziel durch ein geschicktes Zusammenspiel mit Maslama, dem General, den der Omayyadenkalif mit einer mächtigen Armee gegen Byzanz geschickt hatte. Die Belagerung Konstantinopels wurde aufgehoben, doch einige Jahre später wurden die Angriffe wieder aufgenommen. Sie waren sogar gegen das in geringer Entfernung von der Hauptstadt gelegene Nicaea gerichtet – wie wenn der Islam beweisen wollte, daß er ausgerechnet die von Gott geschützte Stadt erobern wollte.

Noch mehr jedoch als der Kampf gegen die Araber machte Leo III. und Konstantin, seinem Sohn, der Bilderstreit zu schaffen, den sie ausgelöst hatten. Lagen dieser Auseinandersetzung religiöse oder politische Motive zugrunde? Sollte damit ein weiteres Anwachsen des Grundbesitzes der Klöster verhindert und die Anzahl der Mönche gesenkt werden? Leo III. und seine Dynastie, die orientalischer Herkunft waren, standen wahrscheinlich auch unter dem Einfluß von Juden und Muslimen, bei denen der Bilderkult verboten war. Nachdem Leo die arabische Gefahr gebannt hatte, befahl er die Zerstörung einer sehr verehrten Christusstatue, die über dem Bronzenen Tor des Kaiserpalasts von Konstantinopel angebracht war. Die Menge empörte sich, und der Bildersturm mit all seinen Gewalttätigkeiten und Verfolgungen brach los. Und vor allem war damit ein weiterer Schritt auf dem Weg zum Bruch mit dem Papsttum und zur Auflösung des Römischen Reiches vollzogen – zugunsten des Frankenreichs, dessen Macht im Abendland zu wachsen begann.

Keiner der Päpste erkannte die Doktrin der Bilderstürmer an. Gregor II. verfügte die Exkommunikation jeder Person, die sich dem Erlaß des Basileus fügte. Leo III. reagierte sofort: Er befahl, Illyricum (das heißt, Dalmatien und beinahe die gesamte Balkanhalbinsel sowie Sizilien und Kalabrien) vom römischen Patriarchat abzutrennen und an Konstantinopel anzubinden. Italiens Bruch mit dem Reich war damit vollzogen. Bald sollte sich der Papst unter den Schutz Pippins, des Frankenkönigs, stellen, der 754 Papst Stephan II. versprach, »die Sache des heiligen Petrus und der Republik der Römer in die Hand zu nehmen«. Der Basileus, der gehofft hatte, das byzantinische Reich zu einigen, hatte den Aufstieg dieses Rivalen nicht verhindern können. Kein halbes Jahrhundert später wurde Karl der Große in Rom zum Kaiser gekrönt – zum Kaiser eines Abendlandes, das nach einer langen Zeit des allmählichen Wiederaufstiegs begann, seinen Platz auf der Bühne der damaligen Welt einzunehmen.

Während sich im östlichen Mittelmeer ein noch immer großes und mächtiges Reich in der Krise befindet, beginnt in Europa ein zweites aufzusteigen: Im äußersten Westen liegt das Emirat von Córdoba in der Nachfolge der Kalifats von Damaskus, wo der letzte der Omayyaden eine Macht etablieren konnte, der selbst seine Gegner die Bewunderung nicht versagen konnten …

Welchen Staaten sollten die Abbasiden auf den Wegen ihrer Diplomatie und ihres Handels außerdem noch begegnen? Keiner kann mit dem ihren verglichen werden, höchstens jene Länder, die in unendlicher Ferne liegen. So erlebte etwa Japan einen der Höhepunkte in seiner Geschichte. In der Epoche der Nara war das Land geeint und zum Meer hin geöffnet, doch seine Kontakte beschränkten sich in erster Linie auf den Fernen Osten. In China schwankte die Tang-Dynastie, die von Erhebungen und Revolutionen heimgesucht wurde, zwischen Anarchie und Absolutismus hin und her. Mit der Niederlage am Talas im Jahre 751 – einem jener historischen Ereignisse, die die Zukunft des Vorderen Orients und vielleicht auch die Europas bestimmen sollten –, waren die Chinesen endgültig aus Zentralasien verdrängt worden. Chinas Chance, das Schicksal der Länder zwischen Tien Schan und dem Mittelmeer zu bestimmen, sollte für immer vertan sein.

Dagegen setzten die Turkstämme ihren Druck fort und verstärkten ihn noch: Die Oghuzen zogen nach Westen, die Qarluqen in Richtung Balchasch-See. Ein uigurisches Khanat mit manichäischer Religion erlebte in der nördlichen Mongolei eine Blütezeit und ließ sich dann in der Oase von Tarik nieder. Die Chazaren siedelten sich in der Steppe zwischen dem Ural und dem Don an. Ein Teil der Oberschicht trat zum Judentum über. Sie dehnten ihren Einfluß nach Norden hin aus, und der Kaiser von Byzanz setzte sie als Werkzeug gegen die Araber ein.

Im Norden des europäischen Kontinents begannen die Skandinavier und die angelsächsischen Fürsten, ihre Erzeugnisse gegen solche aus dem Mittelmeerraum und dem Orient zu tauschen: Bedeutende Zentren des Handels waren Kiew, die russischen Flüsse, Mainz, das Rhône- und das Maastal und die Ostseehäfen. Aber die großen Warenströme zwischen der islamischen Welt und dem nördlichen und westlichen Abendland begannen erst später zu fließen, und auch die Beziehungen mit Südostasien und den Inseln des Indischen Ozeans wurden erst später intensiviert. Und in all diesen Ländern – vor allem in Indien, wo mächtige Dynastien herrschten – machten sich von einem Umschlagplatz zum anderen Kaufleute gegenseitig mit den fernen Ländern bekannt. Das Abbasidenreich sollte eine erstaunliche wirtschaftliche Entwicklung erfahren. Wie die europäische Renaissance des 15. und 16. Jahrhunderts sollte auch die des Islam eine Zeit der Begegnungen sein.

Der Befehlshaber der Gläubigen und Karl der Große

Wurde der Kampf zwischen den Anhängern Christi und den Muslimen in diesen Jahrhunderten, in denen die Religion das Denken und Fühlen der Menschen beherrschte, überall und an allen Orten fortgesetzt, ohne daß irgendeine andere Überlegung sie voneinander ablenkte?

Keineswegs! Die Kriege standen jetzt immer mehr im Dienst der Politik. Man unterhielt Beziehungen miteinander und verbündete sich mit dem, der einem Vorteile bot. Die Byzantiner waren bereit, die Omayyaden von Spanien gegen die Abbasiden zu unterstützen, die ihrerseits nichts unversucht ließen, um das Regime zu stürzen, das der Sprößling der verhaßten Dynastie in Spanien etabliert hatte. Und das Königreich der Franken, das den Papst in seinem Konflikt mit dem Kaiser von Byzanz unterstützte, freute sich über jede Niederlage, die ihm der große abbasidische Feind zufügen konnte, dessen Truppen wie Wellen unablässig wiederkehrten und mit schöner Regelmäßigkeit über die Grenze drangen. Karolinger und Abbasiden waren beide an einer Bekämpfung der Omayyaden von Spanien interessiert. Pippin hatte im Bilderstreit Partei für den Papst und gegen den Basileus ergriffen und wurde so unversehens zum »Verbündeten« des Kalifen. Vor allem aber lag der arabische Einfall ins westliche Frankenreich (Poitiers 732) noch nicht weit zurück, und die Araber hatten erst 751 aus Narbonne vertrieben werden können. Ein Zusammengehen von Franken und Abbasiden lag also nahe.[1]

Diese fränkisch-abbasidische »Zusammenarbeit« kam zum erstenmal 765 durch den Austausch von diplomatischen Gesandtschaften zwischen den beiden Herrschern, Pippin dem Kurzen und Mansur, zum Ausdruck. In jenem Jahr schickte der Karolinger Botschafter nach Bagdad, die ihrerseits in der Begleitung von Botschaftern des Kalifen zurückkehrten und Pippin »prachtvolle Geschenke« mitbrachten. Mansurs Gesandte wurden, wie die Chronisten versichern, von Pippin in Metz willkommen geheißen und kehrten, ebenfalls mit Geschenken überhäuft, über das Meer zurück: »So wurde der Kreis der Bündnisse geschlossen, der den Papst, den Abbasidenkalifen und den König der Franken gegen die Omayyaden und Konstantinopel zusammenschloß.«[2] Handelte es sich wirklich um Bündnisse? Das Wort ist zweifellos übertrieben. Es wäre vielleicht angebrachter zu sagen, daß zwischen den drei Beteiligten gemäß dem Grundsatz »der Feind meines Feindes ist mein Freund« in bestimmten Fragen eine Gemeinsamkeit der Interessen bestand und daß daher unter gewissen Bedingungen jeder den anderen unterstützen würde. Erkannte Mansur also Pippins Oberhoheit über Zaragoza und Barcelona an? Der Gouverneur dieser Stadt war wohl 752 Pippins Vasall geworden. Schon vor der Machtübernahme durch die Omayyaden in Spanien hatten die Karolinger begehrliche Blicke auf Spanien geworfen. Da war es nur folgerichtig, daß das Interesse, das die Franken für die jenseits der Pyrenäen gelegenen Gebiete hegten, von den Abbasiden je nach den Umständen gegen den omayyadischen Usurpator ausgenützt wurde. Das war wahrscheinlich alles. Aber diese Art von gegenseitiger Anerkennung der beiden Staaten, die in jeder Hinsicht so weit voneinander entfernt waren, bedeutete bereits viel.

Am 24. September 768 starb Pippin in Saint-Denis. Er wurde seinem Wunsch entsprechend in der Abtei beigesetzt. Zuvor hatte er das Reich unter seinen beiden Söhnen Karl und Karlmann aufgeteilt. Karl hatte den Norden und den Westen des Königreichs erhalten, Karlmann den Südosten. Karl wurde in Noyon gekrönt, sein Bruder in Soissons. Aber ihr Einverständnis war nicht von

Statue Karls des Großen (Idealbildnis) in der Kirche von Müstair (Graubünden), wohl romanisch.

Dauer. Der Himmel griff in den Lauf der Dinge ein: Karlmann starb drei Jahre später, und seine Gefolgsleute scharten sich um Karl, den späteren Karl den Großen, »eine Verkörperung der endgültig gelungenen Verschmelzung zwischen den römischen, gallischen und germanischen Elementen dessen, was einmal Europa werden sollte.«[3] Und eben in seiner Eigenschaft als christlicher – und europäischer – Kaiser sollte er etwas später an die von seinem Vater eingeleitete »Orientpolitik« anknüpfen.

Mehrere Jahre vergingen, bis die fernen Horizonte und ihre komplizierte Politik die Aufmerksamkeit des jungen Königs erregten. Die italienische Frage und die Niederwerfung der Sachsen waren für ihn zunächst von ganz anderer Bedeutung. Die erste löste er dadurch, daß er zuerst seine Frau, die Tochter des Langobardenkönigs, verstieß und dann diesen selbst, Desiderius, besiegte. Er machte sich den Titel »König der Römer«, den sein Vater erhalten hatte, zunutze und machte seine Rechte geltend, sich in die Angelegenheiten des Papsttums einzuschalten. Seinen Sohn Pippin ließ er zum König von Italien krönen. Dieses Land war nun zu einem großen Teil vom Frankenreich abhängig.

Bei den Sachsen wandte Karl Gewalt, manchmal Grausamkeit, und viel weniger Politik an. Was er planvoll und langsam durchführte, war eine regelrechte Eroberung. Die Befriedung wurde erst 804 erreicht, aber schon 777 hatten sich in Paderborn die meisten der sächsischen Stammesältesten und ein großer Teil des Volkes unterworfen.

Wahrscheinlich war es ein Zufall, daß im gleichen Jahr der Gouverneur von Zaragoza, Sulaiman ibn al-Arabi, nach Aachen kam. Nach einer Meinungsverschiedenheit mit dem Emir von Córdoba wollte er den Frankenkönig überreden, einen Feldzug in das nördliche Spanien zu unternehmen. Im Frühjahr 778 überstieg Karl an der Spitze zweier Armeen die Pyrenäen. Die versprochene Unterstützung blieb aus, und der Feldzug endete mit einer Katastrophe. Karl konnte nicht einmal Zaragoza einnehmen. Es kam zur Niederlage von Roncesvalles, wo die fränkische Nachhut unter einem Hruodland (dem späteren Helden des Rolandsliedes) niedergemetzelt wurde.

Das war ein Denkzettel für Karl. Die Feldzüge jenseits der Pyrenäen erwiesen sich als schwieriger, als er geglaubt hatte. Die ortsansässige Bevölkerung, beutegierige Bergbewohner, waren wenig zuverlässig. Noch schwerer wog, daß die Bündnisse mit muslimischen Führern unsicher erschienen und beinahe immer von den unablässig schwankenden Beziehungen abhängig waren, die sie untereinander aufrechterhielten. Die Bevölkerung lehnte den Gedanken daran ab, sich mit einem ungläubigen Herrscher verbündet zu sehen, um mit ihm gegen andere Muslime zu kämpfen. Karl verzichtete auf sein Vorhaben, seine Besitzungen auf die andere Seite der Pyrenäen auszudehnen. Um die Sicherheit seines Königreichs zu garantieren, war es besser, ein »Glacis« entlang der Grenze einzurichten, einen Pufferstaat, der das Treiben der Araber überwachen und sie, unter Einsatz großer militärischer Mittel, aufhalten würde, falls sie versuchten, nach Norden vorzudringen. Das war das Königreich Aquitanien, an dessen Spitze Karl seinen Sohn Ludwig, den späteren Ludwig den Frommen, stellte.

Jahre vergingen. Karl war vorsichtig geworden und vermied es einzugreifen, um Gerona zurückzuerobern – das in der Zwischenzeit fränkische Besitzung geworden war. Auf die Bitten des Gouverneurs von Barcelona, der ihm versicherte, daß seine Stadt sich ihm kampflos ergeben würde, reagierte er nicht. Er beschränkte sich darauf, eine auf die Region nördlich der Stadt begrenzte Operation in Angriff zu nehmen. Zu diesem Zeitpunkt beschloß er, eine Mission nach Bagdad, zum Befehlshaber der Gläubigen, Harun al-Raschid, zu entsenden.

Karls erste Gesandtschaft bei Harun

Der Kalif stand damals auf dem Gipfel seines Ruhms. Der Ruf vom Glanz und Wohlstand seines Reiches war über die Meere gedrungen. Es war allgemein bekannt, daß er als junger Prinz einen Feldzug bis zum Bosporus geführt hatte. Alljährlich stießen seine Armeen tief ins Innere der Gebiete des Basileus vor. Karl wußte das. Und er wußte auch, daß der Kaiser von Byzanz trotz der Schwächen und Skandale an seinem Hof sein einziger bedeutender Rivale war. Das Intrigenspiel der Griechen in Italien irritierte den Frankenkönig, und was in Konstantinopel geschah, wo eine Frau die Macht innehatte, die ihrem eigenen Sohn die Augen hatte ausstechen lassen, empörte ihn. Das Papsttum lag in den Händen eines charakterschwachen, verrufenen Mannes, Leo III., gegen den entwürdigende Beschuldigungen vorgebracht wurden (Karl hatte ihm geschrieben und ihn ermahnt, »ein ehrbares Leben zu führen«). In dieser verworrenen Zeit waren der Kaiser des Abendlandes und der Kalif von Bagdad die beiden »Säulen« der Welt, und es war ganz natürlich, daß Karl den Wunsch hatte, sich nicht gerade mit Harun zu verbünden, aber doch wenigstens Beziehungen mit ihm herzustellen, seine Meinungen und Absichten kennenzulernen.

Erhielten Karls Bevollmächtigte genaue Anweisungen? Wahrscheinlich. Aber es ist nichts davon überliefert worden, und man kann in dem Bild der allgemeinen Politik der beiden Herrscher zumeist nicht mehr als nur die groben Umrisse nachzeichnen.

Die Spanienfrage gehörte sicherlich zu jenen Problemen, deren Klärung Karl wünschte. Die muslimische Präsenz auf der Iberischen Halbinsel bereitete den Franken schon lange Sorgen. Karl hatte die Schlappe nicht vergessen, die er dort erlitten hatte, und im Laufe der letzten Jahre hatten seine Truppen und die des Königreichs Aquitanien militärische Operationen auf iberischem Boden durchgeführt. Die Abbasiden ihrerseits betrachteten sich als im ständigen Kriegszustand mit dem usurpatorischen Emir befindlich, auch wenn sie die Hoffnung aufgegeben hatten, die Omayyaden von Spanien zu stürzen. Soweit die Entfernung es zuließ, beobachtete Bagdad, was in Córdoba vor sich ging. Jeder der Feinde von Abdarrahman I. und seinen Nachfolgern mußte zwangsläufig der Freund des Kalifen sein, und die Abbasiden verfügten in Spanien über freundschaftliche Beziehungen mit einigen arabischen Führern, die sie zur Zusammenarbeit mit Karl gegen die Abbasiden anstacheln konnten.

Die Beziehungen, die Karl der Große mit dem Byzantinischen Reich unterhielt, waren offensichtlich differenzierter. Die beiden christlichen Mächte mit ihren Zentren in Aachen und Konstantinopel kämpften nun um die imperiale Vorherrschaft. Der Papst sollte schon bald Karl die Kaiserkrone aufs Haupt setzen. Die Folge war eine extreme Spannung zwischen den beiden christlichen Reichen. Die fränkische Mission reiste nur drei Jahre vor dem großartigen Ereignis – der Krönung vom 25. Dezember des Jahres 800 – nach Bagdad. Es war Karl dem Großen sicherlich nicht gleichgültig zu erfahren, wie es um die Beziehungen zwischen dem Basileus und dem Kalifen bestellt war. Dieser war – und das wußte Karl ganz genau – sehr daran interessiert, die Divergenzen zwischen den beiden großen christlichen Staaten zu vertiefen.

Und schließlich war er im Besitz von Jerusalem, der Heiligen Stadt der Christen, die damals oft beschrieben wurde mit der Grabeskirche, der Kirche Unserer Lieben Frau vom Kalvarienberg, der Basilika, die Helena, die Mutter Kaiser Konstantins, an jener Stelle hatte errichten lassen, an der sie das Wahre Kreuz Jesu wiedergefunden hatte, und dem Ölberg, auf dessen Gipfel sich die Himmelfahrtskirche (Ascemio) erhob, die man über jener Stelle erbaut hatte, von der aus Christus in den Himmel aufgefahren war. In der ganzen Stadt gab es eine große Anzahl von frommen Stiftungen, Klöstern und Lauren, mit einem vielköpfigen Klerus. Es handelte sich in erster Linie um Griechen, aber auch um Lateiner; sie waren einem einflußreichen Patriarchen unterstellt, der mächtigsten und angesehensten Persönlichkeit der Christenheit nach dem Papst und dem Patriarchen von Konstantinopel. Die Christen kamen aus ganz Europa nach Jerusalem. In dieser Stadt, die für die Muslime ebenso heilig ist wie für sie selbst, verrichteten sie ihre Andachtsübungen, ohne daß irgend jemand sie belästigte, abgesehen von den unvermeidlichen Zwischenfällen, die, wie in allen Wallfahrtsorten, nicht behördlich verfügte Akte waren, sondern auf das Konto einzelner Vagabunden und Taschendiebe gingen.

Zu dem Zeitpunkt jedoch, als Karl beschloß, seine Mission nach Bagdad zu schicken, waren in Aachen ziemlich beunruhigende Nachrichten eingetroffen. Räuberische Beduinen hatten die Stadt überfallen, christliche Gemeinden ausgeplündert und achtzehn Mönche ermordet. Karl, der trotz seiner persönlichen Ausschweifungen ein sehr frommer Mann war, fühlte sich betroffen. Er beauftragte seine Gesandten, beim Kalifen zu intervenieren, damit solchen Untaten ein Ende bereitet werde. Er machte es ihnen auch zur Aufgabe, das Wohlwollen der muslimischen Fürsten zu gewinnen und an bedürftige Christen sowohl in Ägypten und Nordafrika als auch in Syrien und in Jerusalem Geld zu verteilen.

Und dann gab es noch den berühmten Elefanten, über den, wenn man das so sagen kann, viel Tinte verschrieben wurde. Karls Abgesandte brachten einen Elefanten mit, ein Geschenk Harun al-Raschids an Karl. Manche Historiker haben behauptet, der einzige Zweck der Mission sei es gewesen, dieses Wundertier als Schmuckstück für den kaiserlichen Tiergarten zu erwerben. Diese Ansicht scheint nicht ganz seriös zu sein; denn der große Frankenkönig hatte, wie schon erwähnt, viele andere Gründe, seine Botschafter zum Kalifen zu schicken. Wahrscheinlicher ist, daß Harun dieses Geschenk von sich aus machte, um Karl seine Freundschaft und die außerordentliche Wertschätzung, die er ihm und seinem Staat gegenüber empfand, zu beweisen.[4]

Für seine Mission in den Orient, die sich gegen Ende 797 auf den Weg machte, wählte Karl zwei Nichtkleriker aus, Lantfrid und Sigismund, sowie einen Juden namens Isaak, der zweifellos als Dolmetscher fungierte. Welcher Route folgten sie? Wenn man sich damals in den Orient begeben wollte, fuhr man über das Meer bis nach Ägypten, und von dort aus über den Landweg nach Jerusalem und Syrien. Man konnte aber auch das Schiff bis Beirut oder Antiochia nehmen und dann über Aleppo den Euphrat bis Raqqa und in die Gegend von Bagdad hinunterfahren. Es scheint, daß die fränkischen Gesandten diese Route wählten.

Nach drei Jahren kehrte Isaak zurück. Er hatte als einziger diese lange und anstrengende Reise überlebt. Lantfrid und Sigismund waren – wahrscheinlich auf dem Rückweg – gestorben.[5] Es war also der jüdische Gesandte, der das prächtige Geschenk Harun al-Raschids, den Elefanten Abu l-Abbas, mitbrachte. Von der afrikanischen Küste aus, wo er mit seinem sperrigen Reisegenossen eintraf, hatte er Karl bitten lassen, ihm ein Schiff für seinen Transport zu senden. Karl schickte den Notar Ercibald (oder Ercanbald) zu ihm, um ihm die Reise bis ins Rheinland zu erleichtern. Abu l-Abbas, der im Oktober 801 in Porto Venere, in Ligurien, ausgeschifft wurde, verbrachte den Winter in Vercelli und hielt am 20. Juli 802 seinen Einzug in Aachen, wo sich der Kaiser aufhielt, und man kann sich lebhaft vorstellen, wie sehr er die Massen beeindruckte. Karl empfing Isaak zu einer Audienz, was »zur damaligen Zeit eine außerordentliche Ehre für einen Juden« war.[6] Abu l-Abbas starb 810.

Zwischen der Abreise der drei Gesandten Karls und Isaaks Rückkehr hatte sich hinsichtlich der Beziehungen mit dem Orient einiges ereignet. Gegen Ende 799 traf ein von Georg, dem Patriarchen von Jerusalem, gesandter Mönch in Aachen ein. Um ihm für die Entsendung der drei »Botschafter« in die Heilige Stadt und die Almosen zu danken, die sie mitgebracht hatten, hatte Georg ihm für den Kaiser Reliquien vom Heiligen Grab mitgegeben. Einige Wochen später schickte Karl den Mönch in der Begleitung eines Priesters aus seinem Palast, der Zacharias hieß und Geschenke für die heiligen Stätten bei sich trug, zurück. Am 23. Dezember des darauffolgenden Jahres, zwei Tage vor seiner Krönung in Rom, empfing Karl Zacharias, der sich mit zwei von Georg entsandten Mönchen aus Jerusalem auf der Rückreise befand: Der eine war ein Grieche aus dem Saba-Kloster, der andere ein Lateiner vom Ölberg. Sie brachten ihm »die Schlüssel zum Heiligen Grab und zum Kalvarienberg sowie die der Stadt und des Berges (Zion) mit der Kreuzesfahne«.[7] Der Kaiser behielt die beiden Mönche eine Zeitlang bei sich und schickte sie im darauffolgenden April nach Jerusalem zurück.

Zeitgenössische Annalenschreiber und Historiker haben die Überreichung der Schlüssel als politische Geste interpretiert, der sie eine größere Bedeutung beimaßen, als sie tatsächlich hatte. Die Übergabe der Schlüssel einer Stadt war jahrhundertelang eine übliche Zeremonie und ist es noch heute. Seit langem schon verteilten die Päpste kleine Petersschlüssel an Persönlichkeiten, die sie ehren wollten. Und das gleiche geschah mit den Schlüsseln zum Heiligen Grab und zum Berge Zion. Die Kreuzesfahne war zweifellos eine Goldschmiedearbeit, in der einige Teilchen des Wahren Kreuzes enthalten waren.[8] Diese Geschenke waren ein Zeugnis für die Dankbarkeit des Klerus von Jerusalem gegenüber Karl, und zwar nicht nur wegen seiner Geldgeschenke, sondern wahrscheinlich auch wegen der Fürsprache seiner Botschafter zugunsten der Christen im Orient, die sich auf die Gegenwart und die Zukunft bezogen hatte. Die Schlüssel waren also ein eher symbolisches Geschenk. Auf jeden Fall machten sie Karl nicht zum Gouverneur von Jerusalem, wie behauptet wurde, und sie bedeuteten auch nicht, daß er damit ein »Vasall« des Kalifen wurde; denn die Versendung der Schlüssel erfolgte sicher nicht auf Initiative des Kalifen.

Muslime bei Karl

Wichtiger als die Geschenke des Klerus von Jerusalem und die Entsendung des Elefanten Abu l-Abbas war die Tatsache, daß gleichzeitig mit Isaak auch zwei muslimische Würdenträger eintrafen. Der eine gehörte zu Harun al-Raschids Gefolge, der andere zum Gefolge des Emirs von Kairuan, Ibrahim ibn al-Aghlab, des mächtigsten Emirs von Nordafrika, von dessen Rolle in Ifriqiya bereits die Rede war. Es geschah nicht ohne Absicht, daß Ibrahim einen Repräsentanten zum großen Herrscher des Abendlandes schickte: Es war ganz natürlich, daß er Beziehungen zu demjenigen aufnehmen wollte, der jenseits des Mittelmeers als der Mann der neuen Zeiten auftrat.

Karl empfing die beiden Botschafter in der Gegend von Vercelli, in Norditalien, wo er sich damals gerade aufhielt. Sie brachten ihm »prachtvolle Geschenke« vom Kalifen und vom Emir: mehrere Affen, Balsam, Narde, verschiedene Salben, wohlriechende Substanzen, verschiedene Parfums und Medikamente aller Art, und zwar »in solcher Menge, daß es aussah, als ob sie das Morgenland und das Abendland leergeplündert hätten«, schrieb Notker der Stammler, Mönch von Sankt Gallen. Mit dieser Mission erwiderte Harun offensichtlich die von Karl, die dieser 797 entsandt hatte. Sie war wohl willkommen gewesen; denn es wurde ihr ein ganzes Gefolge zur Verfügung gestellt. Man war nun an einem der Punkte angelangt, an denen sich die Schicksale von Reichen entscheiden. Das Papsttum und das Ostreich durchlebten eine schwere Krise. Die Krönung Karls des Großen weckte in Byzanz Befürchtungen, der übermächtige Kaiser könne beschließen, auf Konstantinopel zu marschieren, um Irene, die Usurpatorin des Kaiserthrons, zu verjagen. Harun, der wie alle großen islamischen Herrscher davon träumte, sich in den Besitz von Konstantinopel zu bringen, war als erster daran interessiert, Karls Pläne kennenzulernen. Würde dieser Irene heiraten oder seine Armeen gegen sie schicken? Was ging dort vor sich, und was war die Botschaft der beiden Gesandten? Unterbreiteten sie dem Kaiser des Abendlandes Vorschläge von seiten Haruns und Ibrahims? Keine Quelle sagt etwas darüber.

Aus dem politischen Gesamtzusammenhang läßt sich allerdings der Schluß ziehen, daß unter den Anliegen des Kalifen – der in der Grenzregion seine militärischen Vorbereitungen weiter vorantrieb – die Zukunft des christlichen Reiches im Osten einen vorrangigen Platz einnahm. Auch Ibrahim, ein maritimer Nachbar von Byzanz, war außerordentlich an dem interessiert, was dort geschah. Sein Ehrgeiz trat bereits klar zutage. Weniger als drei Jahrzehnte später landeten seine Nachfolger auf Sizilien, einer byzantinischen Besitzung, und in Süditalien. Vorläufig sondierte der aghlabidische Emir noch, informierte sich und traf seine Vorbereitungen. Und da gab es noch Spanien, und dazu hatten Karl, Harun und auch Ibrahim Ideen, gewiß Informationen und wahrscheinlich auch Pläne. Diese Doppelmission würde wahrlich mehr Aufmerksamkeit verdienen, als ihr gewöhnlich entgegengebracht wird.

Die beiden muslimischen Gesandten verbrachten einige Monate am Hofe Karls des Großen und waren – laut Notker, dem Mönch von Sankt Gallen – erstaunt, so viele Herrlichkeiten zu entdecken. An Ostern wohnten sie in der Kathedrale der Messe bei; dann erwies Karl ihnen die ganz besondere Gunst, sie an seine Tafel einzuladen, »aber angesichts der wunderbaren Dinge, die sie sahen, verschlug es ihnen den Appetit«.[9] Sie kehrten im Laufe des Jahres 802 zurück.

Die zweite fränkische Gesandtschaft

Einige Monate, vielleicht sogar nur ein paar Wochen später – wahrscheinlich Ende 802 –, schickte Karl der Große eine neue Gesandtschaft zu Harun. Diese Mission wurde von einem gewissen Radbert geleitet, mit Sicherheit ein Würdenträger von seinem Hof. Die *Fränkischen Reichsannalen* berichten uns weder etwas über seinen Aufenthalt im Irak noch über seine Reise, außer daß Radbert und seine Begleiter das Glück hatten, inmitten der griechischen Flotte unbemerkt zu bleiben, als diese unter der Führung des Patrikios Niketas versuchte, Dalmatien zu erobern.

Radbert starb kurz nach seiner Rückkehr nach Italien und legte folglich nie Rechenschaft über seine Gesandtschaft ab. Aber zur gleichen Zeit wie er trafen zwei andere Missionen ein: Eine, an deren Spitze ein Mann namens Abdallah stand, war von Harun al-Raschid entsandt worden; die andere vertrat Thomas, den neuen Patriarchen von Jerusalem, den Nachfolger Georgs, und bestand aus den Mönchen Felix und Georg. Letzterer war deutscher Herkunft und Abt der Gemeinde vom Ölberg. Sie überbrachten dem Kaiser die Inthronisationsurkunde des neuen Patriarchen sowie eine Bitte um Unterstützung für den Unterhalt der christlichen Gemeinden im Heiligen Land. Abdallah seinerseits war von Harun mit großartigen Geschenken beladen worden: ein Zelt mit verschiedenfarbigen Wandbehängen aus Leinen von bewundernswerter Schönheit, zahlreiche Seidenstoffe, Parfums, Salben, Balsam, zwei große Kandelaber aus vergoldeter Bronze, »die alle verblüfften, die sie sahen«.[10]

Die erste Mission hatte religiösen Charakter und war von nichts Außergewöhnlichem umgeben. Die von Abdallah war für sich genommen schon ein Ereignis, genau wie die, die zuvor Harun entsandt hatte. Wahrscheinlich war es Abdallah, der Karl dem Großen die Konzessionen bestätigte, um die dieser gebeten hatte – oder die Harun vorgeschlagen hatte – und von denen im Rahmen der ersten Gesandtschaften die Rede gewesen war. Der einzige Text, dem man hier Glauben schenken kann, ist der der *Annales regni Francorum.* Einhard bereitet in seiner *Vita Caroli Magni* daraus eine Mixtur, der sich nicht entnehmen läßt, welche Vergünstigungen der Kalif Karl gewährte, noch läßt sie irgendwelche Datierungen zu. Der Geschichtsschreiber Karls des Großen erwähnt kurz, daß der Kalif »ihnen nicht nur das (gewährte), worum sie (Karls Gesandte) ihn baten, sondern er gestand auch zu, daß die ihnen heilige, gnadenreiche Stätte seinem Machtbereich zugeschrieben würde«, also das »hochheilige Grab Unseres Herrn und Erlösers und den Ort seiner Auferstehung«. Etwa sechzig Jahre später schob Notker von Sankt Gallen in seine *Gesta Karoli magni* eine Rede ein, die Harun an die Abgesandten Karls des Großen gerichtet haben soll und in der er ihnen versicherte, daß er das Gelobte Land in die Gewalt Karls des Großen zurücklege und es als dessen »Advokat« verwalte. Bei beiden Chronisten finden sich kurze Passagen, die moderne Historiker zu der Annahme veranlaßten, Harun habe Karl ein »Protektorat« über Palästina zugeschrieben. Ohne auf diese Kontroverse[11] hier im Detail einzugehen, läßt sich kaum bezweifeln, daß das Wort »Protektorat« ein Anachronismus ist: Im 9. Jahrhundert war der Begriff »Protektorat« dem abendländischen Recht ebenso fremd wie dem orientalischen, und hier stimmte es in keiner Hinsicht mit der Wirklichkeit überein. Was bedeutet eigentlich: Das Heilige Grab unter die Gewalt Karls des Großen stellen? Harun räumte ihm sicherlich eine »Vollmacht« (aber was für eine?) über den Ort ein, an dem Christus begraben wurde, das heißt über das Grab, »jenem Platz, wo der Herr, in Tücher gewickelt, niedergelegt wurde, deren Länge Arculf eigenhändig nachmaß; sie betrug sieben Fuß…, und deren Fläche insgesamt als Ruhelager für einen auf dem Rücken liegenden Mann dienen kann«.[12]

Aus den bekannten abendländischen Texten läßt sich nichts herauslesen, was über diese Interpretation hinausführte. Nur über das Grab und über nichts sonst soll der Kalif dem Kaiser des Abendlandes eine »Vollmacht« verliehen haben. Erstreckte sich diese Vollmacht auf das ganze Bauwerk und folglich auch über die Grabeskirche? Welche politischen Interessen auch immer Harun gehabt haben könnte, Karl eine Genugtuung zu verschaffen – es ist mehr als zweifelhaft, daß der Kalif über begrenzte, ja symbolische Konzessionen hinausging. Harun hing bekanntlich sehr an seiner Religion. Sie hatte den Vorwand für die Vertreibung der Omayyaden geliefert und legitimierte gewissermaßen die Tatsache, daß nun seine Dynastie an der Spitze des muslimischen Staates und der Gemeinschaft der Gläubigen stand. Die Macht des Befehlshabers der Gläubigen war absolut, aber nur innerhalb der Grenzen, die die strenge Befolgung des Islam steckte, und zwar im Jahrhundert der ersten Abbasiden wohl noch mehr als zu jeder anderen Zeit. Einem ungläubigen Herrscher ein Gebäude zu schenken, das das – allerdings leere – Grab seines Gottes enthielt, wäre also gefährlich gewesen: Es hätte unter anderem bedeutet, sich dem Risiko auszusetzen, daß sich die Aliden diese Schändung der Religion zunutze machten. Der – oftmals zu Recht – ängstliche und unruhige Harun war nicht der Mann, der solche Risiken einging. Was das »Protektorat« über Palästina anbelangt, so ist es völlig unwahrscheinlich, und kein Text stützt eine solche Interpretation.

Dieses »Geschenk« des Grabes Christi, das man, trotz des Fehlens jeglichen arabischen Textes, kaum in Zweifel ziehen kann, war also vor allem symbolisch gemeint. Aber in Karls Augen war das Grab des Erlösers wie in den Augen aller Christen von unschätzbarem Wert, und das, was – wenn auch fiktiv – in das »Eigentum« Karls des Großen übergegangen sein soll, mußte die Phantasie jener Männer und Frauen erregen, die davon träumten, nach Jerusalem zu reisen und sich dort auf die Knie zu werfen. Karls Ansehen wurde dadurch noch vermehrt und hat die Jahrhunderte überdauert. Später sollte sich die Legende seiner bemächtigen. Außer den erfundenen Berichten Notkers des Stammlers malte man sich im Geiste eine Pilgerfahrt Karls des Großen aus, in deren Verlauf der Kaiser in Jerusalem einzog und Harun ihm die Krippe und das Grab zum Geschenk machte und von der er mit den Gebeinen des heiligen Andreas heimkehrte. Im 12. Jahrhundert erzählte ein Gedicht mit dem Titel *Karls des Großen Reise in das Morgenland* von den Heldentaten des Kaisers und seinem Heer von Pilgern, das die Heiden aus der Heiligen Stadt verjagte. Man machte aus ihm den ersten Kreuzfahrer, und bis zum Ende des Mittelalters war dies ein Teil der Karlslegende.

Außer dem symbolischen Geschenk des Grabes übertrugen die muslimischen Behörden Karl dem Großen vielleicht noch die Befugnis, die religiösen Einrichtungen von Jerusalem zu »schützen«, das heißt, sie zu vergrößern, sie zu unterhalten und zu restaurieren, den Zustrom von Pilgern zu fördern und ihren Aufenthalt dort zu erleichtern. In den zeitgenössischen Berichten finden sich Hinweise darauf, daß sich siebzehn Nonnen fränkischer Herkunft in der Heiligen Stadt befanden. Mit Karls finanzieller Unterstützung wurden offensichtlich für die Pilger Unterkünfte, ein Markt und eine Bibliothek aufgebaut. Der Kaiser soll im Josaphattal Weinberge und Gärten gekauft haben und, wie die Legende weiß, auch den »Blutacker«, jenes Gelände also, das Judas mit den dreißig Silberlingen, die ihm sein Verrat eingebracht hatte, erworben haben soll.

Dank dieser Beziehungen soll Karl der Große auch dazu beigetragen haben, das Los jener Christen zu erleichtern, die in den unter muslimischer Herrschaft stehenden Ländern lebten. Harun starb 809, und im Reich herrschte dann fast zehn Jahre lang Unordnung; während dieser Zeit litten die Christen unter jenen Widerwärtigkeiten, denen in unruhigen Zeiten alle Minderheiten ausgesetzt sind.[13] Dann ging das Leben der Christen wieder weiter wie zuvor; oft verlief es friedlich, andere Male war es schwieriger infolge der jeweiligen örtlichen Verhältnisse oder der Persönlichkeit der Gouverneure und Beamten, die mit der Bevölkerung in Berührung kamen. Was von den Konzessionen übrigblieb, die Harun Karl dem Großen eingeräumt hatte, waren im wesentlichen nur die erwähnten neuen Bauten und die Restaurierungsarbeiten an den christlichen Kultstätten, zu denen er mit seinen Hilfsgeldern beigetragen hatte. Wahrscheinlich wuchs auch eine Zeitlang die Anzahl fränkischer Ordensleute im Heiligen Land.

Diese Tradition und Erinnerungen sollten sich lange Zeit nach dem Tod der beiden großen Herrscher lebendig erhalten.

Nicht einmal zwei Jahre nachdem sich Abdallah und seine Begleiter am Hof Karls des Großen aufgehalten hatten, starb Harun al-Raschid in Khorasan. Traf Abdallah rechtzeitig ein, um ihm über seine Gespräche mit Karl dem Großen zu berichten, oder hatte der Kalif Raqqa bereits verlassen, als sein Botschafter ankam? Kein arabischer Text erwähnt Haruns Beziehungen mit dem Kaiser des Abendlandes. Zuerst war es der Tod des Kalifen, der den Austausch von diplomatischen Missionen unterbrach, dann der Ausbruch des Bürgerkrieges. Die sich anschließenden Umwälzungen im Abbasidenreich schufen eine neue Situation. Haruns Nachfolger, Amin und Ma'mun, ergriffen keine außenpolitische Initiative[14], und der Krieg mit Byzanz kam, trotz des Feldzuges, den Ma'mun kurz vor seinem Tod unternahm und der erfolglos blieb, zum Stillstand. Karl war 814 gestorben.

Es ist immer riskant, sich auf Geschichtsspekulationen einzulassen. Was wäre geschehen, wenn Haruns Herrschaft nicht so abrupt geendet hätte und wenn der Kalif die aggressive Politik, die er gegen Byzanz plante, zum Erfolg geführt hätte? Man vermutet, daß es zwischen den beiden Kaisern zu formellen Vereinbarungen gekommen wäre; sogar von einer »Achse Aachen–Bagdad« war die Rede. Da müßte man alles vergessen, was die beiden Männer und ihre beiden Reiche voneinander trennte – im räumlichen wie im weltanschaulichen Sinn. Ihre Zusammenarbeit ging mit Sicherheit nicht so weit. Sie befanden sich nirgendwo in einem »Konkurrenzkampf« und hegten dieselbe Feindseligkeit gegen Córdoba und dasselbe Mißtrauen gegenüber Byzanz, was sie die »internationale Lage« in einem ähnlichen Licht sehen ließ, zumindest sofern es um die Welt rund um das Mittelmeer ging. Beide – vor allem aber Harun – wünschten sich ein geschwächtes Byzantinisches Reich. Wollte der Befehlshaber der Gläubigen auch eine mögliche, für ihn wenig wünschenswerte Zusammenarbeit des Franken- und des Griechenreiches verhindern? Vielleicht, obschon zu diesem Zeitpunkt der Geschichte eine derartige Gefahr nicht in Sicht war. Trotz der Entfernung fürchtete sich Harun auch vor dem neuen muslimischen Spanien, das sich rasch und glänzend entwickelt hatte. In diesen ersten Jahren des 9. Jahrhunderts, in denen die Einheit und der Zusammenhalt des Abbassidenreiches in mehreren Provinzen bedroht war, wußte Harun, daß der andere große Kaiser kein Feind war, ja ein »Freund« sein könnte. Hier endeten wahrscheinlich die Beziehungen zwischen den beiden Männern und ihren beiden Staaten: Es gab weder eine diplomatische Allianz noch genaue Projekte für militärische Operationen; aber sie hatten die Gewißheit, voneinander nichts zu befürchten zu haben, weil sie gemeinsame Interessen und gemeinsame Gegner hatten, und sie besaßen auch die Gewißheit, sich aufeinander verlassen zu können, wenn diese gefährlich werden sollten.

Die beiden Augen der Welt

Gebete, Wallfahrt, Fasten und Almosengeben sind, zusammen mit dem Glaubensbekenntnis, die fünf Säulen der muslimischen Religion. Eine sechste kam hinzu, »keine persönliche, sondern eine solidarische Pflicht», eine dringliche Pflicht für den, den Gott an die Spitze der Gemeinschaft der Gläubigen gestellt hat: Das war der *dschihad*, das »Sich-Mühen« auf dem Weg Gottes; eine – aber nicht die einzige – Möglichkeit war hier der Heilige Krieg gegen die Ungläubigen, mit dem Ziel, die besiegten Völker zu bekehren oder zu unterwerfen, indem man ihnen den *dhimmi*-Status einräumte.[15] Die Abbasiden, die »auf dem Kamm einer religiösen Welle« an die Macht getragen wurden, waren »von Gott gesandt« und nicht mehr, wie die Omayyaden, »Abgesandte des Propheten Gottes«; deshalb befolgten sie diese Pflicht noch mehr als ihre Vorgänger.

Doch am Ende des 8. Jahrhunderts hatten die Araber ihre

Grenzen erreicht. Die Sasaniden waren verschwunden. In Richtung Osten hatte die Schlacht am Talas trotz der Unruhe, die noch ein paar Jahrzehnte in den Gebieten des Oxus herrschen sollte, den Unabhängigkeitsbestrebungen Transoxaniens ebenso ein Ende bereitet wie der chinesischen Expansion nach Zentralasien. Die Reiche des Fernen Ostens lagen außerhalb ihrer Reichweite. Das Reich der Karolinger und die anderen Gebiete des Westens waren ebenfalls viel zu weit entfernt – zwischen Gibraltar und den Ufern der Loire liegen immerhin 1500 Kilometer. Poitiers, das für die muslimischen Historiker nur die Schlappe »einer Bande von Soldaten« war, die »Raubzüge in Gebiete jenseits ihrer abgelegensten Grenzen unternahmen«[16], sollte ohne langfristige Folgen bleiben. Im Osten wie im Westen konnten keine territorialen Eroberungen mehr gemacht werden, und es gab auch keine Völker mehr, denen man die Botschaft des Islam hätte bringen können.

Was blieb, war das Reich des Basileus und der gewaltige Traum von der Eroberung Konstantinopels. Die Jahrhunderte hindurch sollte er in der Phantasie mancher muslimischer Herrscher herumspuken, und dann, als es schließlich einem von ihnen gelungen war[17], sollten christliche Könige und Kaiser beinahe bis in unsere Tage davon träumen, es zurückzuerobern. Ohne Leo III. den Isaurier – und das griechische Feuer[18] –, dem die Attacken der Bulgaren gegen die Araber von großem Nutzen waren, wäre Maslamas Feldzug vielleicht erfolgreich verlaufen. Mit dieser Expedition hatte die Schwungkraft der Araber ihren Höhepunkt erreicht. Als die Abbasiden auf dem Gipfel ihrer Macht standen, prallten zunächst al-Mahdi, dann Harun al-Raschid und sein Sohn Ma'mun mit den byzantinischen See- und Landstreitkräften zusammen, die auf einer territorialen Basis, den sogenannten Themen[19], neu organisiert worden waren und die nach einer gewissen Zeit ihre hohe Leistungskraft unter Beweis stellen sollten.

Zur Begegnung verurteilt

Für die Araber des hohen Mittelalters waren die Byzantiner die einzigen unmittelbaren Nachbarn. Die anderen Völker wohnten weit entfernt und waren nur nach monatelangen Reisen zu erreichen. Beziehungen mit ihnen zu unterhalten, hätte bedeutet, wahre Erkundungsreisen zu unternehmen, und das wenige, was von ihnen bekannt war, hatte nur einen geringen Bezug zur Wirklichkeit. Nach dem muslimischen Gesetz ist die Reise in ein ungläubiges Land ein verwerflicher Akt, der nur erlaubt ist, wenn es um den Loskauf von Gefangenen geht. Sich in ein ungläubiges Land zu begeben, um dort Handel zu treiben, läßt sich auch nicht rechtfertigen.[20] Nur wagemutige Reisende gehen in die ungläubigen Länder, meistens, um schnell an Geld zu kommen. Die übrigen kennen nichts von Asien, haben von Europa nur vage Vorstellungen und keine Ahnung von seinen Umrissen. Afrika beschränkt sich auf den Maghreb und einen Teil der Ostküste. Der Rest der Welt gehört ins Reich der Mythen.

Die Byzantiner hingegen haben von den Ländern des Westens und des Nordens weniger vage Vorstellungen. Sie unterhalten unter anderem mit den Karolingern hauptsächlich politische Beziehungen, aber auch Handelskontakte, und Mittel- und Süditalien war bis zur Mitte des 8. Jahrhunderts Teil des Byzantinischen Reiches. Auch sie wagten sich selten über ihre Grenzen hinaus, noch weniger seit die Araber die südlichen Küsten des Mittelmeers besetzt hielten und der Handel mit den fernen Ländern zum Teil in ihren Händen lag.

Als einzige unmittelbare Nachbarn waren Araber und Byzantiner sozusagen zu gegenseitigen Beziehungen verurteilt. Diese wurden zwar oft durch Kriege geprägt, aber es gab auch auf allen Gebieten friedlichen Austausch. Die Menschen waren gleichermaßen neugierig aufeinander. Heißt das, daß sie sich auch verstanden? Gewiß nicht. Die Religionen waren zu verschieden, die Sitten auch. Jeder war von der eigenen Überlegenheit überzeugt, selbst wenn er die – natürlich nur zeitweilige – Aufteilung der Welt zwischen ihnen anerkannte. Die Muslime glaubten, sie seien von Gott auserwählt, ihre Religion sei die einzig wahre, und eines Tages würde sich die ganze Welt zu ihr bekennen. In ihren Augen bestand die Schuld der Byzantiner vor allem darin, daß sie Gott andere beigesellen (die Dreieinigkeit). Diese Ungläubigen hatten viele Fehler: Sie waren habgierig und wortbrüchig; ihre Frauen waren liederlich und ausschweifend; ihre Küche war schlecht; außerdem versorgten sie die muslimische Welt mit Eunuchen und praktizierten selber die Kastration.[21]

Für die Byzantiner verwirklicht nur ihr Reich – das gemäß dem Willen Gottes besteht – das religiöse, geistige und moralische Ideal, das ein Mensch auf Erden verlangen kann. »Wer innerhalb des Reiches lebt, gehört zum Volk Gottes; (...) Byzanz ist die zivilisierte Welt, die oikoumene; die Außengebiete sind eremos, Wüste.«[22] Die Muslime, die Sarazenen haben das Riesenreich zerstört und die Einheit jener Welt zerbrochen, die dem göttlichen Heilsplan entsprach. Und sie waren Gottlose. Damit war alles gesagt.

Byzantiner und Muslime betrachteten sich gegenseitig als Barbaren. Das Überlegenheitsgefühl war bei den ersteren noch stärker als bei den letzteren. Aber sie waren nun einmal da und hatten gemeinsame Grenzen. Die Handelsbeziehungen zwischen den Arabern von der Halbinsel und den Griechen des christlichen Reiches bestanden seit vorislamischer Zeit. Der Prophet und auch der Kalif Omar wußten aus Erfahrung, daß man beim Betreten byzantinischen Gebietes Zollgebühren zu entrichten hatte. Unter den Omayyaden erfolgte der Warenaustausch hauptsächlich auf dem Seeweg: Unter vielen anderen Produkten wurde aus Ägypten Papyrus nach Konstantinopel geschickt. Die wirtschaftliche Expanison der Abbasiden hatte eine Ausdehnung des Handels zur Folge. Er führte immer über Konstantinopel, wo es für die muslimischen Kaufleute eine Moschee gab, aber auch über

Trapezunt und Lamos, eine Grenzstadt westlich von Tarsus. Dort wurden regelmäßig Handelsmessen abgehalten und griechische und arabische Gefangene ausgetauscht. Der Export einiger Waren war verboten: So etwa konnten die fremden Kaufleute aus den arabischen Ländern weder Exemplare des Koran noch Balsam mitnehmen, während die Byzantiner jegliche Ausfuhr von Öl untersagten.

Bei bestimmten Gelegenheiten tauschten die arabischen und byzantinischen Herrscher Geschenke aus. Mu'awiya schenkte dem Basileus fünfzig Rassepferde (deren Export strikten Kontrollen unterlag), Ma'mun Marderpelze und Moschus. Harun al-Raschid schickte Kaiser Nikephoros Parfums, ein Zelt und getrocknete Früchte. Als Gegengeschenk erhielt er zweihundert Gewänder aus kostbaren Stoffen, Falken und Jagdhunde. Die Kaiserin Irene machte ihm 30 000 Pfund Stoff aus Ziegenhaar zum Geschenk. Man schickte sich gegenseitig goldene, mit Diamanten verzierte Gürtel, Gewänder aus kostbarer Seide sowie Sklaven beiderlei Geschlechts. In *Tausendundeiner Nacht* werden mehr als einmal die Geschenke erwähnt, die der Kaiser von Byzanz dem Befehlshaber der Gläubigen schickte: »Es ist mir berichtet worden, o glücklicher König, daß die Gesandten des Königs von Konstantinopel und ihr Gefolge, als sie vor König Omar ibn en-Nu'man gesprochen und vor ihm den Boden geküßt hatten, ihm die Geschenke darbrachten. Die bestanden aus fünfzig der erlesensten Mädchen aus Griechenland und aus fünfzig Mamluken in Gewändern aus Brokat und mit Gürteln aus Silber und Gold; jeder Mamluk trug in seinem Ohr einen goldenen Ring mit einer Perle, die tausend Goldstücke wert war. Die Mädchen waren gleichfalls geschmückt, und sie trugen Stoffe, die sehr viel Geld wert waren …«[23]

Zu diesem Austausch von Geschenken, die alle kostbar und manchmal auch kurios waren (ein Kaiser hatte dem Kalifen Mu'awiya zwei Männer geschickt, von denen der eine groß wie ein Riese, der andere stark wie Herkules war), kam es, wenn ein Vertrag unterzeichnet wurde, Gefangene zurückgegeben wurden oder wenn ein neuer Kaiser oder Kalif den Thron bestieg. Botschafter begleiteten sie, und diese empfingen ihrerseits Geschenke, die sie mitnehmen durften. Sie genossen immer diplomatische Immunität. Einige, die mehr über das Land erfahren wollten, in dem sie sich aufhielten – für begrenzte Zeit, da es keine ständigen Botschaften gab –, versäumten keine Gelegenheit, mit Persönlichkeiten aus dem Gefolge des Kalifen zusammenzutreffen und das Land zu besuchen, zumindest die Hauptstadt. Der Kalif beziehungsweise der Kaiser luden diese Gesandten an ihren Tisch. Diese veranstalteten ihrerseits üppige Banketts, um ihren Gästen zu imponieren und den Reichtum ihres Herrschers zur Schau zu stellen. Bagdad und Konstantinopel liefen einander in bezug auf Prunkentfaltung den Rang ab. Johannes Synkellos, der 831 dem Kalifen in Damaskus begegnete, verteilte beachtliche Summen an die Würdenträger, die Höflinge und sogar an die Leute auf der Straße. Konstantinopel zeigte sich vollauf zufrieden: Er hatte »den Sarazenen vorgeführt, was das Reich ist«.

Der Kalif und der Basileus korrespondierten miteinander. Wenn einer der beiden einen Gefangenenaustausch verlangte oder eine Waffenruhe vorschlug, war der Brief höflich, beinahe freundschaftlich. Enthielt der Brief aber eine Kriegserklärung, dann war der Ton heftig, manchmal beleidigend. (Das werden wir im Fall des Briefes sehen, den Harun al-Raschid an Nikephoros schickte.) Sie schrieben sich auch Briefe, in denen von Politik nicht unmittelbar die Rede war. So bat Kaiser Nikephoros Harun, er möge ihm den Dichter Abu l-Atahiya schicken, und bot zum Austausch so viele Gefangene als Geiseln an, wie er wünschte. Der Dichter weigerte sich, obwohl der Kalif ihn bedrängte. Der Omayyadenkalif Walid hatte an Justinian geschrieben, daß er die Moschee von Damaskus von griechischen Handwerkern bauen lassen wollte, und er drohte ihm an, Kirchen zu zerstören, wenn er ablehnte. Einige Zeit nach Harun sollte der Kalif Mutawakkil, einer der extravagantesten Bauherren der Abbasidendynastie, Maler aus Byzanz anfordern, damit sie die Wände seines Palastes von Samarra verzierten. Sie malten dort, unter anderem, eine Kirche und Mönche.

Zahlreiche historische Fakten und – oftmals ausgeschmückte – Anekdoten bezeugen, daß es Beziehungen zwischen den obersten Instanzen der beiden Reiche, aber auch zwischen den Intellektuellen gab, die voneinander wie von einem gegenseitigen Trugbild angezogen wurden.

Im 8. und 9. Jahrhundert riefen Araber und Byzantiner einander wechselseitig das Erbe der Antike ins Bewußtsein, deren Kultur sie in dem Maße entdeckten, wie sie wichtige Werke übersetzten. Kalifen, die darauf versessen waren, antike Handschriften in ihren Bibliotheken zu besitzen, sandten arabische Intellektuelle nach Konstantinopel, damit sie nach griechischen Texten suchten. So kam es, daß ein byzantinischer Mönch dem Emir von Córdoba das berühmte Arzneihandbuch des Dioskurides brachte, das er ihm erläutern sollte, oder daß Ma'mun Kaiser Theophilos bat, ihm den Geometer und Astronomen Leo zu schicken.

In seinen Briefen forderte der Kalif den Kaiser immer wieder auf, sich zum Islam zu bekehren. Dieser entgegnete ihm, und so entspannen sich manchmal regelrechte theologische Kontroversen, unter anderem zwischen Omar II. und Leo III. dem Isaurier, Harun al-Raschid und Konstantin VI. ... Mit dem Einverständnis Michaels III. schickte der Kalif Walid um die Mitte des 9. Jahrhunderts eine wissenschaftliche Expedition nach Ephesus, um die Reliquien der Siebenschläfer zu untersuchen.[24] Derselbe Kalif sollte auch eine Expedition nach Zentralasien organisieren mit dem Ziel, jene Mauer wiederzufinden, die Alexander errichtet hatte, um die Völker Gog und Magog zurückzuhalten.

Die Beziehungen zwischen den Oberhäuptern der beiden Reiche waren also trotz des beinahe permanenten Kriegszustandes, der zwischen ihnen herrschte, nicht unfreundlich. Byzanz räumte den Arabern übrigens eine Art Vorrangstellung gegenüber den Abendländern ein. Darauf weist der Historiker Vasiliev hin, der als Beispiel die Tatsache anführt, daß das byzantinische Protokoll den sarazenischen »Freunden« ehrenvollere Plätze an der Tafel des Kaisers zuwies als den fränkischen »Freunden«. Die Botschafter aus dem Orient hatten Vortritt vor denen aus dem Okzident.[25]

Es gab auch Überläufer, die von Byzanz zu den Arabern übergingen, und umgekehrt. Araber gerieten manchmal durch gewisse Freiheiten in Versuchung, deren man sich jenseits der Grenzen erfreute, wie etwa der des Weingenusses. Andere mußten fliehen, weil sie ein Verbrechen begangen hatten. Es gibt zahlreiche Beispiele für politische Flüchtlinge aus Byzanz, die später beim Kalifen wichtige Positionen einnahmen. Manche traten zum Islam über und ließen sich nieder, andere versuchten, in ihr Ursprungsland zurückzukehren. Und es gab auch ganze Stämme, die flohen, um sich einer zu autoritären Macht zu entziehen, und Kriegsgefangene, die es vorzogen, nicht mehr heimzukehren: Sie konvertierten und erhielten daraufhin Grund und Boden. Unter ihnen rekrutierte Byzanz seine Dolmetscher.

Der bekannteste Byzantiner, der in arabische Dienste trat, war zweifellos der Stratege Tatzates, der 784 flüchtete. Auch Elpidios, ebenfalls ein Stratege, machte sich auf den Weg: Man soll ihn beschuldigt haben, der Liebhaber der Kaiserin Irene zu sein. Der Kommandant der Flotte von Sizilien, Euphemios, hatte ein anderes Motiv: Er hatte eine Nonne geheiratet. Der Stratege Andronikos Dukas lief ebenfalls zu den Arabern über und konvertierte zum Islam.

Viele Kalifen hatten Mütter griechischer Herkunft: Qaratis war die Mutter von Watiq, dem Enkel Harun al-Raschids, Habaschiya die Mutter von Muntasir, Qurb die Mutter von Muhtadi, Dirar die Mutter von Mu'tadid, und, etwas später, gab es die berühmte Schagab, die Mutter des Kalifen Muqtadir, in dessen Palast es von

Männern und Frauen griechischer Abstammung buchstäblich wimmelte. Schagab ist als eine jener kaiserlichen Konkubinen in die Geschichte eingegangen, die am meisten nach Luxus und Reichtum gierten.

Die Gefangenen, die mitten unter der Bevölkerung lebten, trugen dazu bei, die Sitten und Zivilisation beider Reiche bekanntzumachen. Wichtige Persönlichkeiten wurden in dem Haus gefangengehalten, das ihnen zugeteilt wurde; dort konnten sie empfangen, wen sie wollten. Die anderen, die man vor allem in den Manufakturbetrieben arbeiten ließ, hatten zwangsweise Kontakte mit denen, in deren Mitte sie ihre Tage verbrachten. Diese Kontakte existierten auch und noch mehr in den Grenzregionen, wo fast jedermann die beiden Sprachen beherrschte. Die hauptsächlichen Beschäftigungen waren Schmuggel und Spionage. Die unaufhörlichen Kämpfe, der Austausch von Gefangenen und der Krieg in allen Formen mußten sich einfach auf beide Länder auswirken.

Schließlich bot die Wallfahrt nach Jerusalem den Christen eine Gelegenheit, in diese arabische Welt einzudringen, von der man so viel redete und die man so wenig kannte. Obwohl man über die Zeit der Abbasiden nur bruchstückhafte Informationen in diesem Zusammenhang besitzt, scheint es, daß die Untertanen des Basileus sich frei und unbehindert ins Heilige Land begeben durften, wahrscheinlich nach Ausstellung einer Genehmigung und Zahlung von Gebühren. Dort kam es wiederum zu Kontakten, die dazu beitrugen, Muslime und Christen besser übereinander aufzuklären.

Araber und Byzantiner, die aufgrund der geographischen Gegebenheiten gezwungen waren, in zwei benachbarten Welten zu leben, mißverstanden und bewunderten einander und fühlten sich voneinander angezogen und zugleich auch wieder abgestoßen. Ihre Feindseligkeit wurde durch den Monotheismus gelindert, zu dem sie sich beide bekannten, sowie durch ihre Überzeugung, daß es außer ihnen – und, bis zu einem gewissen Grade, den Persern und Indern – nur Völker gab, die in der Finsternis des Unwissens und der Barbarei dahinvegetierten. »Es gibt nur zwei Augen, denen Gott die Aufgabe anvertraut hat, die Welt zu erleuchten: das mächtige Königtum der Römer und die klug verwaltete Gemeinschaft der Perser«, hatte der Sasanide Khusrau an Kaiser Maurikios geschrieben. Nach dem Untergang der Perser waren es jetzt die Araber, die »die Welt erleuchteten«.

Harun al-Raschid im Krieg gegen den Basileus
Saffah und Mansur hatten dem Krieg gegen Byzanz begrenzte Bedeutung beigemessen. Für die beiden ersten Abbasidenkalifen, die damit beschäftigt waren, ihr Regime zu festigen, und die unter den Angriffen der Chazaren zu leiden hatten, war der Krieg gegen die Ungläubigen nicht die Hauptsorge. Das galt auch für ihren Gegner, der dringendere Aufgaben hatte, nämlich gegen die slawischen Stämme in Thrakien und Makedonien zu kämpfen und vor allem die Attacken der Bulgaren zurückzuschlagen, die gefährlicher waren, als die der Araber je sein konnten. Die Truppen von Mansur und Konstantin V. standen sich selten in großen Feldschlachten gegenüber; sie organisierten vielmehr Überfälle und zerstörten Städte (wie etwa Melitene, Massissa, Adana und Mar'asch), deren Einwohner verschleppt wurden. Die arabische Flotte unternahm 771 einen Überfall gegen Zypern, dessen byzantinischen Gouverneur sie gefangennahm.

Als Mahdi an die Macht kam, gewann die Offensive gegen Byzanz neue Stoßkraft. Von 778 an stellte der Kalif, nachdem Samosata von Leo IV. erobert worden war, eine mächtige Armee unter dem Kommando von Abbas ibn Mohammed, seinem Onkel, auf, der Mar'asch in seine Gewalt brachte. Die Byzantiner besetzten erneut die Stadt und nahmen die gesamte jakobitische Bevölkerung mit nach Thrakien. Im darauffolgenden Jahr übernahm Hasan ibn Qahtaba nach der Rückeroberung von Mar'asch die Leitung der Kampfhandlungen; mit 30 000 Mann und Freiwilligen drang er bis Amorion und Dorylaion (heute Eskişehir), 350 Kilometer von Konstantinopel entfernt, vor. Er verwüstete das Land mit Feuer und Schwert, ohne auf Widerstand zu stoßen; denn der Kaiser hatte seinen Truppen befohlen, sich kampflos zu ergeben.

780 war die arabische Bedrohung ernster zu nehmen. Mahdi führte zunächst den Ausbau der Frontlinie fort, die seinen Truppen entlang der Grenze stellenweise als Stützpunkt dienen sollte. Nach dem Angriff der Byzantiner auf Mar'asch schützte er diese Stadt, indem er zwischen Mar'asch und Melitene (Malatya) Hadath erbauen ließ, um vom Norden einfallenden Angreifern den Weg zu versperren. So entstand auf beiden Seiten, von Syrien bis zu den Grenzen Armeniens, eine Linie von befestigten Punkten, die *thughur* genannt wurden. Reguläre wie Freiwillige lebten von Plünderungen und Almosen; sie führten einen permanenten »Heiligen Krieg«, gegen den sich auf der anderen Seite der stets beweglichen Grenze die byzantinischen Freiwilligen zur Wehr setzten, die ihrerseits die Christenheit mit denselben Raubzügen und denselben Plünderungen verteidigten. Hier kämpften *gazi* und *murabitun* gegen *akritai,* die man lange Zeit an den Grenzen der beiden Welten antreffen sollte. Fern von ihrer Obrigkeit, abgeschnitten von allem, nur noch mit der örtlichen Bevölkerung in Kontakt, schlugen sie sich; aber manchmal fraternisierten sie auch und liefen sogar mit Waffen und Gepäck zum Gegner über. Diese Beziehungen sollten sich auf die im Entstehen begriffene Mystik der muslimischen Derwische auswirken. Sie wurden auch in den griechischen, arabischen und türkischen Ritterromanen verewigt.

Nachdem Mahdi die Verteidigung der Grenze also zumindest vorläufig sichergestellt hatte – Harun sollte das Werk später fortsetzen und Änderungen vornehmen – begann er 779 seine erste große Expedition. Er stellte sie unter das Kommando von Harun, zu dessen Gunsten er wahrscheinlich bereits Absichten bezüglich der Thronfolge hegte. Wie sein Vater es in seinem Fall getan hatte, wollte auch er seinen Sohn als Kommandeur ausbilden, indem er ihm – zumindest nominell – die Verantwortung für eine Armee übertrug. Der junge Prinz, der nicht einmal fünfzehn Jahre alt war, war selbstverständlich von Generälen und Ratgebern umgeben. An hervorragender Stelle sind hier Khalid der Barmakide und seine Söhne Yahya, Hasan und Sulaiman sowie der Kämmerer al-Rabi ibn Yunus zu nennen; das tatsächliche Kommando lag – wie es scheint – in den Händen von Yahya. Mahdi und die Abbasidenprinzen begleiteten Harun über die Pässe des Taurus bis zum Dschaihan[26], wo der Kalif den Standort für eine Stadt auswählte, die den Namen al-Mahdiyya erhielt. Dann überließ er seinem Sohn die Ehre, die Armee in feindliches Gebiet zu führen. Mahdi hatte unter den Einheiten von Khorasan Kontingente ausgehoben. Andere, wahrscheinlich Freiwillige, hatten sich ihnen angeschlossen. Mit diesen zahlreichen Truppen war das Risiko einer Niederlage gering, und man hatte allen Grund zu der Vermutung, daß diese Expedition sich für den jungen Prinzen eher zum Manöver als zu einem wirklichen Krieg gestalten würde.

Die Byzantiner, die wieder einmal tief in dynastische Streitigkeiten verwickelt waren, hatten andere Sorgen, als mit den Arabern Krieg zu führen, und der größte Teil ihrer Armee befand sich auf Sizilien, um dort den Aufstand des Elpidios, des Strategen der Insel, niederzuwerfen. Die wichtigste Operation bestand aus der Belagerung der Festung Samalu, deren Bewohner, die ausgehungert und ohne Wasser waren, sich nach achtunddreißig Tagen ergaben, jedoch nicht, ohne zuvor eine große Anzahl von Muslimen getötet zu haben. Harun akzeptierte die Bedingungen der Einwohner, die verlangten, daß keiner von ihnen exekutiert werde und daß ihre Familien nicht auseinandergerissen würden. Sie wurden nach Bagdad gebracht. Harun hatte seine Feuertaufe bestanden.

Zwei Jahre später war es eine regelrechte Expedition, die in

Marsch gesetzt wurde. Bei den vorhergehenden Feldzügen hatte es sich um Raubzüge in feindliches Gebiet gehandelt, um nichts weiter. Dieses Mal ergoß sich eine große Armee über Anatolien und sollte so weit wie möglich, vielleicht sogar bis nach Konstantinopel, vordringen.

Versuchte Mahdi damals, sich der »Stadt der Mitte« zu bemächtigen, wie es vor ihm die Omayyaden viermal nacheinander getan hatten?[27] Man kann vermuten, daß er, wenn das sein Ziel gewesen wäre, selbst das Kommando über die Truppen und vor allem über seine Flotte übernommen hätte. Vor allem ist anzunehmen, daß dann seine Flotte, die zu jenem Zeitpunkt allerdings ziemlich reduziert war, die Attacke der Landtruppen vom Meer her unterstützt hätte. Doch das war nicht der Fall. Der Gedanke jedoch, Konstantinopel zu erobern, spukte sicher im Kopf des Kalifen Mahdi, »den Gott führt«, herum.

Damals herrschte die tatkräftige Irene in Konstantinopel. Diese »obskure Provinzlerin«[28], die mit Kaiser Leo IV. verheiratet war, hatte nach dessen Tod auf Kosten ihres eigenen, damals zehnjährigen Sohnes Konstantin die Macht an sich gerissen. Ihre Position war gefährdet, weil ihre Gegner, die Ikonoklasten, alle wichtigen Stellungen im Staat innehatten. Sie beherrschte sie mit ihrer starken Persönlichkeit, mußte aber mit äußerster Geschicklichkeit lavieren. Angesichts äußerer Gefahr blieb ihr die Armee treu ergeben: Sie stützte sich auf die Themen, deren Organisation Leo III. beträchtlich gestärkt hatte und die bereits ihre ersten Bewährungsproben bestanden hatten.

Dieses Mal erhielt Harun wieder das Kommando über die Expedition. Wie beim ersten Feldzug wurde er von al-Rabi ibn Yunus und einem oder mehreren Barmakiden begleitet. Der Oberbefehlshaber, Yazid ibn Mazyad, einer der besten Heeresführer seiner Zeit, hatte sehr starke Streitkräfte – Tabari zufolge 95793 Mann – sowie zahlreiche Freiwillige unter seinem Befehl. Der Abmarsch erfolgte am Ende des Winters, genau am 9. Februar 781.

An den ersten schönen Tagen befand man sich auf feindlichem Gebiet. Die wichtige Festung Magida, am Ausgang der Kilikischen Pforte, fiel. Die Araber hielten dem Ansturm der byzantinischen Kavallerie stand, und einem orientalischen Brauch gemäß stellte sich Yazid einem Zweikampf mit dem byzantinischen General, dem »Comes der Comites«, Niketas. Dieser verließ das Feld, und seine Truppen suchten das Weite. Sie wurden von den Arabern durch ganz Anatolien bis nach Nikomedeia (İzmit) verfolgt. »Und Harun«, so sagt Tabari, »rückte vor, bis er bei Chrysopolis (Üsküdar) den Kanal (den Bosporus) erreichte«, während andere Einheiten der Armee in Anatolien, insbesondere in der Region von Baris (Isparta), weiter operierten.[29]

Wieder einmal standen die Araber vor den Toren Konstantinopels und wieder einmal schlug ihr Versuch fehl. Hätten sie den Fall der Stadt auslösen können, wenn sie einen hohen Preis in Kauf genommen und viele Menschenleben geopfert hätten? Sie waren fern von ihren Stützpunkten, und die »Wohlbewachte« war stark befestigt. Wenn man dem Dichter Marwan ibn Hafsa Glauben schenkt, so hätten sie dennoch erfolgreich sein können:

»Du bist um Konstantinopel herumgezogen und hast deine Lanze gegen diese Stadt gerichtet und ihre Mauern mit Schmach bedeckt. Du hattest nicht den Wunsch, sie einzunehmen, und hast dich damit begnügt, von ihren Königen den Tribut zu empfangen, während die Kessel des Krieges brodelten.«

Byzanz war alles andere als auf der Höhe seiner Macht. Irene hatte Truppen nach Makedonien, nach Griechenland und auf den Peloponnes entsenden müssen, um den Aufstand der Slawen zu unterdrücken. Die Umgebung von Konstantinopel war ziemlich ungeschützt. Irene, die wußte, daß ihr Thron wackelte, hatte Angst vor einer langen Belagerung. Sie bat daher um Frieden. Harun erklärte sich mit der Eröffnung von Verhandlungen einverstanden. Emissäre wurden ausgetauscht. Als Harun drei byzantinische Gesandte festnehmen ließ, waren die Verhandlungen gefährdet. Doch am Ende verpflichtete sich die Kaiserin, einen jährlichen Tribut von 70 000 Dinar zu zahlen und die 5643 in Gefangenschaft befindlichen Araber freizulassen. Tabari zufolge verloren die Griechen bei diesem Feldzug 54 000 Mann, und Harun soll 20 000 Lasttiere benötigt haben, um die Beute, die den Arabern in die Hände gefallen war, wegzutransportieren, obwohl er Dinge von geringerem Wert hatte verbrennen lassen. Und die Beute war so groß – behaupten die Chronisten –, daß ein Pferd für einen Dinar verkauft wurde, ein Schwert für einen Dirham und ein Harnisch für weniger als einen Dirham. Der Waffenstillstand wurde nur für die Dauer von drei Jahren geschlossen.

Am 31. August kehrte Harun unter Beifallskundgebungen nach Bagdad zurück: Die Chronisten hielten seine Rückkehr in die Hauptstadt für eines der Ereignisse des Jahres. Daraufhin bestimmte Mahdi ihn zu seinem Nachfolger nach Hadi, und er erhielt den Namen Raschid, »der Rechtgeleitete«. Mit nicht einmal zwanzig Jahren hatte Harun zweimal nacheinander gegen Byzanz Krieg geführt. Das sollte ihn in Zukunft prägen, und der Krieg gegen die Griechen, die Feinde der Muslime und der Araber, blieb eines der Hauptanliegen seiner Regierungszeit.

Befestigungsmaßnahmen und Raubzüge

Der Waffenstillstand mit Irene wurde eine Zeitlang eingehalten, laut Tabari zweiunddreißig Monate lang. Es waren die Griechen, die ihn im Laufe des Monats Ramadan des Jahres 785 – nach Ansicht der Chronisten »perfide« – brachen. Unverzüglich begannen die Araber wieder mit ihren Überfällen. Muslimische Reiter »machten Beute und kehrten siegreich zurück«. Im folgenden Jahr kam es zu einer weiteren Attacke der Byzantiner, die Adathe (Hadath) angriffen, eine Stadt, die Mahdi in der Gegend von Germanikeia (Mar'asch) hatte erbauen lassen. Der Gouverneur, die Garnison und die Kaufleute mußten fliehen. Die Araber eroberten die Stadt noch im selben Jahr zurück und besetzten das an der Grenze von Armenien gelegene Uschna (Uschnu). Die Griechen eroberten ihrerseits andere Städte auf arabischem Gebiet, die in der Folge zerstört und von den Arabern wiederaufgebaut wurden; unter anderem Tarsus, das von Abu Sulaiman Faradsch, genannt der Türke, in dem gleichen Jahr, in dem Harun an die Macht kam, wiedererrichtet wurde. Die letzten Regierungsjahre von Mahdi und die ersten von Harun waren also von einer Reihe von Razzien, Gefangennahmen von Gegnern und Beutezügen gekennzeichnet. Der junge Kalif ließ wenigstens jeden Sommer einmal angreifen, unternahm aber nichts Einschneidendes. Er beschränkte sich darauf, die Festungslinie, die im Norden von Syrien der Verteidigung gegen Armenien und Aserbaidschan hin diente, zu vervollständigen und umzubauen.

Das militärische Abwehrsystem der *thughur* funktionierte schlecht. Diese Festungen wurden von Männern gehalten, die zumeist aus Syrien und der Dschazira stammten und denen zusätzlich zu ihrem Sold Land zugeteilt worden war. Sie hatten sich rasch zu Zentren des Verkehrs und des Schmuggels mit den Byzantinern entwickelt. Der Fiskus hatte das Nachsehen. Vor allem stellte die Ordnungslosigkeit, die in diesen Gebieten herrschte, eine starke Gefährdung der Verteidigung dar. Ohne die *thughur* ganz abzuschaffen, die als vorgeschobene Verteidigungsposten bestehen blieben, unterzog Harun den Komplex der Festungsbauten einer gründlichen Inspektion. Die wichtigsten wurden südlich des Taurus, am Rand des Golfes von Alexandrette, bis Aleppo und darüber hinaus errichtet. Tarsus erhielt eine starke Garnison. Der Terminus *thughur* wurde durch den der *awasim* ersetzt, der lange Zeit hindurch die Region selbst – Kilikien und Syrien bis zum Euphrat – bezeichnen sollte. Zahlreiche Einheiten wurden in den befestigten Städten stationiert; sie bestanden aus Männern, die man von den *thughur* zurückgezogen hatte, und anderen, die sie in Hadath, Mississa (am Dschaihan), Ain Zarba, Zibatra, al-Haruniya[30] und Menbidsch, dem antiken Hierapolis, ergänzten, wo das Zentrum dieser Anlage »in Igelstellung« errichtet wurde. Abd al-Malik, ein Abbaside, wurde mit dem Kommando betraut.

Die Byzantiner unternahmen nichts, um die Araber daran zu hindern, diesen gegen sie gerichteten steinernen »Aufmarsch« aufzubauen, der eine ständige Bedrohung für den Basileus darstellte. Allerdings durchlebten sie gerade eine schwere Krise. Der Konflikt zwischen Irene und ihrem Sohn erreichte seinen Höhepunkt. Blutige Intrigen und Palastrevolutionen erschütterten das Reich. Irene hielt Konstantin unter ihrer eisernen Fuchtel. Sie löste seine Verlobung mit Rotrude, einer Tochter Karls des Großen, und änderte damit vielleicht nicht unbedingt den Lauf der Geschichte, beeinflußte aber doch die weitere Entwicklung der christlichen Reiche im Osten und im Westen. Nachdem man sie gezwungen hatte, die Macht aufzugeben, gewann sie sie dank eines Verrats im Gefolge des Kaisers zurück, der den Fehler begangen hatte, sich von seiner Gemahlin Maria von Armenien scheiden zu lassen, um eine Hofdame seiner Mutter zu heiraten. Damit war er nun zur Empörung der allmächtigen Kirche zum Ehebrecher geworden. Die Minister bekämpften sich untereinander, und Irene ließ ihre Gegner blenden. Das Reich verfiel der Krise, bis eines Tages ein Staatsstreich einen neuen Kaiser an die Macht brachte, der die Offensive gegen die Araber wieder aufnehmen sollte.

Doch von diesen Zeiten war man noch weit entfernt. 790 war die von Harun errichtete Abwehrfront stark genug, um als Basis für neue Expeditionen zu dienen. Jedes Jahr begannen die Generäle des Kalifen von neuem mit ihren Überfällen. Sie brachten Ürgüp in Kappadokien in ihren Besitz, das sie verwüsteten, dann Amorion (in Phrygien). Sie rückten bis Samsun am Schwarzen Meer vor. 797, ein Jahr, nachdem er sich in Raqqa niedergelassen hatte, überschritt Harun selbst mit seinen Truppen die Grenze, während andere Kolonnen nach Ankyra (Ankara), nach Ephesus an der Ägäis und zum Marmarameer vorstießen. Eine byzantinische Gegenoffensive folgte der anderen – ohne Erfolg. Niemand konnte den Arabern, die lange Zeit Kleinasien durchstreiften, plünderten und verwüsteten, den Weg verstellen. Diese Raubzüge sollten sich auf das Land auswirken. Die arabischen Invasionen brachten Unruhen mit sich; die Bevölkerung wurde in ihrer Folge durcheinandergewürfelt, die demographische und ethnische, ja selbst die wirtschaftliche Physiognomie des Landes änderte sich: Blühende Regionen verarmten, während andere, die eher verschont blieben, sich entwickelten.[31] Die freiwilligen oder erzwungenen Verschiebungen ganzer Völkerschaften sollten Anatolien jene gemischte Prägung verleihen, die auch die Ankunft der Turkvölker nicht ganz verwischen konnte.

Die Kriege mit den Muslimen, verbunden mit dem Ende der Bindungen zu Italien, sollten dazu beitragen, daß die universalistischen Ansprüche von Byzanz zunichte gemacht wurden. Das Reich der Romäer, das sich in den ersten Jahrhunderten offensiv verhalten hatte, war seit dem 8. Jahrhundert in die Defensive gegangen. Das läßt sich sehr gut anhand der Reform seiner Armee aufzeigen. Die Einteilung des Reiches in Militärbezirke, die sogenannten Themen, war die Organisation eines Widerstandes, und die ganze Bevölkerung mußte daran beteiligt werden. Die byzantinische Armee war keine Eroberungsarmee mehr. Auch dann nicht, als im 10. und 11. Jahrhundert die arabisch gewordenen Provinzen von der »muslimischen Tyrannei« befreit wurden.

Der Zorn des Kalifen

802 wurde Irene durch eine Revolte gestürzt. Nikephoros, der Logothet (Minister) der Finanzen, wurde zum Kaiser gekrönt, während Irene zunächst in ein Kloster auf einer der Prinzeninseln im Marmarameer gesperrt und dann nach Lesbos gebracht wurde. Sie starb im darauffolgenden Jahr.

Nikephoros war arabischer Abstammung. Er wollte sofort

nach innen wie nach außen die Demütigungen tilgen, die das Reich während der Regierungszeit der Kaiserin zu ertragen hatte. Er hatte es eilig, dem Staat und der Armee, die durch ihre Herrschaft beträchtlich geschwächt worden waren, wieder auf die Beine zu helfen. Im Konflikt mit Karl dem Großen um den Kaisertitel, den die Byzantiner anzuerkennen sich weigerten, akzeptierte er die Vorschläge, welche ihm die fränkischen Botschafter unterbreiteten, ebensowenig wie die in bezug auf den Besitz von Venedig. Diese hätten ihm im Westen zumindest eine Zeitlang den Frieden garantiert. Und vor allem gab er Harun al-Raschid zu verstehen, daß er den Tribut, den Irene zu zahlen sich verpflichtet hatte, nicht entrichten würde.

Nikephoros schickte ihm aus diesem Anlaß einen überaus herausfordernden Brief:

> »Nikephoros, König der Rum, an Harun, den König der Araber.
>
> Die Königin, die vor mir regierte, hat Dir das Feld des Turms abgetreten und sich selbst auf das eines einfachen Bauern gestellt. Sie hat Dir Geld geschickt, das eigentlich Du ihr hättest zahlen müssen. Das war die Schwäche und die Torheit eines Weibes. Wenn Du meinen Brief gelesen hast, schick das Geld zurück, das Du von ihr bekommen hast, und kauf Dich frei, indem Du die Summen zahlst, die Du mir zurückerstatten mußt. Geschieht das nicht, wird das Schwert zwischen uns entscheiden.«

Nikephoros geriet an den Falschen. In einem solchen Ton an den Befehlshaber der Gläubigen, den Stellvertreter Gottes auf Erden, zu schreiben, war mehr als eine Kriegserklärung. Es war eine fürchterliche Beleidigung, die nur ein Monarch, der über eine gewaltige Militärmacht verfügte, hätte ausstoßen können. Harun brach derart in Zorn aus, daß, wie Tabari berichtet, »niemand es wagte, ihn auch nur anzublicken ..., geschweige denn, mit ihm zu reden ..., so sehr fürchtete man, daß ein Wort oder eine Geste seine Wut noch anheizen könnte. Selbst der Wesir fragte sich, ob es besser wäre, ihm einen Rat zu geben oder ihn selber eine Entscheidung treffen zu lassen.« Der Kalif verlangte Tinte und schrieb eigenhändig auf die Rückseite des Briefes des Kaisers:

> »Im Namen Allahs, des barmherzigen Erbarmers.
>
> Von Harun, dem Befehlshaber der Gläubigen, an Nikephoros, den Hund der Rum.
>
> Ich habe Deinen Brief gelesen, o Sohn eines Ungläubigen. Meine Antwort wirst Du eher sehen, als Du sie begreifst. Heil!«

Dann befahl er der Armee, sich bereitzuhalten.

Zwei Kolonnen überschritten die Grenze. Die eine unterstand dem Befehl Qasims, des Sohnes, den Harun von einer Konkubine namens Kasif hatte; er fiel über Kappadokien her, wo er Qurra (Koron), die Residenz des Gouverneurs jener Provinz, belagerte. Abbas ibn Dscha'far, einer seiner Stellvertreter, tat dasselbe vor der Festung von Sinan (Sinasos, in der Region von Ürgüp). Nach einigen Gefechten zogen sich dann beide zurück und erreichten als Gegenleistung die Befreiung muslimischer Gefangener.

An der Spitze seiner Armee ritt Harun seinerseits in Richtung Kilikische Pforte und auf Herakleia (das heutige Ereğli, nordwestlich der Pforte) zu. Es hat nicht den Anschein, daß er sich dieser befestigten Stadt bemächtigt hätte, aber seine Truppen plünderten und brandschatzten das Land, machten Gefangene und schafften eine riesige Beute fort. Nikephoros, der gewiß nicht mit einer so raschen Reaktion gerechnet hatte, gab zu verstehen, daß er einverstanden war, einen neuen Vertrag zu unterzeichnen und einen jährlichen Tribut zu zahlen. Der Kalif ging darauf ein und zog sich nach Raqqa zurück, während seine Generäle den Krieg in Anatolien fortsetzten. Einer von ihnen, Ibrahim ibn

Dschibril, sollte die Festungen von Safsaf und Thebasa, nahe Ankyra, in seinen Besitz bringen und sie zerstören. Als Antwort griff Nikephoros selbst die arabische Armee bei Krasos, in Phrygien, an. Verwundet und umzingelt verdankte er seine Rettung nur der Tapferkeit seiner Offiziere. Den muslimischen Geschichtsschreibern zufolge wurden ungefähr 50 000 Mann getötet, und er soll 4000 Lasttiere verloren haben, was mit Sicherheit übertrieben sein dürfte. Danach wurde der Waffenstillstand auf beiden Seiten eingehalten.

Nikephoros war es, der ihn als erster brach. Es war gerade Winter. In Haruns Gefolge wurde befürchtet, daß er sofort ins Feld ziehen würde, und deshalb wagte es niemand im Palast, ihm mitzuteilen, daß der Byzantiner wieder einmal sein Wort gebrochen hatte. Ein Dichter überbrachte ihm die Nachricht. Abu Mohammed rezitierte vor ihm folgende, von ihm selbst komponierte Tirade:

Nikephoros hat den Frieden gebrochen, den du ihm gewährt hast,

Aber das Rad des Glückes dreht sich gegen ihn,

Freu dich, o Befehlshaber der Gläubigen, denn es ist ein unverhofftes Glück, das Gott dir beschert,

Deine Untertanen freuen sich über die Ankunft eines Boten, der die gute Nachricht von diesem Wortbruch überbringt,

Sie hoffen, daß du unverzüglich eine Expedition entsenden wirst, die die Seelen besänftigen wird und die den Ort (an dem sie stattfindet) berühmt machen wird.

Nikephoros, wenn du zum Verräter wirst, wenn der Imam sich von dir entfernt, ist das Unwissenheit und Blindheit deinerseits. (...)

Während wir unbekümmert sind, ist es der Imam nicht, und er vernachlässigt nicht, was sein entschlossener Wille zu regieren und zu verwalten hat.

Kein Rat ist hilfreich, wenn man seinen Imam täuscht, aber hilfreich ist die Meinung seiner aufrichtigen Ratgeber.

Ohne Zögern beschloß der Kalif, ungeachtet der Jahreszeit, in den Krieg zu ziehen. Es ist kein ausführlicher Bericht über diesen Feldzug erhalten, aber die arabischen Chronisten teilen uns mit, daß er sehr schwierig war und für die Menschen die »schmerzlichsten Mühsale« mit sich brachte. Wie weit stießen die abbasidischen Truppen vor? Man weiß nur, daß sie siegreich waren und daß Nikephoros sich erneut verpflichtete, einen Tribut zu entrichten. Darüber berichtet der Dichter Abu l-Atahiya: »Die Welt hat sich mit Harun einverstanden gezeigt, und Nikephoros ist für den Imam ein *dhimmi* geworden... Der Kalif kehrt nicht zurück, ehe er Genugtuung erlangt hat und so weit gegangen ist, wie er will.«

Aber der Feldzug war für alle mühsam gewesen. Wenn auch Harun den Sieg über seine Gegner davontrug, so hatte er doch in Anatolien Tote und Gefangene zurückgelassen. Ihre Zahl ist unbekannt; sie war jedoch hoch genug, um die arabischen Historiker zu veranlassen, den Austausch von Gefangenen zu erwähnen, »für die hohe Gefängnisse erbaut worden waren«. Die Feldzüge ins anatolische Hochland mit seinem extremen Klima waren immer mit Qualen verbunden gewesen, und jedesmal blieben Gefangene, manchmal in großer Zahl, in den Händen des Feindes zurück.

Doch obwohl Nikephoros, dem es auch im Inneren des Reiches nicht an Schwierigkeiten mangelte, bei beinahe jedem seiner Zusammenstöße mit den Truppen des Kalifen Fehlschläge erlitt, gab er nicht auf. Glaubte er, seine internen Probleme durch Erfolge gegenüber den Muslimen zu lösen? Oder fürchtete er, daß der Abbaside, der damals auf dem Gipfel seiner Macht stand, einen großen Angriff gegen Konstantinopel plante, der dieses Mal entscheidend sein könnte? Die rege Schiffbautätigkeit, die Harun angeordnet hatte[32], mußte den Basileus alarmieren. Ihm waren die Gefahren bewußt, die von den Attacken ausging, welche von Land und See kombiniert gegen seine Hauptstadt gerichtet waren.[33]

Das Abbasidenreich, das Reichtümer im Überfluß besaß, war imstande, so viele Männer zu bewaffnen und auszurüsten, wie es für den Kampf gegen die Ungläubigen benötigte. Von den Festungen aus, die Harun an der Grenze hatte errichten lassen, konnte er jederzeit seine Einheiten durch Anatolien schicken, die sich dann gleich wieder hinter dic mächtigen Mauern der *awasim* zurückziehen konnten. Die Versuchung, den Ruhm der Abbasiden dadurch zu krönen, daß er sich in den Besitz der begehrtesten Stadt der Welt brachte, war für ihn, den allmächtigen Herrscher der Welt, wahrscheinlich groß. Nikephoros wußte sicherlich um diese Gefahr. Warum also seine wiederholten Attacken und die Störung der abbasidischen Truppen zu einer Zeit, da seine Leute sich nicht im besten Zustand befanden? Es gibt kaum eine andere Erklärung als diese: Er wollte den Arabern zeigen, daß militärische Unternehmungen durch das rauhe und feindliche Anatolien immer riskant waren, daß seine Soldaten, die er unter der örtlichen Bevölkerung rekrutiert hatte, ihnen schwere Verluste beibringen konnten – kurzum, er wollte den Kalifen davon abbringen, eine große Expedition nach Westen und Norden zu entsenden oder sie wenigstens verzögern.

Das Kalkül war zweifellos nicht falsch. Doch die Befürchtungen des Basileus bewahrheiteten sich – zumindest vorläufig – nicht. Die Ereignisse in Khorasan, eine Folge der schlechten Verwaltung durch den Gouverneur Ali ibn Isa, lenkten Harun von den Wegen zur Propontis und zum Bosporus ab. Er unterbrach seinen Kampf in Kleinasien und reiste in die östlichen Provinzen, wo er aber nichts ausrichtete. Nikephoros jedoch nutzte diese Atempause, um die Festungen wieder instand zu setzen, die die Araber im Zuge ihrer früheren Überfälle zerstört hatten.

Der Rechtgeleitete im Feld

Im Mai 806 zog der Kalif erneut in den Krieg. Dieses Mal war es eine große Expedition, die ins Feld zog. Man hatte 135 000 Mann an regulären Truppen zusammengezogen, die unter den *abna* und der *abbasiya* ausgehoben worden waren, sowie Soldaten des Territorialheeres, Freiwillige und Freischärler. Wollte Harun möglichst viele feindliche Einheiten anlocken, damit er sie vernichten und sich dann auf den Bosporus stürzen konnte? Oder wollte er nur Anatolien so weit ausplündern, daß es zur Wüste wurde?

Nachdem sich die Einheiten um die Festungen der *awasim* geschart hatten, überquerte die Armee am 11. Juni 806 in der üblichen Ordnung die Grenze. Es war dieselbe Ordnung wie die, die sie auf den Schlachtfeldern und bei der Schlacht selbst bezog.

An der Spitze der Truppen befand sich die Vorhut, dann kam der rechte Flügel, gefolgt von der Mitte, dem linken Flügel und der Nachhut. Kundschafter kontrollierten die Gegend und signalisierten jede verdächtige Bewegung. Im voraus wurde der Standort für das Lager an einem Ort bestimmt, wo Sicherheit und Nachschub garantiert werden konnten, und wenn das Gros der Truppe eintraf, hatte die Vorhut bereits die notwendigen Vorkehrungen getroffen. Am nächsten Tag brach man auf und zog zur nächsten Etappe, die auf dieselbe Weise ausgewählt worden war, und so ging es weiter bis zum Kampfgelände. Nach Möglichkeit wurde dieses im voraus festgelegt; dabei achtete man insbesondere auf die Beschaffenheit des Geländes, auf mögliche Wasserläufe und die Himmelsrichtung, damit die Männer nicht von der Sonne gestört wurden (man wandte sich in solchen Fragen oft an einen Astrologen, der immer im Gefolge des Herrschers anzutreffen war).

Jede Einheit – *khamis* – war dem Befehl eines höheren Offiziers unterstellt, der seinerseits seine Befehle vom kommandierenden General, dem *amir*, erhielt, der vom Kalifen ernannt wurde und absoluter Herr über seine Truppe war. Die kleinen Einheiten – zu je zehn oder hundert Mann – hörten auf ihre Offiziere. Der Führer einer *khamis* war – wie der Führer einer modernen großen Einheit – in bezug auf die Taktik, die er auf dem Schlachtfeld anwenden sollte, natürlich nur insoweit frei, als sie dem Gesamtplan des Oberkommandos Rechnung trug. Bei einigen Schlachten bildeten die Truppen eine einzige Angriffslinie, bei anderen kämpften sie in kleinen Gruppen.

In vorderster Linie standen die Armbrust- und Bogenschützen mit ihren starken Waffen unterschiedlicher Größe. Der Bogen sollte, nachdem er – vor allem von den Iranern – seit uralten Zeiten für den Krieg wie für die Jagd verwendet wurde, lange Zeit hindurch die Waffe des Fußsoldaten bleiben, bis er unter dem Einfluß der Steppenvölker von der Kavallerie übernommen wurde. Das Bogenschießen vom Pferd aus, das die Türken praktizierten und das ihnen lange Zeit eine unstreitige Überlegenheit sichern sollte, breitete sich zuerst bei den Iranern und dann bei den Arabern aus, die jedoch den Umgang mit dieser Waffe nie ganz erlernten. Die Armbrust dagegen kam erst zu Beginn des 9. Jahrhunders in Gebrauch. Man benutzte immer noch Wurfpfeile, die aus einem Rohr geschleudert wurden, oder Wurfmaschinen, die die Mauern durchschlugen, indem sie durch Spannung oder Torsion schwere Projektile ausstießen, von denen manche eine Reichweite von 300 Metern hatten. In den Händen von Infanteristen waren Bogen und Armbrüste offensichtlich leichte Waffen: Sie wurden von einem einzelnen Mann gehandhabt. In der zweiten Reihe folgten andere Fußtruppen, die mit Lanzen oder Säbeln aus Stahl, dem sogenannten Damaszenerstahl, bewaffnet waren und die hinter kleinen Schilden in Deckung gingen, welche zumeist aus Holz oder Leder angefertigt waren.

Hinter den Fußtruppen kam die Kavallerie mit den langen Lanzen, den Wurfspeeren oder den Säbeln, und dann, unter türkischem Einfluß, mit dem Bogen, mit dem man Pfeile gegen den

Gegner schoß, um ihn zu demoralisieren. Wie die Chronisten berichten, »wirkten sie wie ein Hagel- oder ein Bienenschwarm«. Pferd und Reiter wurden durch leichte Rüstungen geschützt sowie von Kettenhemden und Harnischen aus Stahlschuppen, die viel weniger wogen als die späteren abendländischen Ritterrüstungen. Man verwendete auch Keulen, Schwerter u. ä. Diese Waffen, die in Gewicht, Form und Wirksamkeit variierten, wurden bis zu den Kreuzzügen und der Ankunft der Mongolen nicht wesentlich weiterentwickelt. Im allgemeinen kannten die Orientalen eine leichte Bewaffnung.

In der Schlacht spielte die Kavallerie die entscheidende Rolle, die sie lange Zeit hindurch, bis zur Einführung der Feuerwaffen, behalten sollte. Bogenschützen und Infanteristen bereiteten den Angriff vor, stürmten einmal, zweimal, dreimal vor, bis die feindliche Linie durchbrochen war. Aufgabe der anderen Truppen war es, den Ansturm des Gegners aufzuhalten und in seine Reihen einzubrechen. Dann griffen die Reiter ein. Sie versuchten, die Reiter des anderen Lagers zu erreichen, ihre Linien zu durchbrechen, um sie dazu zu bringen, sich auf ihre Verfolgung zu stürzen. Dann kehrten sie sich plötzlich gegen sie. Diese von den Türken abgeschaute Taktik erwies sich den Byzantinern gegenüber als außerordentlich wirksam, da sie sie kaum abzuwehren verstanden.

Getötet wurde so wenig wie möglich. Als erstes versuchte man, Gefangene zu machen, die man in der Folge gegen eine Lösezahlung – in Geld oder Sachwerten – austauschte oder auch gegen jene Muslime, die in die Hände des Feindes gefallen waren. Plünderungen gehörten zum Krieg; sie waren auch der Hauptanreiz für die Truppe. Jeder raffte das zusammen, was er an Wertvollem fand, insbesondere Knaben und Mädchen, die dann als Sklaven verkauft wurden. Zu großen Massakern kam es selten, es sei denn, daß auf feindlicher Seite der Wunsch zu töten bestand. Man bezog damals auf der einen wie der anderen Seite selten festes Quartier. Im Prinzip stand dem Herrscher ein Fünftel der Beute zu, aber die Kontrolle war schwierig, jeder griff sich, was er konnte, und schleppte es mit sich fort. Muslime und Christen unternahmen Raubzüge ohne ein anderes Ziel als die Anhäufung von Beute, die für die regulären Truppen zum Sold hinzukam[34]. Die Nomaden zerstörten alles, was sie nicht mitnehmen konnten; die regulären Truppen vernichteten, um den Gegner zu schwächen, Ernten und Vieh, gingen aber nicht so weit, auch Baumkulturen und Bewässerungsanlagen zu zerstören.

Abgesehen von außergewöhnlichen Umständen dauerte der Krieg nur kurze Zeit – eine, manchmal zwei Jahreszeiten lang. Es war schwer, sich mit Nachschub zu versorgen, und auf den Hochebenen Asiens ist der Winter lang und streng. Die Truppe war kaum bereit, länger als ein paar Monate vom häuslichen Herd entfernt zu bleiben. Man mußte auch die Beute heimschaffen, die man natürlich nicht lange mit sich herumschleppen konnte. Die Armee zog sich zurück, wenn sie den Sieg errungen oder einen Waffenstillstand mit dem Feind vereinbart hatte. Wurde ein Tribut entrichtet, so geschah das durch Zahlung von Barbeträgen oder Gütern (Irene lieferte Harun beispielsweise Wolle). Es kam selten vor, daß die Armee des Kalifen nicht siegreich blieb. Man verkündete immer, wenn sie es war, und das Ereignis wurde gefeiert, vor allem dann, wenn das Heer vom Kalifen persönlich befehligt worden war. Belohnungen wurden verteilt, die Straßen Bagdads wurden beleuchtet und die Bevölkerung wurde aufgefordert, sich mitzufreuen.

Die Belagerung und Eroberung von Herakleia

Die Griechen waren auf einen neuen Krieg gefaßt, denn sie waren noch vor dem Einfall der arabischen Armee in byzantinisches Gebiet zum Angriff übergegangen und hatten Anazarba und die benachbarten Ortschaften angegriffen (805–806). Während Harun sich zunächst nach Tyana wandte, wo er sein Lager aufschlug, belagerte einer seiner wichtigsten Generäle, Abdallah ibn Malik, das zwischen Tyana und Kaisareia gelegene Dhu l-Qila, während ein anderer, Dawud ibn Isa, mit 70 000 Mann durch die Region zog, sie verheerte und die feindlichen Schwadrone, die sich dort befanden, vernichtete. Andere Einheiten nahmen Hisn al-Saqaliba (das heutige Anasa Kalesi) und Thebasa in Kappadokien ein. Harun wollte die ganze Gegend zwischen den Awasim und Kappadokien »durchkämmen«.

Doch der Kalif zögerte. Mas'udi berichtet, daß er, als er vor Herakleia, an der nach Ikonion, Dorylaion und dem Norden führenden Route, eintraf, zwei seiner Generäle der *awasim* zu Rate zog: »Was hältst du von einer Belagerung dieses Ortes?« fragte er Mukhallad ibn al-Husain. Dieser antwortete ihm: »Es ist die erste befestigte Stadt, die Ihr auf griechischem Territorium antrefft, es ist auch die wehrhafteste und die am besten verteidigte. Wenn Ihr sie angreift und Gott ihre Eroberung erleichtert, wird Euch kein anderer Ort mehr zum Stehen bringen können.« Dann befragte Harun Abu Ishaq, der ihm sagte: »Befehlshaber der Gläubigen, diese Zitadelle ist von den Griechen erbaut worden, um die strategischen Routen zu kontrollieren und den Zugang zu ihnen zu verteidigen. Sie ist kaum bewohnt. Wenn Ihr sie erobert, wird die Beute nicht ausreichen, um unter allen Muslimen aufgeteilt zu werden. Wenn sie Euch dagegen Widerstand leistet, wird dieser Mißerfolg Eurem Schlachtplan abträglich sein. Am klügsten wäre es meiner Meinung nach, wenn der Befehlshaber der Gläubigen eine der großen Städte des griechischen Reiches angriffe: Erobert er sie, wird die ganze Armee ihre Beute bekommen; kommt es zu einem Fehlschlag, wird sich schnell eine Entschuldigung finden.«

Abu Ishaq hatte recht.

Zweifellos glaubte Harun al-Raschid, daß ihm Herakleia angesichts der mächtigen Mittel, über die er verfügte, keinen Widerstand leisten würde. Doch das Gegenteil trat ein. Die Belagerung erwies sich als schwierig. Über die Befestigungsanlagen von Herakleia ist nichts Genaues bekannt, aber man weiß, daß sie ein Tal kontrollierten und daß die Stadt vollständig von einem Graben umgeben war. Alles läßt darauf schließen, daß es sich um starke Anlagen handelte. Harun verfügte gewiß über alle technischen Möglichkeiten der damaligen Zeit, um eine gut verteidigte Stadt zu Fall zu bringen: Belagerungs- und Kriegsmaschinen, riesige Sturmböcke, Wurfgeschosse, Naphtha (»griechisches Feuer«) sowie lange Leitern zum Übersteigen der Mauern. Doch auch nach siebzehn Tagen hatte noch keine Bresche geschlagen werden können: Herakleia war tatsächlich »die wehrhafteste und am besten verteidigte Stadt«. Die Verluste der muslimischen Armee häuften sich, während der Mangel an Lebensmitteln und an Tierfutter Raschid ernsthafte Sorgen bereitete.

Ganz offensichtlich hatte sich der Kalif auf ein falsches Manöver eingelassen. Er wandte sich erneut an Abu Ishaq, und dieser riet ihm von einer Aufgabe der Belagerung ab: »Unser Rückzug würde der königlichen Autorität schaden, das Ansehen unserer Religion schwächen und andere Städte ermutigen, sich vor uns zu verschließen und uns Widerstand zu leisten.« Und er äußerte die Ansicht, daß man vor Herakleia eine Stadt errichten sollte, »in der Erwartung, daß Gott uns den Sieg schenkt.«

Harun befolgte diesen Rat und ließ mit den Bauarbeiten beginnen, um den Belagerten und seinen eigenen Truppen klarzumachen, daß er die Belagerung so lange wie nötig fortsetzen würde. Dann kam es zu einem jener Zweikämpfe, die in den Kriegen des Altertums und des Mittelalters häufig waren. »Das Tor der Stadt öffnete sich«, erzählt Mas'udi, »und ein Mann von großer Schönheit in einer prachtvollen Rüstung zeigte sich den aufmerksamen Blicken der Muslime und rief mit dröhnender Stimme: ›Truppe der Araber, schon lange stehen wir uns feindlich gegenüber! Einer von euch, zehn oder zwanzig von den Euren mögen kommen, um sich mit mir zu messen!‹ Aber Harun war eingeschlafen und man wagte nicht, ihn aufzuwecken, damit er einem der Seinen den Kampf erlaubte. Am nächsten Tag kam der Grieche zurück und wiederholte die Herausforderung. Mehrere Generäle zeigten sich bereit, mit ihm zu kämpfen, aber Harun al-Raschid zog es vor, einen einfachen Soldaten auszuwählen, damit im Fall einer Niederlage die Armee nicht demoralisiert würde.« Dann begann ein langer Kampf zwischen dem Griechen und einem Frontsoldaten, einem *gazi* namens Ibn al-Dschurzi, der für seinen Mut berühmt war. Jeder fügte dem anderen Schläge zu, die er selbst für entscheidend hielt. Als es so schien, als stünde Ibn al-Dschurzi im Begriff, besiegt zu werden, floh er. Es handelte sich aber nur um eine bei den Steppenreitern übliche List. Sein Gegner warf sich auf die Verfolgung, und in dem Augenblick, als er den Arm hob, um nach ihm zu haschen, brachte der *gazi* ihm einen Schlag von solcher Wucht bei, daß er abgeworfen wurde. Ein zweiter Schwerthieb schlug ihm den Kopf ab. »Dieser Sieg versetzte die Muslime in Begeisterung und die Ungläubigen in Angst und Schrecken.«

Daraufhin verstärkten die Araber ihren Druck und »spien Feuer«. »Entzündet das Feuer der Wurfmaschinen und setzt sie in Betrieb, und es wird von ihrer Seite keinen Widerstand geben«, befahl der Kalif. »Sie taten, wie ihnen befohlen: Sie legten Leinen und Naphtha auf die Steine, entzündeten das Feuer daran und schossen gegen die Befestigungsmauern. Das Feuer leckte sich an den Wällen empor und zersetzte die Steine, die zerbarsten und zerbrachen. Als das Feuer die Stadt von allen Seiten eingehüllt hatte, öffneten die Belagerten ihre Tore und baten um Gnade.«[35]

Der Dichter Ibn Dschami beschrieb die Feuersbrunst der Stadt mit zwei bilderreichen Versen:

Herakleia kapitulierte, als es dieses Wunderwerk sah – schwere Maschinen, die Naphtha und Feuer spuckten.

Es sah aus, wie wenn unsere Feuer seitlich der Zitadelle gefärbte Tücher gewesen wären, die über den Seilen einer Walke trockneten.

Der auch von den Bulgaren bedrohte Nikephoros verpflichtete sich, weder Herakleia noch die Befestigungen von Dha l-Qila, Samalu und Hisn Sina wiederaufzubauen. Er zahlte eine Summe von 50 000 Dinar, um die Bewohner der Gegend freizukaufen. Der rührende Aspekt, der in solchen Fällen selten fehlt, offenbarte sich so: Eines Tages sah der Kalif, daß zwei der wichtigsten Würdenträger des Basileus in sein Lager kamen. Sie überbrachten ihm einen Brief, in dem dieser um die Freilassung eines jungen Mädchens aus Herakleia bat, der Tochter eines Patriziers, mit der sein Sohn verlobt war. »Diese Bitte«, sagte Nikephoros, »steht weder im Widerspruch zu Deiner noch zu meiner Religion. Wenn Du es für angebracht hältst, sie zu erfüllen, dann tu dies.« Harun ließ das Mädchen in dem Zelt, in dem sie Schutz gesucht hatte, sogleich auf einen Thron setzen. Als sie zum Verkauf angeboten wurde, ließ er sie für eine übertrieben hohe Summe kaufen und schickte sie dann, zusammen mit dem Zelt, dem Geschirr und all den anderen Gegenständen, die sich darin befanden, zu Nikephoros. Zur Erinnerung an sie soll er später am Euphrat, in der Nähe von Raqqa, eine Festung errichtet haben, die er Hiraqla nannte. Nikephoros hatte ihn auch um Parfums, Datteln, *khabis* – eine Art Gebäck aus Mehl, Milch und Honig – sowie Rosinen und Theriak gebeten. Botschafter überbrachten all dies dem Basileus, der Harun als Gegengeschenk 50 000 Dirham, die auf ein rotbraunes Pferd geladen waren, hundert Gewänder aus Brokat und zweihundert aus bestickter Seide, zwölf Falken, vier Jagdhunde und drei Pferde zukommen ließ.

Die Einnahme von Herakleia wurde als ein großes Ereignis gefeiert. Da man sich nicht einer großen Stadt bemächtigt hatte, feierte man eben die Eroberung einer kleinen. Bei den Byzantinern wurde das Ereignis fast nicht zur Kenntnis genommen. Etwas ganz anderes wäre es gewesen, wenn beispielsweise Ankyra oder Dorylaion gefallen wären. In Bagdad veranstaltete man große Feste, um die Rückkehr der Armee zu feiern, und in Raqqa versammelten sich die besten Poeten zum Wettstreit. Abu l-Atahiya trug folgende Verse vor:

> Hat Herakleia nicht sein Totenlied angestimmt, als es von diesem König angegriffen wurde, dessen Absichten der Himmel begünstigt?
>
> Haruns Drohungen zucken herab wie der Blitz. Wie der Blitz sind seine Strafen schrecklich und schnell.
>
> Seine Fahnen, in denen gewöhnlich der Sieg wohnt, schienen sich wie die Wolken in die Lüfte erheben zu wollen.
>
> Befehlshaber der Gläubigen, du hast triumphiert! Sieh und genieße deinen Triumph: Hier ist die Beute, und hier führt der Weg zurück.

Die Griechen hatten sich verpflichtet, die Festungen, die im Laufe des Feldzuges jenseits des Taurus zerstört worden waren, nicht wieder aufzubauen. Aber kaum hatten die Araber die Grenze überschritten, da gab Nikephoros Order, sie instand zu setzen. Anfang 807 befahl Harun die Vorbereitung eines neuen Feldzuges. Einige Monate später zog er noch einmal auf die Grenze zu und schlug sein Lager in Adata auf.

Er ging nicht weiter. Nikephoros verstärkte seine Störmanöver, und der Kalif schickte Harthama mit 30 000 Mann gegen ihn aus. Um die Verteidigung der Grenzregion zu stärken, befahl er auch, die *thughur* wieder instand zu setzen. Dann kehrte er nach Raqqa zurück und verschob den großen Feldzug, den er plante, auf später.

Wieder einmal war es Khorasan, das Harun Sorgen bereitete.

6. Kapitel

Der Tod in Khorasan

Herr Gott, der du über die Herrschaft verfügst!
Du gibst die Herrschaft, und du entziehst sie, wem du willst.
Du machst mächtig, und du machst niedrig, wen du willst.
Das Gute liegt in deiner Hand.
Koran III, 26

Die Reise, die Harun 805 nach Khorasan führte, hatte kaum etwas an der dortigen Situation geändert: Ali ibn Isa hatte nicht aufgehört, seine Macht zu mißbrauchen, und die Massen wurden immer unzufriedener. Ein neuer Aufstand war ausgebrochen, der beunruhigender war, weil er eine Persönlichkeit in den Vordergrund rückte, nämlich Rafi ibn Laith, dessen Familie zu Zeiten der Omayyaden mächtig gewesen war und der rasch zahlreiche Unzufriedene um sich geschart hatte.

Ausgelöst wurde dieser Aufstand durch Dinge, die nicht einer gewissen Pikanterie entbehrten. Tabari hat uns darüber einen Bericht hinterlassen: »Rafi ibn Laith, ein hervorragender Offizier der Garnison von Samarkand, war von einem angenehmen Äußeren, liebte die Frauen und den Wein und vertändelte seine Zeit. Nun hatte er eine Liebschaft mit einer gewissen Dame, der Gattin von Yahya ibn al-Asch'ath, der sich am Hofe Harun al-Raschids befand. Auf Anraten von Rafi hatte diese Ehebrecherin die islamische Gemeinschaft verlassen. Dann trat sie wieder zum Islam über, um nach Verstreichen der gesetzlichen Frist von Rafi geheiratet zu werden. Yahya führte bei Harun über diese Dinge Klage. Dieser schrieb Ali ibn Isa und befahl ihm, Rafi zu bestrafen, ihn ins Gefängnis zu stecken, ihm das Gesicht zu schwärzen und ihn in diesem Zustand auf einem Esel durch die Stadt führen zu lassen, um ein Exempel zu statuieren, und ihn schließlich zu zwingen, sich von der Frau zu trennen. Ali beauftragte den Gouverneur von Samarkand, diese Befehle auszuführen. Der Gouverneur nötigte Rafi, seine Frau wegzuschicken, und warf ihn ins Gefängnis; ansonsten behandelte er ihn rücksichtsvoll. Rafi floh aus dem Gefängnis, begab sich nach Balkh, wo er sich im geheimen aufhielt und von Ali die Auslieferung seiner Geliebten verlangte. Ali war einverstanden und schickte sie nach Samarkand. Da er seine Frau nicht in aller Öffentlichkeit zurücknehmen konnte, stellte er sich an die Spitze von Abenteurern aus Samarkand und bemächtigte sich der Stadt; dann nahm er seine Frau zurück. Er wurde von den Einwohnern, die mit Ali und seinen Beamten sehr unzufrieden gewesen waren, mit Jubel aufgenommen.«

Die Anklage, die Ali gegen Rafi wegen Ehebruchs erhob, war offensichtlich nur ein Vorwand, um sich eines Mannes zu entledigen, der in seiner Eigenschaft als Enkel des letzten omayyadischen Gouverneurs über großen Einfluß verfügte. Um Rafi scharte sich ein Großteil der Bevölkerung, die wegen Alis Übergriffen verärgert war, sowie die Führer der Stämme der Sogdiana, Tokharistans und Transoxaniens. Ali schickte Einheiten gegen sie, die dem Kommando seines Sohnes unterstellt waren. Nach dessen Ermordung löste die Truppe sich auf. Da griff Ali persönlich ein, wurde aber geschlagen und floh nach Merv. Nun erhoben sich die Bewohner von Balkh und ermordeten den Stellvertreter des Gouverneurs. Die Sache wurde ernst. Der gesamte Osten des Reiches geriet in Brand und drohte mit seiner Abspaltung. Ali bat den Kalifen um Hilfe. Harun ließ sich dieses Mal davon überzeugen, daß sein Gouverneur unfähig war und daß man ihn durch einen neuen Mann ersetzen müsse. Aber Ali verfügte über beträchtliche Mittel, und ihn unvermittelt abzusetzen, wäre gefährlich gewesen.

Es war Harthama, der Mann für heikle Aufgaben, der damit

beauftragt wurde, Ali zurückzuschicken. Er mußte ihm einen Brief von Harun übergeben, der mit folgenden Worten begann: »O Du Hurensohn, ich habe Dich mit Wohltaten überschüttet... Du tyrannisierst die Muslime und entfremdest meine Untertanen. Jetzt schicke ich Dir Harthama, der Dich festnehmen, Dir Deine Schätze wegnehmen und von Dir Rechenschaft über Deine Taten verlangen muß...« Harthama brach also an der Spitze von 20000 Mann nach Merv auf. Dort begab er sich in den Palast, und kaum war das Willkommensmahl beendet, sandte er Haruns Brief an Ali, setzte ihn gefangen und zwang ihn, die Güter, die er sich angeeignet hatte, ihren Besitzern zurückzugeben. Dann schickte er ihn nach Bagdad.

Mit Alis Verhaftung war Khorasan von einem untauglichen Gouverneur befreit worden, aber der Aufstand war damit nicht beendet. Die Erhebung breitete sich von Aserbaidschan nach Ferghana aus. Die zahlreichen Unruheherde machten sichtbar, wie oberflächlich und brüchig die Treue der Völker Khorasans zum Islam war. Sie zeigten auch, in welchem Ausmaß sie ihre eigene Identität bewahrten und den Abbasiden den Rücken kehren konnten. Einige erlangten übrigens ein paar Jahrzehnte später die politische Unabhängigkeit.

Harun erkannte die Gefahr. Er mußte rasch handeln. So hervorragend Harthama auch war – er war nur der Repräsentant des Kalifen und besaß nicht seine Vollmachten. Was al-Fadl ibn al-Rabi anging, den Wesir, der an Yahyas Stelle getreten war, so verfügte er nicht über die Fähigkeiten des berühmten Barmakiden, und sein Verantwortungsbereich war weniger ausgedehnt. Nur der Kalif selbst konnte die wichtigen Entscheidungen treffen. Deshalb beschloß Harun, sich selbst an Ort und Stelle zu begeben.

Es gehörte Mut dazu, in der körperlichen Verfassung, in der er sich befand, die Reise nach Khorasan anzutreten. Er war krank und wußte es. Er hatte ein Magenleiden. Eine so weite Strecke zu reiten, stellte für einen Mann, der wahrscheinlich an einem Krebs litt, eine schreckliche Prüfung dar. Die hehre Vorstellung, die der Kalif von seiner Rolle als Führer des Islam hatte, und sein Wille, das Erbe der Abbasiden zu bewahren, machten seinem Zaudern ein Ende.

Er verließ also Raqqa und ließ dort seinen dritten Sohn, Qasim, zurück, dem er die Verwaltung der Provinz al-Awasim in Nordsyrien übertragen hatte. Dann begab er sich nach Bagdad und betraute während seiner Abwesenheit seinen Sohn Amin mit der Macht.

Ma'mun seinerseits sah den körperlichen Verfall seines Vaters. Er befürchtete, während seiner Abwesenheit aus der Regierung Khorasans gedrängt zu werden, die ihm durch die Nachfolgeregelung zuerkannt worden war, und bestand darauf, mit ihm zu reisen. War er denn nicht der Gouverneur der östlichen Provinzen? Der Kalif wurde auch vom Wesir al-Fadl ibn al-Rabi und seinen wichtigsten Sekretären begleitet.

Die Reise war schwierig. Jeder seiner Söhne hatte ihm einen Spion zur Seite gestellt, der die Anzeichen einer Verschlimmerung seiner Krankheit beobachten sollte: Ma'mun hatte den getreuen Mas'rur – den Schwertträger aus *Tausendundeiner Nacht* – beauftragt, Amin den Arzt Dschibril, und Qasim einen Dritten. Die ihn umgaben, wollten sein Ende beschleunigen, und man schreckte nicht davor zurück, ihm, dem Befehlshaber der Gläubigen, dem Kalifen des Islam, die ungebärdigsten Reitpferde zu geben, die ihm grausame Leiden verursachten.

Als er gehört hatte, daß einer der Könige von Indien einen berühmten Arzt bei sich habe, schickte er ihn auf die Suche nach den am schnellsten wirkenden Mitteln. Die Behandlung verschaffte ihm eine Zeitlang Erleichterung. Er traf dann einige Vorkehrungen. Unter anderem beschloß er, Ma'mun sofort nach Merv zu schicken, damit dieser im Fall seines Todes mit seinen Truppen in der Hauptstadt der Provinz sein würde. Von Ray aus, wo er einige Tage verbrachte, begab er sich nach Gurgan, dann brach er, auf der Suche nach besserer Luft, in Richtung Tus auf, wo seine Krankheit sich verschlimmerte. Er machte dort Station, da er außerstande war, seinen Weg fortzusetzen. Eines Tages brachte man ihm den Bruder von Rafi ibn Laith, der im Laufe eines Gefechts in Gefangenschaft geraten war. »Feind Gottes«, sagte er zu ihm. »Du und dein Bruder, ihr habt Khorasan so sehr aufgewühlt, daß ich mich gezwungen sah, in dem Zustand der Schwäche, in dem ich mich nunmehr befinde, diese lange Reise zu unternehmen. Aber bei Gott, ich werde dich die schlimmste Todesart sterben lassen, die jemals angewandt wurde.«[1] Und der Kalif verschaffte sich die grauenhafte Genugtuung, diesen Mann von einem Schlachter zerlegen zu lassen, der nacheinander alle Knochen des Körpers auslöste, dann alle Glieder seiner Füße und seiner Hände abschnitt und schließlich den Körper in vier große Stücke teilte.

Trotz seiner eigenen Leiden und den Qualen, die er anderen zufügte, ließ sich Harun nach wie vor von der Poesie zutiefst rühren. So etwa von diesen Versen, die er in Schönschrift festhalten ließ:

> Wo sind die Könige und all die, die vor dir lebten? Sie sind dorthin gegangen, wohin auch du gehen wirst.
>
> O du, der du dich für die Welt und ihre Freuden entschieden hast, du, dessen Ohr ohn Unterlaß bereit ist, Geschmeichle in sich aufzunehmen,
>
> Verzehre all die Genüsse dieser Welt, denn der Tod setzt allem ein Ende.[2]

»Wird man nicht behaupten, daß diese Worte sich ausschließlich an mich richten?« fragte er.

Am 24. März versammelte er die in der Armee anwesenden Abbasiden um sich und hielt eine kurze Ansprache: »Alles, was lebt, muß vergehen. Alles, was jung ist, muß alt werden: Ihr seht, was das Schicksal aus mir gemacht hat. Ich ermahne euch: Erfüllt gewissenhaft eure Pflichten! Seid euren Imamen treu und untereinander einig! Wacht über Amin und Ma'mun: Wenn der eine sich gegen seinen Bruder erhebt, erstickt seinen Aufstand und verurteilt seinen Verrat und seine Treulosigkeit.« Dann verteilte er einen Teil seines Vermögens, und als sich das Gerücht von seinem Tod verbreitet hatte, »ließ er einen Esel kommen und wollte ihn besteigen, aber seine Beine fielen schlaff herab und er konnte sich nicht im Sattel halten. Er ließ mehrere Leichentücher vor sich hinbreiten und wählte eines für sich aus. Indem er es ansah, sprach er die folgenden Worte aus dem Koran: ›Was habe ich jetzt von meinem Vermögen? Ich habe meine Machtvollkommenheit endgültig eingebüßt.‹«[3]

Er starb noch am selben Tag, dem 24. März 809 (3 Dschuma 193). Sein Sohn Salih, der Wesir al-Fadl ibn al-Rabi und seine nächsten Diener waren bei ihm. Sie begruben ihn in Tus, im Garten von Sanabad, einem Ort, den man später Meschhed, »Grab des Märtyrers«, nannte. Diese Etikettierung erfolgte aber nicht, um an den Kalifen zu erinnern, sondern an den Imam Ali al-Rida, den achten schiitischen Imam, der 818 in Tus starb und in der Nähe von Haruns Grab beigesetzt wurde. Ein prachtvolles Mausoleum enthält die sterblichen Überreste des Imam, und dieser Ort wird von der ganzen schiitischen Welt aufgesucht. Haruns Mausoleum ist dagegen verschwunden.

Der Rechtgeleitete

So war, fern von Bagdad, die Herrschaft des Kalifen zu Ende gegangen, dessen Bild später das Goldene Zeitalter der Abbasiden und die arabische Zivilisation als ganze überstrahlen sollte. Die Nachwelt behält von den glücklichen Zeiten das im Gedächtnis, was ihnen Glanz verleiht, und läßt das im Dunkeln, was diese Zeiten trübt. Haruns Zeitgenossen, die den Zerfall des Reiches miterlebten, bewahrten ein noch beinahe intaktes Reich in ihrer Erinnerung, das unter der unzugänglichen, aber kaum umstrittenen Autorität des Befehlshabers der Gläubigen im Glanz seines Hofes vereint war, welcher seinerseits einen zuvor unbekannten Wohlstand widerspiegelte.

Wie wir noch sehen werden, umfaßten die dreiundzwanzig Regierungsjahre Haruns und die nachfolgenden Jahrzehnte jene Zeit, in der das Los der Stadtbewohner – trotz der enormen Ungleichheiten – am besten war. Kaum dreißig Jahre nach seiner Gründung war Bagdad das wirtschaftliche Zentrum der bekannten Welt. Menschen und Güter strömten nach Mesopotamien, wo Städte aufblühten, Umschlagplätze von Rohstoffen und verarbeiteten Produkten, die aus allen Richtungen kamen und überallhin versandt wurden. Zweifelsohne kam am Ende des 8. Jahrhunderts und zu Beginn des 9., also zur Zeit des »guten Harun« und seiner ersten Nachfolger, ein großer Teil der Bevölkerung in den Genuß dieses Wohlstandes.

Diese Zeit ist auch die des bedeutenden intellektuellen Aufschwungs, der unter Ma'mun noch größere Höhen erreichen sollte. Eine Blütezeit für Dichter, Übersetzer und Männer der Wissenschaft; neben Exponenten der neuen Dichtkunst traten auch die ersten großen Prosaschriftsteller in Erscheinung. Dies alles kam zu dem Luxus hinzu, der bei Hofe herrschte, und zu den Wohltaten Zubaidas und der Barmakiden und denen des Kalifen selbst. Dieses Gemälde sollte sich mit der Zeit noch farbiger gestalten. Davon gibt uns *Tausendundeine Nacht* einen Begriff, dessen Schilderungen, trotz häufiger Ausschmückungen, ja vielleicht auch Entstellungen, im großen und ganzen zutreffen, wenn man dort nicht die historische Wahrheit, sondern ein Sittengemälde, eine Szenerie, sucht. So erschien diese Zeit den Menschen, die die Geschichten abfaßten, deren Schauplätze Bagdad und die Städte Mesopotamiens sind. Mas'udi, der über hundert Jahre nach Harun al-Raschids Tod schrieb, hat die Erinnerung, die dieser rechtgeleitere Kalif hinterließ, mit folgenden Worten zusammengefaßt: »So groß waren Glanz, Reichtum und Wohlstand seiner Herrschaft, daß man diese Epoche die ›Hochzeit‹ nannte.«

Das fast schon legendäre Bild von Harun al-Raschids Regierungszeit läßt sich – im Kontrast dazu – zum großen Teil mit dem Unglück erklären, das das Kalifat und die Abbasiden nach seinem Tod heimsuchte. Auch ist es nicht ganz leicht, Harun als Menschen und Herrscher klar zu erfassen. War er ein leichtsinniger Genießer oder ein gnadenloser Despot? Ein strenger, untadeliger Muslim? Ein politisches Genie oder ein gekrönter Schwachkopf? Dieser Mann, den die einen überschwenglich loben und mit allen guten Eigenschaften versehen und der von den anderen verunglimpft wird und den die absolute Macht hätte korrumpieren können, zeigte wenig Neigung zur Ausschweifung und verstand es, seine Autorität ohne Schwäche oder Skrupel, aber auch ohne überflüssige Grausamkeit einzusetzen, obschon er, wenn es ihm nötig erschien, kein Erbarmen kannte. Die Affäre mit den Barmakiden zeigt das deutlich. So, wie Sulaiman der Prächtige befahl, Ibrahim, seinen liebsten Freund, vor seinen Augen umzubringen, so ließ Harun Dscha'far enthaupten, Yahya, seinen »Vater«, und al-Fadl, seinen kompetentesten Minister, ins Gefängnis werfen. Diese brutalen Maßnahmen, die er ganz im geheimen von langer Hand vorbereitet hatte, lassen ihn uns als verletzbar, unaufrichtig und nachtragend – auch unruhig – erscheinen. Ein anderes Beispiel dafür liefert uns seine Haltung gegenüber den Aliden, die er ständig überwachen ließ und die er, wenn er sie für gefährlich hielt, aus dem Weg räumte. Im Jemen ließ er Aufrührer erwürgen, und am Vorabend seines Todes ließ er den Bruder des aufständischen Fadl ibn Sahl nach den grauenhaftesten Marterungen hinrichten. Aber man darf nicht den Geist permanenten Aufruhrs seiner religiösen und politischen Gegner – der Aliden, Kharidschiten, Zaiditen, der Jünger des Muqanna und vieler an-

Das Minarett der Großen Moschee in Samarra, errichtet 848–852 vom Kalifen al-Mutawwakil, einem Enkel von Harun al-Raschid. Damals die größte Moschee der Welt.

derer – vergessen, denen die soziale Unzufriedenheit immer neue Anhänger zuführte.

Er war sicherlich zutiefst religiös. Dies beweisen seine neun Wallfahrten nach Mekka, die trotz der relativen Bequemlichkeit, in der sie stattfanden, in keiner Hinsicht an Lustpartien erinnerten, sowie die Tatsache, daß er sich täglich hundertmal zu Boden warf und Almosen verteilte, was zu seinem Ruf, ein guter Mensch zu sein, weiter beitrug. Sein Liebesleben, das nicht stürmischer war als das anderer Fürsten und selbst einfacher, vermögender Bürger, verstieß in keiner Weise gegen die Vorschriften des Islam.

Geradezu rührend ist die Liebe, die er zeit seines Lebens Zubaida entgegenbrachte, obwohl der Einfluß, den sie auf ihn ausübte, nicht immer ein besonders glücklicher war. Wenn seine Vorliebe für den Wein, den er in Gesellschaft seiner *nadim* trank, auch nicht gerade vorbildlich war, so deutet doch bei ihm nichts auf irgendeinen übermäßigen Trinkgenuß hin – im Gegensatz zu dem, was diesbezüglich über verschiedene andere Kalifen überliefert worden ist. Und die Sorgfalt, die er in bezug auf die Erziehung seiner Söhne walten ließ, weist ihn als aufmerksamen Familienvater aus. Er erschien so als würdevoller und zärtlicher Mann, als ein Epikureer ohne jede Maßlosigkeit – der gelegentlich selbst das Essen zubereitete –, der Gott fürchtete, aber mehr noch all jene, die seine Macht bedrohten oder auch nur einen Schatten auf sie hätten werfen können. Gaudefroy-Demombynes schreibt, daß »man sich manchmal an Ludwig XIV. erinnert« fühle … und auch an Sulaiman den Prächtigen, möchten wir hinzufügen.

Wie im Fall des Sonnenkönigs, so waren auch Harun al-Raschids politische Fähigkeiten nicht ganz unumstritten. Man muß ihm seine Blindheit in der Affäre um den Gouverneur von Khorasan, Ali ibn Isa, vorhalten, über den er denkbar negative Hinweise erhalten hatte, den er aber allen Widerständen zum Trotz im Amt hielt. Bei der Steuerpolitik, die eigentlich von den Barmakiden betrieben wurde, bewies er keine glückliche Hand.

Diese Politik trug dazu bei, das Los der ländlichen Bevölkerung zu erschweren, und war eine der Ursachen für die soziale Unruhe, die das Reich fast ununterbrochen erschütterte. Was seine Beziehungen mir dem Ausland angeht, die fast ausschließlich von seinem Vorhaben, Byzanz zu bekämpfen, diktiert waren, so offenbaren sie ein Bemühen, die Horizonte des Reiches zu erweitern und Unterstützung von außen einzuholen – eine langfristig angelegte Politik (vor allem mit Karl dem Großen), die infolge seines vorzeitigen Todes nicht verwirklicht werden konnte.

Seine Zeitgenossen und die Nachwelt haben Harun al-Raschid vorgeworfen, er habe durch die Aufteilung des Reiches dessen Zerfall beschleunigt. Dieses Urteil ist nicht ganz überzeugend. Die riesigen Gebiete, die von Bagdad aus schwer zu regieren und zu verwalten waren, zu dezentralisieren, war keine falsche Entscheidung. Es war nicht Haruns Schuld, daß die beiden, die er zu seinen Erben bestimmt hatte, so ungleich begabt waren. Jedenfalls waren die zentrifugalen Kräfte damals derart stark, daß dieses unermeßliche, uneinheitliche Ganze nicht lange unter derselben Autorität vereint bleiben konnte. Die partikularistischen Strömungen sollten diese trotz der gemeinsamen Sprache und Religion, den beiden Hauptkomponenten der arabisch-islamischen Zivilisation, unterhöhlen. Der politische Zerfall des Reiches war dagegen nur von relativer Bedeutung.

Dieses Bild des großen Kalifen, dem es, wie jedem Menschen, nicht an Widersprüchen mangelte, wäre unvollständig, wenn man nicht noch an seine Vorliebe für die Waffen erinnerte, die er seit seiner Jugend hegte. Zeitlebens war Harun ein Soldat. Seit seiner Thronbesteigung war er sehr darauf bedacht, an der Grenze zum Byzantinischen Reich ein militärisches Abwehrsystem aufzubauen; daher verließ er Bagdad, wo er seine Frauen und Kinder sowie seinen Besitz zurückließ, um sich in Raqqa niederzulassen, wo er dreizehn Jahre, mehr als die Hälfte seiner Regierungszeit, verbrachte. Den Herrschaftsbereich des Islam durch

Krieg auszudehnen, war, wie wir gesehen haben, eines der großen Anliegen seines Lebens. Für einen Abbasiden war es ungewöhnlich, daß er persönlich an Feldzügen auf byzantinischem Territorium teilnahm; er hatte es letztlich auf Konstantinopel abgesehen. Seine Annäherung an Karl den Großen fügt sich in die Perspektive dieser Eroberungspläne, welche die Unruhen in Khorasan und sein Tod für immer zunichte machen sollten.

Die Verstöße gegen Haruns Vermächtnis

Zubaida befand sich in Raqqa, als sie die Nachricht vom Tod des Kalifen erhielt. Sie hielt sofort eine Trauerfeier ab, bei der Haruns Töchter, seine Schwester Ulaiya und sämtliche Würdenträger des Hofes zugegen waren. Der Dichter Ishaq al-Mausili wurde beauftragt, eine Elegie zu komponieren. Er beschränkte sich darauf, den Palastchor ein Trauerlied aus der Zeit der Omayyaden singen zu lassen. Man hatte bereits andere Sorgen. Ein paar Monate später verließ Zubaida Raqqa und reiste nach Bagdad, wo sie sich endgültig in ihrem Palast von al-Qarar niederließ. Dort residierte sie bis zu ihrem Tod.

Amin erfuhr in Bagdad, daß er Befehlshaber der Gläubigen geworden war. Zwei Tage später, an einem Freitag, fand in der Moschee der Runden Stadt die Vereidigungszeremonie *(bai'a)* statt. Vom *minbar* aus sprach der neue Kalif die Lobpreisung des Verstorbenen und ermahnte seine Untertanen zum Gehorsam. Dann defilierten die Prinzen von Geblüt und die hohen Würdenträger nacheinander an ihm vorbei, wobei sie die übliche Formel sprachen. Die anderen Höflinge und Beamten schworen Amins Onkeln Treue in die Hand. Den Truppen wurde der Gegenwert von zwei Monaten Sold ausbezahlt.

In Merv verkündete Ma'mun selbst den Tod des Kalifen und nahm in seiner Eigenschaft als zweiter Thronerbe im eigenen wie in Amins Namen den Eid ab. Seinen Soldaten ließ er den Sold für ein ganzes Jahr im voraus auszahlen.

Einige Tage später wurde eine bestimmte Zahl von politischen Gefangenen freigelassen; unter anderen wurden – auch auf Bitten Zubaidas – jene Barmakiden entlassen, die noch am Leben waren.

Als Harun al-Raschid seine Nachfolge im voraus regelte, wußte er sehr gut, daß es nicht ohne Schwierigkeiten abgehen würde. Der Eid von Mekka sollte das Schlimmste vermeiden helfen. Doch die Wirklichkeit übertraf die pessimistischsten Voraussagen, und sein Reich sollte schon bald am Rand des Abgrunds stehen.

Harun war kaum tot, da wurden schon die Verfügungen, die er getroffen hatte, verletzt. Im Verlauf seiner letzten Reise hatte er in Qarmasin (Kermanschah) für den Fall seines Todes folgendes angeordnet: Die Truppen, die ihn begleiteten, sollten dann nach Merv geschickt und unter den Befehl von Ma'mun gestellt werden. Nun aber sandte noch am Tag seines Todes ein Geheimbote Amins, der vor einiger Zeit in Tus eingetroffen war, Briefe an ihre Adressaten zurück, die ihm der Thronerbe in größter Heimlichkeit in Bagdad anvertraut hatte (Harun, der Argwohn geschöpft hatte, hatte ihn ergebnislos durchsuchen lassen). In dem einen Brief war verfügt worden, die Familie des Kalifen und den Hof unter die Befehlsgewalt von al-Fadl ibn al-Rabi zu stellen, sie dann nach Bagdad zu schicken und den Befehl über die Armee den von ihm namentlich genannten Generälen zu übertragen. Diese Anordnungen standen in krassem Widerspruch zu jenen, die Harun gegeben hatte. Die Generäle hielten Rat. Da gab al-Fadl ibn al-Rabis Meinung den Ausschlag: Mir ist ein Herrscher auf dem Thron lieber als einer, der nicht mehr dort sitzt, sagte er dem Inhalt nach. Die Offiziere waren rasch überzeugt.

Ma'mun erhob keinen Protest. Er beschränkte sich darauf, in Khorasan die Schäden wiedergutzumachen, die Ali ibn Isa dort mit seiner Mißwirtschaft verursacht hatte. Die Herabsetzung der Steuern, Bezeugungen von Frömmigkeit und gerechte Rechtsprechung trugen ihm die Unterstützung der Massen ein. Diese rückten von dem Rebellen Rafi ibn Laith ab, der sich General Harthama ergab. Unter dem Einfluß von al-Fadl ibn al-Rabi und Ali ibn Isa wurde Qasim die Verwaltung der Provinz al-Awasim in Nordsyrien entzogen. Daraufhin schnitt Ma'mun die Postverbindungen zwischen Khorasan und Bagdad ab. Er wechselte auch den Gouverneur von Ray aus, der Amins Befehle allzu willig ausgeführt hatte. Dieser sandte dann Emissäre zu Ma'mun, die ihm mitteilten, daß die Steuern in der Provinz Khorasan künftig von seinen eigenen Beamten eingezogen würden. Er kündigte auch an, daß ein von ihm selbst ernannter Vertreter der Post ihm jeden Tag Informationen über diese Provinz zukommen lassen werde. All diese Maßnahmen liefen darauf hinaus, ihn aufzufordern, Khorasan zu verlassen. Ma'mun weigerte sich.

Ma'mun kannte die Geschichte der abbasidischen Revolution, der eine intensive Propaganda und eine Verschwörung in Khorasan vorangegangen waren. Er ließ daher die Grenze überwachen, die Straßen absperren und die Karawanen durchsuchen. In Ray stellte er besonders starke Truppen von 20 000 Mann auf die Beine; an ihre Spitze stellte er einen gewissen Tahir ibn al-Husain (der in den folgenden Jahren eine überaus bedeutsame Rolle spielen sollte). Mehrere Monate lang gingen zwischen den beiden Brüdern die Forderungen und Ablehnungen hin und her. So etwa bat Ma'mun nun seinen Bruder Amin, er solle ihm seine Frau Umm Isa und seine Kinder schicken und ihm eine Summe von 100 Millionen Dinar zukommen lassen, die ihm sein Vater vermacht habe. Amin weigerte sich. Überdies ließ er die Edelsteine, die Ma'mun seiner Gemahlin geschenkt hatte, ihr mit Gewalt wieder wegnehmen. Unterdessen bereitete Ma'muns tatkräftiger Ratgeber, Fadl ibn Sahl, ihm in Bagdad den Boden, wo Amin die Befehlsgewalt seinem Wesir übertragen hatte; er selber war zu seinem Leben voller Vergnügungen und Spiele zurückgekehrt und gab sich den extravagantesten Ausschweifungen hin.

Weder Ma'mun noch Amin zweifelten daran, daß der Streit mit einem bewaffneten Zusammenstoß enden würde. Als Amin Ma'muns Absetzung verkündete und seinen eigenen zweijährigen Sohn Musa zum Thronerben bestimmte, wurde der Bruch unvermeidlich. Ma'muns Name wurde in der Freitagspredigt nicht mehr erwähnt; man entfernte ihn von den Münzen und den Stickereien auf dem Königsmantel und ersetzte ihn durch den Musas. Amin ließ auch die Urkunde von Mekka vernichten, die Harun an die Ka'ba hatte anschlagen lassen. Nun ordnete Ma'mun seinerseits an, Amins Namen in der Predigt nicht mehr zu nennen und von den Münzen zu tilgen. Dann nahm er den Titel Imam an und hörte auf, sich als präsumtiven Erben zu bezeichnen. Das geschah im November 810. Weniger als zwei Jahre nach dem Tode Harun al-Raschids war von seinem Friedenswerk in der Familie und in der Politik nichts übriggeblieben. Man stand vor dem Bürgerkrieg.

Amin übertrug Ali ibn Isa, dem früheren Gouverneur von Khorasan, den Befehl über die annähernd 40000 Mann, die Ma'muns Armee die Stirn bieten und schlagen und diesen selbst gefangennehmen sollten. Nachdem er ihm ein persönliches Geschenk in Höhe von 20000 Dirham gemacht hatte, gab Amin ihm den Rat, Khorasan gerecht zu verwalten und die Steuern zu senken. »Wenn Ma'mun in deine Hände fällt, leg ihn in eine silberne Kette und schick ihn zu mir!« Ali verließ Bagdad mit einer hervorragenden Armee und zog nach Ray, wo Tahir mit 20000 Mann lag. Die beiden Armeen trafen in der Nähe der Stadt aufeinander. Nach einer erbitterten Schlacht stieß Tahir schließlich ins Zentrum der Iraker vor, die sich auflösten. Dem aus dem Sattel geworfenen und verwundeten Ali wurde der Kopf abgeschlagen. Tahir schickte ihn an Ma'mun, der noch am selben Tag den Titel Kalif und Befehlshaber der Gläubigen annahm.

Der Kalif von Bagdad – es gab jetzt zwei Kalifen –, Amin, sandte sogleich eine weitere Armee gegen Ma'mun. Es handelte sich um 20 000 Mann, ausgewählt unter den *abna* und unter dem Befehl eines fähigen Generals, Abdarrahman ibn Dschabala. Der Zusammenstoß fand zwischen Ray und Hamadan statt. Abdarrahman wurde geschlagen und verschanzte sich in dieser Stadt. Zwei Monate später kapitulierte er, brach sein Wort und wurde schließlich umgebracht. Tahirs Weg in den Irak war frei.

Der Sieg war nun für Ma'mun in Reichweite gerückt. Hatte er nicht seine Überlegenheit über den glücklosen Amin und die Regierung von Bagdad unter Beweis gestellt? Doch es sollten noch zwei Jahre vergehen und dramatische Ereignisse stattfinden, ehe er als Sieger in seine Hauptstadt einzog.

Als seine Streitkräfte geschlagen waren, sandte Amin neue Truppen als Ersatz. Das ging nicht ganz reibungslos, weil seine Generäle wenig Neigung zeigten, das Risiko einzugehen, sich wie jene, die ihnen vorangegangen waren, besiegen zu lassen. Zwei der Generäle, die akzeptiert hatten – Ahmad und Abdallah –, mußten mitansehen, wie ihre Männer schon vor Beginn der Schlacht auseinanderliefen, als das Gerücht aufkam, daß die in Bagdad verbliebenen Truppen den Sold für zwei Jahre im voraus erhalten hatten. Ohne auf Widerstand zu stoßen, bemächtigte sich Tahir dann der wichtigen Festung von Holwan. Ma'mun erteilte Harthama, der mit 20 000 Mann eingetroffen war, den Befehl, das Terrain zu besetzen, während Tahir über Bagdad herfallen sollte.

In der Hauptstadt herrschte die größte Verwirrung. Der Oberbefehlshaber von Amins Truppen, General al-Husain ibn Ali ibn Isa, hatte sich aufgelehnt und vor seinen Soldaten folgendes verkündet: »Wir können die Demütigung, unter der Herrschaft irgendeiner Person zu stehen, die weder Mann noch Frau ist, nicht länger ertragen. Amin hat nur sein Vergnügen im Sinn und kümmert sich weder um die Armee noch um die Regierung.« Er wurde gefangengenommen, doch die Armee spaltete sich. Der Kalif, der unfähig war, die Ordnung wiederherzustellen, verteilte Waffen an die Bevölkerung, weil er glaubte, diese würde sich für ihn schlagen. Aber die Situation wurde dadurch nur noch verschlimmert. Am 25. August 812 trafen die beiden Generäle Ma'muns unter den Mauern der Stadt ein. Die Belagerung begann.

Die Bagdader »Kommune« von 813

Bagdad war sehr gut befestigt und schwer einzunehmen. Amin hatte die Tore verstärken und Geld unter den Soldaten verteilen lassen. Ein Teil der Truppen besetzte das Viertel um das Khorasan-Tor, dem gegenüber Harthamas Armee stand. Tahir hatte vor dem Basra-Tor Stellung bezogen. Ein dritter General befehligte im Süden die Belagerungsmaschinen von Ma'muns Armee. Die ganze Stadt fiel nun sehr rasch in die Hände des Pöbels. »Die friedfertigen und vernünftigen Leute versteckten sich«, schreibt Tabari. »Straßenräuber, Diebe und Landstreicher waren die Herren der Stadt. Sie plünderten und mordeten ungestraft.« Der Historiker Kennedy hat das Bagdad der Belagerung mit dem Paris der Commune von 1871 verglichen. »Die Schwäche der traditionellen Oberschicht gab den Menschen aus dem Volk, die bis dahin keinerlei Bedeutung gehabt hatten, die Gelegenheit, die Bühne der Politik zu betreten.« Als der Chef der Leibwache des Kalifen desertierte, bedeutete das das Ende jeglicher Autorität. »Die Führung des Krieges fiel in die Hände des Abschaums unter dem Pöbel und den Abenteurern. Zerstörungs- und Vernichtungswut tobten so lange, bis Bagdads Glanz erloschen war«, berichtet Tabari, während Mas'udi die folgenden dramatischen Verse zitiert: »Über Bagdad weine ich, das die Annehmlichkeiten des Wohllebens verloren hat... Die einen sind brutal in die Flammen geworfen worden. Hier weint eine Frau über einen der Ihren, der in den Fluten umgekommen ist; jemand schreit lauthals nach seiner Familie, ein anderer nach seinem lieben Gefährten. Ein schwarzäugiges Mädchen ruft nach seinem Bruder, aber es hat keinen Bruder mehr: Er ist an der Seite seines Freundes gefallen, eines Fremden, der von weit her gekommen war, ein Leichnam ohne Kopf, mitten auf der Straße. Das Massaker wütet nach allen Seiten. Der Sohn verteidigt seinen Vater nicht mehr, der Freund macht einen weiten Bogen um den Freund. Alles, was uns lieb war, ist verschwunden, und ich weine. Die Märkte von Karkh sind menschenleer. Nur zufällig kommen Landstreicher und Fußgänger hier vorbei. Der Krieg hat unter dem Pöbel wilde Löwen mit grausamen Zähnen geweckt.« Ali der Blinde, ein anderer Dichter, sekundierte: »Durch unsere Kriege kamen Männer nach oben, die weder aus Qahtan noch gar aus Nizar (arabische Stämme) stammen, eine Truppe bewaffneter Männer mit Harnischen aus Wolle stürzt sich wie unersättliche, gierige Löwen in die Schlacht … Sie wußten nicht, was das heißt, zu fliehen. Ein einziger von ihnen, der nicht einmal eine Unterhose besitzt, greift eine Truppe von 2000 (!) Mann an, und während dieser Held um sich schlägt, brüllt er: ›Da, das bekommst du vom Krieger der Landstreicher!‹ … In Bagdad gibt es nur noch Unglückliche, zum Elend Verdammte, aus dem Gefängnis Entlaufene … Die Mutter findet im Harem keinen Schutz mehr; es gibt keinen Onkel oder anderen Beschützer mehr, der die Schwelle des Harems verteidigte. Und wir streben nicht mehr danach, für unseren Glauben zu sterben. Herr, Du, der Du alles vermagst, Dein Name sei angerufen!«

Diese zugleich naiven und pathetischen Aussagen spiegeln sehr gut das Drama wider, das sich in der großen Stadt vollzog, deren Bewohner nun zu Leidtragenden des erbitterten Kampfes der verfeindeten Brüder geworden waren. Die Belagerung dauerte ein Jahr. Die Gefechte waren von außerordentlicher Heftigkeit. Das Volk von Bagdad, bewaffnet mit Stöcken und Schleudern, mit Palmblätterhelmen auf dem Kopf und mit Schilden aus geflochtenen Binsen in der Hand, kämpfte mit einer ungewöhnlichen Tapferkeit gegen Ma'muns eisengepanzerte Kavallerie, deren Männer mit Lanzen und Schwertern bewaffnet waren. Da sie fast nichts hatten, nicht einmal Kleider, geschweige denn eine militärische Ausrüstung, nannte man diese städtische Miliz »die Nackten«, und unter dieser Bezeichnung sind sie auch in die Geschichte eingegangen. Eines Tages, so erzählt Mas'udi, »schlossen sich die Nackten, 100 000 an der Zahl, mit Lanzen und Stöcken bewaffnet, mit Blätterhelmen aufgeputzt und in Schilfrohre und Rinderhörner blasend, den übrigen Verteidigern Amins an und stürmten durch mehrere Ausgänge der Stadt auf Ma'muns Anhänger los. Es war ein überaus mörderischer Einsatz. Bis zum Mittag hatten die Nackten die Oberhand, aber als sie dann von Ma'muns gesamter Streitmacht angegriffen wurden, räumten sie das Feld. 10 000 von ihnen ertranken oder kamen durch Feuer und Schwert um.«

Diesem Aufstand der Nackten, die dafür kämpften, daß Bagdad die Hauptstadt blieb, sollten noch viele andere Unruhen folgen, die die große Stadt lange Zeit hindurch periodisch heimsuchten. Die Menge ging auf ein Gerücht hin oder nach einer Schlägerei, aus politischen oder wirtschaftlichen Gründen auf die Straße und plünderte, brandschatzte, zerstörte und mordete. Diese Exzesse des Volkes gehörten bald zum Leben der Stadt: Man nannte sie *fitna* (»Verletzung der Einheit der Gemeinschaft der Gläubigen«), und wer dabei mitmachte, war *al-amma*, »die namen- und gesichtslose Masse«, die vom Hunger auf die Straße getrieben wurde.

Amin war die Kontrolle über die Situation vollständig aus der Hand geglitten. Da es kein Geld mehr zu verteilen gab, ließ er verkünden, daß jeder, der wollte, in die Häuser der Beamten eindringen konnte – was ohnehin schon seit langem praktiziert wurde. In seiner Verzweiflung rief er dann aus: »Ich wünsche, daß Gott beide Seiten zusammen vernichtet, denn ich habe nur noch Feinde – die, die mit mir sind, sind es ebenso wie jene, die gegen mich kämpfen: Die einen haben es auf meinen Besitz abgesehen, die anderen auf mein Leben.«

Gegen Ende des Jahres 813 überstürzten sich die Ereignisse. Die Verbindungen zwischen dem Ost- und dem Westufer waren abgeschnitten und die Gegend von Karkh von den gegnerischen Truppen besetzt. Amins Gebiet beschränkte sich jetzt also auf die Runde Stadt und ihre Umgebung. Der Kalif und Zubaida hatten ihre Paläste von al-Khuld und Qarar verlassen und sich in die Qubba al-Khadra, im Zentrum der Stadt, geflüchtet. Die letzten Generäle, die Amin die Treue gehalten hatten, rieten ihm nun, da schon alles verloren war, ein paar hundert der besten Soldaten der *abna* zusammenzutrommeln und einen nächtlichen Ausfall durch eines der Stadttore zu unternehmen. Er sollte sich nach Mesopotamien oder Syrien begeben, von wo aus er versuchen könnte, seinen Thron und das Reich zurückzugewinnen. Sein Gefolge, unter dem Tahir Anhänger hatte, brachte ihn von diesem Plan ab. Es sei besser, sich zu ergeben, und zwar solle er sich lieber Harthama ergeben, dessen Ungestüm durch das Alter gemildert sei und den er gut kannte, als dem hitzigen Tahir. Amin ließ dem General ohne Tahirs Wissen mitteilen, daß er bereit sei, in sein Lager zu gehen. Es wurde eine Übereinkunft erzielt, der zufolge er zu ihm gehen solle, während die Insignien des Kalifats – der Mantel, der Stab und der Ring – Tahir ausgehändigt würden. Harthama würde dann mit einem Boot und ein paar Mann zum Palast kommen, und der Kalif würde mit ihm fliehen. In letzter Minute schlug Harthama, der am Ufer ein verdächtiges Hin und Her beobachtet hatte, vor, die Operation auf die Nacht zu verschieben. Das lehnte Amin ab.

Harthama traf also mit einigen Männern ein, warf sich sogleich dem Kalifen zu Füßen und rief aus: »O mein Herr und Meister! O Sohn meines Herrn und meines Meisters!« Die kleine Gruppe nahm im Boot des Generals Platz, aber kaum hatte es vom Ufer abgelegt, da tauchten bewaffnete Männer auf, die das Boot umzingelten und durchbohrten. Es versank im Wasser und seine Insassen mit ihm. Ein Soldat rettete Harthama, indem er ihn an den Haaren packte, während Amin sich ins Wasser stürzte. Es gelang ihm, das andere Ufer schwimmend zu erreichen. Er wurde sofort erkannt, umringt und auf Eselsrücken in ein benachbartes Haus gebracht. Tahir, der das Entkommen des Kalifen verhindert hatte, entsandte mehrere Sklaven, von denen einer Quraisch hieß. Als er sie sah, begriff Amin und legte große Würde an den Tag. Als Ahmad, sein Polizeipräsident, der ebenfalls verhaftet worden war, zu ihm sagte: »Verflucht seien die Minister, die Euch in diese Situation gebracht haben«, antwortete er: »Sag nur Gutes über meine Minister! Sie sind unschuldig. Was mich anbelangt, so bin ich nicht der erste, der versucht hat, ein Ziel zu erreichen, und der dabei gescheitert ist.« Er begann zu beten. Gegen Mitternacht traten persische Soldaten ein, das Schwert in der Hand. Der Kalif versuchte, sein Leben teuer zu verkaufen, aber zwei Hiebe trafen ihn am Kopf und er brach zusammen. Quraisch, der den Streich geführt hatte, schlug ihm den Kopf ab und brachte ihn zu Tahir. Dieser ließ ihn, wie es Brauch war, auf der Hauptbrücke von Bagdad zur Schau stellen.

So endete in der Nacht vom 24. auf den 25. September 813 der älteste Sohn Harun al-Raschids. Er war der einzige Kalif, der sowohl von Vaters als auch von Mutters Seite aus der Familie des Propheten stammte. Vor seinem Tod hatte er ausgerufen: »Wir gehören Gott und kehren zu Gott zurück! Ich bin der Vetter des Propheten und der Bruder Ma'muns!«

Ma'mun war jetzt der alleinige Kalif. Aber es war noch ein weiter Weg, bis seine Macht im Reich etabliert werden konnte. Die Nachwirkungen des Bürgerkrieges waren nicht sofort zu tilgen, und viele Ereignisse sorgten dafür, daß sich seine Rückkehr in die Hauptstadt verzögerte.

Bei Amins Tod befand sich Ma'mun mit seinem Wesir und »Beschützer« Fadl ibn Sahl immer noch in Merv. Dieser hegte den Wunsch, aus Khorasan, wo er selbst über großen Einfluß und mächtige Freunde verfügte, das Zentrum des Reiches zu machen.

Wollte Ma'mun nun einen Schlußstrich unter den ewigen Streit mit den Aliden ziehen? Oder obsiegten am Ende seine persönlichen Überzeugungen, die ihn schon seit langem für die Aliden einnahmen. Wahrscheinlich beides. Im Frühjahr 817 beschloß er überraschend, Ali ibn Musa, bekannter unter dem Namen Ali al-Rida, den achten Imam der Zwölferschiiten, zu seinem präsumtiven Erben zu bestimmen. Statt Schwarz, der Farbe der Abbasiden, wurde Grün, die der Aliden, gewählt. Ali erhielt Umm Habib, eine Tochter des Kalifen, in die Ehe, während sein Sohn Mohammed eine andere von Ma'muns Töchtern, Umm al-Fadl, zur Frau nahm. Die Abbasiden waren zwar nicht von der Erbfolge ausgeschlossen, aber vorübergehend sollte jener Mann regieren, der als der würdigste galt und dem man am ehesten zutraute, den Streit zwischen Aliden und Abbasiden beizulegen. Wenn der Frieden wieder eingekehrt sein würde, könnte die Macht des Kalifen wahrscheinlich wieder der Nachkommenschaft Abbas' zugesprochen werden. Ma'muns Ziel war es, die Einigkeit der Prophetenfamilie zu festigen und das Kalifat zu konsolidieren. Doch das Gegenteil sollte eintreffen.

Einmal mehr herrschte in Bagdad Verwirrung. Schließlich beschlossen die anwesenden Abbasidenprinzen, Ma'mun für abgesetzt zu erklären und einen Angehörigen Harun al-Raschids ins Kalifat zu erheben. Ihre Wahl fiel zunächst auf Mansur, einen der Söhne Mahdis, der ablehnte. Dann wurde ein anderer Sohn Mahdis, Ibrahim, zum Kalifen ausgerufen. Am 24. Juli 813 wurde in der Großen Moschee von Bagdad die Freitagspredigt in seinem Namen gehalten. Ma'muns Name wurde nicht mehr erwähnt. Ibrahim erhielt den Namen al-Mubarak, »der Gesegnete«. Das Reich hatte jetzt wieder zwei miteinander rivalisierende Kalifen.

Es war erstaunlich, daß die Wahl auf Ibrahim fiel, der als Musiker und Dichter viel bekannter war denn als Staatsmann. Den großen Künstler, Tischgenossen Haruns und »Homme de plaisir« von außerordentlicher Verschwendungssucht, befähigte nichts zur

Führung des Reiches, vor allem nicht unter den schwierigen Verhältnissen, die gerade herrschten. Die Staatskasse war leer, und Ibrahim mußte rasch in seine persönliche Schatulle greifen, um den Sold der Truppe zu bezahlen. Da das Geld nicht ausreichte, erlaubte er den Offizieren, sich an den Ernten des Sawad, der Region von Bagdad, schadlos zu halten. Daraufhin holten sie die Ernte ein und plünderten die Dörfer, was vermutlich die Beliebtheit des neuen Kalifen nicht gerade förderte. In der Hauptstadt, wo Ibrahims Anhänger mit den Aliden rivalisierten, brachen neue Tumulte aus.

Ibrahims Sache war augenscheinlich verloren, und auch die von Ma'mun beabsichtigte alidische Lösung war gescheitert. Jedermann sah es und wußte es – nur Ma'mun nicht. Erst Ali al-Rida öffnete ihm die Augen. Er setzte dem Kalifen auseinander, daß das Volk Fadl ibn Sahl nicht an der Spitze des Staates sehen wollte und sich seiner Ernennung zum präsumtiven Erben widersetzte. Die Mehrheit der Muslime im Reich nahm es nicht hin, daß die Macht an die Aliden ging, und deshalb war Ibrahim zum Kalifen proklamiert worden. Ma'mun müsse also nach Bagdad zurückkehren, denn nur seine Anwesenheit könne den Frieden zurückbringen. Die Generäle bestätigten dem Kalifen gegenüber die Richtigkeit dieser Lagebeurteilung, und so verließ Ma'mun Anfang 818 Merv. Einige Wochen später wurde Fadl ibn Sahl ermordet, wahrscheinlich auf Befehl von Ma'mun selbst. Dann setzte der Kalif seine Reise in den Irak in kleinen Etappen fort. Sechs Monate später traf er in Tus ein, wo er am Grabe Harun al-Raschids beten ging. Dort starb Ali al-Rida – nachdem er zu viele Rosinen gegessen hatte, wie die einen sagen; Rosinen, die Ma'mun hatte vergiften lassen, behaupten die anderen. Wie dem auch sei – mit diesen beiden Todesfällen hatten sich die Probleme des Kalifen erledigt: Der von der öffentlichen Meinung verabscheute Wesir war tot, und die alidische Politik war aufgegeben worden.

Tahir, der bis jetzt mit seiner Armee still in Raqqa geblieben war, bekam den Befehl, nach Bagdad zu marschieren, wo er am 10. August 819, fast gleichzeitig mit dem Kalifen, einzog. Harun al-Raschids Tod lag mehr als zehn Jahre zurück.

7. Kapitel

Bagdad

Bagdad hat weder im Morgenland noch
im Abendland seinesgleichen.
Ya'qubi

Bagdad liegt im Herzen des Islam,
und es ist die Stadt des Heils.
Dort lebt die Begabung, von der man spricht,
die Eleganz und die Vornehmheit.
Die Winde dort wehen sanft,
und die Wissenschaft ist scharfsinnig.
Dort gibt es alles, was gut und schön ist.
Aus Bagdad kommt alles, was man beachtet,
alles, was elegant ist, kehrt dorthin zurück.
Mit Bagdad schlagen alle Herzen,
um Bagdad werden alle Kriege geführt.
Muqaddasi

»Wie lautet der Name dieses Ortes?« fragte al-Mansur. – »Bagdad«, antwortete man ihm. »Bei Gott«, erwiderte der Kalif, »das ist genau die Stadt, die ich, den Aussagen meines Vaters Mohammed ibn Ali zufolge, gründen und in der ich leben muß und wo später meine Nachkommen regieren werden. Die Prinzen hatten sie vor und seit dem Islam aus den Augen verloren, damit durch meine Bemühungen Gottes Prophezeiungen und Befehle erfüllt würden: So bewahrheiten sich die Überlieferungen; Zeichen und Vorhersagen werden verständlich. Gewiß wird sich diese ›Insel‹, die im Osten vom Tigris, im Westen vom Euphrat umspült wird, zum Hauptumschlagplatz der Welt entwickeln. Dort werden die Schiffe, die über den Tigris aus Wasit, Basra, Ubulla, Ahwaz, Fars, Oman, aus der Yamama und Bahrain und aus den benachbarten

Regionen kommen, landen und den Anker werfen. Dort werden die Waren eintreffen, die über den Tigris aus Mosul, Diyar Rabi'a, Raqqa, Syrien, den Grenzmarken (Kleinasiens), aus Ägypten und dem Maghreb herbeigeschafft werden. Diese Stadt wird auch an der Straße liegen, die von den Einwohnern des Dschebel, Isfahans und der Provinzen von Khorasan frequentiert wird. Lob und Dank sei Gott, der diese Hauptstadt mir vorbehalten und sie all meinen Vorgängern unbekannt gelassen hat! Bei Gott, ich werde sie erbauen, ich werde sie zeit meines Lebens bewohnen und sie wird die Residenz meiner Nachkommen sein, und zweifellos wird sie die wohlhabendste Stadt der Welt sein!«[1]

Die wohlhabendste Stadt der Welt

Dieses städtebauliche Wunder, von dem heute fast keine Spur mehr erhalten ist, war in keiner Hinsicht von der Natur begünstigt. Nichts zeichnete den Standort aus – weder Hügel wie in Rom oder Istanbul, noch eine blühende Oase wie in Damaskus, noch eine Akropolis, auf der man eine Zitadelle wie in Athen oder Jerusalem hätte bauen können. In nicht allzu weiter Entfernung sind andere wichtige Städte erbaut worden, etwa Babylon, Seleukeia und Ktesiphon.

Alle lagen, wie Bagdad, an dem großen Verbindungsweg zwischen dem iranischen Hochland und Mesopotamien und Syrien. Jahrtausendelang zirkulierten Menschen, Kulturen und Waren vom Mittelmeerraum nach Zentralasien, Indien und in den Fernen Osten, wobei sie sich dieser alten Route bedienten, die zwischen Khaniqin und Hamadan das Zagrosgebirge überquerte, um zur weiter nördlich gelegenen mesopotamischen Ebene zu gelangen. Das Umland von Bagdad wird selten überschwemmt, und der Tigris fließt hier in großer Nähe zum Euphrat; Kanäle zwischen den beiden Flüssen sorgen für eine mühelose Verbindung. Dieser leicht zu verteidigende Verkehrsknotenpunkt erschien sofort als ein besonders günstiger Standort, und so entwickelte sich dort in außerordentlich kurzer Zeit ein riesiger städtischer Ballungsraum.

Am Anfang hatte al-Mansur beabsichtigt, eine befestigte Stadt als Machtzentrum zu bauen. Es sollte eine politische und administrative Hauptstadt ohne Gärten und Vergnügungsstätten werden. Und nun wuchs sie von Tag zu Tag mehr zu einer Metropole heran, deren Glanz und Reichtum eine Vielzahl von Menschen aus dem ganzen Reich und auch noch ferneren Gegenden anlockten. Bagdad sollte ursprünglich eine Einheit von Palast und Verwaltung sein; in weniger als zwölf Jahren jedoch war es eine Großstadt, und nicht einmal ein halbes Jahrhundert später war die Hauptstadt Harun al-Raschids mit ihrer Einwohnerzahl von vielleicht einer Million möglicherweise die größte Stadt der Welt – in einem Zeitalter, da die einwohnerreichsten Städte Norditaliens und Flanderns gerade 40 000 Menschen beherbergen sollten. Verglichen mit Bagdad, das sich über eine Fläche von annähernd 100 Quadratkilometern ausdehnte, war Paris damals ein winziger Ort. Nur Konstantinopel konnte den Vergleich aushalten oder auch Damaskus und Kairo, die bald 300 000 bzw. 500 000 Einwohner zählen sollten.

Eine solche schwindelerregende Expansion, wie man sie im Laufe der Geschichte immer wieder einmal antrifft – vor allem im Europa des 12. und 13. Jahrhunderts oder auf dem Balkan und in Anatolien im 15. und 16. Jahrhundert –, läßt sich stets auf dieselben Ursachen zurückführen: Wiederherstellung des Friedens, politische Stabilität und effiziente Verwaltung; neue wirtschaftliche Ressourcen oder kommerzielle Möglichkeiten, von denen die aktive Bevölkerung reichlich Gebrauch macht. So kam es im 8. und 9. Jahrhundert im arabischen Orient zu einer der ungewöhnlichsten städtischen Blütezeiten, die die Menschheit je erlebte.

Bagdad bot alle Voraussetzungen für eine Entwicklung. Mansurs geniale Leistung war, diese entdeckt und genutzt zu haben.

Die Landwirtschaft nahm einen steilen Aufschwung dank der Arbeiten, die schon zu Zeiten der Sasaniden durchgeführt worden waren: Die Sümpfe waren trockengelegt und eine Bewässerung geschaffen worden, die den Anbau von Nahrungsmitteln ermöglichte, und es wurde der Anbau des Zuckerrohrs, der Dattelpalme, des Orangenbaums und der Faserpflanzen (hauptsächlich von Baumwolle) gefördert. In der Nähe einer bereits fruchtbaren Region gelegen, die Gärtner und Landwirte erschließen sollten, war Bagdad inmitten seines Kanalnetzes, wie eine Insel zwischen seinen beiden Flüssen liegend, für eine große Zukunft bestimmt. Der Ansturm auf die Stadt mit ihrem Baufieber und den Bedürfnissen, die sie nach sich zog, bewirkte seinerseits eine unablässig wachsende Anziehungskraft auf Menschen und Kapital. Die Folge war eine ungeheure Spekulation, die durch folgende, vom Geschichtsschreiber al-Khatib al-Baghdadi berichtete Anekdote illustriert wird. Ein zu al-Mahdi entsandter byzantinischer Botschafter besuchte die Stadt. Plötzlich blieb er stehen und sagte zu dem Großkämmerer, der ihn begleitete: »Hier ist ein Platz, der sich hervorragend für eine Investition eignen würde. Würdet Ihr den Kalifen fragen, ob er mir 500 000 Dirham leiht? Ich bin sicher, daß ich dieses Kapital in Jahresfrist verdoppeln werde.« Großzügig wie immer antwortete al-Mahdi: »Gebt ihm nur die 500 000 Dirham, die er verlangt, und legt noch einmal 500 000 dazu. Und wenn er in sein Land zurückgekehrt ist, schickt ihm jedes Jahr die Gewinne, die dieses Geld abwirft.« Und so geschah es. Mit dem Geld des Kalifen ließ der Grieche am Zusammenfluß der beiden Flüsse, in der Nähe der Stadt, Mühlen bauen, und jedes Jahr schickte man ihm, bis zu seinem Tod, die Profite aus seinem Unternehmen.

Wie der Botschafter des Basileus so spekulierten alle – angefangen bei der Abbasidenfamilie und allen großen und kleinen Beamten des Staates. Grundstücke wurden gekauft und verkauft, und man beteiligte sich an Geschäften, ohne sich viel um die religiösen Vorschriften über das Darlehen und den Umgang mit Geld zu scheren.

Zuerst ließen sich nahe der Runden Stadt jene nieder, denen der Kalif Ländereien zugewiesen hatte. Das waren in erster Linie solche Untertanen, die sich dem Herrscherhaus gegenüber als besonders loyal erwiesen hatten, und vor allem die meisten Mitglieder der Abbasidenfamilie. Sich auf diese letzteren beziehend, hatte Mansur zu seinem Sohn gesagt: »Achte sie, befördere sie, sei großzügig zu ihnen, stelle sie über die anderen, weil ihr Ruhm auch der deine ist, und das Lob, das man ihnen spendet, ist auch an dich gerichtet...« Al-Mahdis Söhne siedelten sich im Osten an, während der Kalif seinen Palast in al-Rusafa errichten ließ, auf der anderen Seite des Tigris, wo sich ihm sein Gefolge und die hohen Beamten anschlossen.

Auch die Sahaba (Prophetengefährten) ließen sich auf Ländereien nieder, die sie vom Kalifen erhalten hatten. Sie gehörten den getreuesten Stämmen, den Quraisch, Ansar und Jemen, an und standen dem Kalifen am nächsten. Sie waren sehr zahlreich am Hofe vertreten, wo sie die literarischen und poetischen Traditionen der vorislamischen Vergangenheit am Leben erhielten. Mansur hatte ihnen seinen Erben Mohammed (Mahdi) anvertraut, damit sie ihn in arabischer Geschichte und Literatur unterwiesen, und Mahdi verfuhr mit seinen Söhnen Hadi und Harun ebenso. Auch andere Araber wurden mit Grund und Boden beschenkt. Es war der Unterstützung der Führer der arabischen Stämme zu verdanken, daß Städte wie Mosul, Wasit, Basra und Kufa während der Revolution in ihre Hände gefallen waren, und das hatten die Abbasiden nicht vergessen.

Noch weniger vergaßen sie die maßgebliche Hilfe, die ihnen die Truppen Khorasans geleistet hatten, jene persianisierten Araber, die sich im Iran niedergelassen hatten und die Speerspitze jener Armee geworden waren, die sie an die Macht brachte. Rearabisiert und auf der Grundlage der Stammeszugehörigkeit reorganisiert, »loyal, edelmütig und unbestechlich«, wie es hieß, stellten sie für die ersten Kalifen die zuverlässigsten Einheiten der Armee dar. Zu Haruns Zeiten besaßen sie um die Runde Stadt herum ganze Viertel, die entsprechend ihrer Herkunftsorte in Persien gruppiert waren.

Die *mawali* (zum Islam bekehrte Nichtaraber) bewohnten ebenfalls ihr eigenes Stadtviertel. Die Bedeutung, die Mahdi ihnen nach Mansur zugeschrieben hatte, und die Rolle, die sie in der Verwaltung, insbesondere im *barid,* spielten, verminderten sich unter Harun nicht. Eher war das Gegenteil der Fall. Erst später, nach dem dramatischen Streit zwischen seinen Söhnen, löste sich ihre Gruppe auf, um allmählich in der Masse der Muslime aufzugehen. Viele von ihnen gehörten damals zu den nächsten Ratgebern des Kalifen, einige wurden sogar Wesire. Wenn die Frage der Thronfolge aktuell wurde, war ihre Intervention manchmal entscheidend. Außer dem Stadtviertel, das man ihnen zuerkannt hatte, besaßen sie fast überall in der Stadt Grundstücke, die sie von den Kalifen geschenkt bekommen hatten.

Als al-Mansur seine Pläne entwarf, hatte er die Ausdehnung der Metropole nicht vorausgesehen, die die Welle der Einwanderer bald nach der Niederlassung des Kalifen unter der Grünen Kuppel auslöste. Er war zweifellos der erste, den sie überraschte. Die Neuankömmlinge, die von sehr unterschiedlicher Herkunft waren, waren alles andere als diszipliniert und zuverlässig. Man kann sich vorstellen, mit welchen Schwierigkeiten die Behörden zu kämpfen hatten. Sie waren auf die Konfrontation mit derartigen Problemen nur schlecht vorbereitet. Die ersten Einwanderer stammten aus Khorasan, aus dem Jemen, aus dem Hidschaz, aus Wasit und Kufa. Dann schwoll die Flut an. Aus dem ganzen Orient und aus allen sozialen Schichten kamen Leute und füllten die Stadt und ihre Vororte. Es waren Intellektuelle, Handwerker, Kaufleute, Schieber und arbeitslose Notleider. Der Markt war bereits nach al-Karkh, in den Südwesten, verlegt worden, das sich bald zur wichtigsten Drehscheibe des Handels entwickelte. Ya'qubi hat uns eine Beschreibung davon hinterlassen: »Ein ansehnlicher Markt, ungefähr zwei Parasangen[2] lang und eine Parasange breit. Jedes Gewerbe hatte seine eigenen Gassen und verfügte über eine bestimmte Anzahl von Standplätzen, Werkstätten und Höfen, so daß sich dort weder die Berufe noch die Waren vermischten.« Diese Trennung der Gewerbezweige war nicht neu, und sie wird bis auf den heutigen Tag im Orient praktiziert.

Al-Karkh erlebte ein rasches Wachstum. Laut Ya'qubi gab es in Bagdad »kein größeres, kein prächtigeres Viertel«. Man baute dort elegante Häuser, aber auch viele andere, bescheidenere, in einer ungeordneten Weise, wie man sie in fast allen orientalischen Städten antrifft. Einige Stadtteile erhielten jedoch ein aristokratischeres Gesicht als andere; denn es gab eine Art von »Snobismus« als Folge der gesellschaftlichen Schichtung, die die großen abbasidischen Städte für lange Zeit kennzeichnen sollte. In al-Schammasiya zu wohnen war sehr chic: In bestimmten Straßen lebten Richter, in anderen reiche Kaufleute, in wieder anderen kleine Ladenbesitzer. Der Beliebtheitsgrad der Viertel war natürlich häufigen Änderungen unterworfen, die von den politischen und gesellschaftlichen Geschehnissen abhingen. Selbst die Märkte wurden von einem Stadtteil in den anderen verlegt.

In sehr kurzer Zeit war das rechte Ufer des Tigris, wo sich die Runde Stadt und das Viertel von al-Karkh befanden, überbevölkert. Die Siedlung breitete sich auf die andere Seite des Flusses, auf das Ostufer, aus, nahe dem Lager, das Mansur für seinen Sohn Mahdi hatte errichten lassen. Dieses neue Stadtviertel, al-Rusafa, wuchs rasch um den Kalifenpalast herum. Mahdis Großzügigkeit, seine Bauten, die seiner Offiziere und die des Beamtenstabes zogen immer mehr Leute an. Dort ließen sich auch die Barmakiden nieder und leisteten so einen weiteren Beitrag zum Wohlstand von al-Rusafa. Yahya und Dscha'far ließen sich je einen luxuriösen Palast dort bauen. Amin und Ma'mun taten es ihnen nach. Ob nun aus Aberglaube oder als Folge unterschiedlichen Geschmacks – die Kalifen wollten nicht in der jeweiligen Residenz ihres Vorgängers wohnen, und deshalb ließ sich jeder einen neuen, noch prunkvolleren Palast bauen. Harun besaß mehrere Paläste und zog mit seinem gewaltigen Troß von einer Region des Irak in die andere. Um diese Paläste herum bildeten sich Siedlungen. Es waren Gebäude aus ungebrannten oder – seltener – aus gebrannten Ziegeln, die verfielen, wenn man sie nicht instand hielt.[3] Dann kamen die Leute aus der Nachbarschaft, um sich mit Baumaterial zu versorgen, und so entstanden die vielen unförmigen Ruinenhaufen, von denen Mesopotamien heute übersät ist.

Ende des 8. Jahrhunderts gab es dreiundzwanzig Paläste, die riesige Flächen einnahmen, vor allem im südlichen Teil der Stadt, den man Dar al-Khalifa nennen sollte. Bagdad dehnte sich nun den beiden Seiten des Flusses entlang aus. Zu Haruns Zeiten waren die beiden Ufer durch drei Schiffsbrücken miteinander verbunden: Die eine befand sich beim Khorasan-Tor, die andere in al-Karkh, die dritte weiter südlich. Da die Stadt von Kanälen durchzogen war, wurde ein großer Teil des Verkehrs über den Wasserweg abgewickelt. Muqaddasi zufolge »kamen die Bewohner von Bagdad vom Wasser, fuhren übers Wasser und verkehrten auf dem Wasser. Zwei Drittel des Besitzes von Bagdad war am Wasser gelegen«. Wie in Venedig überspannten zahlreiche kleine Brücken den Fluß, auf dem Tausende von Barken und Lastkähnen Menschen und Waren transportierten. Jeder Bewohner, hieß es, »mußte einen Esel im Stall und ein Boot auf dem Fluß haben«. Die Kalifen besaßen prachtvolle Paradeschiffe, die oft extravagant ausgestattet waren. Amin hatte sechs solcher Schiffe in Form von Tieren, und so schwammen auf dem Tigris ein Adler, ein Löwe, ein Pferd, ein Elefant, ein Delphin und eine Schlange.

Gleichheit und Hierarchie

Bagdad war nun eine riesige Stadt, die sich nach allen Seiten hin ausdehnte. Dort berührte sich der übertriebenste und raffinierteste Luxus mit dem entsetzlichen Elend einer orientalischen Stadt. Hier artete das üppige Wuchern religiöser Sekten oft in blutigen Fanatismus aus. Seuchen verbreiteten sich mit der Geschwindigkeit eines Sturms; Feuersbrünste und Überschwemmungen brachen mit derselben Schnelligkeit los, ohne daß man sie hätte eindämmen können.

> Bagdad ist ein wunderbarer Aufenthalt für die Reichen. Aber für die Armen ein Ort des Elends und der Verzweiflung. Verwundert bin ich lange durch die Straßen geirrt, verloren wie der Koran im Hause eines Gottlosen.[4]

Alle Muslime gehören zu *umma*, der Gemeinschaft der Gläubigen, über die Gott Recht spricht, ohne Unterschiede zu machen. Der Islam kennt keine Hierarchie und keinen Adel, außer der Schicht, die von den Mitgliedern der Familie des Propheten gebildet wird: Dabei handelte es sich um die Talibiden (Abu Talib war der Vater Alis) und die Abbasiden. Erstere wurden Scherifen (arab. *scharif* = Edler), letztere Sayyids (Herren) genannt. Die Machthaber bemühten sich, zumindest diesen letzteren, deren Zahl sich auf mehrere Tausend belief, ein Leben in Anstand und Würde zu sichern. Der *schari'a,* dem muslimischen Gesetz, zufolge ist jeder Gläubige, unabhängig von seiner Funktion in der Gesellschaft, dem anderen gleichgestellt. Dies ist die ideale Gesellschaft – im juristischen Sinne.

In Bagdad war die Wirklichkeit, wie sie sich im alltäglichen Leben zeigte, viel differenzierter: Die abbasidische Gesellschaft war eine hierarchisierte Gesellschaft, die sich hauptsächlich nach dem Kriterium des Geldbesitzes gliederte.

Die Sklaven

Ganz unten auf der sozialen Leiter standen die Sklaven. In den Städten waren sie sehr zahlreich vertreten, aber nur wenige waren im Ackerbau tätig.[5] Seit undenklichen Zeiten war die Sklavenhaltung eines der typischen Merkmale der orientalischen Gesellschaften. Sie wird schon mehrmals im Alten Testament erwähnt.[6] Bei den Babyloniern durften selbst die Eltern ihre Kinder verkaufen, wenn diese sich schlecht gegen sie betragen hatten, und ein Mann konnte seine Ehefrau verkaufen. Mohammed trat gerade in diesem Bereich als Reformer auf: Der Koran schreibt vor, die Sklaven wie die anderen Menschen zu behandeln.[7] Unter den *hadit* findet man folgende Worte des Propheten: »Und eure Sklaven! Achtet darauf, daß sie dieselbe Nahrung bekommen wie ihr und dieselben Kleider wie ihr. Und wenn sie einen Fehler begehen, den ihr nicht verzeihen wollt, verkauft sie; denn sie sind die Diener Gottes und dürfen nicht gequält werden.«[8] Die Eunuchen, die den Harem des Kalifen bewachten, waren zum großen Teil Weiße: Es gab sowohl »Slawen« (daher unser Wort Sklave) als auch Griechen, die aus Syrien und Armenien stammten und sehr oft für ein kirchliches Leben bestimmt waren. Sie wurden kastriert, ehe man sie verkaufte[9], aber manche von ihnen nahmen sich Konkubinen und sogar Ehefrauen. Was die Schwarzen anlangt, so amputierte man sie »am Unterbauch«, damit sie sich nicht fortpflanzen konnten. Die Kalifen hielten zahlreiche Sklaven in ihrem Gefolge und betrauten sie auch mit offiziellen Aufgaben. Unter ihnen gab es Generäle, Admiräle und hohe Würdenträger des Hofes.

Zu Harun al-Raschids Zeit artete die Mode der Eunuchenhaltung in sexuelle Perversion aus. Amin hegte eine solche Leidenschaft für die Eunuchen, daß seine Mutter Zubaida die hübschesten Mädchen als Knaben verkleidete, um ihn davon zu heilen.[10] Diese Mode lebte weiter, und bald sah man bei Hofe schöne, schlanke Mädchen sich wie Knaben kleiden. Während man bis dahin die etwas üppigeren Frauen geschätzt hatte, standen jetzt die mit kleinem Busen und schmalen Hüften hoch im Kurs. »Um sie zu beschreiben, würde ich nur sagen, daß sie eine schlanke, ranke junge Frau war, mit festen, stolzen Brüsten ... mit der schmalen Taille einer Biene ... ihr ganzer Körper (war) feiner und biegsamer als der zarte Stiel des Schilfes«[11], liest man in *Tausendundeiner Nacht*. Diese Vorliebe für die *ghulamiyya (ghulam* = Sklave) stiftete in der Aristokratie und in der Schicht der Wohlhabenden Verwirrung. Die Zahl der Männer, die einzig der Leidenschaft für die Knaben frönten, war jedoch, wie es scheint, relativ gering. Die Päderastie, die von den Arabern in vorislamischen Zeiten selten praktiziert wurde, soll aus Khorasan gekommen sein. Sie fand im Laufe der ersten Jahrhunderte etwas Verbreitung, als junge weiße Sklaven aus Europa eingeführt wurden. Zahllos sind die Gedichte, die sich an Knaben richten. Aber drücken diese Verse eine wirkliche Leidenschaft aus? Oder spiegeln sie einfach eine Modeerscheinung wider, wie man es später bei den Persern und den Osmanen erleben sollte?

Sklaven betätigten sich auch im Handel (sowohl unter dem Befehl ihres Herrn als auch mit einer gewissen Eigenständigkeit). Sie arbeiteten auch im Bauwesen und im Handwerk. Selten wurden sie gemeinschaftlich von großen Betrieben angestellt. Im allgemeinen behandelte man die Sklaven so maßvoll, wie der Koran es vorschreibt. Die Freilassung von Sklaven galt als frommes Werk, das oft infolge eines Gelübdes praktiziert wurde. Der Sklave erlangte dann die vollständige Freiheit, blieb aber als »Klient« mit seinem ehemaligen Herrn verbunden.

Weibliche Sklaven waren vor allem für häusliche Arbeiten bestimmt, und jeder wohlhabende Haushalt verfügte gleich über mehrere Sklavinnen. Wenn sie jung und hübsch waren, konnten die Mädchen Konkubinen ihres Herrn werden. Gegen das Verbot, seine Konkubinen zu prostituieren, wurde selten verstoßen. Viel häufiger kam es vor, daß der Herr sie in Gesang, Musik oder Poesie ausbilden ließ. Viele Konkubinen der Prinzen am Kalifenhof – darunter Khaizuran – wurden erst gekauft, nachdem sie bei ihren Besitzern gute Manieren gelernt hatten und ausgebildet worden waren; diese erzielten dann große Gewinne mit ihnen. Wenn eine Konkubine ein Kind bekam, wurde sie automatisch freigelassen, und das vom Vater anerkannte Kind genoß genau dieselben Rechte wie die legitimen Kinder.

Nicht zu zählen waren die Kinder, die von Konkubinen jeder ethnischen Herkunft geboren wurden, und die Kinder von Sklaven. Die Folge war ein beträchtliches Völkergemisch. Vom 8. Jahrhundert an waren fast alle Kalifen Söhne von Sklavinnen, wobei Harun keine Ausnahme machte. Das gleiche galt auch für die meisten wohlhabenden Familien.

Das gemeine Volk

Im Rang höher als die Sklaven, aber oft unter erbärmlicheren Umständen als diese lebend, stand die unübersehbare Masse der Plebejer von Bagdad; sie umfaßte den Bettler wie den kleinen Budenbesitzer, alle Lastenträger, Baderjungen, fliegende Händler, Männer, die zu allem und zu nichts nutze waren, sowie zeitweilig Arbeitende – diese Leute vor allem waren es, die diese buntgescheckte Menge bildeten. Es war eine Mischung aller Farben, aller Rassen und aller Sprachen, wie sie für die Hauptstadt des Abbasidenreiches so charakteristisch war. Ohne Arbeit oder festen Wohnsitz irrten Bettler und Gebrechliche tagsüber durch die riesige Stadt, immer auf der Lauer nach einer Arbeit oder etwas zu essen; die Nacht verbrachten sie unter den Brücken, in den Höfen der Moscheen, überall, wo sie einen Unterschlupf finden konnten.

Sie stellten die Riesenbataillone der Halbbriganten, die sich zu Banden zusammenschlossen, die schönen Stadtviertel plünderten und Überfälle auf Geschäfte und Lagerhallen unternahmen, wenn deren Besitzer die Zahlung von Schutzgeldern verweigerten. In Krisenzeiten, wie etwa während des Krieges um Haruns Nachfolge, stellten sich diese Vogelfreien *(ayyarun)* an die Spitze von Aufständen. Mit Stöcken und Steinschleudern bewaffnet und von Palmblättern geschützt, kämpften sie gegen die Kavallerie des Kalifen. Einige ließen sich für die *schurta*, die Polizei, anwerben, um einerseits ein Gehalt zu beziehen und um andererseits – was häufig vorkam – die Ordnungskräfte in Augenblicken der Unruhe zu neutralisieren. Oft mit den *fityan* – Organisationen von Jugendlichen, die in erster Linie versuchten zu leben, ohne zu arbeiten – verwechselt, arbeiteten sie mit ihnen zusammen, wenn es darum ging, gegen die Obrigkeit zu kämpfen. Die *fityan* organisierten sie und nahmen sie unter ihre Fittiche. Diese Bünde der Randständigen bildeten manchmal eine gefährliche Kraft.

Die fliegenden Händler und die kleinen Budenbesitzer bildeten eine zahlenmäßig starke gesellschaftliche Klasse, die selten Not litt, aber nur über beschränkte Mittel verfügte. Wenn Männer und Frauen gleichermaßen – manchmal selbst aus den Grenzregionen des Reiches – nach Bagdad strömten, dann eben deshalb, weil es nicht in dem Ruf eines Ortes stand, an dem man verhungerte. Der Aufschwung des Handels hatte eine Hebung des Lebensstandards der Bevölkerung zur Folge, um die viele Städte unseres hohen Mittelalters Bagdad hätten beneiden können.

Das Bürgertum

Die Mittelschicht wird hauptsächlich durch Kaufleute, Ärzte, Immobilienbesitzer und Beamte repräsentiert. Grundbesitz ist gewinnbringend, wenn er nicht mit Steuern überlastet wird. Al-Tanukhi[12] zufolge machte die Steuer, mit der die Einnahmen aus einem Speicher belegt wurden, mehr als fünfzig Prozent des Gewinnes aus. Das erklärt die zahlreichen Beschwerden, von denen die zeitgenössischen Chronisten berichten. Offensichtlich war der Umfang der Erträge, die die Besitzer kultivierbaren Landes und der Gärten im Umland von Bagdad sowie die Geschäftsinhaber erzielten, sehr groß. Während die Garköche und die Leute, die mit Fleisch, Schlachtabfällen, Früchten und Gemüse usw. handelten, sehr gute Geschäfte machten, lebten die unzähligen kleinen Straßenverkäufer mehr schlecht als recht. Die kleinen Beamten erhielten ein zu geringes Gehalt, um die Grundstücke im Umland von Bagdad kaufen zu können, die seit Beginn des 9. Jahrhunderts von erfolgreichen Geschäftsleuten erworben wurden. Lehrer und Dichter lebten von dem, was ihre Schüler beziehungsweise ihre Mäzene ihnen überließen. Diese letzteren zeigten sich manchmal von außergewöhnlicher Großzügigkeit, und man weiß von einigen Poeten, daß sie sich einen nahezu herrschaftlichen Lebensstil erlaubten.

Unter diesen Kaufleuten und kleinen Eigentümern, Handwerkern und Kleinunternehmern gab es viele Nachfahren jener Männer, denen die ersten Kalifen, nachdem sie sich ihrer Treue vergewissert hatten, um die Stadt herum gelegene Ländereien – sogenannte *iqtas* – zugewiesen hatten. Einige lebten im Wohlstand, andere führten ein bescheideneres Leben, verfügten aber über staatliche Einkünfte. Ein durchschnittlicher Stoffhändler oder Grundbesitzer konnte ein Erbe von 800 oder 1000 Dinar hinterlassen. Wer einen Garten, den Überrest einer von Mansur übertragenen *iqta,* besaß, verpachtete ihn zu einem hohen Zins.

Zu dieser Mittelschicht gehörten auch die Handwerker, die die von ihnen angefertigten Gegenstände selbst verkauften. Das private Handwerk besorgte nahezu die gesamte Herstellung von Gebrauchs- und Haushaltsgegenständen, während zu den staatlichen oder vom Staat kontrollierten Werkstätten im wesentlichen die Schiffswerften, die Rüstungsbetriebe und ein großer Teil der Textilindustrie gehörten. Das private Handwerk war strengen Preis- und Qualitätsvorschriften unterworfen, deren Einhaltung vom Staat überwacht wurde. Für einige Produkte, vor allem für Textilerzeugnisse, war das Gütezeichen des Staates notwendig.

Die Umwandlung der noch von Agrar- und Weidewirtschaft

geprägten Wirtschaft in eine Handelsökonomie hatte die Entstehung bedeutender Umschlagplätze – an der Spitze Bagdad – zur Folge. Diese Entwicklung ging seit dem Ende des 8. Jahrhunderts mit sozialen Umwälzungen von gewaltigen Ausmaßen einher. Die wichtigste Folge war ohne Zweifel die Entstehung eines »Bürgertums«. Dieses sollte schon bald zu einem der wesentlichen Bestandteile des Lebens im Reich in jeder Hinsicht und zu einer der Säulen werden, auf die die Abbasiden sich stützten.

Der Beruf des Kaufmanns ist im Islam hoch angesehen. »Der ehrliche Kaufmann wird im Schatten von Gottes Thron sitzen«, soll der Prophet gesagt haben. Und der Kalif Omar: »Lieber sterbe ich während einer Geschäftsreise im Sattel meines Kamels, als im Heiligen Krieg getötet zu werden.« Ein Held der Schlacht von Qadisiyya gegen die Sasaniden behauptet: »Ich ziehe es vor, einen Dirham durch Handel zu verdienen, statt zehn mit meinem Soldatensold.« Die Theologen heben hervor, daß Abu Bakr, der erste Kalif, ein Stoffhändler war, und Othman, der dritte Kalif, Getreideimporteur. Seinen Reichtum zu zeigen war nicht verwerflich – im Gegenteil. Wir zitieren noch das folgende *hadit:* »Wenn Allah jemandem Reichtum schenkt, möchte Er, daß man ihn (auch) sieht.«

Die Frage, ob man Luxus zur Schau stellen dürfe oder nicht, wurde in der Frühzeit des Islam ausführlich erörtert. Tatsächlich sah man selten so viele Menschen, die sich parfümierten, sich die Haare färbten, sich mit Juwelen behängten und kostbare Kleider trugen, wie in Bagdad. Die Gewohnheiten des Luxuslebens erregten keinen übermäßigen Anstoß, auch wenn einige kleinliche Geister mehr Kritik daran übten als am Kauf und Unterhalt junger Sklavinnen. Hatten nicht der Prophet selbst und sein Schwiegersohn Ali neben ihren legitimen Ehefrauen noch zahlreiche Konkubinen besessen?

Auch die Anhäufung von Reichtümern wurde nicht mehr verurteilt. »Armut ist beinahe wie der Abfall vom rechten Glauben«, soll Mohammed gesagt haben. Aber die finanziellen oder kommerziellen Transaktionen müssen korrekt abgewickelt werden: Man muß seine Verpflichtungen erfüllen, darf seine Kunden nicht betrügen, die Mängel der Ware nicht kaschieren und seine Schuldner nicht rücksichtslos behandeln. Ehrenhaftigkeit, ja Taktgefühl – das sind die Eigenschaften eines gottgefälligen Kaufmanns.

Die großen Kaufleute

Im Gegensatz zu früher, als man den Namen seines Stammes trug, nannte man sich in Bagdad nun oft nach seinem Gewerbe, vor allem dann, wenn es zu den angeseheneren gehörte. So nannten sich etwa die Stoffhändler »Bazzaz«. Der Stoffmarkt wurde, getrennt von den anderen, in der Nähe der Moscheen abgehalten. Das gleiche galt für die Banken und das Goldschmiedehandwerk. Die Macht dieser Kaufleute – Importeure, Exporteure, Reeder, Juweliere, Öl- und Getreidehändler – war beträchtlich. Das Geschäftsvolumen einiger war enorm. Sie liehen den Kalifen und Wesiren Geld, die ihnen als Gegenleistung Schutz garantierten und bei Operationen, die an Betrug grenzten, beide Augen zudrückten. Die von ihnen gebildeten Interessengruppen übten ihren Einfluß auf Staat und Regierung aus. Sie waren es, die – abgesehen vom Hof selbst – den größten Luxus entfalteten, die schönsten Häuser und Gärten, die schönsten Sklavinnen und die meisten Diener besaßen. Die Laxheit ihrer Sitten glichen sie dadurch aus, daß sie Moscheen und Brunnen bauten, mildtätige Einrichtungen unterstützten und stattliche Almosen gaben. Wie die Fürsten förderten und unterstützten Händler und Bankiers Schriftsteller, Dichter, Musiker und Sängerinnen; sie empfingen sie bei sich zu Hause, und diese bildeten um sie herum eine Art Hof, der ihren künstlerischen und intellektuellen Ansprüchen schmeichelte.

Wie alle Bewohner von Bagdad kamen auch die Großkaufleute

und Bankiers aus den unterschiedlichsten Volksgruppen. Die Perser sowie die Männer aus Basra und aus dem südlichen Arabien galten als die geschicktesten Geschäftsleute. Die aus Kufa standen ihnen in nichts nach. Die Griechen, die man im ganzen Reich antraf, sowie die Levantiner und die Inder standen ebenfalls in dem Ruf, gute Geschäftsleute zu sein. Die Juden machten all diesen Händlergruppen erfolgreiche Konkurrenz. Sie waren in Bagdad zahlreich vertreten und hauptsächlich als Geldwechsler und Bankiers tätig. Es ist bekannt, daß sie auch den Wesiren und dem Staat Geld liehen.

Die Zeit, da die Generäle und die »Sekretäre« *(kuttab)* allein die Oberschicht ausmachten, war vorbei. Die Eroberungskriege waren zu Ende. Die Machthaber brauchten geschäftstüchtige und reiche Männer ebenso wie Beamte und Offiziere, die ihre Truppen befehligten. Die Fürsten schätzten die Kaufleute keineswegs gering, auch nicht die hohen Würdenträger. Ein Perser, der mit Getreide handelte, soll ein Tischgenosse Fadl ibn Sahls, des Wesirs von Ma'mun, gewesen sein; dessen Nachfolger, Mu'tasim, hatte einen Wesir, der al-Zayyat, der »Ölhändler«, hieß; dessen Vater wiederum war Hoflieferant gewesen. Während unter den ersten Abbasiden Araber bürgerlicher Herkunft noch verhältnismäßig selten vorkamen, gehörten sie zu Harun al-Raschids Zeiten zur Umgebung des Kalifen.

Viele dieser Kaufleute waren zugleich auch Intellektuelle und Religionsgelehrte. Es wurde darauf hingewiesen, daß die große Mehrheit der Theologen Kaufleute oder Söhne von Kaufleuten war – im 9. Jahrhundert waren es mehr als sechzig Prozent –, wobei die Textilhändler zahlenmäßig am stärksten vertreten waren. Das Gesetz des Islam hat die muslimischen Kaufleute von Anfang an geschützt, indem es vorschrieb, daß die Zollgebühren für fremde Kaufleute zehn Prozent, für Nichtmuslime, die Untertanen eines arabischen Staates waren, fünf Prozent und für die Muslime nur zweieinhalb Prozent ausmachen sollten.

Religionsgelehrte und Richter

Die *ulema,* das heißt die Religionsgelehrten, hatten ebenfalls eine beneidete gesellschaftliche Position inne. Sie gehörten zu den *ayan,* den Notabeln, und spielten im Alltagsleben der Bewohner von Bagdad eine wesentliche Rolle. Die Fürsten wandten sich, genau wie das einfache Volk, bei allen Gelegenheiten an diese frommen und weisen Männer, die sich großer Wertschätzung erfreuten.

Zahlreich waren die Männer, die sich der Koranwissenschaft widmeten: Es gab Korankommentatoren, die den verschiedenen Sekten und Rechtsschulen angehörten; »Sammler« von Prophetenworten, die Mohammeds Aussprüche studierten; Rechtskundige, die Fragen jeder Art beantworteten, ob sie nun vom Kalifen oder von den Kadis gestellt wurden; Männer, die die Freitagspredigt hielten und aus diesem Grund über eine so große Macht verfügten, daß sie oft vom Kalifen selbst ernannt wurden; Volksredner, die die öffentliche Meinung nicht nur im Bereich des Spirituellen beeinflußten, sondern auch im Hinblick auf die Politik und die deshalb aus der Nähe überwacht werden mußten. Dann gab es noch die Muezzine ... All diese Leute spielten in der Hauptstadt eine wichtige Rolle. In diesen ersten Jahrhunderten des Islam war das Dogma noch nicht festgelegt, und die Kontroversen wurden äußerst lebhaft ausgetragen. Politik und Religion waren eng miteinander verwoben, und vor allem war das Alidenproblem alles andere als gelöst.

Auch die Kadis gehörten zur Klasse der *ulema.* Als Schiedsrichter zwischen den Menschen und mit der schweren Aufgabe betraut, über ihre Nächsten zu richten, verfügten sie über ungeheure Macht und Autorität. Nicht alle Juristen akzeptierten diesen Auftrag, von dem einige glaubten, er sei zu schwer für ihr Gewissen. Manche lehnten jede Entlohnung ab und behaupteten, daß das Urteilen über den Mitmenschen kein Broterwerb sei. Viele lebten in Armut, wie die beiden Brüder aus Bagdad, die nur einen einzigen Turban und nur ein einziges Kleid besaßen; wenn der eine aus dem Haus ging, mußte der andere zu Hause bleiben. Oder wie jener oberste Richter, der sich in einen Baumwollstoff schlechtester Qualität kleidete. Es kam vor, daß sich Kadis, die ihre Unabhängigkeit beweisen wollten, weigerten, sich in Gegenwart des Kalifen zu erheben. Als eines Tages der Kalif Ma'mun als einfacher Bürger erschien und sich vor den Richter hingesetzt hatte, befahl dieser, man solle ein Kissen für die andere Partei herbeibringen. Und der Philosoph al-Kindi berichtet, daß ein Repräsentant der Königin Zubaida in Ägypten, der die Unverschämtheit besessen hatte, während eines Prozesses sitzen zu bleiben, vom Kadi zu zehn Peitschenhieben verurteilt wurde. Im 8. und 9. Jahrhundert hielten die Richter, die stets schwarz – in der Farbe der Abbasiden – gekleidet waren, ihre Sitzungen in den Moscheen ab, wobei die Kläger in einem Kreis um sie herum saßen. Als Zeugen wurden nur Leute mit gutem Leumund akzeptiert; unbekannte Zeugen mußten sich einer Befragung unterziehen.

So lebte im Islam die von den Reichen des alten Orient übernommene Tradition fort, der zufolge für ein Volk nichts – nicht einmal die Religion – wichtiger ist als die Gerechtigkeit. Sie sollte auch im Osmanischen Reich noch intakt bleiben: Einer seiner ruhmreichsten und am meisten geachteten Herrscher, Sulaiman der Prächtige, sollte von seinen Untertanen den Beinamen »der Gesetzgeber« erhalten.

Einmal abgesehen von den religiösen Schwierigkeiten – die sich manchmal mit Gewalt unter Muslimen entluden –, lebten diese Leute, die aus allen Himmelsrichtungen hierhergekommen waren, in einer Harmonie, die keine Spur einer Rassentrennung aufwies. Nicht, daß man nicht auf seine Abstammung stolz gewesen wäre. Aber sie konnte kein Grund dafür sein, einen Menschen wegen seiner Hautfarbe geringzuschätzen. Auf der ganzen sozialen Rangleiter war der Grad der Vermischung so hoch, daß niemand eine absolute Reinheit seiner Abstammung für sich beanspruchen konnte. Selbst die Kalifen entstammten derartigen Mischungen, daß jeder Rassenstolz fehl am Platz gewesen wäre. Rassismus ist ein im Islam unbekanntes Gefühl. Unbekannt ist auch der Haß gegen den, der den Glauben an den Propheten nicht teilt, sei er Jude oder Christ. In Bagdad bestand kein Unterschied zwischen den Muslimen und den »Leuten des Buchs«.

Die Christen waren in ihrer Mehrheit Nestorianer. In ihrem Kloster von Dair al-Atiq, das südlich der späteren Runden Stadt gelegen war, wurde Mansur empfangen, als er nach einem Ort suchte, an dem er seine Hauptstadt bauen wollte. Die Christen besaßen Kirchen und Klöster, vor allem im Stadtteil al-Karkh. In al-Schammasiya waren sie besonders zahlreich vertreten. Die Anzahl der Monophysiten war geringer. Weder die einen noch die anderen zeigten sich beunruhigt, und unter den ersten Abbasiden war Bagdad ein wichtiges Zentrum der nestorianischen Missionierung in Richtung Zentralasien.

Auch die Juden hatten kaum Grund zur Klage. Seit mehr als zwölf Jahrhunderten als Landwirte, Stadtbewohner und Handwerker in Mesopotamien ansässig, waren sie weder durch die muslimische Eroberung noch durch die abbasidische Revolution belästigt worden. Ihr Los hatte sich vielmehr verbessert, denn unter den zoroastrischen Sasaniden waren sie verfolgt worden. Seit der Gründung der Runden Stadt ließen sich die Vorsteher der Gemeinde in Bagdad nieder, das sich zum Zentrum ihrer Verwaltung und Rechtsprechung entwickelte. Unter Harun übten einige von ihren Mitgliedern in der Politik und vor allem im Finanzwesen großen Einfluß aus. Auf religiösem und intellektuellem Gebiet reichte die Ausstrahlungskraft der Talmudschule *(Jeschiva)* von Bagdad weit über die Grenzen hinaus. Solche Akademien, die sich der Interpretation des sogenannten Babylonischen Talmud widmeten, verbreiteten die rabbinische Tradition bis nach Südeuropa.

Leben in Bagdad

Bagdad heißt dieser Ort;
es ist ein sicherer Hort.
Von ihm zog der Winter mit seiner Kälte fort,
doch das Frühjahr mit seinen Rosen
hielt seinen Einzug dort.
Die Bäume blühen all,
und die Bächlein fließen zumal.
Tausendundeine Nacht, 1, 431.

Vom prachtvollen Haus des Würdenträgers vom Hofe oder des Großkaufmanns bis zur baufälligen Hütte des Lastenträgers und zum Schlupfloch in irgendeiner Ruine, in das sich der Bettler flüchtete, um die Nacht dort zu verbringen – in Bagdad fand sich jede Art von Behausung.

In diesem Klima, das in einer bestimmten Jahreszeit glühend heiß ist, besaßen die meisten Häuser, die wir als »bürgerlich« bezeichnen würden, einen Garten, der Luft und Frische spendete, mit einem von Palmen und Zypressen überschatteten Wasserbassin. Man züchtete Rosen, Narzissen, Anemonen, Veilchen, Jasmin, Flieder, Nelken und in den Wasserbecken Lotus. Die aus Zentralasien stammende Tulpe war noch nicht eingeführt worden; aber der aus Indien übernommene Orangenbaum begann gerade heimisch zu werden. Man begeisterte sich genauso für die Gärten wie später die Osmanen, die sich ruinierten, nur um in den Besitz von Tulpenzwiebeln zu kommen. Zahlreiche Dichter haben die Süße dieser Abende beschrieben, wenn man im Zitieren von Gedichten, Liedern, Musik wetteiferte und sich unschuldigen und anderen, weniger harmlosen, Spielen widmete.

Die Häuser sind aus sonnengetrockneten oder ofengebrannten Ziegeln gebaut (die bescheideneren aus gestampfter Erde), die mit Ton oder Mörtel zusammengefügt werden. Zwischen die Schichten legt man, einer uralten, bereits in Babylonien verwendeten Methode folgend, Schilfrohre. Die Ziegel werden mit Gips

Kostbare Stuckdekoration der Abbasidenzeit von einem Wohnhaus in Samarra. Berlin, Museum für Islamische Kunst. (Bildarchiv Preussischer Kulturbesitz)

bedeckt, oft nur stellenweise, um bestimmte farbliche Effekte zu erzielen. Zu demselben Zweck benutzt man Fayencen, sechs- oder viereckige Fliesen mit metallischem Glanz – die *kaschani* (nach der Stadt Kaschan benannt) –, in blauen, türkisen, grünen oder gelben Farbtönen. Bagdad war damals das große Zentrum der Lüstertechnik. Stuckverzierungen – lineare Motive, Arabesken und stilisierte Blumenmuster – werden ebenfalls häufig verwendet, vor allem bei Einrahmungen von Nischen; dieser Stil wurde in Samarra zur Perfektion getrieben. Dieselbe Pracht findet sich bei den Türen, die aus Edelholz – unter anderem aus Ebenholz – geschnitzt und manchmal auch mit Goldblättern bedeckt sind.

Wie in allen Ländern des Orients sind die Hausdächer flach. In den warmen Sommernächten wird hier geschlafen. Mehrstöckige Häuser sind in Bagdad selten, aber um die gleiche Zeit findet man in einigen Städten, etwa in Fustat, auch achtstöckige Häuser. In die Häuser der Reichen gelangt man über einen breiten, üppig verzierten Korridor *(dihliz)*, der auf einen Hof führt, um den herum die den Männern vorbehaltenen Empfangsräume angeordnet sind. Über einen weiteren Gang erreicht man einen zweiten Hof. Dort befindet sich der Harem. In einem dritten Bezirk wohnt die Dienerschaft. Die Häuser können bis zu fünfzig Zimmer haben, von denen die meisten zum Hof hin blicken. Die, die zur Straße gehen, haben einfache Fenster oder Erker. Das Tageslicht dringt dort durch runde Fenster ein, deren Durchmesser zwanzig bis fünfzig Zentimeter beträgt.

Mit Eseln oder Maultieren holen Träger das für den Hausgebrauch benötigte Wasser aus dem Tigris. Doch es gibt auch einige Rohrleitungen, die das Wasser aus den Reservoiren herbeiführen, und manche Häuser haben im Hof einen Brunnen (eine Wasserzapfstelle zu bauen, ist in den islamischen Ländern immer ein frommes Werk gewesen). Um den Häusern ein wenig Frische zu verleihen, ließen die Bagdader keine Gelegenheit ungenutzt: Im Kellergeschoß errichtete Räume mit Belüftungsschächten waren so ausgerichtet, daß der Wind dort eindringen konnte;[13] oder es gab Wasserberieselung entlang den Wänden, in Wasser getauchte Stoffstücke, mit denen ein Diener die Luft fächelte *(panka);* Eisblöcke, die ins Innere einer Mauer mit doppelter Wandung gelegt wurden. Die Reichsten legten auch Eisstücke in die Kuppel, die einen der Räume des Hauses überwölbte. Die Heizung war einfacher. Man verwendete glühende Holzkohle, die der normale Sterbliche in Kohlebecken aus Eisen legte, während die Wohlhabenderen Becken aus Silber oder vergoldetem Silber benutzten. In Bagdad ist dic kalte Jahreszeit unangenehm, aber kurz.

In den Häusern gab es nur wenige Möbel. Man saß auf dem Boden, was nicht ausschließt, daß es in den wohlhabenderen Kreisen auch Betten gab. »Steigt, Herr, auf dieses Bett ...«, sagt ein junges Mädchen in *Tausendundeiner Nacht* zu einem König. Zu Haruns Zeiten diente der *sarir* als Sofa. Er war so lang, daß mindestens zwei Personen auf orientalische Weise darauf sitzen konnten. Nachts schlief man auf dem *firasch* (Matratze), der, je nach den Möglichkeiten jedes einzelnen, mit einer mehr oder weniger bequemen Polsterung versehen war. Die Höhe der Polster hing vom Rang der Personen ab, die dort sitzen sollten; die Anspruchsvollen füllten sie mit weichen Daunen, Tierfellen oder mit Federn von exotischen Vögeln.

Der Luxus eines Hauses ließ sich auch an der Zahl und der Qualität seiner Teppiche ablesen. Am meisten geschätzt waren vor allem die aus Armenien und Tabaristan. Diese roten, aus feiner Wolle gewobenen Teppiche hatten seit der Zeit der Omayyaden großen Wert. Haruns Frauen saßen auf Teppichen und Kissen aus Armenien, deren sie als einzige am Kalifenhof würdig waren. Auch die Teppiche aus Isfahan und Mazenderan wurden geschätzt. Es gab sie in allen Farben und mit allen Mustern. Auf den überaus berühmten Teppichen aus Hira (im südlichen Irak) wurden Vögel, Pferde, Kamele oder stilisierte Blumen und geometrische Muster abgebildet.

In einem Haus des orientalischen Mittelalters finden sich keine großen Möbelstücke. Nur Gegenstände, die auf dem Boden liegen oder stehen, und Truhen, wobei die einen der Aufbewahrung des Geschirrs und der Kleider dienen, die anderen für die Bücher, das Geld und den Schmuck gedacht sind. Sie sind aus Metall, aus Holz, aus Flechtwerk und aus kostbaren Materialien angefertigt und entweder so groß und breit, daß ein Mann darauf schlafen kann, wie die *sunduq*, oder so klein, daß man sie in seinen Ärmel gleiten lassen kann. Gegenstände werden auch in Regale geräumt und in mehr oder weniger ausgeschmückten Wandnischen verstaut. Sperrige Möbel, wie etwa Schränke, sind unbekannt.

Die stattlichen Privathäuser verfügen über Badezimmer, die mit denselben Installationen ausgestattet sind wie die öffentlichen Bäder, die Hammam. Nachdem das Bad zu Beginn der Hidschra aufgrund seines fremden Ursprungs auf Vorurteile gestoßen war, wurde es, da die Waschungen zu den rituellen religiösen Vorschriften gehören, im 8. und 9. Jahrhundert endgültig akzeptiert. Im 10. Jahrhundert nannte ein Kalif den Hammam noch »das griechische Bad«. Zu Haruns Zeiten findet man in allen Städten solche Bäder. In Bagdad gab es, wenn man den Autoren glaubt, zu den verschiedenen Zeiten zwischen fünfzehn- und sechzigtausend Bäder. Im 8. Jahrhundert kam die erste Zahl sicher der Wahrheit näher als die zweite. Es handelte sich um große und schöne Gebäude, im allgemeinen ohne besondere Ansprüche an die architektonische Gestaltung. Einige Hammam waren schwarz asphaltiert, was an schwarzen Marmor erinnerte. Mas'udi bemerkt, daß sie oft mit dem Märchenvogel Anqa verziert waren, jener orientalischen Engelsgestalt, die einen Menschenkopf mit einem Vogelschnabel sowie vier Flügel auf jeder Seite und anstelle von Händen zwei Klauen hat.

Dem Hammam kommt seit dieser Zeit eine gesellschaftliche Rolle zu, die er in den muslimischen Ländern noch heute spielt. Es gibt Badetage für die Männer und solche für die Frauen. Der

Hammam ist Treffpunkt und Nachrichtenbörse zugleich. Nicht immer handelt es sich um sichere Orte, wie folgende Verse eines gewissen Mohammed Sakara bezeugen: »Ich verfluche Ibn Musas Bäder, obgleich ihr Duft und ihre Wärme ohnegleichen sind. Die Zahl der Diebe hat derart zugenommen, daß die Besucher dazu verurteilt sind, sich nackt und barfuß dorthin zu begeben. Ich bin als Mohammed dort eingetreten und als Bischr (ein berühmter Sufi) wieder herausgekommen.«

Der Hammam ist eine Art Anbau der Moschee.[14] Die Moschee selbst ist der Mittelpunkt des muslimischen Lebens, der Ort, an dem sich die Gemeinschaft versammelt, wo die Gläubigen hingehen, um zu beten und dem Imam zuzuhören. Die abbasidische Revolution war im Namen der Religion ausgeführt worden, die die Omayyaden vernachlässigt und zu ihrem eigenen Vorteil deformiert hatten. Das Regime ihrer Nachfolger war dagegen islamisch geprägt. Sie bemühten sich, den Islam durch Propaganda zu verbreiten und die Zahl seiner Kultstätten zu vermehren. Die Kalifen und Prinzen ließen deshalb überall im Reich, vor allem in Bagdad, Moscheen bauen.

Wie viele Moscheen gab es im 9. Jahrhundert in der Hauptstadt? Die arabischen Geschichtsschreiber präsentieren abenteuerliche Zahlen und sprechen sogar von 60 000 Moscheen. Die älteste der großen Moscheen oder *dschami*, die für das Mittagsgebet am Freitag benutzt wurden, war die der Runden Stadt. Harun al-Raschid ließ sie im Jahr 807 fast vollständig umbauen. Dann wurde eine andere große Moschee in Rusafa errichtet, 901 eine dritte nahe dem neuen Tadsch-Palast. Dort wurden im Rahmen der Freitagspredigt *(khutba)* die Bekanntmachungen der Behörden von der Kanzel *(minbar)* herunter verlesen. In der Großen Moschee wurde in den ersten Jahrhunderten der abbasidischen Herrschaft dem jeweils neuen Kalifen der Treueeid geleistet. Die großen Moscheen waren auch Versammlungsorte, wo sich Anhänger und Gegner der Machthaber begegneten und sich oft auch gegenüberstanden. Von dort nahmen manchmal Demonstrationen und Revolten ihren Ausgang, der Imam wurde angegriffen, die Kanzel umgeworfen.

Es gibt auch unzählige kleine Moscheen, *masdschid* genannt, Stätten des Gebetes oder »Stadtviertelmoscheen«, kleine Gebäude, in denen sich die Bewohner der Nachbarschaft zu den fünf täglichen Gebeten versammeln. Dort herrscht zu jeder Tageszeit lebhafter Verkehr; denn die Moschee ist nicht nur ein Ort des Gebetes, sondern auch eine Zufluchtsstätte für Reisende und Obdachlose. Dort spricht der Kadi Recht, und der Gelehrte unterweist seine Zuhörer, die, auf Matten oder Teppichen gruppiert, um ihn herum sitzen. Vor allem werden dort Neuigkeiten ausgetauscht, wobei man das Risiko, sich bestehlen zu lassen, in Kauf nimmt: Denn diese Orte werden auch von Taschendieben frequentiert. Im Hof schlagen Budenbesitzer ihre Stände auf: Sie verkaufen alles, Bücher ebenso wie Eßwaren und parfümiertes Frischwasser. Dort werden auch Versammlungen abgehalten. Vor allem abends geht es, nach einem sehr heißen Tag, in der Moschee und ihrer Umgebung zu wie auf einem belebten Forum. Gaukler, Taschenspieler und die *qussas* (Geschichtenerzähler)[15], die eine große Rolle im Leben der Muslime spielen, stellen dort ihre Talente zur Schau.

Die Händler wurden erst Ende des 9. Jahrhunderts auf Befehl der Kalifen »aus dem Tempel vertrieben«. Ungefähr um die gleiche Zeit wurden die Moscheen mit Kandelabern aus Edelmetallen und mit Glaslampen ausgeschmückt, die an Ketten aus Silber oder vergoldetem Kupfer von der Decke herabhingen. Zu jener Zeit begann man auch, sie an den Abenden muslimischer Feste zu beleuchten. Sie waren nun Ausdruck der Macht des Kalifen.

Kleidung

Der Abwechslungsreichtum bei den Kleidern, die in Bagdad getragen werden, verleiht den Straßen der Hauptstadt eine Farbigkeit und einen Reiz, wie man es sich heute schwer vorstellen kann. Jede ethnische Gruppe trägt ihre eigene, angestammte Tracht: Araber, Berber, Perser, Türken, Sklaven, die von jenseits des Mittelmeers kommen: Griechen, Slawen …

Einige Kleidungsstücke werden von fast allen getragen. Der *izar* ist ein Stück Stoff, das man um den Körper wickelt. Die Frauen ziehen es sich auch über den Kopf. Die Leute aus dem Volk tragen den weniger langen *mizar,* der nur bis zu den Knien reicht. Die Armen hüllen sich in eine Art Kleid, die *schamla,* die meistens aus Wolle angefertigt ist und auch als Decke benutzt wird. Die Beduinen ihrerseits wickeln sich in die *aba,* ein Gewand aus grober Wolle. Direkt auf dem Körper tragen Männer und Frauen die *ghilala* und eine Art Hose, den *sirwal,* der durch eine dünne Schnur festgehalten wird. Das *qamis* (Hemd) kann weite Ärmel haben, die gleichzeitig als Taschen dienen. Die *durra'a* ist ein weites Gewand mit Ärmeln; es hat auf der Vorderseite einen Schlitz: Im Palast ist die *durra'a* die »Hoftracht«. Der Kalif und die hohen Würdenträger verzieren sie mit Edelsteinen und Diamanten. Alle Personen, die im Dienste des Kalifen stehen, sind schwarz gekleidet, in der Farbe der Abbasiden. Die Weigerung, sich schwarz zu kleiden, kommt einer Kündigung gleich. Kadis und Gesetzeskundige tragen den Vorschriften entsprechend den *tailasan,* ein langes Stück Stoff, das die Schultern bedeckt und hinten wie eine Art Kapuze herunterhängt.

Nie geht jemand ohne Kopfbedeckung umher. Einen Mann seiner Haartracht zu berauben, ist eine Strafmaßnahme. Am häufigsten getragen wird ein Käppchen oder eine Art Fez, um das ein Turban gewickelt wird. Mansur hatte eine Kopfbedeckung – wahrscheinlich persischen Ursprungs – eingeführt, deren Form an einen langen Weinkrug erinnerte. Dieser hohe Hut wurde später von den Kadis übernommen. Aber das waren nur vorübergehende Moden. Jeder Mann trägt einen Turban, das wichtigste Kennzeichen des Mannes in der Kleidung. Einem zeitgenössischen Autor zufolge ist der Turban »auf dem Schlachtfeld ein Schild, in einer Versammlung eine Ehre, in den Wechselfällen des Lebens ein Schutz, und außerdem läßt er einen Mann größer erscheinen.« Stoffart und Länge des Turbans variieren natürlich je nach den Verhältnissen, in denen sein Träger lebt. Einige Prinzen schmücken sie sogar mit Diamanten. Mehrere Farben sind den Beamten und hochrangigen Generälen vorbehalten.

Im Sommer tragen die Bagdader Sandalen und im Winter hohe Lederstiefel. Diese sind so weit, daß man ein Messer und ein Taschentuch hineinstecken kann. Auch die längeren oder kürzeren Strümpfe aus Wolle oder feinem Stoff dienen als Taschenersatz. Man steckt Bücher, Schreibzeug und ähnliches hinein. Hin und wieder werden die Nichtmuslime, die *dhimmi*, dazu angehalten, sich anders als die Muslime zu kleiden. So ordnete Harun al-Raschid an, die herkömmlichen Vorschriften bezüglich der Kleidung der *dhimmi*, die in Vergessenheit geraten waren, wieder einzuführen. Doch sein Leibarzt brachte ihn von dieser Idee ab, und nach einiger Zeit wurde die Verfügung wieder aufgehoben. In der Regel durften die Nichtmuslime kein Schwert tragen. Wenn ihre Frauen auf die Straße gingen, mußten sie gelb oder blau gewandet sein und rotes Schuhwerk tragen. Mitte des 9. Jahrhunderts wurden sie vom Kalifen al-Mutawakkil verpflichtet, gelbe Kapuzen und einen gleichfarbigen Turban zu tragen; ihre Frauen mußten außer Haus ebenfalls gelbe Kleider tragen. Doch diese Vorschriften gerieten bald wieder in Vergessenheit.

Während die Frauen aus dem Volk – die, die ihr Wasser aus dem benachbarten Kanal schöpfen und denen die Kinder am Rockzipfel hängen – sich so kleiden, wie sie können, sind die reichen Bagdaderinnen für jeden originellen Einfall zu haben: Kleider jeden Zuschnitts, Blusen mit oder ohne Ärmel, aus mehrfarbigen Stoffen, ob aus Gold oder Seide. Im Winter kommen noch die Pelze hinzu. Haruns Sängerinnen tragen *qamis* und *sirwal* aus rosa, grünen oder roten Stoffen. Zubaida kreierte die Mode der edelsteinverzierten Schuhe und Ulaiya, Mahdis Tochter, die der juwelenverzierten Haarnetze ... »Ich wähle das schönste meiner zehn neuen Kleider aus und ziehe mich an; dann lege ich mein schönes Kollier aus echten Perlen an, meine Armreife, meine Ohrgehänge und meinen ganzen Schmuck; dann hülle ich mich in einen großen Schleier aus blauer Seide und aus Gold und binde meinen Brokatgürtel um die Taille und nachdem ich mir die Augen mit *kohl* verlängert habe, lege ich meinen kleinen Gesichtsschleier an.« (Siebzehnte Nacht).

Und an dieser Stelle sollen noch andere elegante Damen aus *Tausendundeiner Nacht* vorgestellt werden:

»Da ging Hubub hin und holte ein goldgesticktes Gewand; Zain el-Mawasif aber nahm es in die Hand und warf es ihm über, während sie sich selber eins der prächtigsten Kleider anlegte und ein Netz aus glänzenden Perlen um ihr Haupt schlang. Und um dies Netz band sie eine Binde aus Brokat, die mit Perlen und Rubinen bestickt war; unter diese Binde aber ließ sie von den Schläfen zwei Zöpfe herabhängen, deren jeder einen mit gleißendem Golde eingefaßten Rubin trug; und ihr Haar ließ sie herabwallen schwarz wie die Nacht. Zuletzt beräucherte sie sich mit Aloeholz und parfümierte sich mit Moschus und Ambra.« (V, 570 f.)

»Wie er diese Verse gesprochen hatte, siehe, da kam ihm ein wunderbar schöner Reigen entgegen: mehr als zwanzig Mädchen, Mondsicheln gleich; die umgaben jene Maid wie die Sterne den vollen Mond und hüteten sie. Ihr Kleid war aus Brokat, wie er für den König paßt; um den Leib trug sie einen feingewebten Gürtel, der mit vielerlei Edelsteinen besetzt war und sie eng umgab, so daß ihre Hüften hervortraten; die glichen einem kristallenen Hügel unter einem silbernen Schaft, über dem die Brüste wie Granatäpfel prangten ... Und er erblickte ihr Haupt, auf dem ein Perlennetz lag, besetzt mit Edelsteinen. Und Dienerinnen trugen rechts und links ihre Schleppe, während sie im Stolze der Schönheit anmutig sich neigend einherschritt.« (I, 525)

»Als er vom Schlaf erwacht war, weckte er sie und brachte ihr ein Hemd aus feinem Stoff, ferner ein Kopftuch im Wert von tausend Dinaren, ein Gewand mit türkischer Stickerei und Schuhe, durchwirkt mit rotem Golde und besetzt mit Perlen und Edelsteinen. Auch hängte er an jedes ihrer Ohren einen goldenen Ring mit einer Perle im Werte von tausend Dinaren, und um den Hals legte er ihr eine goldene Kette, die bis zwischen die Brüste reichte, und eine Kette aus Bernsteinkugeln, die über die Brust bis oberhalb des Nabels herabhing. An dieser Kette hingen zehn Kugeln und neun Halbmonde, und jeder der Halbmonde trug in der Mitte einen roten Hyazinthstein und jede Kugel einen Ballasrubin; der Wert der Kette betrug dreitausend Dinare, und jede der Kugeln kostete zwanzigtausend Dirhems, so daß der Schmuck, mit dem er sie ausstattete, insgesamt eine ungeheure Summe wert war. Als sie all das angelegt hatte, ließ der Händler sie sich schmücken; da schmückte sie sich wunderbar schön und ließ einen kostbaren Schleier über die Augen fallen.« (I, 596 f.)

Tafelfreuden

Ihr Gläubigen!
Eßt von den guten Dingen, die wir euch beschert haben!
Koran II, 172

Die Neigung der reichen Bagdader zur Prahlerei, die im Hinblick auf die Kleidung und die Ausgestaltung des Hauses besonders kraß ausgeprägt war, trieb im Bereich der Gastronomie noch ärgere Blüten. Es machte wenig aus, wenn ein Gericht wenig nahrhaft, fade oder zu stark gewürzt war – Hauptsache, es war originell. Am Morgen nach einem Mahl bei einem reichen Kaufmann oder einem hochrangigen Beamten war es in ganz Bagdad *das* Tagesgespräch. Und wenn bei diesem Mahl der Gastgeber eine unbekannte Speise vorgestellt hatte, eine geniale Erfindung seines Kochs, oder wenn er, was noch besser war, das Rezept einer hohen ausländischen Persönlichkeit besaß, dann war der gute Ruf seines Hauses für lange Zeit gefestigt. Um Neuerungen einzuführen, wurden also Gerichte aus dem Iran übernommen oder selbst aus dem Byzantinischen Reich – wie feindlich es auch immer dem Islam gegenüberstehen mochte. Etwas später sollte sich auch der Einfluß der türkischen Küche bemerkbar machen.

Die Tafelkunst war Teil der guten Manieren, der Kultur schlechthin, der Gesellschaft. Für sie hatten sich die Römer, die Griechen der hellenistischen Zeit und die Sasaniden begeistert. Die Abbasiden ihrerseits frönten fast seit der Gründung des Reiches dieser Kunst; denn die Entwicklung des Handels hatte es einer gar nicht so kleinen Minderheit ermöglicht, sich ihre kulinarischen Wunschträume zu erfüllen. Bücher erteilten Lektionen in Lebenskunst, wie das von Mas'udi erwähnte Buch persischer Herkunft, das ins Arabische übersetzt wurde. Darin fragt ein Sasanidenherrscher seinen Sohn über dessen Kenntnisse aus: »Welches sind die besten Gerichte, die schönsten Vögel, die wohlschmeckendsten Fleischsorten, die frischesten Gelees, die besten Bouillons, die köstlichsten Früchte, die gefälligsten Melodien, die sieben besten Zutaten für eine Suppe, die am süßesten duftenden Blumen, die schönsten Frauen und die besten Rennpferde?«

In *Tausendundeiner Nacht* wird beschrieben, wie Harun al-Raschid einen Fisch zubereitet: »Harun nahm die Bratpfanne, stellte sie aufs Feuer, tat Butter hinein und wartete. Als die Butter ganz geschmolzen war, nahm er den Fisch, den er gründlich abgeschuppt, gesäubert, gewaschen, gesalzen und leicht mit Mehl bestäubt hatte, und legte ihn in die Pfanne. Als der Fisch auf der einen Seite gut durchgebraten war, drehte er ihn mit unendlicher Kunstfertigkeit um, und als der Fisch gar war, nahm er ihn aus der Pfanne und legte ihn auf große grüne Bananenblätter. Dann ging er in den Garten und pflückte einige Zitronen, die er aufschnitt und gleichfalls auf die Bananenblätter ordnete. Dann trug er das Ganze zu den Tischgenossen in den Saal.« Mehrere am Hofe lebende Würdenträger verfaßten Bücher über die Kochkunst: So etwa Ibrahim al-Mahdi, der musizierende und dichtende Prinz, der einige Monate lang Kalif war, ebenso wie General al-Harith ibn Baschir und noch viele andere, darunter der große Geschichtsschreiber Mas'udi. Es gab auch Bücher über Ernährungslehre, zum Beispiel das *Kitab al-Aghdhiya* (»Buch der Nahrungsmittel«) des jüdischen Arztes Sulaiman al-Isra'ili, das ins Lateinische übersetzt und bis zum 18. Jahrhundert von der berühmten medizinischen Schule von Salerno benutzt wurde.

Die Dichter besangen die herrlichen, einzigartigen Speisen und die Freigebigkeit ihrer Gastgeber, die unvergleichliche Komposition eines unbekannten Gerichtes. Ein Gelehrter des 8. Jahrhunderts, Salih ibn Abd al-Quddus, machte sich über diese Lawine gastronomischer Gedichte lustig: »Wir leben inmitten von Tieren, die auf der Suche nach Weiden umherziehen, aber nicht suchen, weil sie begreifen wollen. Wenn man über Fische und Gemüse schreibt, erwirbt man sich in ihren Augen mehr Verdienst, als wenn man Themen echter Wissenschaft darlegt, was für sie traurig und verdrießlich ist.«

Zum Kochen werden Gewürze verwendet, für die ein hoher Preis zu zahlen ist, weil sie aus Südostasien oder Afrika importiert werden, beispielsweise Pfeffer, Muskatnuß, Zimt, Moschus, Ingwer und Nelke. Man verarbeitet auch eine große Zahl wohlriechender Pflanzen, die auf dem örtlichen Markt angeboten werden, wie etwa Petersil, Pfefferminz, Mohn, Cuscuta, Rosenblätter und Rosenknospen, Pistazien, Knoblauch, Zwiebeln, Senf usw. Je mehr an verschiedenen Ingredienzen eine Speise enthält und je länger ihre Zubereitung dauert, um so größer ihr Erfolg.[17]

In den wohlhabenderen Kreisen war Huhn das beliebteste Fleisch. Es ließ sich in unendlich vielen Varianten zubereiten. Das aus der ayyubidischen Epoche stammende *Kitab al-Wusla ila'l-Habib* enthält mehr als vierundsiebzig Rezepte: Hühnchen mit Pistazien, mit Rosenkonfitüre, mit Brombeergelee, mit Petersil, mit Orangen usw. Die Hühner wurden überall in der ländlichen Umgebung von Bagdad und in der Stadt selbst gehalten, damit man stets frische Eier hatte. Am häufigsten wurden sie, nachdem man sie über Nacht gebeizt hatte, gekocht, dann in Stücke geschnitten und in Sesamöl ausgebraten. Man aß auch viel Ziegen-, Rind-, Lamm- und Hammelfleisch. Hammel wurde – wie übrigens auch Hühnchen – von den Ärzten empfohlen, die im Hinblick auf Rinder, deren Fleisch ihrer Ansicht nach trocken war, mehr Zurückhaltung an den Tag legten; aber sie rieten dazu, der Milch wegen Vieh zu halten. Bevor man das Fleisch zubereitete, wusch man es mit heißem Wasser und briet es in Öl an. Sehr groß war auch der Konsum großer Fische aus dem Euphrat oder aus dem Tigris, die frisch oder eingesalzen verzehrt wurden (die kleinen, ganz billigen, überließ man den Armen). Sie wurden gebraten oder in Essig eingelegt oder zu einer Suppe verarbeitet.

»Eine Tafel ohne Gemüse ist wie ein Greis ohne Weisheit«, sagt ein zeitgenössisches arabisches Sprichwort. Und ein anderes lautet so: »Gemüse ist die Zierde eines Tisches.« Man ißt vor allem Erbsen und dicke oder feine Bohnen. Man bereitet Suppen daraus, läßt sie in Salzwasser kochen und serviert sie mit Sesam- oder Nußöl oder mit einer Panade. Sehr beliebt sind auch Auberginen, die man als Suppe, gebraten, mit Essig oder auch mit Milch ißt. Vornehme Leute meiden Karotten und Lauch (wegen des Geruchs), aber Knoblauch und Zwiebeln werden für die Gerichte verwendet. Dichter besangen die Spargel, die in der feinen Gesellschaft außerordentlich geschätzt wurden; Spargel aus Damaskus galt als der beste. Kresse, Radieschen, Spinat, Mangold und Lattich wurden nicht geringgeschätzt, obwohl die feineren Leute alles vermieden, »was Zähne oder Zahnfleisch färbte.«

Schon vor zwölf Jahrhunderten war der Orient das Reich der

Süßigkeiten und des Zuckerwerks, die bei den Armen wie bei den Reichen beliebt waren. Meistens beruhten sie auf der Grundlage von Mandeln, Zucker, Sesamöl, Milch und Sirup und waren mit Rosenwasser, Moschus und Zimt parfümiert. Der Zuckerrohranbau hatte sich kurze Zeit vor der Hidschra im ganzen Nahen Osten verbreitet. Der in Bagdad konsumierte Zucker stammte zumeist aus Khuzistan. Harun al-Raschid erhielt alljährlich große Mengen davon aus Seistan als steuerliche Abgabe. Isfahan schickte ihm weißen Honig.

Wer um den guten Ruf seiner Küche besorgt war, mußte auch auf die richtige Präsentation achten. Einige Rezepte des muslimischen Mittelalters enthalten einschlägige Tips. Man verwendet häufig Safran, weil er den Gerichten eine schöne goldene Farbe verleiht, und einige Gerichte, wie etwa das »Omelett in der Flasche« oder das »Falsche Hirn«, wurden sehr originell angerichtet. Auch wenn nur wenige Gäste zu bewirten waren, wurde immer eine große Anzahl von Gerichten serviert. Es heißt, daß ein berühmter Sänger, Ishaq ibn Ibrahim, ein Gastmahl veranstaltete, bei dem er nicht weniger als dreißig Geflügelspeisen anbot, die auf unterschiedliche Weise zubereitet waren, von den übrigen Gerichten und den warmen und kalten Nachspeisen ganz zu schweigen. Und das Ganze für drei Personen!

Die Köche, die das größte Ansehen genossen, ließen sich auf dem Sklavenmarkt mit Gold aufwiegen. Bevorzugt wurden schwarze Frauen, die, wie behauptet wurde, für die Kochkunst besonders begabt waren. Auch die Inder galten als ausgezeichnete Köche, und Dschahiz zufolge fand man keine besseren Köche als die aus Sind.

Zur Tafelkunst gehört zunächst das Verschicken einer schriftlichen Einladung. Zur Illustration sei hier ein Beispiel zitiert: »Wir sind, o Herr, in einer Gesellschaft, der nichts fehlt als Du, zufrieden außer mit Dir. Drin haben sich die Augen der Narzissen geöffnet, haben sich die Wangen der Veilchen gerötet, duften die

Festgesellschaft eines Prinzen auf dem Balkon. Miniatur (Mogulreich, 17. Jahrhundert). New York, Metropolitan Museum of Art.

Rauchpfannen des Citrus, sind die Riechdosen der Pomeranzen geöffnet, reden die Zungen der Lauten und stehen auf die Redner der Saiten, wehen die Lüfte der Becher, ist der Markt der feinen Bildung eröffnet, ist der Heerrufer zum Beifall aufgestanden, sind die Sterne der Zechgenossen aufgegangen, hat sich der Ambrahimmel ausgespannt. Bei meinem Leben, wenn Du kommst, sind wir im himmlischen Paradiese und Du bist das Mittelstück der Perlenschnur.«[18]

Vor dem Mahl gießt ein Diener aus einer Kanne Wasser auf die Hände der Tischgenossen, wobei er beim Hausherrn beginnt. »Die kleine Sklavin … reichte ihnen das Becken und die goldene Schale voller Duftwasser für ihre Hände herum; dann hielt sie ihnen eine wunderschöne Kanne, verziert mit Rubinen und Diamanten und voller Rosenwasser, hin und goß ihnen davon in die eine und in die andere Hand für den Bart und das Gesicht; daraufhin brachte sie ihnen Aloeparfum in einem kleinen goldenen Räuchergefäß und parfümierte ihnen dem Brauch folgend die Kleider« (Übersetzung Mardrus, 152. Nacht). Der Hausherr oder der älteste unter den Gästen beginnt dann zu essen. Die Speisen werden nacheinander aufgetragen oder alles wird zusammen entweder auf einem Tuch oder auf Palmenblättern oder auch auf einer Tierhaut oder direkt auf den Boden gestellt. Bei den Reichen gibt es den niedrigen Tisch – *ma'ida* – aus Holz oder Stein (vor allem aus Onyx), der mir Ebenholz oder Jaspis, manchmal auch mit Perlmutt, eingelegt ist. Bei diesem kleinen, tragbaren Möbel handelt es sich oft nur um ein einfaches Tablett, das man auf den Boden oder auf Stützen aus Holz oder bearbeitetes Metall stellt *(kursi)*. Der Tisch wird nicht zum Essen benützt, sondern nur zum Abstellen der Schüsseln. Gegessen wird mit den Fingern, aber auch mit Messern und Löffeln. Man muß seine Stücke so klein wie möglich schneiden, darf sich die Hände nicht fettig machen, das Mark nicht aus den Knochen saugen, nicht für sich selbst die Leber oder das Weiße vom Geflügel nehmen und auch nicht das Hirn oder die Nieren, die als die besten Stücke des Gerichts gelten. Man darf sich nicht die Finger ablecken und den Mund vollstopfen, noch darf man den Speisen zu viel Salz hinzufügen oder in der Öffentlichkeit Zahnstocher benutzen.

Zum Essen trinkt man niemals Wein, sondern eisgekühltes, mit Moschus und Rosenwasser parfümiertes Zuckerwasser. Im Sommer ist eisgekühltes Wasser ein großer Luxus. Wein ist das Getränk für den Abend, den man im Kreis seiner Freunde und in Gesellschaft von Sängerinnen, Musikern und Dichtern verbringt. Manches Mal wird er in großen Mengen genossen. Zu den Gastmählern, die vor allem abends stattfinden, wird in der Regel eine begrenzte Anzahl von Leuten eingeladen: »Neben dem Gastgeber und dem Musiker bilden drei eine angenehme Gesellschaft. Bei sechs ist bereits die Grenze erreicht.« Und weiter: »Unter fünf ist es die Einsamkeit, darüber der Suk.«

Feste

In Bagdad ist – wie in allen Städten des muslimischen Orients – jeder Vorwand, die Monotonie der Tage zu unterbrechen, willkommen, und die Feste nehmen einen wichtigen Rang ein. Die islamische Toleranz ist in dieser Hinsicht sehr groß, und so feiern die Bagdader nicht nur die muslimischen Feste, sondern auch die vom Alten Orient ererbten, die zahlreichen christlichen Feste und noch andere, einfache, wiederbelebte Bräuche, deren Ursprung sich im Dunkel der Zeiten verliert. Der Kosmopolitismus des Abbasidenreiches hat alles akzeptiert.

Die Muslime feiern zwei große Feste: den *id al-fitr* (oder *id al-saghir)* am Ende des Monats Ramadan und den *id al-adha* (oder *id al-qurban),* das Opfer- oder Hammelfest. Alle Muslime – auch die weniger eifrigen – halten tagsüber das Fasten ein und nehmen selbst während der größten Hitze nicht den geringsten Tropfen Wasser zu sich. Dann feiert die ganze Bevölkerung ausgelassen das Ende des Fastens. Es wird lange im voraus vorbereitet: Die

Kinder sammeln auf den Straßen Geld, um dekorative Gegenstände und Süßigkeiten zu kaufen. Speisen werden zubereitet und neue Kleider gekauft. Wenn der Tag gekommen ist, begeben sich am frühen Morgen die offiziellen Persönlichkeiten, an der Spitze der Kalif, eskortiert von bewaffneten Soldaten, in einer Prozession zur Moschee, wo der Kalif, in den Mantel des Propheten gehüllt, als Vorbeter fungiert. Wenn die Andachten verrichtet sind, beglückwünscht man sich gegenseitig, umarmt und besucht einander. Jedermann feiert drei Tage lang im Rahmen seiner Möglichkeiten. Am Abend werden die Paläste und die Schiffe auf dem Tigris angestrahlt, und Bagdad glänzt »wie eine Braut in ihrer ganzen Schönheit«.

Am *id al-adha* wird der Tag gefeiert, an dem die Mekkapilger einen Mina genannten Ort erreichen, Steinchen gegen einen Felsen werfen, um den Dämon zu vertreiben, und dann einen Hammel und ein Kamel opfern. Dieses Fest dauert drei Tage, und in dieser Zeit werden überall auf Bagdads Plätzen Hammel durch rituellen Halsschnitt getötet. Der Kalif wohnt in einem Hof des Palastes dem Opfer bei, dann schickt er von dem Fleisch an jene Leute, die er ehren möchte, und läßt den Rest unter die Armen verteilen. Man kleidet sich neu, tauscht Geschenke aus, und vor allem ißt man sich an Fleisch satt.

Die Schiiten ihrerseits feiern die Geburtstage von Fatima und Ali und einige Sunniten die Geburt des Propheten; das geschieht zum Entsetzen der Rigoristen, die darin einen Angriff auf die Reinheit des Islam sehen. Hochzeiten und Geburten in der Herrscherfamilie werden in schöner Eintracht gefeiert. Dann schmücken und beleuchten Christen und Muslime ihr Haus, der Kalif verteilt Geld und die Dichter schreiben Verse. Noch größer aber ist der Jubel, der manchmal extravagante Züge annimmt, wenn es um die Beschneidung der Prinzen geht. Al-Muqtadir, ein Kalif, ließ am selben Tag fünf seiner Söhne beschneiden, und das kostete ihn 600 000 Dinar. Die Kalifen ließen fast immer gleichzeitig mit ihren eigenen Söhnen auch Waisen oder Kinder von Armen beschneiden, deren Eltern mit Geld und Geschenken beladen aus dem Palast heimkehrten. An einem solchen Tag wurden oft mehrere Hunderte von Knaben auf Kosten des Kalifen beschnitten.

Wenn der Kalif nach einem Sieg über die Ungläubigen oder die falschen Muslime nach Bagdad zurückkehrt, der Thronfolger designiert wird oder ein neuer Kalif sein Amt antritt, so sind dies natürlich Anlässe, die Stadt auszuschmücken und zu illuminieren. Die Mitteilung, daß ein Sohn des Kalifen den Koran flüssig lesen kann – das *tahdir* –, wird ebenfalls gefeiert. Bei diesen Gelegenheiten verteilt der Kalif Ehrengewänder, beschenkt seine Gäste mit Perlen und Goldstücken und entläßt Sklaven in die Freiheit. Al-Mahdi ließ bei Haruns *tahdir* fünfhundert Sklaven frei und gab großzügige Almosen. Die Dichter besangen das freudige Ereignis und wurden dafür belohnt. Das Volk freute sich auf seine Weise, entzündete Fackeln und hängte Girlanden auf.

Von allen aus fremden Kalendern entlehnten Festen wurde vor allem das Nauruz, das große Fest, das im Iran den Frühlingsanfang markiert, in Bagdad gefeiert, wo viele Bewohner persischer Abstammung waren. Es war von den Truppen eingeführt worden, die die Abbasiden an die Macht gebracht hatten. An jenem Tag stand die Bevölkerung früh auf. Man ging zu den Brunnen oder zum Kanal und besprengte sich mit Wasser. Die Frauen bereiteten auf der Grundlage von Rosenwasser, Mandeln und Zucker ein besonderes Gebäck zu und die Dichter schmiedeten Verse. Es wurden Gaben ausgetauscht. Der Kalif erhielt von allen Klassen der Gesellschaft unzählige Geschenke, von denen man ein Verzeichnis aufstellte. Sechs Tage lang wurden die Paläste des Kalifen, der Prinzen und der Würdenträger mit wohlriechenden Ölen und kostbaren Ingredienzen erleuchtet und man ließ Weihrauch abbrennen.

Ein anderes persisches Fest, Mihradsch, kündigte den Winter

an. Bei dieser Gelegenheit schlug man die Trommel, beleuchtete die Häuser, tauschte Gaben aus, und dem Kalifen wurden besonders prachtvolle Geschenke überreicht. Schließlich wurde ausgelassen das Sadar-Fest gefeiert, das ebenfalls persischen Ursprungs war. Man beging es mit Illuminationen und Feuerwerk. Die Menge drängte sich am Ufer des Tigris, auf dem die Schiffe der Prinzen und der Wesire, geschmückt und beleuchtet, schwammen. Man räucherte die Häuser aus[19], trank Wein, sang und tanzte um die Feuer herum.

Die Muslime von Bagdad feierten die christlichen Feste mit der gleichen Freude wie die muslimischen, ohne sich um ihre Bedeutung zu kümmern, die ihnen fast immer verborgen blieb. Die Festlichkeiten ihrer christlichen Nachbarn waren für sie ebenfalls Anlässe zum Feiern. In der Umgebung von Bagdad gab es zahlreiche – nestorianische oder monophysitische – Klöster, und die Feste ihrer Schutzheiligen boten Gelegenheit zu jeder Art von Zeremonien und Festlichkeiten. Wer mochte, schloß sich ihnen an, und diese Klöster, von denen manche groß und von Gärten umgeben waren, lockten damals wahre Menschenmengen an. Man trank dort guten Wein. »An einem Regentag ist es eine Freude, in Gesellschaft eines Priesters Wein zu trinken«, sagt ein Chronist. Die Klöster von Bagdad waren auch für ihre Spiele, vor allem das Tricktrack, bekannt.

An Ostern begaben sich Muslime und Christen in einer Prozession zum armenischen Kloster von Samalu, einem wunderschönen Gebäude, das im Nordosten der Stadt inmitten eines großen Parks gelegen war. Schabuschti erzählt, daß er dort ein Fest feierte, »bis er das Land mit einem Schiff verwechselte und die Mauern um ihn herum tanzten«. Am letzten Samstag im September ging man zum Kloster der Füchse, das ebenfalls von Gärten umgeben war, und am 3. Oktober zu dem von Aschmana. Man begab sich im Schiff dorthin, »mit Schläuchen voller Wein und mit Sängerinnen«, und verbrachte dort drei Tage unter dem

Zelt »mit Wein und hübschen Gesichtern«. Am ersten Fastensonntag schlossen sich die Muslime den Christen im Kloster von Ukbara an, einem Dorf, das für seinen ausgezeichneten Wein bekannt war, »wo man trank, tanzte und sich vergnügte« – Männer und Frauen gemischt. Und am vierten Sonntag begann man wieder mit einigen Tagen bei den Mönchen von Durmalis. Am Palmsonntag trugen junge Sklavinnen in einer Prozession Palmen und Zweige von Ölbäumen zum Hof des Kalifen. Man feierte auch die heilige Barbara am 4. Dezember und einige Wochen später Weihnachten. Man brannte dann ein Feuerwerk ab und knackte Nüsse, »weil Joseph, um Maria während der Wehen zu wärmen, ein Feuer anzündete und neun Nüsse, die er im Sattelsack gefunden hatte, knackte, um ihr zu essen zu geben ...«

Spiele

Die Engel sagen über drei Spiele aus:
Das Spiel eines Mannes mit einer Frau,
das Rennen und den Wettkampf der
Bogenschützen.
Hadit

In Bagdad wurde viel gespielt – in Privathäusern und in clubähnlichen Einrichtungen. Man spielte, um sich zu zerstreuen, aber auch, um Geld zu gewinnen, obgleich der Koran bestimmte Wetten verbietet.

Pferderennen und Polo spielten eine große Rolle. Zu Haruns Zeiten fanden die Rennen im Hippodrom statt, das sein Vater al-Mahdi hatte bauen lassen und das auch als Exerzierplatz für die Armee diente. Später wurden andere Rennbahnen eröffnet, von denen einige sich im Inneren des Bezirks der Paläste des Kalifen und der Prinzen befanden – mit Gärten, Hammam, Wohnungen, einem Speisesaal etcetera.

Das Pferd hat bei den Arabern immer eine wichtige Stellung

eingenommen. Man schrieb ihm einen übernatürlichen Ursprung zu. Auf seinem Pferd al-Buraq begab sich Mohammed nach Jerusalem und fuhr zum Himmel auf. Das arabische Pferd ist relativ neuen Ursprungs; denn die Rasse entstand erst um das 7./8. Jahrhundert durch jemenitisch-syrische Kreuzungen; dann kamen noch Züchtungen aus der Region um das Kaspische Meer hinzu.

Der Prophet selbst hatte zu Pferderennen ermuntert, ihre Regeln ausgearbeitet und in Medina Preisrennen veranstaltet. Sein Beispiel mußte die Wettkämpfe und den Reitsport fördern – Polo, Speer- und Säbelkamf, Bogenschießen vom Pferd usw. –, die auch ein hervorragendes Training für den *dschihad* darstellten.

Man schickte auch Hunde, Maultiere, Kamele und Esel ins Rennen und schloß Wetten auf sie ab. Taubenwettflüge waren unter Harun derart populär, daß sie sich zu einem echten sozialen Problem auswuchsen: Manche Leute vergeudeten ihr gesamtes Vermögen, um eine Brieftaube zu kaufen und auf sie zu wetten, obwohl solche Wetten verboten waren. Eine Taube kostete manchmal bis zu fünfhundert Dinar. Ein Ei war für einen Dinar zu haben. Das Abrichten dieser Tiere war mühsam und erforderte viel Geduld, konnte aber auch viel Geld einbringen. Dschahiz zufolge konnte eine Taube genausoviel Gewinn abwerfen wie ein Landgut. Harun al-Raschid war einer der Kalifen, die sich am meisten für Taubenwettflüge begeisterten, und er ging hin, um sich die Ankunft der »Wettkampfteilnehmerinnen« anzusehen, wie all jene, die von der Schönheit des Schauspiels und, mehr noch, vom Anreiz eines Gewinns angelockt wurden.

Eine der beliebtesten Sportarten war das Bogenschießen, eine Geschicklichkeitsübung, aber auch eine Ertüchtigung für den Krieg. Man schloß Wetten auf den Gewinner ab; diese Wettkämpfe, die normalerweise im Herbst abgehalten wurden, waren sehr populär, vor allem dann, wenn sich berühmte Bogenschützen unter den Teilnehmern befanden. Es gab Wettbewerbe mit beweglichen Zielscheiben und solche mit feststehenden. Der Bogenschütze durfte die Füße nicht bewegen, nur den Rumpf. Auch Wettkämpfe der Armbrustschützen zogen große Massen an. Mit dieser Waffe, die in der Frühzeit der Abbasiden eingeführt wurde, konnten Geschosse aus Eisen, Stein, ja sogar aus Blei geschleudert werden.

Ein anderer, ebenfalls sehr populärer Sport war der Ringkampf. Die Kalifen förderten ihn persönlich. Vor allem Amin, Haruns Sohn, wohnte den Wettkämpfen bei und zeichnete die Gewinner aus. Einige Kalifen waren selbst Ringkämpfer, und es wird behauptet, Ende des 9. Jahrhunderts habe al-Mu'tadid seine Kräfte dadurch beweisen wollen, daß er sich einem Löwen stellte, den er mit zwei Schwerthieben erlegte. In allen Schichten der Gesellschaft übte man sich im Gewichtheben. Al-Mu'tasim, jener Sohn Haruns, der Ma'mun nachfolgen sollte, hob einmal eine Eisentüre, die über 300 Kilogramm wog. Man widmete sich auch der Fechtkunst und dem Lauf und veranstaltete Schwimmwettbewerbe und Regatten auf dem Tigris.

Tierkämpfe gehörten zu den ganz großen Vergnügungen: Auf den Märkten wurden ausgewählte Böcke, Hunde, Hähne, Wachteln usw. verkauft, die man gegeneinander kämpfen ließ. Die Wetten waren hier verboten, was aber manch einen nicht daran hinderte, alles, bis auf seine Schuhe, zu verwetten.

8. Kapitel

Das Wirtschaftswunder

Zwischen dem 8. und 9. Jahrhundert
war die islamische Welt dem Orient wie dem Okzident
in wirtschaftlicher Hinsicht unbestreitbar überlegen.
M. Lombard

So faßte ich denn meinen Entschluß,
machte mich auf und kaufte mir Waren und Güter und allerlei Sachen,
auch Dinge, die zur Reise nötig waren …
Wir kamen von Insel zu Insel, von Meer zu Meer
und von Land zu Land. Überall,
wo wir landeten, trieben wir Handel
und tauschten Güter ein.
Sindbad der Seefahrer

Das Abbasidenreich, ein mächtiger Staat, den kein Feind in Gefahr bringen, nicht einmal in seinen städtischen und politischen Zentren treffen konnte, hatte sich zur blühendsten wirtschaftlichen Einheit seiner Zeit entwickelt.

Seit langem tauschten Perser, Byzantiner, Ägypter, Syrer und die Bewohner von Ober- und Untermesopotamien ihre Waren, vor allem Luxuserzeugnisse, aus, allerdings nur in begrenzten Mengen. Das hatte nichts gemein mit den großen Warenströmen, denen die islamische Eroberung den Weg geebnet hatte und für deren erstaunliche Expansion die Abbasiden sorgen sollten. Die Existenz einer gemeinsamen Sprache, des Arabischen, und derselben Religion, die alle Menschen denselben Gesetzen und denselben Lebensregeln unterwarf, erleichterte den Austausch innerhalb des Reiches, während die Bedürfnisse einer sich bereichernden Gesellschaft die wagemutigsten Kaufleute auf die Meere und über die Kontinente trieben und die kühnsten Investoren zur Spekulation veranlaßten. Diese wurden auch durch die Aussicht auf die ungeheuren Gewinne, die sich mit den exotischen Produkten erzielen ließen, angespornt.

Die Anziehungskraft, die der rasche Wohlstand des Kalifenreiches auf die Bevölkerung ausübte, sowie die Einfuhr zahlreicher Sklaven und die Verbesserung der Lebensbedingungen sollten bald schon einen demographischen Aufschwung zur Folge haben, wie man ihn unter ähnlichen Umständen auch in Frankreich unter Ludwig dem Heiligen, in Europa nach dem Hundertjährigen Krieg und im Osmanischen Reich zur Zeit Sulaimans des Prächtigen erleben sollte. Auch hier, im Nahen Osten wie in Khorasan, entwickelten sich einige Städte zu großen, ja sogar riesigen Schwerpunkten des Konsums. Die Beziehungen zwischen diesen Zentren nahmen zu, während »sich die Erde nach der Zeitrechnung von Bagdad drehte«.[1]

Die Masse der Landbevölkerung

Mehr als achtzig Prozent der Bevölkerung des Reiches lebte auf dem Lande und trieb Ackerbau. Der Nahe und Mittlere Osten bestand nicht nur aus Wüsten. Hier lagen Ägypten, die Kornkammer des Altertums, Mesopotamien mit seinen großen, ertragreichen Oasen, die Täler und Ebenen Syriens, die bewässerten Anbauflächen zahlreicher Oasen im Iran mit ihren fruchtbaren Regionen am Fuße der Berge – insgesamt Hunderttausende Hektar Land, die bebaut und manchmal gut bewässert waren und damals ihre Bewohner und die der Städte weitgehend ernährten.

In diesen Regionen hat sich die Siedlungsweise bis in die jüngere Vergangenheit hinein kaum verändert: Es gibt Hütten aus Binsen oder Palmzweigen, wie in Mesopotamien, Häuser aus Stein in bestimmten Gegenden von Khorasan und Syrien und Häuser aus Holz, etwa in den Waldgebieten südlich des Kaspischen Meeres. Die Häuser haben manchmal nur ein Stockwerk;

im Erdgeschoß befinden sich der Stall und die Vorräte. Anderswo hausen alle direkt auf dem gestampften Boden. Einzelstehende Häuser kommen selten vor. Die Dörfer sind fast alle von Lattenzäunen umgeben, um Missetäter und wilde Tiere am Eindringen zu hindern.

Im Gegensatz zu der Bauernschaft in vielen Ländern des mittelalterlichen Abendlandes waren die Bauern in den arabischen Ländern frei. Der Bauer war – zumindest im Prinzip – kein Leibeigener. Zwar ist in vielen Texten von »flüchtigen Bauern« die Rede, aber es handelte sich in erster Linie um Männer, die vor dem Steuereinnehmer flohen. Es gab also, wie es scheint, einen ziemlich großen Anteil der Bevölkerung, der nicht seßhaft war. Manchmal stellte sich der Bauer auch unter den Schutz eines reicheren Dorfbewohners, wobei dieser sich gegen Zahlung einer Abgabe, der *taldschi'a,* zwischen ihn und den Fiskus »stellte«. Ebenso führte die *himaya,* ein Klientelverhältnis, auf mehr oder weniger lange Sicht zur Aneignung eines Besitzes durch einen anderen. Manchmal konnten auch Grundstücke vom Fiskus oder reicheren Landbesitzern beschlagnahmt werden.

So kam es zum stufenweisen Verschwinden des kleinen Landbesitzes zugunsten des Großgrundbesitzes. Dieser Prozeß, der mit der Eroberung durch die Araber begonnen hatte, beschleunigte sich und verlief nicht ohne soziale Erschütterungen. Der Landwirt, der auf seinem Land lebte und es bearbeitete, wurde durch den großen Landbesitzer verdrängt, der in der Stadt wohnte und sich darauf beschränkte, die Abgaben in Empfang zu nehmen, die ihm sein Verwalter, der *wakil,* aushändigte. Diese Großgrundbesitzer traten vor allem seit der Regierungszeit Harun al-Raschids in Erscheinung: Dies war eine Folge der Steuerpolitik der Barmakiden und der Vermehrung der riesigen Ländereien im Besitz des Kalifen und seiner Familie. Khaizuran, die in der Umgebung von Bagdad und im ganzen Reich zahlreiche Dörfer und riesige Güter besaß, die sie bewirtschaften ließ, vermehrte ihre

Besitzungen, vor allem in Ägypten und in Mesopotamien, unablässig. Die vielen Abbasidenprinzen und -prinzessinnen waren gleichfalls Großgrundbesitzer, und die hohen Würdenträger gaben sich Mühe, ihnen nachzueifern. Im folgenden Jahrhundert riß die große Militäraristokratie das Land immer mehr an sich, nicht nur zum Schaden der kleinen bäuerlichen Grundbesitzer, sondern auch zum Nachteil der mittleren Grundbesitzer und oft – im Iran – auch der *dihqan.*

Die Umwandlung des Eigentums bremste die landwirtschaftliche Produktion nicht, die sich vielmehr entwickelte. Das gleiche galt für das Nomadentum, dessen Ausdehnung nach der Eroberung durch die Araber die Weidewirtschaft begünstigt hatte, ohne zugleich den Ackerbau zu schwächen.

Die erste Quelle des Reichtums war ganz offensichtlich der Landbau. Aber während das Abendland im frühen Mittelalter seinen Schwerpunkt auf die ländlichen Regionen verlagerte, kam es in der muslimischen Welt zu einer Verstädterung. Handel und Landwirtschaft stützten sich gegenseitig: Die Landwirtschaft profitierte von den Handelswegen, die zwischen den städtischen Zentren entstanden, während letztere von der Agrarwirtschaft zugleich versorgt wurden und den Großteil der Produkte für ihren Handel erhielten.

Das Grundnahrungsmittel der Menschen im muslimischen Orient des Mittelalters war Weißbrot. Im Gegensatz zum Abendland wurde hier wenig Roggenbrot verzehrt: Nur die Armen und die Asketen ernährten sich davon. Seit undenklichen Zeiten war Weizen am meisten verbreitet, während Gerste an die Tiere verfüttert wurde. Weizen wuchs im nördlichen Mesopotamien, Gerste im unteren Tigristal. Ägypten – vor allem das Fayyum –, Syrien, Ifriqiya und das Zentrum des Maghreb waren große Weizenproduzenten.

Reis, der aus Indien stammte und seit vorchristlicher Zeit in Untermesopotamien bekannt war, hatte sich nach der arabischen

Eroberung in Richtung Mittelmeerraum ausgebreitet. Es heißt, die Perser hätten ihn im Irak heimisch gemacht. Er wurde im Fayyum angebaut, in der Gegend um das Tote Meer und zunehmend im muslimischen Spanien. Zu Haruns Zeit gab es auch in Mesopotamien große Reisplantagen. Der Olivenbaum wurde in Syrien, in Ifriqiya, in Spanien und im Herzen des Maghreb in großen Mengen kultiviert.

Das Verbot des Weingenusses durch den Koran hatte keineswegs die Zerstörung der Weinberge zur Folge. Einige Kalifen sollten vergeblich versuchen, es durchzusetzen. Später sollte unter anderen der Fatimide al-Hakim die Zerstörung anordnen, ohne dabei mehr Erfolg zu haben. Nach der Eroberung baute man im Nildelta, in Syrien, in Mesopotamien, im nördlichen Palästina und im südlichen Spanien Wein an, wo man bereits den Málaga und den Je'rez kannte (diesen letzteren gewann man aus Reben, die man aus Schiraz eingeführt hatte). Die Dattelpalme, die aus dem südlichen Irak stammte, breitete sich mit der arabischen Eroberung in den Süden von Syrien, nach Kilikien, in die Westsahara sowie in die südlichen Teile von Algerien und Tunesien aus. Ein anderes, beliebtes Anbauprodukt war Zuckerrohr. Vor nicht langer Zeit aus Indien eingeführt, kam es über Susiana und Khuzistan nach Mesopotamien und Ägypten, seinem größten Produktions- und Konsumzentrum im Mittelmeerraum, und bald schon sollte man es auch in Sizilien antreffen. Die Araber bauten noch andere Früchte und Gemüsearten an, deren Erzeugung sich rund um das Mittelmeer verbreitete. Dazu gehörten die aus Indien stammenden Orangen, die in Sizilien, Marokko und Spanien angebaut wurden, sowie Bananen, Zitronen, Artischocken und Spinat.

Der Anbau rohstoffliefernder Gewerbepflanzen nahm ebenfalls in beträchtlichem Umfang zu. Am wichtigsten war Baumwolle. Gleichfalls aus Indien stammend (von wo sie durch die Sasaniden über Turkestan in den Nahen Osten eingeführt wurde), wurde sie in Transoxanien, im Iran, im Süden des Irak, aber vor allem in Palästina und in Syrien angebaut: Die Gegend um Aleppo sollte bald den ganzen Mittelmeerraum mit Baumwolle beliefern. Im Ägypten des 9. Jahrhunderts noch kaum bekannt, verbreitete sie sich in dem erwähnten Ausmaß. Die wichtigste ägyptische Textilpflanze war der Flachs, den es seit dem klassischen Altertum dort gab, wie die Gewebe bezeugen, die man in den Gräbern der Pharaonen gefunden hat. Er wurde im ganzen Delta angebaut, vor allem in der Gegend um Damiette-Tinnis. In Tunesien war das bedeutendste Produktionsgebiet das um Karthago-Tunis; in Spanien drang der Flachsanbau bis Galicien und in den äußersten Süden vor; im Irak wurde Flachs am Unterlauf des Euphrat, im Iran am Rand des Kaspischen Meeres kultiviert. Papyrus, einer von den traditionellen Reichtümern Ägyptens, wurde durch das Papier verdrängt und sollte um die Mitte des 9. Jahrhunderts gänzlich verschwinden. Hanf, der zumeist zur Herstellung von groben Kleidungsstücken und Schiffsegeln und -seilen verwendet wurde, wurde in Zentralasien, im südlichen Mesopotamien und in Spanien angebaut. Kamelhaar diente in erster Linie zur Herstellung von Filz (Zentralasien und Armenien) und dicken Stoffen (Khorasan, Ägypten).

Was die Textilien anbelangt, so nahm die Wolle mit Abstand den ersten Platz ein. Die islamischen Länder waren damals die einzigen großen Produzenten, wobei Nordafrika an der Spitze lag. Die Hochebenen des Maghreb, die Gebirgsmassive des Atlas, des Tell, des Aurès und die Ebenen entlang der Atlantikküste brachten Schafe von der besten Qualitat mit üppigem, feinem Vlies hervor. Die Berber sollten sie gleichzeitig mit der *mesta* in Spanien einführen; bei diesem noch immer üblichen System ging es darum, einen einzigen Hirten mit der Weidewirtschaft der Schafherden mehrerer Dörfer zu beauftragen. Andere weidewirtschaftliche Techniken kamen dann über die Berber auf die Iberische Halbinsel. Zu diesem Zeitpunkt kamen auch die Merinoschafe auf, die man durch die Kreuzung mit Schafböcken aus dem Maghreb erhalten hatte. Der wachsende Bedarf der Städte an Textilien zog ein Wachstum der Produktion und folglich des Handels nach sich. Die Herden vermehrten sich fast überall: Schafhaltung wurde in großem Maßstab in Ägypten, in Syrien und Palästina, im Nordwestiran, in Fars und Khorasan betrieben. Ihre Ausdehnung und die Weidewirtschaft sollten manchmal schädliche Auswirkungen haben und vor allem für eine fortschreitende Entwaldung verantwortlich sein.

Die den Arabern seit langem bekannte Seide drang nicht vor dem 6. Jahrhundert in den Mittelmeerraum vor. Man kennt die Anekdote von den Mönchen, die zur Zeit Kaiser Justinians in ihren Pilgerstäben Eier von Seidenraupen nach Byzanz gebracht haben sollen. Seit der arabischen Eroberung breitete sich die Seidenraupenzucht in allen Regionen aus, in denen das Klima sie zuließ. Die wirtschaftliche Expansion und der Wohlstand der Städte begünstigten dort auch die Entwicklung dieser Tätigkeit, deren Produktion den ständig wachsenden Bedarf des Hofes kaum befriedigen konnte. Seit dem 8. Jahrhundert gehörten Khorasan, die Ufer des Kaspischen Meeres, der Westiran und Armenien zu den großen Gebieten der Seidenerzeugung, zusammen mit der Orontes-Senke und Spanien – vor allem Andalusien –, wo die mit den Omayyaden dorthin gezogenen Syrer die Seidenraupe eingeführt hatten. Aber Ende des 8. und im 9. Jahrhundert konnte dank der zunehmenden Produktion die Nachfrage des ganzen Reiches gedeckt werden. Man führte große Mengen nach Byzanz aus, das damals im Hinblick auf seinen Bedarf an Rohseide fast vollständig von den muslimischen Ländern abhängig war.

Die Anbauerträge lagen viel höher als zur gleichen Zeit in Europa: Das Verhältnis zwischen Ertrag und Saatgut betrug für Weizen in Ägypten zehn zu eins (und in einigen Teilen dieser Provinz lag es sogar noch höher) gegenüber zwei oder zweieinhalb in Europa zur Zeit Karls des Großen. Vergleichbare Erträge wurden in Frankreich nicht vor dem 18. Jahrhundert erzielt, und auch dann handelte es sich nur um Ausnahmen. Die Araber, die keine geborenen Landwirte waren, verwendeten die Methoden, die vor ihnen existiert hatten, die sie allerdings oftmals auch perfektionierten.

Mit Ausnahme der Getreidearten Hartweizen und Gerste, die man problemlos auf halbariden Flächen anbauen konnte, benötigen alle Bodenerzeugnisse Wasser. Seit dem klassischen Altertum gab es im Nahen und im Mittleren Osten Bewässerungssysteme: Kanäle, Staudämme und Deiche, die das Wasser speicherten und das der Flüsse und der Wadis abzweigten, damit sie fruchtbaren Schlamm anlandeten. Dieses Wasser wurde zumeist allein durch das Gefälle herbeigeführt, und zwar über in den Boden getriebene Stollen, die sogenannten *foggara (qanat* im Iran), die in regelmäßigen Abständen mit Belüftungsschächten ausgestattet waren. Nach der Eroberung des Irak hatte der Kalif Omar den Bau eines Staudamms angeordnet, um die gerade neugeschaffene Stadt Basra zu versorgen. Die ersten Abbasiden vollbrachten ihrerseits auf diesem Gebiet eine beträchtliche Leistung.[2] Die Errichtung Bagdads und die Umwandlung der Umgebung in Kulturland erforderten eine gigantische Arbeit beim Graben von Kanälen. Harun al-Raschid ließ mehrere Kanäle in der Nähe der Hauptstadt, in der Gegend von Raqqa und ebenso in Samarra graben. Bei ihrer Instandhaltung und der Aufteilung des Wassers galt es, im Irak wie in Spanien, in Ifriqiya und in Khorasan überaus strenge Vorschriften zu beachten. In Merv war der Leiter des Wasserbauamtes ein hoher Beamter mit 10 000 Angestellten. In der Hierarchie stand er noch über dem Polizeichef. In Ägypten wurde das Hochwasser des Nil mit dem berühmten Nilometer von Fustat gemessen, mit dessen Hilfe man die Fläche der überschwemmten Gebiete schätzen und folglich die Höhe der Steuer festlegen konnte.

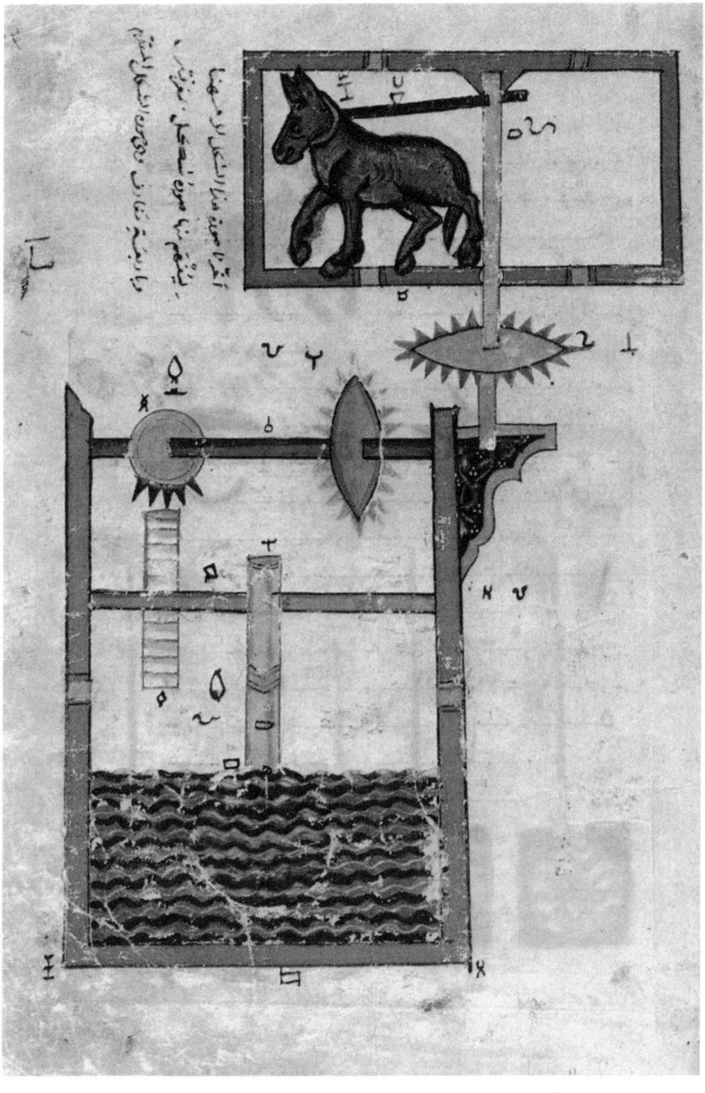

Schöpfrad (Noria), von einem Esel angetrieben. Konstruktionszeichnung aus einer Handschrift des um 1204 verfaßten »Buches der Automaten« des al-Jazzari (Syrien, um 1310). New York, Metropolitan Museum of Art.

Zum Wasserschöpfen bediente man sich besonderer Vorrichtungen: Man verwendete einen Schlauch oder einen irdenen Eimer, der am Ende eines Seiles hing, das seinerseits an einem Holzstück befestigt war, von Tieren bewegte Schaufelräder (die *daliya)* sowie Wasserschöpfräder (Norias, arab. *na'ura)*, die unlängst noch in der Orontes-Senke zu sehen waren. Wassermühlen trieben die Mahlsteine, Pressen usw. an. Windmühlen gab es nur in Spanien.

Zum Handwerk und den Manufakturen und den Bodenerzeugnissen kamen die Produkte der Viehzucht hinzu; dazu gehörten außer Nahrungsmitteln auch Rohmaterialien, die für die industrielle Verarbeitung bestimmt waren. Neue Techniken der Aufzucht und der Verwendung von Tieren, die hauptsächlich von Zentralasien übernommen wurden, führten zu einer beispiellosen Entwicklung auf dem Gebiet der Viehzucht sowie der Züchtung von Haustieren. Im 8. Jahrhundert kam der Büffel nach Mesopotamien, der mit der Wanderung der Zigeuner aus Indien dort eingeführt wurde. Man sollte ihn schon bald in Syrien und dann in Anatolien antreffen.

Unter den Haustieren muß vor allem das Pferd genannt werden, weil es bei der muslimischen Expansion eine überragende Rolle gespielt hat. Es gab verschiedene Rassen: Das kleine, dicke turko-mongolische Pferd war ein reines Produkt der asiatischen Steppe. Das schwerere Pferd aus dem Iran konnte das Gewicht einer Rüstung tragen. Es sollte nach Indien exportiert werden, wo es als Kavalleriepferd der Mahraten diente. Das Berberpferd, das nach der Eroberung Spaniens mit anderen Rassen gemischt wurde, gab einen Grundstock der Pferderassen Westeuropas ab. Was das syrische Pferd anlangt, das aus einer Kreuzung iranischer Pferde mit Berberhengsten hervorgegangen war, so sollte man es seinerseits wiederum mit den Pferden der Hochweiden Arabiens kreuzen: Das Ergebnis war das arabische Pferd. Man züchtete es vor allem in Ägypten, in Arabien und in Spanien.

Im Mittelalter spielte das Kamel in der Wirtschaft der arabischen und orientalischen Welt eine hervorragende Rolle. Seit dem Verschwinden des Rades gegen Ende des Altertums[3] diente das Kamel als das Lasttier schlechthin, da die anderen Tiere entweder zu langsam waren (das Rind) oder zu leicht (wie das Pferd). Das widerstandsfähige und relativ schnelle Kamel konnte weit über 200 Kilogramm schwere Lasten tragen. Die beschwerlichen Transporte in alle Gegenden des Nahen und Mittleren Ostens erfolgten auf Kamelrücken. Im Osten, in Zentralasien, benutzte man das sogenannte baktrische Kamel mit zwei Höckern, das hauptsächlich im Iran und in Khorasan gezüchtet wurde; auf der arabischen Halbinsel, in Syrien und in Ägypten wurden das einhöckrige Dromedar und der Esel verwendet.

Das beträchtliche Wachstum des Konsums und des inneren wie äußeren Warenverkehrs begünstigte die Produktion, die zu Harun al-Raschids Zeit ein bis dahin unbekanntes Niveau erreichte. Die Riesenstadt Bagdad, aber auch Basra, der größte Hafen der muslimischen Welt, Kufa, Wasit, Fustat, Merv und andere Städte waren riesige Märkte. In der Literatur jener Zeit wird kaum darauf hingewiesen, wie niedrig die Lebensmittelpreise infolge der Überproduktion waren.

Die technischen Fortschritte wurden durch die Verbesserung der Verbindungswege begünstigt. Vom Atlantik bis zum Hindukusch sind die Menschen niemals so viel gereist, niemals konnten Ideen und Gegenstände so leicht zirkulieren. Die schwersten Lebensmittel wie der Weizen und die leichtesten – die Gewürze – wurden Tausende von Kilometern weit transportiert, Rohstoffe mühelos vom Ort ihrer Erzeugung zu dem ihrer Verarbeitung befördert. Damaskus ließ seinen Stahl aus Indien kommen, das Silber wurde zum großen Teil in den Minen Afghanistans gewonnen. In Bagdad aß man Spargel aus Syrien und – wie heute auch – Äpfel aus dem Libanon. Man brachte Leinenkleider aus Ägypten in den Iran. Die Bagdader Mode wurde trotz der wechselseitigen Abneigung der Regierungen sofort in Córdoba kopiert. Das Verfahren der Papierherstellung, das in Samarkand bereits in der Mitte des 8. Jahrhunderts bekannt war, wurde in Bagdad seit dem darauffolgenden Jahrhundert verwendet, und das Bewässerungssystem von Ferghana wurde ohne Umschweife von Spanien übernommen. Die Menschen, die auf der Wanderschaft waren, die Gefangenen und die Pilger förderten die Verbreitung von Techniken, Methoden und Verfahren, die einander begegneten und beeinflußten. Niemals zuvor haben die Menschen ihr Wissen und ihre Erzeugnisse in so großem Maßstab ausgetauscht wie in jenen Jahren, die auf den Zusammenbruch des Sasanidenreiches, den Verlust des alten hellenistischen Herrschaftsgebietes durch Byzanz und den Machtantritt einer neuen Kalifendynastie in der muslimischen Welt folgten.

Eine Kultur der Textilien[4]

Das große Gewerbe der muslimischen Länder ist die Textilindustrie. Damals war sie die am besten organisierte, die raffinierteste und vielfältigste Industrie des Vorderen Orients: Schwere, dicke Wollstoffe aus Nordafrika, leichte aus dem Iran, Gaze, Voile und Leinen aus dem Nildelta, luxuriöse Seidenstoffe aus Khorasan und Kabul, die man bis nach China schickte, Seidenbehänge aus Antiochia und Bagdad, üppige Teppiche aus Armenien und vieles anderes, *waschy* (kunstvoll gearbeitete Luxusstoffe) bis hin zu den Baumwollgeweben aus Syrien und Ägypten, ohne die kümmerlichen Stoffe zu vergessen, in die sich die Armen von Bagdad hüllten – die muslimische Welt stellte alles her, was zur Kleidung der Menschen diente.

In allen oder beinahe allen Gegenden wurde, solange die Nachfrage groß war, gesponnen und gewoben. Zuerst für die Paläste, die gewaltige Summen für die Dekoration ihrer riesigen Säle verschlangen. Mehr noch zweifellos für die Kleidung der Prinzen und Prinzessinnen, der Kurtisanen und hohen Beamten im zivilen und militärischen Bereich, die die anderen Klassen der Gesellschaft, die bürgerlichen Großkaufleute an der Spitze, im Rahmen ihrer Möglichkeiten nachahmten.

Die Menschen kleiden sich je nach ihren Berufen und ihrem gesellschaftlichen Rang verschieden. Die Kaufleute tragen das *qamis* (Hemd) und den *rida* (Mantel), die Prediger eine Art Jacke mit einem Gürtel. Die Beamten müssen eine genau festgelegte Kleidung tragen: Der Kadi die *dahniya* (ein hohes Käppchen) und den *tailasan,* der Wesir und die Sekretäre die *durra'a.* Die Dichter kleiden sich in lebhafte Farben, die Sänger machen durch ihre ausgefallene Kleidung auf sich aufmerksam. Man trägt nicht den ganzen Tag lang dieselben Kleider. Auch die Offiziere der Armee wetteifern in Eleganz, und einige tragen Seidentuniken und pelzbesetzte Hosen.

Die Kalifen legten sehr großen Wert auf die Kleidung. Mutawakkil, Haruns Enkel, schätzte ein bestimmtes Kleid aus einer mit einem anderen Faden durchwirkten Seide: »Diese Mode«, sagt Mas'udi, »machten alle Mitglieder seines Hauses mit und sie wurde auch im Volk beliebt. Jeder wollte den Herrscher nachahmen. Auch erzielte diese Art von Stoff den höchsten Preis, und seine Technik wurde perfektioniert, um der Mode zu entsprechen und dem Geschmack der Prinzen und seiner Untertanen entgegenzukommen.« Die Schränke des Kalifen waren in besonderen Gebäuden untergebracht und der Bewachung eines hohen Beamten unterstellt. Seine Garderobe war, wie ein Gespräch zwischen dem Kalifen Muwaffaq (zweite Häfte des 9. Jahrhunderts) und seinem Wesir Hasan bezeugt, einfach gigantisch: »O, Hasan, dieser Stoff hat mir gefallen. Wieviel davon haben wir im Magazin?« – »Nun, da zog ich sofort aus meiner Stiefelette eine kleine Rolle heraus, wo alle Waren und Stoffe, die sich in den Lagern befanden, verzeichnet sind … Ich fand also 6000 Stück von der Art dieses Gewandes. – ›O, Hasan‹, sagte Muwaffaq zu mir, ›dann sind wir ja nackt! Schreib in die Länder, wo sie herkommen, damit man uns schnellstmöglich 30 000 Stück von dieser Art schickt.‹«[5] Wir erwähnen noch den Omayyaden Hischam, der so viele Kleider auf eine Wallfahrt mitgenommen hatte, daß er allein für ihren Transport siebenhundert Kamele brauchte; nach seinem Tod fand man 12 000 Tuniken aus *waschy* und 10 000 Seidengürtel. Man kennt den Inhalt der Kleiderschränke, die Harun al-Raschid hinterließ: viertausend goldbestickte Seidengewänder, viertausend Seidenkleider, die mit Zobel, Marder und anderen Pelzen verbrämt waren, zehntausend Hemden, zehntausend Kaftane, zweitausend Hosen, viertausend Turbane, tausend Kleider aus verschiedenen Stoffen, tausend Gewänder mit Kapuzen, fünftausend Taschentücher, tausend vergoldete Gürtel, viertausend Paar Schuhe, von denen die meisten mit Marder oder Zobel besetzt waren, sowie viertausend Paar Strümpfe.

Die Kleidung sagte etwas über die Bedeutung ihres Trägers aus: Mit Kleidern (anstelle von Orden) belohnte der Kalif die, die er ehren wollte. Die »Ehrengewänder« waren aus verschiedenen Stoffen und mehr oder weniger teuer, je nach dem Rang der Person, die sie empfing, und dem Grad der Ehre, der ihr verliehen wurde. Die *khila* (Kleidung) bestand, außer dem Kleid selbst, aus einem Hemd, einer Hose, einem *tailasan* und einer *durra'a*. Der Kalif verschenkte sie anläßlich der großen religiösen Feste, wichtiger Ereignisse in seiner Familie (Hochzeiten, Beschneidungen), eines Sieges oder einfach, um seine Zufriedenheit mit einem Beamten auszudrücken. Die Herrscher tauschten auch untereinander Ehrengewänder aus. Ma'mun schickte fünfhundert Kleider aus Brokat an einen indischen Fürsten. Der Basileus Leo schenkte Harun dreihundert Gewänder, und im folgenden Jahrhundert sollte Königin Bertha zwanzig goldbestickte Gewänder an den Kalifen Muktafi senden. Bekanntlich erhielt Karl der Große von Harun al-Raschid ein Zelt sowie zahlreiche Seidenstoffe und Leinengewebe.

Die Kalifen verteilten auch im Winter und im Sommer Stoffe an all ihre Diener und ihre Familien, insgesamt also an mehrere tausend Personen. Der Verbrauch am Hof war dementsprechend enorm.

Teppiche spielten natürlich eine wesentliche Rolle im alltäglichen Leben. Sie wurden vielfältig verwendet – als Betten, Kissen und Sitzgelegenheiten. Einige waren riesig: So maß ein Teppich im Besitz des Kalifen Hischam 54 mal 27 Meter. Die Schönheit ihrer Motive machte aus ihnen manchmal wahre Kunstwerke. Wenn die Kalifen und Würdenträger auf Reisen waren, machten sie in riesigen Zelten halt, die eigentlich tragbare Paläste waren. Eines der Zelte des Kalifen Mustansir hatte einen Durchmesser von 70 Metern; es wurde von einer über 30 Meter hohen Säule gestützt. Ein Pavillon, der einem anderen Kalifen gehörte und der von silbernen Säulen getragen wurde, war ganz aus Gold gewoben. Ein anderer wog mit seinem ganzen Zubehör mehr als 17 Tonnen.

Während der großen Zeremonien oder anläßlich der Ankunft eines wichtigen ausländischen Gesandten hängte man entlang der Route, die der Festzug nehmen sollte, Tücher auf und bedeckte den Boden mit Matten. Brokatvorhänge, Goldstickereien, golddurchwirkte und mit Edelsteinen und Perlen bestickte Seidenteppiche, Prunkschabracken für die Pferde und die Kamele – insgesamt handelte es sich um Dutzende von Kilometern kostbaren Stoffes, die die verschiedenen Werkstätten des Reiches für den Hof und den Palast anfertigten.

Als Instrumente einer Prestigepolitik, als Unterscheidungsmerkmale der gesellschaftlichen Klassen und der staatlichen Hierarchie sowie als Mittel der Belohnung und als Wertgegenstände, die von einem Herrscher zum anderen weitergereicht wurden, sollten die Textilien jahrhundertelang eine der größten Errungenschaften einer Zivilisation bleiben, die auf diesem Gebiet selten übertroffen wurde.

Die erlesensten Stoffe wurden in den Werkstätten des Kalifen, den *tiraz,* gewoben. Dieses Wort persischer Herkunft hatte zunächst ein Gewand oder einen Stoff bezeichnet, der gestickte Inschriften trug, dann, im erweiterten Sinne, auch die Werkstätten selbst. Diese waren über das ganze Reich verstreut; es gab sie natürlich in Bagdad, aber auch in Samarra, in Khorasan, in Dabiq (im Nildelta), in Kairuan usw. Als Eigentum des Kalifen wurden sie als staatliche Dienstleistungsbetriebe betrachtet und von einem hochrangigen Beamten geleitet, dem wiederum Abteilungsleiter, Kontrolleure etc. zur Seite standen. »Zu den Gepflogenheiten, die in den verschiedenen Reichen dazu beitragen, den Prunk der Hoheitsgewalt zu unterstreichen«, erklärt Ibn Khaldun, »gehört es, die Namen der Prinzen oder statt dessen gewisse, ausgewählte Zeichen in den Stoff der Kleider, die zu ihrem Gebrauch bestimmt und aus Seide oder Brokat angefertigt waren, einzuarbeiten. Diese geschriebenen Wörter mußten im Gewebe des Stoffes erkennbar bleiben und aus Goldfäden oder aus Fäden einer Farbe sein, die sich von der Grundfarbe des Stoffes abhob. Manche königlichen Gewänder waren auch mit einem *tiraz* verziert. Das war ein Zeichen der Würde und für den Herrscher und jene Personen bestimmt, die er ehren wollte, indem er ihnen gestattete, sie zu benutzen und für diejenigen, die er in eines der hohen Regierungsämter einsetzte… Unter den beiden Dynastien (der Omayyaden und der Abbasiden) wurde dem *tiraz* die größte Bedeutung beigemessen.«[6]

In der Abbasidenzeit wurden die Inschriften des *tiraz* in kufischer Schrift angefertigt.[7] Sie enthielten im allgemeinen eine Anrufung Allahs, den Namen des Kalifen, seinen Titel (zum Beispiel »al-Raschid«) und eine kurze religiöse Formel. Sie konnten gemalt, gestickt oder noch mit Stielstich ausgeführt sein.

Die Textilindustrie wurde aber keineswegs von den *tiraz* monopolisiert. Es gab sehr viele private Werkstätten, deren Produktion sicherlich die der *tiraz* übertraf. In Tinnis, im Nildelta, zum

Beispiel beschäftigte die Weberei, die einzige dort existierende Industrie, die gesamte Bevölkerung; das gleiche galt für andere Städte und Dörfer des Fayyum. Frauen und Kinder arbeiteten in diesen Werkstätten, vor allem in den Spinnereien. Ihre Löhne waren in der Regel sehr niedrig.

Gesponnen wurde mit dem Spinnrocken oder mit der Spindel und gewoben an einem horizontalen Webstuhl oder an einem mit Pedalen; beide Typen waren chinesischer Herkunft. Komplizierte Techniken, die ebenfalls mit Sicherheit aus dem Fernen Osten importiert waren (vor allem jene, die wir Gobelintechnik nennen), machten es möglich, Perlen und Edelsteine unter die Fäden zu mengen und mit Gold- oder Silberfäden zu arbeiten. Seit dem Ende des 8. Jahrhunderts verwendete man Gold, vor allem in Form einer hauchdünnen Schicht aus Edelmetall, die auf einen Faden aufgetragen wurde. Silberdurchwirkte Stoffe kamen hauptsächlich aus Spanien und Persien, aus Ländern also, die über Silberminen verfügten.

Zu Haruns Zeiten erlaubten die Webtechniken die Darstellung von tierischen und pflanzlichen Motiven.[8] Zwar wurden die Verfahren perfektioniert, aber Schönheit und Harmonie der Erzeugnisse aus den Werkstätten des Vorderen Orients sollten im Mittelalter unerreicht bleiben. Fast überall in der muslimischen Welt wurde gesponnen, gewoben und gefärbt: Baumwolle und Wolle in Marokko, Seide und Wolle in Spanien, Wolle und Baumwolle in Ifriqiya, Baumwolle in Syrien und Kilikien, Seide und Baumwolle in Khorasan. Im Irak besaßen Bagdad und sein Vorortgürtel (Baqdara und Hafira) Werkstätten, in denen Baumwolle, Seide und Wolle in ihren verschiedenen Formen verarbeitet wurden; Kufa war für seine Stolen bekannt; Basra und Ubulla produzierten Stoffe für Zelte und eine Art von hochwertigem Serge; Takrit, Hira und vor allem Mosul Musselinstoffe. In Ahwaz zählte man achtzig Teppichwirkereien; in Abadan wurden in Dutzenden von Werkstätten Matratzen und Kissen angefertigt. Bagdad und

Nu'maniya, Armenien und die Gegend von Buchara waren für ihre Teppiche berühmt, Transoxanien (Merv, Nischapur) für seine Baumwollgewebe, Syrien für seine Teppiche und Seidenstoffe usw.

Die drei Schwerpunkte der Textilerzeugung jedoch lagen in Fars, in Khuzistan und vor allem im Nildelta. In Fars wurden in etwa dreißig Orten, insbesondere in Fasa, Qurqub, Kazarun und Tawwadsch, Seidenbroché, Möbel- und Wollstoffe, Knüpf- und Webteppiche sowie Baumwollkleider hergestellt. Khuzistan war vor allem auf Leinenstoffe, Brokate und verschiedene Seidengewebe spezialisiert. Was das Nildelta anbelangt, so versandten seine ungefähr zwanzig Produktionsorte schwere Stoffe und leichte Schleier, golddurchwirkte Leinenstoffe, Gaze und Voile in allen Farben und Qualitäten sowie Stoffe mit Rankenmustern in das ganze Reich und ins Ausland. »Stoffe aller Art«, bemerkt Ya'qubi, der hinzufügt, daß in Tinnis »kostbare Stoffe angefertigt werden, dicke oder feine, von der Art wie die Stoffe aus Dabiq, Gaze, gestreifte, samtartige und mit Fransen verzierte Stoffe und solche mit Rankenmustern.«

Die anderen Industrien

Verglichen mit den Textilien war die Papierherstellung der Araber in der abbasidischen Zeit von nur mittlerer Bedeutung. Aber muß man daran erinnern, welche Folgen zunächst die Einführung und dann die Weiterentwicklung dieser Technik und ihre Vermittlung an das Abendland hatten?

Bis zum 8. Jahrhundert schrieb man auf Pergament und Papyrus, wobei das erste aus gehärteter Schafhaut, das zweite aus Lamellen zusammengepreßter und mit Stärke zusammengeklebter Rinden bestand. Die Omayyaden verwendeten Papyrus, die Abbasiden Pergament, »weil man sie (die Dokumente) so achtungsgebietender machen wollte und ihre Echtheit sowie ihre Dauerhaftigkeit sichern wollte«.[9] Aber 751 brachten die Araber dem

General Kao-Sien Tsche am Talas eine vernichtende Niederlage bei, in deren Folge sie Chinesen gefangennahmen, die die Verfahren zur Herstellung von Papier aus Flachs und Hanf kannten. Diese Leute wurden nach Samarkand geschickt, wo man einen Fabrikbetrieb eröffnete. Dann wurde diese Technik, die, wie viele andere, von den Chinesen entlehnt wurde, weiter nach Westen verbreitet. Es war Dscha'far der Barmakide, der, dem Rat seines Bruders Fadl, des damaligen Gouverneurs von Khorasan, folgend, um 794–795 in Bagdad die erste Papierfabrik der muslimischen Welt gegründet haben soll. Ein paar Jahre später wurden solche Betriebe in Andalusien, in Marokko, in Sizilien, in Damaskus und in Tiberias aufgebaut. Doch das Papier aus Samarkand sollte lange Zeit das beste bleiben. Bald schon gab Ägypten die Verwendung des Papyrus auf und stellte seinerseits Papier her. Das Ausland, an der Spitze Byzanz, kaufte Papier von den Arabern.

Verarbeitet wurden auch die Metalle, obwohl der Holzmangel der Ausbeutung der Lagerstätten Grenzen setzte. Metalle wurden aus Afrika und vor allem aus dem Abendland und aus Indien eingeführt. Zahlreiche kleine Werkstätten fertigten alltägliche Gebrauchsgegenstände aus Eisen und Kupfer an. In jeder Stadt verkauften die Hersteller ihre Produkte selbst. Fast überall wurden Tore für Festungen, Ketten, Werkzeuge usw. geschmiedet. Das in Syrien gelegene Harran spezialisierte sich auf die Herstellung von Waagen und wissenschaftlichen Instrumenten, unter anderem Astrolabien, Sand- und Wasseruhren. Waffen wurden ebenfalls fast überall unter Anwendung jener Techniken hergestellt, die es erlaubten, robuste und zugleich biegsame Stähle zu erhalten. (Einige dieser Techniken wurden geheimgehalten und vom Vater auf den Sohn tradiert). Diese zumeist aus Indien entlehnten Verfahren wurden vor allem in Damaskus angewandt, das für die Qualität seiner Waffen berühmt war, und später auch in Toledo. Im Kaukasus, wo es Eisenminen gab, stellte man Harnische und Kettenhemden her. Aber es wurden auch Waffen aus dem Abendland importiert, wie etwa die berühmten Schwerter der Franken und der Slawen.

Gold und Silber wurden in verschiedenen Betrieben verarbeitet, von denen einige dem Kalifen gehörten. Aus diesen Metallen wurden Gegenstände von hohem Wert angefertigt: Becher, Schalen, Filigran- und Emaillearbeiten und vom hellenistischen Altertum und vor allem von der sasandischen Kunst inspirierter Schmuck in allen Formen. Diese Werkstätten stellten auch die unzähligen Kandelaber, Leuchter, Phantasietiere und -pflanzen, Musikinstrumente und die Statuen wilder Tiere und Vögel her, die die Paläste der großen Städte zierten. Weniger kostbar, wenngleich oft mit Gold und Edelsteinen geschmückt, waren die Lederwaren, die in Bagdad, in Marokko, im Jemen und vor allem in Córdoba produziert wurden – Sättel, Saumzeug, Gürtel, Schatullen, Säcke.

Die Parfumindustrie war in der Entwicklung begriffen. Der Westen des Iran war eines der Hauptproduktionsgebiete: Man gewann dort verschiedene Essenzen – etwa aus Narzissen, Flieder und Jasmin –, die nach Bagdad und in die großen Städte geschickt wurden, wo man sie mit Veilchen und Rosen vermischte. Die Produktion von Rosenwasser war ansehnlich, da es nicht nur als Parfum, sondern auch zum Kochen verwendet wurde. Parfums spielten auch bei der Herstellung von Salben, Kosmetika und Sirupmasse eine Rolle. Auf der Grundlage von Pflanzen, Blumen und bestimmten Mineralien wie Borax oder Alaun, die an Ort und Stelle gewonnen oder importiert wurden, wurde so ein ganzes Arzneimittelverzeichnis indischen Ursprungs zusammengestellt. Heilmittel, Narkotika, Duftwässer und nicht zu vergessen die zahlreichen Aphrodisiaka beschäftigten eine Industrie von Kleinbetrieben, deren Produktion einen nicht zu vernachlässigenden Anteil am Handel ausmachte.

Auch andere Industrien gaben vielen Leuten Beschäftigung, so etwa die Zuckerrohrproduktion in Ägypten. Zuckerrohr wurde in die ganze muslimische Welt und ins Ausland exportiert und mehr noch Keramikwaren, die im Hinblick auf den Umfang ihrer Produktion und die Anzahl der Arbeiter und Handwerker an der Spitze standen. Aus Werkstätten, die über das ganze Reich – vor allem in Mesopotamien und in Syrien – verstreut waren, wurden unzählige Fayencefliesen verschickt, mit denen die Hausmauern verziert wurden, sowie Gefäße, Schüsseln, Krüge und Kannen für den alltäglichen Gebrauch oder auch von den erlesensten Stücken. Die seit langem bekannten Glaswaren wurden in den Werkstätten Ägyptens und Syriens in großen Mengen hergestellt und sollten schon bald im Iran und in Andalusien produziert werden. Sie wurden bis nach China exportiert.

Genannt sei hier noch das Bauwesen mit seinen Maurern, Ziegeleiarbeitern und Stukkateuren, die den Stuck – eines der wesentlichen Elemente des Innendekors – verarbeiteten und applizierten, seinen Zimmerleuten usw. In einigen Städten wie Bagdad stellte auch der Schiffbau eine wichtige Industrie dar. Es wurde vielerlei produziert: Kähne für den Gütertransport, Boote für den Kalifen und die Prinzen und Kriegsschiffe (einige waren feuerfest, um den Naphthabeschüssen und Sprenggranaten der Byzantiner standzuhalten). In Ubulla, dem großen Hafen in der Nähe von Basra, baute man, laut Ya'qubi, Schiffe, »die wie zusammengebundene Holzstücke aussahen und die bis nach China fuhren«.

Viele andere Gewerbe versorgten die Menschen mit den Gegenständen, die sie selber brauchten oder exportierten: Fast überall, auch im kleinsten Dorf, gab es Korbmacher, Eisenschmiede, Gerber, Drechsler, Seiler, Zimmerleute, Tischler und Stellmacher. Man wandte Techniken an, die man von früheren Generationen geerbt hatte: Rad, Blasebalg, Lastwinden und Bewässerungsmethoden. Aber die Araber führten, dank des Fortschritts der exakten Wissenschaften und der Erfindungsgabe ihrer Gelehrten, Veränderungen ein, die eine Steigerung der Erträge und eine Vielfalt der Produkte ermöglichten. Die Entstehung neuer Industriezweige wurde durch die Einfuhr von bis dahin unbekannten Rohstoffen (Alaun, Indigo, Safran) erleichtert. Die einen Provinzen des Reiches belieferten von nun an die anderen. Techniken und Kenntnisse wurden problemlos ausgetauscht. Die Seidenindustrie im südlichen Irak stand unter dem Einfluß der persischen und die Produktion von Leinentextilien an den Ufern des Kaspischen Meeres unter dem der ägyptischen Provinzen; syrisches Glas wurde in Mesopotamien nachgeahmt, das ägyptische in Samarra.

Die neuen Bedürfnisse einer unablässig wachsenden Bevölkerung verursachten im Bereich der industriellen Produktion eine Entwicklung, die ihrerseits eine Erweiterung des Handelsverkehrs zunächst im islamischen Bereich, dann, mehr und mehr, innerhalb der ganzen damals bekannten Welt zur Folge hatte.

Die Expansion des Handels

Über die Flüsse, und mehr noch über die Landwege, wurden die Lebensmittel und Reichtümer innerhalb des Reiches verteilt. Die Erzeugnisse der islamischen Länder gelangten über das Meer bis zu den Enden der Welt, und über den Seeweg wurden auch die Rohstoffe herbeigeschafft, die ihre Industrie benötigte. Aber warum kam es zu dieser Expansion des Handels, die sich nur mit den großen Augenblicken der industriellen Revolution des 19. Jahrhunderts und der rasanten Entwicklung des Kommunikationswesens im 20. Jahrhundert vergleichen läßt?

Die Entwicklung der Städte und die Verlockung des Konsums in den großen Städten erklären noch nicht alles. Ebensowenig die Vereinigung bis dahin weit verstreuter Gebiete durch eine gemeinsame Sprache und Religion unter der Macht der Kalifen. Es gab andere Gründe: Zunächst die erstaunliche Dynamik der Völker des Reiches nach der arabischen Eroberung und mehr noch in den Jahrzehnten, die auf die abbasidische Revolution folgten.

Die Geschwindigkeit, mit der die Schwadronen des Islam in unglaublich geringer Anzahl so riesige Territorien eroberten; dann löste der bemerkenswerte Aufschwung von Bagdad bei den Arabern eine Begeisterung aus, wie man ihr erst einige Jahrhunderte später, in der Epoche der großen Entdeckungen, wieder begegnen sollte.

Die Eroberung brachte die Völker des Reiches auch mit Regionen und Meeren in Verbindung, die die Pflege ihrer Beziehungen zu den fernsten Ländern förderten. Das Mittelmeer ermöglichte ihnen ein näheres Kennenlernen der ägyptischen und hellenistischen Zivilisation, erschloß ihnen das Abendland und gab ihnen Zugang zu den Reichtümern und den neuen Denkrichtungen, insbesondere in Spanien.

Im Süden des Reiches ebnete ihnen die Besetzung der Länder am Persisch-Arabischen Golf den Weg nach Asien. Sie verfügten bereits über eine Route, die kürzer und weniger beschwerlich war als das Rote Meer und die über Mesopotamien und die Täler von Euphrat und Tigris nach Syrien, Anatolien und in den Norden Persiens führte. Und da alle Grenzen gefallen waren, hatten sie auch ebenso Zugang nach Ägypten und in das Mittelmeergebiet. Mittelmeer und Rotes Meer bildeten seither zwei parallele Wege nach Südostasien und in den Fernen Osten. Diese Routen, die sehr bald von den Arabern, den Persern, den Juden und den Kopten benutzt wurden, sollten zur wirtschaftlichen Blüte des Irak, Ägyptens und des ganzen Reiches beitragen.

Das im Herzen der Alten Welt gelegene arabische Reich hatte auch den Vorzug, daß sich in seinem Kernland riesige Mengen an Edelmetallen befanden, die es ihm ermöglichten, eine stabile Währung einzuführen, und sich alle für seine wirtschaftliche Entwicklung notwendigen Produkte zu verschaffen.

Jahrhundertelang – im Fall von Ägypten sogar jahrtausendelang – hatte der Orient Gold gehortet: Pharaonen aller Reiche, Sasanidenherrscher und -prinzen, Bischöfe und viele andere hatten in ihren Gräbern, ihren Palästen, ihren Klöstern und ihren Kirchen Schätze angehäuft. Man hat errechnet, daß allein das Gold, das im Grab des Tut-anch-amun gefunden wurde, doppelt soviel wert war wie das, was die Bank von Ägypten um 1925 an Goldreserven besaß.[10] Wie viele Tonnen waren davon in die Grabstätten der größten Herrscher gewandert? In Persien, wo das umlaufende Geld aus Silber war, wurde Gold zu Schmuck, Möbel und Ziergegenständen für den König der Könige und seine Verwandten verarbeitet. In Syrien und Mesopotamien waren in den Gebäuden für den christlichen Kult und in den Klöstern gewaltige Schätze angehäuft worden: Kirchenschmuck, Statuen und Kultgegenstände waren nach der Expansion des Christentums in ungeheuren Mengen erworben oder gespendet worden. Die byzantinischen Kaiser hatten sich bei Währungskrisen aus diesen Schatzkammern bedient. Die Araber sollten dort eine riesige Goldreserve vorfinden, aufgrund derer sie zunächst in Damaskus und dann in Bagdad ihre Münze – den Dinar – prägen ließen, die ihrem internationalen Handel zu seinem Aufschwung verhalf.

Zu diesen gewaltigen Mengen an Edelmetall kam seit dem Ende des 8. Jahrhunderts das Gold hinzu, das im Sudan abgebaut und mit Karawanen durch die Sahara bis zu den Küstenstädten transportiert wurde, von wo aus man es nach Ägypten, Syrien und Mesopotamien ausführte. Der Dinar, der sich auf ansehnliche, sich unablässig erneuernde Ressourcen stützte, sollte für lange Zeit neben dem byzantinischen Nomisma die einzige Münze sein, die zugleich in der muslimischen Welt, in Rußland und im Abendland in Umlauf war. Sein Gewicht (4,25 Gramm) war etwas geringer als das des Nomisma (4,55 Gramm), und sein Feingehalt – 96 bis 98 Prozent – war dank der neuen Gußmethoden, die die Araber anwandten, hervorragend. Aber die Währung beruhte auch auf dem Silber, da das Reich im Iran und in Zentralasien zahlreiche Silberminen besaß. Das Gewicht des Silberdirham betrug 2,97 Gramm und sein Wert zu Zeiten Harun al-Raschids ungefähr ein Fünfzehntel des Dinar. Er war damals vor allem in Mesopotamien in Umlauf, während in Syrien und Ifriqiya Gold als Zahlungsmittel diente. In Bagdad wurde beides verwendet. Silber sollte nach dem 10. Jahrhundert fast überall zugunsten des Goldes verdrängt werden.

Ende des 8. und im 9. Jahrhundert war der Persisch-Arabische Golf die wichtigste Handelsstraße, die zum Indischen Ozean, nach Ceylon, Malaya, zur indochinesischen Halbinsel und nach China führte. Im 10. Jahrhundert dann sollte das Ägypten der Fatimiden eine rivalisierende Route durch das Rote Meer etablieren. Zu Harun al-Raschids Zeiten und unter seinen Nachfolgern spielten die großen Häfen am Golf eine absolut beherrschende Rolle.

Basra – laut Ya'qubi »die erste Stadt der Welt, das Zentrum des Handels und des Reichtums schlechthin« – war bei weitem der größte muslimische Handelsplatz der damaligen Zeit. Die 650 gegründete Stadt hatte Anfang des Jahrhunderts einen lebhaften Aufschwung genommen und sich zu einer großen Metropole entwickelt. Es war ein Finanzzentrum, in dem sich Christen, Juden, Perser, Araber und Inder begegneten, und eine Industriestadt dank den Werften, wo die meisten Schiffe der Handelsflotte gebaut wurden, seinen Zuckerfabriken und Spinnereien. Doch Basra war auch ein großes Zentrum des geistigen Lebens. All diese Aktivitäten jedoch verblaßten gegenüber denen, die sein Hafen entfaltete. Zusammen mit Kalla, seinem Flußhafen, und Ubulla, seiner näher zum Meer gelegenen Nachbarstadt, war Basra der bedeutendste Hafen des ganzen Reiches. Da es an der Mündung des Euphrat gelegen war, mußten die Schiffe eine lange Fahrt durch Untiefen machen, ehe sie dorthin gelangten. Aber dadurch wurde die rasante Entwicklung des Handels nicht gebremst, und Basra wickelte den größten Teil des Warenaustausches zwischen den muslimischen Ländern und dem Orient ab.

Der im Südiran gelegene Hafen von Siraf, der sich zum Indischen Ozean hin und darüber hinaus orientierte, sollte sich erst einige Jahrzehnte später entwickeln, war aber bereits ein bedeutender Handelsplatz. Seine Kaufleute standen in dem Ruf, die reichsten des Iran zu sein, die Häuser (aus Teakholz gebaut – ein unerhörter Luxus!) mit den meisten Stockwerken zu besitzen und vor allem die besten und kühnsten Seefahrer der muslimischen Welt zu sein. »Die meisten Chinesen beladen ihre Schiffe in Siraf, wo die Waren von Basra, Oman und anderen Orten hintransportiert werden und wo man sie auf die chinesischen Schiffe lädt: Das ist mit der schweren Dünung in diesem Meer und mit der unzureichenden Wassertiefe an bestimmten Stellen zu erklären. Die Entfernung zwischen Basra und Siraf beträgt auf dem Wasserweg 120 Parasangen. Wenn die Waren in Siraf geladen sind, nimmt man Süßwasser an Bord, sticht in See und fährt zu einem Ort namens Masqat, am äußersten Ende von Oman,« liest man in den *Wundern Indiens.*

Verglichen mit diesen großen Häfen nahm sich Aden relativ bescheiden aus. Dort handelte man vor allem mit den Produkten der afrikanischen Küste, und dieser Hafen diente als Rastplatz zwischen Afrika und dem Fernen Osten. Oman, mit seinen Städten Masqat und Sohar, war ein Umschlagplatz für die Gewürze, Elfenbein und die seltenen Erzeugnisse indischer Herkunft. Dschidda war der Hafen von Mekka und ein Anlegeplatz am Roten Meer.

Die Protagonisten dieser ständigen Begegnungen auf den Welthandelsstraßen waren in erster Linie die Juden. Die Einigung des muslimischen Reiches erlaubte ihnen, Verbindungen zwischen ihren verstreuten Gemeinden – von Spanien bis Ägypten, Syrien, Palästina, Mesopotamien und bis nach Indien – zu knüpfen. Besonders aktiv waren sie in Bagdad, wo sie einen politischen Führer, den Resch Galutha, ein religiöses Oberhaupt und theologische Schulen besaßen (aus denen der Babylonische Talmud hervorging). All diese miteinander verbundenen Gemeinden, die dank ihrer Vereinigungen und Geschäftspartner perfekt organisiert waren, gründeten Firmen, die untereinander solidarisch und gemeinsam für ihre Handelsaktivitäten verantwortlich waren. Seit Beginn des 8. Jahrhunderts widmeten sich die Rahdaniten genannten Juden[11] dem Handel im großen Maßstab. Sie fuhren weit, um die Produkte unterschiedlichster Herkunft – Getreide, Gewürze, Stoffe, erlesene Materialien, Sklaven – zu suchen. Zwei Jahrhunderte lang sollten sie den internationalen Handel beherrschen.

Die Christen ihrerseits trieben hauptsächlich auf dem Festland Handel; dabei stützten sie sich auf ihre Gemeinden, die ebenfalls fast überall verstreut lagen. Sie beteiligten sich vor allem im großen Maßstab am Bankgeschäft, in dem die Armenier als Meister galten. Aber auch am internationalen Handel waren sie etwas beteiligt. Desgleichen die Muslime: Im 9. und 10. Jahrhundert lagen die großen Vermögen von Bagdad und Basra mehrheitlich in ihren Händen, und sie besaßen das Quasi-Monopol auf den Handelsaustausch mit dem Maghreb und Ifriqiya.

All diese Leute fuhren unermüdlich über die Straßen, Flüsse und Meere der bekannten Welt, drangen aber nicht ins christliche Abendland ein. Die Muslime gelangten nie über die spanische Grenze oder die italienischen Häfen – vor allem Pisa und Amalfi –, in denen sie Handel trieben, hinaus. Die Juden und die orientalischen Christen ihrerseits begaben sich selten ins Abendland. Glaubten die Orientalen, die Handelsvorteile seien zu gering? Wahrscheinlicher ist, daß die Italiener die orientalischen Händler hinderten, bestimmte Grenzen zu überschreiten, um ihre eigenen Märkte nicht zu verlieren.

Es gab verschiedene Formen, Handel zu treiben: Entweder man begab sich selbst in die Länder, wo man Produkte kaufte und verkaufte, oder man vertraute seine Waren einem Reisenden an, der sie verkaufte und dafür andere erwarb. Sindbad, der berühmte Held aus *Tausendundeine Nacht*, unternahm seine er-

Märchenhafte Seefahrerszene (Iskander/Alexander der Große läßt sich in einer Glaskugel auf den Meeresgrund hinab). Miniatur (Mogulreich, spätes 16. Jahrhundert). New York, Metropolitan Museum of Art.

sten vier Reisen zusammen mit anderen Kaufleuten, die – wie er – ihre Waren jenseits der Meere verkaufen wollten. »So faßte ich denn meinen Entschluß, machte mich auf und kaufte mir Waren und Güter und allerlei Sachen … und fuhr nach der Stadt Basra, zusammen mit einer Schar von Kaufleuten. Von dort reisten wir auf dem Meere weiter, viele Tage und Nächte; wir kamen von Insel zu Insel, von Meer zu Meer und von Land zu Land.«[12] Nachdem er viel Geld verdient hatte, kehrte Sindbad nach unglaublichen Abenteuern nach Hause zurück, und von der fünften Reise an charterte er für sich allein ein Schiff samt Kapitän. Obwohl er steinreich geworden war, trieb ihn seine Abenteuerlust zu einer sechsten Reise, die er dieses Mal mit anderen Kaufleuten zusammen unternahm. Auf der siebten Reise fuhr er mit dem Schiff des Kalifen.

Ein großes Schiff zu chartern kostete natürlich sehr viel Geld. Am häufigsten teilte sich eine Gruppe von Glaubensbrüdern in ein Schiff. Aber dieser Usus kam nach und nach aus der Mode, und eine andere Finanzierungsart trat an seine Stelle, die »Commenda«: Der Kapitalgeber lieferte Waren an jene Leute, die sie verkaufen sollten; er teilte dann den Gewinn mit ihnen, nicht aber die Verluste, die allein auf seine Rechnung gingen. Bereits in vorislamischen Zeiten hatten die Karawanenführer die »Commenda« praktiziert. Die Rechtsgelehrten hatten erklärt, sie sei mit dem Islam vereinbar, und so breitete sich dieses System im 10. Jahrhundert in den muslimischen Ländern, später dann im Mittelmeerbecken und in ganz Europa aus.

Wie wurde bei den großen Handelstransaktionen Geld transferiert? Seit langem benutzten die Muslime den *schakk* (Scheck). Diese Zahlungsart fand sehr bald allgemeine Verbreitung. Geldwechsler, die *sairafi,* stellten Wechsel, Kreditbriefe und ähnliches aus. Der Kredit erstreckte sich auf die Vorschüsse zur Finanzierung eines oder mehrerer Handelsgeschäfte, die die großen Kaufleute planten und für die sie mit ihrem Ruf, ehrlich und sachverständig zu sein, garantierten. In diesen Jahren der Handelsdynamik im 9. und 10. Jahrhundert erblickten noch andere Formen der Kreditvergabe das Licht der Welt. Sie waren allen Situationen angepaßt und erklären zum großen Teil die wirtschaftliche Überlegenheit der islamischen Länder im Mittelalter. Theologen und Rechtsgelehrte bauten, trotz des Verbots des *riba* (wörtlich: ›Akkumulation‹, tatsächlich aber ›Wucher‹), hier kaum Hindernisse auf.

Die großen Handelsstraßen des Reiches und der Welt

In der muslimischen Welt des Mittelalters gab es nur wenige schiffbare Wasserwege. Der Geograph Muqaddasi (10. Jahrhundert) zählt zwölf solcher Wege auf, doch abgesehen von Nil, Euphrat und Tigris konnte keiner dieser Wasserwege für regelmäßige Transporte von Menschen und Waren benutzt werden. Mesopotamien und Ägypten waren privilegiert: Außer Euphrat und Tigris, die zum großen Teil schiffbar waren, gab es Kanäle, die die beiden Flüsse miteinander verbanden und die das untere Mesopotamien und die Gegend von Bagdad mit einem engmaschigen Netz von Verbindungswegen überzogen. Holz aus Armenien und Olivenöl aus Syrien wurden auf Flößen heruntergefördert; die Waren, die für die Hauptstadt bestimmt waren, wurden in Anbar auf kleinere Schiffe umgeladen, die Bagdad dann über den Isa-Kanal erreichten. Kähne und Flöße aus Samarra, Takrit, Mosul, Obermesopotamien und der Dschazira fuhren den Tigris bis Bagdad hinunter. Diese zumeist recht großen Flöße wurden von geschickten Leuten gesteuert und überquerten die Stromschnellen mit großen Ladungen. Wenn sie Bagdad erreicht hatten, wurden sie gelöscht und das Holz, eine seltene und teure Ware, verkauft.

Auf dem Nil herrschte ein lebhafter Schiffsverkehr: Es gab dort Boote mit den alten viereckigen Segeln oder mit den neuen dreieckigen Segeln, den sogenannten Lateiner-Segeln, die man erst vor kurzem von den Schiffen des Indischen Ozeans kopiert hatte und die erlaubten, dichter am Wind zu segeln. Feluken befuhren die zahllosen Flußarme und Kanäle. Einer von diesen Kanälen, den Kaiser Trajan hatte bauen lassen, verband Fustat mit Qulzum am Roten Meer, wo die Schiffe ankamen, die mit den für die Hauptstadt bestimmten Produkten beladen waren. Dort legten auch jene Schiffe an, die Mekka und Medina über Dschidda mit Lebensmitteln versorgten. Flußaufwärts segelte man auf dem Nil bis nach Oberägypten. Assuan war der große Lagerplatz und Markt des Sudan: Die Karawanen der Nubier brachten die Waren dorthin, die sofort auf dem Fluß eingeschifft wurden.

Die meisten anderen Flüsse der muslimischen Welt haben einen unregelmäßigen Lauf und sind nur über kurze Strecken oder zu bestimmten Jahreszeiten schiffbar. Im Kalifenreich flossen auch der Oxus (Amu Darya), der Jaxartes (Syr Darya), der Helmand und Flüsse, die im anatolischen Hochland entspringen. Der Flußverkehr war für das Transportwesen der muslimischen Länder von geringer Bedeutung, vor allem im Vergleich zu dem Verkehr, der auf den großen Wasserläufen Europas und der slawischen Länder herrschte.

Der Warenverkehr zwischen den Häfen des Persisch-Arabischen Golfes und den Ländern Südostasiens geht auf relativ späte Zeit zurück. Unter den Sasaniden hatten sich nur einige wenige persische Kaufleute in diese Regionen begeben und waren sogar bis nach China gelangt. Der Handel im Indischen Ozean begann in omayyadischer Zeit: Von 700 an gab es Niederlassungen muslimischer Händler auf Ceylon. Die Verlegung der Zentren der Handelstätigkeit von Damaskus nach Bagdad und Mesopotamien sollte die Expansion des Handels in Richtung Ferner Osten stark beleben.[13]

Das erste Ziel war Indien. Die Schiffe, die in Basra oder Siraf den Anker gelichtet hatten und die Malabarküste und vor allem den Hafen von Mandschapur (Mangalore) erreichen wollten, konnten nur in Masqat, an der Küste von Oman, halt machen und von dort, den Küsten von Sind und Makran entlang, direkt in Richtung Malabarküste segeln. Auf der Hinfahrt transportierten die Schiffe Salz, Kupfer- und Silberplatten, Seiden- und Baumwollstoffe, *tiraz,* Parfums aus dem Irak, Porzellanwaren und Pferde aus Oman. Dafür lieferte der indische Subkontinent Teakholz von ausgezeichneter Qualität, Färbehölzer, grauen Amber, Kardamom, Eisen und Waffen.

Die Schiffe, die nach China weiterfuhren, nahmen dann Kurs auf Ceylon, das Sarandib der Araber, die »Rubineninsel«, wo auch Saphire, Zimt und Elefanten gekauft wurden. Einige Schiffe fuhren dann nach Sumatra und Java oder auf die anderen Gewürzinseln, die Muskatnuß, Nelken, Pfeffer, Kampfer, Sandelholz, Teak und Zinn lieferten. Die anderen fuhren nördlich an Sumatra vorbei und gelangten über die Straße von Malakka zu den Küsten Kambodschas. Die wichtigsten Häfen waren Sanf (nördlich von Saigon) und Luqiyun (Hanoi), die letzte Station vor Khanfu (Kanton). Einige Schiffe liefen auch die Paracelsus-Inseln an. Die Araber fuhren selten über Kanton hinaus; jenseits von Korea begann das Unbekannte. Nach China brachten die Araber Luxusstoffe, Teppiche, Kupfer- und Silbergegenstände, Gold und Perlen aus Südostasien, Rhinozeroshörner und Elfenbein. Auf der Rückfahrt nahmen sie Papier, Arzneien, Moschus, Seidenstoffe und Kampfer an Bord: Die Ausfuhr all dieser Produkte war minuziösen Formalitäten unterworfen; es dauerte lange, bis man die Erlaubnis zur Einschiffung erhielt, da es verboten war, bestimmte Waren, die als selten angesehen wurden, zu exportieren.

Auf der Rückreise folgte man meistens derselben Route wie auf der Hinreise. Die Schiffe, die Ende November abgefahren waren, um vom Nordwest-Monsun zu profitieren, trafen sechs Monate später in Kanton ein. Dort verbrachten sie den Sommer und reisten im November oder Dezember zurück, um sich den Nordost-

Monsun zunutze zu machen. Ende des Sommers waren sie wieder in Basra oder in Siraf. Wenn alles gutging, dauerte die Reise also insgesamt achtzehn Monate.

Aber das war nicht immer der Fall. So liest man in dem *Bericht über China und Indien* (Mitte des 9. Jahrhunderts): »In China gibt es wenige Produkte. Eine Ursache dafür sind die häufigen Feuersbrünste in Khanfu, dem Hafen und Lager der Araber und Chinesen. Manchmal erleiden die Schiffe auch Schiffbruch oder werden geplündert oder gezwungen, lange Zwischenstationen zu machen und ihre Waren in nichtarabischen Ländern zu verkaufen. Manchmal müssen sie sich auch wegen einer Reparatur lange dort aufhalten.« Oder in dem Buch über die *Wunder Indiens:* »Für all jene, die in China gewesen sind, war die Reise ein gefährliches Abenteuer. Niemand hat je von einem Menschen reden hören, der dorthin fuhr und ohne Unfall wieder zurückkam, es sei denn, es geschah ein Wunder.« Einige Regionen waren piratenverseucht, und Piraten gab es hinauf bis zum Golf. Die arabischen Kaufleute fürchteten insbesondere die Piraten der nordindischen Küsten, deren Ruderschiffe viel schneller waren als ihre schweren Segelschiffe, und nahmen zu ihrer Verteidigung griechisches Feuer an Bord. Die Abenteuer von Sindbad dem Seefahrer mögen der Phantasie entsprungen sein, doch sie spiegeln die Furcht wider, von der diese Reisen seinerzeit überschattet waren, und die Gefahren, denen die Seefahrer sich aussetzten.

Die Schiffahrt war nicht weniger gefahrenreich. Navigationsinstrumente und geographische Karten – zumeist persischer Herkunft – waren nach wie vor ziemlich summarisch[14], selbst noch nach den Untersuchungen, die Ma'mun anstellen ließ (insbesondere die Messung des Meridianbogens), und unzählige Schiffe kamen vom rechten Kurs ab. Doch all diese Risiken schreckten die arabischen Kaufleute nicht ab, deren Marine damals den internationalen Handel fast vollständig beherrschte. Sicherlich, die Inder waren im Indischen Ozean bis hinunter nach

Indonesien am Handel beteiligt, und in den Häfen am Persisch-Arabischen Golf sah man große chinesische Dschunken. Aber dieser Handel lag im wesentlichen in den Händen von Muslimen. So sollte es über zwei Jahrhunderte lang bleiben; dann nahm der Verkehr zugunsten der Chinesen und der Inder zu, bis zu jenem Tag Ende des 15. Jahrhunderts, als der Portugiese Vasco da Gama von einem berühmten arabischen Seemann, Ahmed ibn Maddschid, gelotst, seine erste Reise in diesen Gewässern unternehmen und versuchen sollte, die muslimischen Seeleute ganz aus diesen Meeren zu verdrängen, was ihm nicht vollständig gelang.

Wenn auch im 8. und 9. Jahrhundert der am meisten benutzte Weg in den Fernen Osten der Seeweg war, lag die alte Seidenstraße nicht »brach«, und man beförderte auf ihr – in begrenzten Mengen – leichte und sehr kostbare Erzeugnisse. Infolge der politischen Erschütterungen, die das Reich der Mitte aufgewühlt hatten, war die Route nach Sinkiang wenig sicher, und trotz des 798 geschlossenen Bündnisses der Tang mit Harun al-Raschid sollte es noch eine Zeitlang dauern, bis der Reiseweg nach Zentralasien wieder voll aktiviert werden konnte.

Von Bagdad ausgehend, überquerte die »China-Straße« das iranische Hochland über den tausendjährigen Weg von Khanaqin und Kermanschah, um dann über Hamadan und Ray Khorasan zu erreichen. In der Nähe von Nischapur führt eine Weggabelung über Balkh, Bamiyan, Kabul und Multan über den Indus nach Indien. Die Reisenden, die nach China wollten, hatten dann die Wahl zwischen zwei Routen: Die eine führte über Taschkent und Talas und den Ili hinauf; die andere wandte sich in Richtung Kaschgar und einen Oasenkranz diesseits und jenseits des Tarim: im Norden an Aksu und Turfan, im Süden an Yarkand und Khotan vorbei. Die beiden Routen vereinigten sich dann wieder und führten in die chinesische Provinz Kan-su und nach Tschang-an.

In diesen unermeßlich weiten Steppen und diesen Stein- oder Sandwüsten mangelte es nicht an Gefahren, angefangen bei den

Überfällen von Banditen. Eine Karawane setzte sich aus vielen Leuten zusammen, die bewaffnet und eskortiert wurden. Doch gegen die Widrigkeiten des Klimas war nicht anzukommen: Plötzliche Unwetter, die die Flüsse anschwellen ließen, schnitten die Wege ab, und Mensch und Tier ertranken; Schneefälle oder glühende Hitze ließen Quellen und Bäche versiegen. Die Reise dauerte acht bis zwölf Monate.

Obgleich es bereits in mehreren Gegenden des muslimischen Reiches und auch in Byzanz Spinnereien und Webereien gab, war der Seidenhandel noch nicht gänzlich erlahmt; lange Zeit hindurch durchquerten Ballen hochwertiger Seide Zentralasien und Khorasan. Immer häufiger jedoch trafen über diese Route Porzellanwaren aus China ein: Die neue Mode verbreitete sich sehr rasch bis zum Hof von Bagdad, sicherlich nachdem der Gouverneur von Khorasan, Ali ibn Isa, Harun zwanzig Porzellangegenstände aus kaiserlich-chinesischer Produktion gesandt hatte, »deren gleichen man bis auf den heutigen Tag nicht gesehen hat«. Gewürze, die weder in Indien noch in Südostasien zu finden waren, Jadegegenstände und Moschus[15], der in Bagdad heißbegehrt war, kamen ebenfalls über diese Route aus China (zwei oder drei Jahrhunderte später sollte im Ost-Westhandel Tee an die Stelle der Seide treten). Dafür exportierten die arabischen und persischen Kaufleute Parfums nach China, Perlen, Korallen, Weihrauch und einige sehr luxuriöse Textilien. Die Turkstämme Zentralasiens kauften ihnen ebenfalls Seidenstoffe und Münzen ab gegen Waffen, Kupfergegenstände, Filz und – vor allem – Sklaven.

Waren im Tausch

Die Sklaven waren für das Funktionieren der abbasidischen Gesellschaft unentbehrlich, so sehr, daß ein schleppender Nachschub Störungen im Wirtschaftsleben hervorrufen konnte. Man brauchte viele Sklaven für die Erledigung von Aufgaben, die die Freien nicht übernehmen mochten, und dies um so mehr, als die

Muslime sie rasch wieder freiließen. Nun untersagt die Religion, einen Muslim zu versklaven. Die Eroberungskriege hatten den Siegern beträchtliche Mengen von Gefangenen beiderlei Geschlechts zur Verfügung gestellt, von denen viele in die Sklaverei verkauft worden waren. Da die arabische Expansion ihre Grenzen erreicht hatte, konnte man sich neue Gefangene nur noch im Zuge der Überfälle auf byzantinisches Gebiet besorgen.

Als dieses Reservoir seinerseits nicht mehr ausreichte, suchten unter der Herrschaft der Abbasiden[16] die Händler sie überall, wo sie sie finden konnten, so daß auf dem Markt von Bagdad Sklaven der unterschiedlichsten Herkunftsregionen feilgeboten wurden: »Da ging der Makler zu den Händlern und sah, daß noch nicht alle versammelt waren. Dann wartete er, bis sie alle kamen und bis der Markt sich füllte mit Sklavinnen aller Nationen, mit Türkinnen, Fränkinnen und Tscherkessinnen; mit Abessinierinnen, Nubierinnen und Negerinnen; mit Griechinnen, Tatarinnen, Georgierinnen und vielen anderen ...«[17]

Der Schwarze Erdteil lieferte viele Nubier, Äthiopier, Bantus, Somalis, ja sogar Senegalesen und Tschader. Sie waren den Stammeshäuptlingen abgekauft oder von Banden gefangengenommen worden, die mit den Händlern der großen Städte Afrikas oder der arabischen Küste in Verbindung standen, und wurden auf dem Land- oder auf dem Seeweg von einem Lager zum anderen geschickt. Diejenigen, die zum Eunuchendasein bestimmt waren – am häufigsten Sudanesen – und für einen viel höheren Preis verkauft wurden, wurden in Ägypten kastriert.

Eine andere Quelle, aus denen die Sklavenmärkte gespeist wurden, war Mittel- und Osteuropa. Neben den Angelsachsen waren es die Slawen, die am häufigsten in Sklaverei gerieten. Seit dem 8. Jahrhundert waren sie an die Stelle jener getreten, die die Händler der katholischen Länder Westeuropas inzwischen auf ihrem Binnenmarkt verkauften.

Die Sklaven gelangten auf verschiedenen Wegen auf die großen

Märkte: im Osten über die Wolga (Itil, die Hauptstadt der Chazaren), Armenien (eines der Zentren für Kastrationen), Ray und Bagdad; eine andere Route führte über das Schwarze Meer, eine dritte über den Rhein und die Donau. Im westlichen Europa war der bedeutendste Markt in Verdun, ebenfalls ein großes Zentrum für Kastrationen, die zum großen Teil von Juden durchgeführt wurden. Von dort wurden die Sklaven dann über die Saône und die Rhône nach Narbonne oder nach Arles gebracht, von wo man sie nach Spanien oder in den Orient schickte. Ein anderer wichtiger Markt war Venedig, das sich – trotz der Proteste der Päpste – seit der Mitte des 8. Jahrhunderts zu einem der großen Sklavenlieferanten entwickelt hatte. Das gleiche galt für Prag. Man fing also in ganz Europa Männer und Frauen ein, die man den Muslimen und den christlichen Byzantinern verkaufte: Angelsachsen, die über Lyon nach Venedig verfrachtet oder direkt nach Spanien geschickt wurden, und Lombarden, die von den süditalienischen Händlern gekauft und in Ägypten und in Ifriqiya weiterverkauft wurden.

Die Muslime zeigten besondere Wertschätzung für die im katholischen Europa geschmiedeten Waffen. Die Überlegenheit der Germanen, der besten Schwerterschmiede, läßt sich zweifellos durch die Kontakte erklären, die sie mit den Völkern Zentralasiens unterhielten – wahrscheinlich mit den Turkvölkern, deren Schmiedetradition auf die ältesten Zeiten zurückgeht. Die Orientalen schätzten auch die skandinavischen Waffen, die robust und zugleich biegsam waren.

Die Muslime kauften im Abendland auch Metalle, Pelze und Holz für den Schiffbau. Das arme und zurückgebliebene Europa hatte sonst kaum etwas zu bieten, und das, was es seinerseits kaufte, war nur für eine kleine Minderheit bestimmt: Es handelte sich im wesentlichen um die Luxuserzeugnisse, die es selbst nicht produzierte, insbesondere um Textilien. Die hohe Geistlichkeit und der Adel trugen purpurrote, goldbestickte Seidenkleider. Die

Gewänder Karls des Großen und seiner Töchter versetzten die Dichter in Begeisterung. Ludwig der Deutsche mußte ein Edikt erlassen, in dem er seinen Soldaten verbot, sich in gestickte Seide zu kleiden. Alkuin prangerte den Klerus an, der das Geld der Kirchen für prächtige Gewänder verschleuderte. Außerdem importierte Europa, allerdings in begrenzten Mengen, Gewürze, Heilkräuter, Elfenbein sowie Gold- und Silberplatten.

Zwischen Abendland und Morgenland standen also mehrere Handelswege offen: Der eine begann in England, führte über die Bretagne nach Lissabon und von dort zu den muslimischen Häfen am Atlantik. Ein anderer verlief durch das östliche und westliche Frankenreich (das spätere Deutschland und Frankreich) und endete – via Narbonne – in Spanien und Nordafrika. Die italienischen Hafenstädte – Amalfi, Gaeta, Salerno – begannen ihrerseits, sich als Zwischenhändler bei den nordafrikanischen Städten – Tunis, Fustat, Kairuan – zu betätigen. Die skandinavischen und russischen Händler wiederum schickten Pelze, Waffen, Honig und Wachs, Pferde und Sklaven. Sie beschafften auch Stoffe, Geschirr und Silbermünzen. Der Warenaustausch erfolgte über Karawanen und vor allem über die Wasserwege – Don, Wolga und Dnjepr – hin zum Kaspischen und zum Schwarzen Meer. Dort trafen sie mit den muslimischen Händlern aus Aserbaidschan, Gurgan und Chwarizm zusammen, während manche von ihnen bis Kiew, den Oberlauf der Wolga hinauf bis zur Ostsee weiterreisten.

So lag die muslimische Welt im Zentrum eines gewaltigen Handelsstromes, der der Entwicklung des Konsums entsprach, der seinerseits wieder neue Aktivitäten hervorbrachte. Diese Zugkraft des Konsums lieferte der islamischen Zivilisation die materielle Grundlage, ohne die sie wahrscheinlich niemals eine solche Ausstrahlung erlangt hätte. Es war dieser auf einer starken politischen Macht beruhende Wohlstand, der es dem Abbasidenreich erlaubte, zu einem solchen Schmelztiegel zu werden, in dem die

Errungenschaften naher und ferner Zivilisationen kulminierten und in dem das mittelalterliche Europa eine seiner Hauptquellen finden sollte.

9. Kapitel

Der Wissensdurst

Suchet die Wissenschaft,
und müßtet ihr deswegen bis nach China gehen!
Mohammed, Hadit

Die Tinte des Gelehrten ist heiliger
als das Blut des Märtyrers.
Mohammed, Hadit

Die Omayyaden, große Bauherren und nostalgische Liebhaber der arabischen und beduinischen Poesie, scheinen für die intellektuellen Einflüsse der Reiche, die sie zerstörten, nicht besonders empfänglich gewesen zu sein. Doch seit dem Ende des 7. Jahrhunderts besaßen einige Kalifen Bibliotheken, so etwa Mu'awiya I. und dann Prinz Khalid, der Sohn von Yazid I. Ibn al-Nadim berichtet: »Als Khalid sich der Alchemie widmen wollte, ließ er eine Gruppe griechischer Philosophen, die in Ägypten wohnten und die in der Lage waren, sich auf arabisch klar und beredt auszudrücken, zu sich rufen. Er forderte sie auf, die griechischen und koptischen Werke über Alchemie ins Arabische zu übersetzen. Dies waren die ersten in islamischer Zeit entstandenen Übersetzungen.«[1] Aber das bleiben vereinzelte Arbeiten, und der einzige berühmte Autor dieser Epoche, Dschabir – der in den lateinischen Abhandlungen über die Alchimie Geber heißt –, war aus politischen Gründen wohl eine reine Erfindung ismaelitischer Missionare des 9. und 10. Jahrhunderts.[2] Vor den Abbasiden hatte es also keine spezifisch arabische Wissenschaft gegeben. Erst nach dem Studium der Werke der alten Griechen, der Iraner und der Inder produzierten die Araber eigenständige Arbeiten.

Der Islam hat die kulturellen Errungenschaften seiner Vorgängerkulturen übernommen und dann, zwischen dem 10. und dem 13. Jahrhundert, dieses Erbe an das Abendland weitervermittelt.

Das Erbe der Antike

Die Verbreitung des antiken Wissens im arabischen Mittleren Osten geht auf eine ferne Vergangenheit zurück. Nach dem Konzil von Nicaea (325) wurde sich die Kirche bewußt, daß sich die syrischen Christen, die eine Form des Aramäischen, nämlich Syrisch sprachen, von der griechischen Theologie und Liturgie entfernten und daß es notwendig wäre, sie zu unterweisen. Da wurde in Nisibis, an der Grenze zwischen Syrien und dem oberen Mesopotamien, eine Schule gegründet, die der Verantwortung eines Kirchenlehrers, Ephrem, unterstellt wurde. Als die Perser Nisibis an sich rissen, mußte Ephrem nach Edessa fliehen, wo er eine andere Schule eröffnete, die rasch große Berühmtheit erlangte. Dort wurde in syrischer Sprache gelehrt, und gegen Ende des 4. Jahrhunderts begann man, griechische Werke in diese Sprache zu übersetzen, zuerst solche über Theologie, dann einige Texte des Aristoteles. Doch 431 verurteilte das Konzil von Ephesus das Schisma des Nestorios.[3] Da sich der größte Teil der Schule von Edessa zu seinen Gunsten ausgesprochen hatte, befahl Kaiser Zenon, ein Anhänger des Monophysitismus, daß sie bis zum Ende des 5. Jahrhunderts geschlossen werden sollte. Die Schule ließ sich daraufhin wieder in Nisibis nieder, wo sie sich zur großen Universität der nestorianischen Kirche entwickelte (ihr wurden eine medizinische Fakultät und ein Hospital angegliedert). Die nestorianische Kirche dehnte damals ihren Einfluß aus; ihre Missionare drangen bis nach Zentralasien vor, und bei ihrem Vorstoß auf arabisches Gebiet gelangten sie bis nach Medina.

Aber vor allem im westiranischen Gundeschapur entwickelte sich auf die Initiative des Sasanidenkönigs Khosrau I. hin jene Bewegung, die die Übersetzung der antiken griechischen Werke zum Ziel hatte. Als erbitterter Feind des Basileus, aber großer Bewunderer der Kultur, deren Erbe Byzanz war, hatte Khosrau nach der 529 von Justinian verfügten Schließung der Schule von Athen den letzten neuplatonischen Philosophen Asyl gewährt. Khosrau wollte in Gundeschapur eine Akademie ins Leben rufen, die der ähneln sollte, welche den Ruhm Alexandrias begründet hatte. In diesem außerordentlich regen geistigen Zentrum, das von der griechischen Kultur beherrscht war, wurden Logik, Medizin, Mathematik und Astronomie gelehrt (es gab dort auch ein Observatorium). Mehr als das Persische wurde das Syrische verwendet, in das damals die Werke Galens, ein großer Teil der Abhandlungen von Hippokrates, die *Logik* des Aristoteles, ein Traktat des Porphyrios sowie Abhandlungen über die Astronomie, Mathematik und Landwirtschaft übersetzt wurden. Von den Übersetzern, deren Namen überliefert sind, nennen wir hier den monophysitischen Bischof Georgios, der Aristoteles' *Organon* übersetzte, und einen anderen Bischof, Severos, der die *Analytiken* übersetzte und dem das Verdienst zugeschrieben wird, die sogenannten »arabischen« Ziffern, die eigentlich aus Indien stammen, im Iran bekanntgemacht zu haben. Die Lehrer und Ärzte von Gundeschapur, das nicht weit von Mesopotamien entfernt war, fühlten sich ganz natürlicherweise von Bagdad angezogen und von dem Sold und den Ehren verlockt, die die Kalifen ihnen anboten. So war etwa Dschibril, Haruns Leibarzt, der Enkel eines der berühmtesten Ärzte der damaligen Zeit, Ibn Bakhtischo, der in Gundeschapur gelehrt hatte.

Das Wissen, das von der arabo-islamischen Kultur amalgamiert werden sollte, wurde auch über andere Kanäle nach Bagdad vermittelt. Da gab es Antiochia, Harran (in Syrien) – ein Zentrum der Gnosis, wo auch ein auf dem Studium des Himmels beruhendes Heidentum babylonischen Ursprungs weiterlebte –, Nordindien und vor allem Baktrien. Nach der Eroberung durch Alexander waren all diese Regionen vom griechischen Denken geprägt geblieben. Unter dem Einfluß des Aristotelismus nahmen dort die Naturwissenschaften und die Medizin ebenso wie die Astronomie und die Mathematik einen bedeutenden Platz ein. Aber auch der Einfluß des Neoplatonismus und eines stark hellenisierten Christentums war spürbar. Es waren diese Strömungen fremden, jedoch hauptsächlich griechischen Denkens, die das bildeten, was man die *falsafa* nennen und was die Grundlage der intellektuellen Schwungkraft der arabo-muslimischen Welt ausmachen sollte.

Das Goldene Zeitalter der arabischen Wissenschaft
Zu jener Zeit setzte eine riesige Bewegung ein, die die Übersetzung und Kommentierung der Werke des Altertums zum Ziel hatte. Sie war eine Folge der Öffnung der arabischen Welt hin zur Welt des hellenisierten Mittelmeers. Die Abbasiden wandten sich den geistigen Horizonten der eroberten Länder zu, die die Omayyaden vernachlässigt hatten. Die nestorianische Schule und Gundeschapur spielten bei der Geburt dieser neuen Kultur eine entscheidende Rolle. Der offiziellen Unterstützung war gleichfalls viel zu verdanken. Harun al-Raschid förderte die Wissenschaftler und die Übersetzer. Er schickte eine Mission nach Byzanz, die nach griechischen Handschriften fahnden sollte, um sie ins Arabische und Syrische zu übersetzen.

Dscha'far der Barmakide, ein hochgebildeter Mann, setzte ihn auf diese Spur. Sein Vater Yahya hatte Ärzte und Philosophen aus Indien kommen lassen, und er selber protegierte jene, die dazu beitrugen, das Wissen zu vermehren. Ma'mun[5] sollte seinerseits eine Mission nach Konstantinopel mit dem Auftrag entsenden, ihm die Werke des Aristoteles zu besorgen. Ebenso wie sie die Dichter, Würdenträger und Höflinge belohnten, förderten sie die Übersetzer und Kommentatoren.

Die Araber hielten die Astrologie für die vornehmste Wissenschaft, weil sie den Bedürfnissen des Kultes dienen konnte, wenn

Ein Apotheker bei der Destillation von Arznei. Miniatur aus einer arabischen Übersetzung von »De materia medica« (1. Jahrhundert n. Chr.) des antiken Militärarztes Dioskurides (Bagdad, vor 1224). New York, Metropolitan Museum of Art.

es um die Orientierung nach Mekka, die Festlegung der Stunden der Gebete und des Monats Ramadan und anderes ging. Unter dem Einfluß der Leute aus Khorasan, und insbesondere der Barmakiden, befaßten sich folglich die ersten Übersetzungen ins Arabische mit Astronomie und Mathematik. Die Sasaniden hatten astronomische Forschungen tatkräftig unterstützt, zu denen die auf diesem Gebiet sehr weit fortgeschrittenen Inder ihr Wissen beigesteuert hatten. Seit langem schon arbeitete in Merv ein Observatorium. Nach der Eroberung der Provinz wurden die Forschungen zunächst an Ort und Stelle, später dann in Bagdad fortgesetzt. Seit der Regierungszeit Haruns, und vielleicht schon vorher, begann man, ein indisches Werk über Astronomie aus dem 5. Jahrhundert, die *Siddhantas*, zu übersetzen. Dies gab den Anstoß zur Übersetzung der *Elemente* des Euklid und des *Almagest* des Ptolemäus, die wahrscheinlich auf Haruns Initiative hin angefertigt wurden (es heißt, man habe ihn darauf aufmerksam gemacht, daß seine Astronomen nicht in der Lage waren, das indische Werk zu verstehen, da ihre Kenntnisse in der Geometrie nicht ausreichten). Zur gleichen Zeit waren auf der Grundlage indischer und persischer Werke Tafeln mit den Planetenbewegungen zusammengestellt worden, und zwar mit Sicherheit von Haruns Oberbibliothekar Fadl ibn Naubakht. Auch Ma'mun, der sich sehr für Astronomie und Astrologie, die »Wissenschaften vom Erlaß der Gesetze«, interessierte, sollte seinen Gelehrten den Befehl erteilen, neue astronomische Tafeln zusammenzustellen und einen Meridiangrad zu messen, um den Erdumfang genauer berechnen zu können. Doch nun ließen sich bereits Griechen von den arabischen Astronomen anregen. Und das gleiche galt für die Mathematik.

Auf dem Gebiet der Medizin übersetzte man die *Pandectae medicinae,* eine griechische Enzyklopädie des Aaron von Alexandria. Haruns Leibarzt Dschibril arbeitete am *Kunnasch.* Dieses in syrischer Sprache verfaßte Werk, das von den Werken Galens,

Hippokrates' und Paulus' von Aegina beeinflußt war, galt lange Zeit als maßgebend. Auch Ayyub von Edessa bearbeitete die Werke Galens und Simon von Taibuthes in syrischer Sprache. Ali ibn Sahl al-Tabari, der Sohn des Übersetzers des *Almagest*, verfaßte seinerseits ein großes medizinisches Werk, das *Paradies der Weisheit*. Für den Bereich der Landwirtschaft sei hier der auf Befehl Harun al-Raschids übersetzte *Vindonios Anatolios* erwähnt.

Unter den wissenschaftlichen Übersetzern muß man auch Hunain ibn Ishaq (Johannitius) nennen, einen Zeitgenossen Harun al-Raschids. Sein Sohn Ya'qub und sein Neffe Hubaisch, zum Islam übergetretene nestorianische Christen, traten seine Nachfolge an. Die arabische Wissenschaft verdankt ihnen zahlreiche Bearbeitungen griechischer Autoren – Aristoteles, Euklid, Galen, Ptolemäus und andere. Schließlich seien noch die drei Söhne des Musa ibn Schakir erwähnt; dieser war ein alter Wegelagerer, der über einen langen Umweg zum Chef der Polizei des Kalifen aufgestiegen war. Der eine Sohn war ein begabter Astronom, ein anderer tat sich in der Mechanik hervor und der dritte in der Geometrie. Sie sollten eine Abhandlung hinterlassen, die ins Lateinische übersetzt wurde *(Liber trium fratrum de geometria)*. Da sie sehr wohlhabend waren, gründeten sie ihre eigene Übersetzer- und Gelehrtenschule.

Viele andere Werke wurden damals aus dem Griechischen ins Syrische übersetzt, eine Sprache, deren man sich bedienen sollte, solange die Schule von Gundeschapur bestand, und das heißt, bis zum Ende des 8. Jahrhunderts. Aber mehr und mehr wurde nun aus dem Griechischen und dem Syrischen ins Arabische übersetzt. Arabisch wurde die Sprache aller Intellektuellen des Vorderen Orients, obschon die Juden ihre Werke weiterhin in hebräischer Sprache, die Iraner in persischer und die Christen in syrischer Sprache schrieben. Allmählich begnügten sich die wissenschaftlichen Übersetzer nicht mehr damit, die Werke der Alten zu übersetzen: Sie bearbeiteten sie, verifizierten sie, überprüften die Berechnungen und nahmen manchmal eine gegensätzliche Haltung dazu ein. Selbst Aristoteles wird kritisiert: »Das Ärgerliche bei den meisten Leuten ist der außerordentliche Respekt, den sie den Ideen des Aristoteles zollen. Sie akzeptieren seine Meinungen wie Wahrheiten ohne Fehl und Tadel, und all das, obwohl sie wissen, daß er nie etwas anderes tat, als – so gut er eben konnte – Theorien aufzustellen, und sich nie so benahm, als sei er von Gott begnadet oder gegen Irrtümer gefeit.«[6]

Zunehmend betätigten sich die Übersetzer also nicht mehr nur als »Übermittler«, sondern als Gelehrte, und so bildete sich ein echter wissenschaftlicher Geist heraus. Khwarizmi (gest. 830) war einer der größten arabischen Mathematiker, der unter anderem das Dezimalsystem einführte. Ihm ist auch ein Buch – *al-Dschabr* – zu verdanken, das unserer Algebra zugrunde liegt. Biruni, lat. Aliboron, ein enzyklopädischer Gelehrter, verfaßte Abhandlungen über die Astronomie, die Mathematik, die Physik und die Medizin. Er war, wie wir noch sehen werden, auch ein berühmter Geograph. Ibn Sina, lat. Avicenna (gest. 1037), ein Philosoph, Arzt, Chemiker, Physiker und ein überaus produktiver Schriftsteller, schrieb über beinahe alle Themen, einschließlich der Musik. Ibn Haitham, lat. Alhazen, ein Universalgelehrter und Physiker, war der Verfasser einer in der arabischen Welt einzigartigen *Optik*. Razi, ein für seine Untersuchungen über die Pocken bekannter Arzt, stellte eine gewaltige medizinische Enzyklopädie zusammen, die sich auf zahlreiche klinische Beobachtungen stützte. Er verfaßte außerdem eine ganze Reihe von philosophischen, theologischen und naturwissenschaftlichen Werken, darunter das *Sirr al-asrar*, die Grundlage der wissenschaftlichen Chemie. Omar Khayyam (gest. 1126), der mit seinen Vierzeilern größere Berühmtheit erlangte als mit seinem wissenschaftlichen Werk, hinterließ uns eine *Algebra* von großem Wert.

Die arabischen Geographen nahmen ebenfalls einen wichtigen Rang ein. Die leistungsfähige Wirtschaft der Abbasiden führte die

Seeleute und Händler bereits bis nach China. Seit langem waren die Beschreibungen aus der Feder der Griechen veraltet. Seit Beginn des 9. Jahrhunderts trug die Beobachtung den Sieg über die Tradition davon, und sehr bald erschien eine geographische und kosmographische Literatur in arabischer Sprache, die uns heute noch in Erstaunen versetzt.

Wenn man von den vergnüglichen, phantasievollen Reiseberichten wie *Die Reisen in den Fernen Osten* des Kaufmanns Sulaiman, *Die Reise zu den Wolgabulgaren* von Ibn Fadlan oder die *Wunder Indiens* des Kapitän Buzurg ibn Schahriyar absieht, dann berichteten verschiedene Autoren über das, was sie gesehen hatten, recht exakt und ohne allzu viele Unwahrscheinlichkeiten. Es handelte sich oft um die Leiter des Postdienstes *(barid),* zu deren Aufgaben das Reisen gehörte. So etwa Ibn Khurdadhbeh (Ende des 9. Jahrhunderts) und sein *Buch der Landschaften und Provinzen,* in dem jedes Land ausführlich beschrieben und eine ganze Reihe von Entfernungen genannt und Handelswege aufgezählt werden. Ya'qubi (Ende des 9. Jahrhunderts), der in seinem *Buch der Länder* die Routen schilderte, die zu den Grenzen des Reiches führten; er stützte sich auf eigene Beobachtungen oder die anderer Reisender, die er für glaubwürdig hielt. Oder auch Mas'udi (gest. 956), ein großer Reisender, der das Kaspische Meer und das Mittelmeer mit dem Schiff befuhr. Mas'udi meinte, daß die Geographie Teil der Geschichte sei, und hob den Einfluß hervor, den die Umwelt auf den Menschen, die Tiere und die Pflanzen ausübt. Seine *Goldwäschen* stellen eine regelrechte Fundgrube an Informationen dar, wie übrigens auch die *Annalen* des Tabari (gest. 923), die die Geschichte bis zur Erschaffung der Welt zurückverfolgen.

Für alle Menschen waren der Irak und Bagdad der Nabel der Welt, und daraufhin waren auch ihre Beschreibungen orientiert. Sie beschränkten ihre Beobachtungen auf die islamischen Länder. Das Abendland interessierte sie wenig. Es gibt keinen Bericht arabischer Reisender über das hochmittelalterliche Europa. Die paar Seiten, die sie ihm widmeten, spiegeln ihre Verachtung für die heidnischen, barbarischen, ungebildeten und schmutzigen Völker wider. Die Welt der Araber beschränkte sich auf jene Länder des Orients, mit denen sie ihre Erzeugnisse austauschten.

Doch für andere Geographen wie Ibn Rusteh oder Balkhi – den Verfasser eines *Kommentars zu den Karten* – war Arabien, genauer gesagt Mekka, der Nabel der Welt, da der Prophet dort die Offenbarung empfing. In ihrem Bemühen, ihre Erkenntnisse mit dem Koran in Einklang zu bringen, schufen sie Werke von größerer Wissenschaftlichkeit, die über einfache Beobachtungen hinausgingen. Muqaddasi dehnte im 10. Jahrhundert den Forschungsbereich der Geographie aus, die bei ihm auch Untersuchungen über die Ethnien, die Sitten, die Sprachen, die Maße und Gewichte einschlossen, und er hielt nur das für gesichert, was er selbst beobachtet hatte. Zu Beginn des 11. Jahrhunderts jedoch erreichte die arabische Geographie mit al-Biruni ihren Höhepunkt. Er begleitete Mahmud von Ghazna nach Indien und brachte von dort ein monumentales *Buch über Indien* zurück, eine wirkliche *Summa* der Kenntnisse über dieses Land. Er unterzog auch vorherige geographische Werke einer kritischen Prüfung und hat uns bemerkenswerte Beobachtungen auf den Gebieten der Astronomie und der physischen Geographie hinterlassen. Schließlich entwickelte er ein Verfahren zur Entsalzung des Meerwassers und bestimmte das spezifische Gewicht von Substanzen.

All diese Werke, zunächst Übersetzungen, dann Kompilationen, Kommentare und eigenständige Werke, bildeten umfangreiche Bibliotheken, und in der Bibliothek Harun al-Raschids war eine beachtliche Zahl von Menschen beschäftigt.

War diese Wissenschaft mit der Offenbarung des Glaubens vereinbar? Von Gundeschapur, Bagdad oder Basra aus fragten sich die Gelehrten: Gibt es einen Widerspruch zwischen der griechischen Philosophie und der Weltanschauung und der Vorstellung von Moral und Politik, die der Koran dem Gläubigen vorschreibt? Für al-Kindi (gest. 873), den frühesten der muslimischen Philosophen, dem man den Titel »Philosoph der Araber« gab, bestand kein grundlegender Widerspruch zwischen der Lehre des Propheten und dem griechischen Denken. Farabi und Avicenna sollten ihm hierin folgen und vom Islam nur den sozialen Aspekt im Auge behalten. Ghazali (1058–1111), der zweifellos der bedeutendste Theologe des Islam war und dessen Einfluß mit dem verglichen werden könnte, den Thomas von Aquin auf die christliche Theologie ausübte, legte dem mystischen Denken mehr Gewicht bei.

Die Epoche Harun al-Raschids und die beiden auf ihn folgenden Jahrhunderte waren also eine wirkliche Glanzzeit für Gelehrte und Philosophen. Deshalb nennt man diese Ära auch das Goldene Zeitalter der arabischen Wissenschaft. Um 830 band Ma'mun diese gewaltige Bewegung in eine offizielle Organisation ein und gründete in Bagdad das »Haus der Weisheit« *(bait al-hikma)*, eine Art Akademie, die für Übersetzungen und die »wissenschaftliche Forschung« verantwortlich war. Sie war ein ebenso großer Anziehungspunkt wie einst die Bibliothek von Alexandria. Die Männer, die dort angestellt waren, bezogen ein Gehalt.

Astronomen, Mathematiker, Ärzte, Geographen, Philosophen, Übersetzer oder Originalautoren strömten aus allen Teilen des Reiches herbei. Alle hatten am wissenschaftlichen und intellektuellen Aufschwung teil. Sie ließen aus dem alten Orient eine neue Zivilisation und eine neue Kultur erstehen – das Ergebnis der Verschmelzung der großen Kulturen des östlichen Mittelmeers und des Vorderen Orient. Dieses neue Wissen, das weite Gebiete von Kenntnissen einschloß, sollte seinerseits vom Abendland assimiliert werden und ihm die wichtigsten Grundlagen für seinen eigenen Fortschritt zur Verfügung stellen.

Die arabische Kultur im Abendland

Um zu den abendländischen Gelehrten zu gelangen, die bis dahin nur über lateinische Kompilationen der spätrömischen Zeit verfügten, bediente sich die arabische Kultur im wesentlichen dreier Wege.

Mit der ersten Strömung kamen hauptsächlich medizinische Werke ins Abendland. Von Ifriqiya und Sizilien ausgehend, mündete sie in Salerno mit seiner berühmten medizinischen Schule. Diese Bücher über die arabische Medizin – mitgebracht und übersetzt von einem Arzt oder Kaufmann aus Karthago, der sich unter dem Namen Konstantin (Constantinus Africanus) zum Christentum bekehrte – sollten den Gelehrten der Schule von Salerno den wissenschaftlichen Impetus geben, der ihnen damals fehlte. Von dort wurde er den anderen Schulen Europas übermittelt.

Sizilien und Unteritalien übten einen tiefer reichenden Einfluß auf die christlichen intellektuellen Kreise aus. Dort entfaltete sich dank der Toleranz und der Vorliebe für die Dinge des Geistes, von denen nacheinander die muslimischen Emire, die normanischen Könige, dann die Staufer und die Anjou zeugten, eine griechisch-lateinisch-arabische Kultur. Friedrich II. holte orientalische Gelehrte an seinen Hof, und Michael Scotus, einer der großen Übersetzer von Toledo, sollte in seinen Diensten wirken. Andere Vertraute seines Hofes waren: Theodor von Antiochia, ein hervorragender arabischer Intellektueller, der einer seiner Sekretäre und zugleich sein Astrologe war; Leonardo von Pisa (Fibonacci), der, wie es heißt, die »arabischen« Ziffern im Abendland einführte; oder auch Friedrichs Sohn Manfred, der so arabisiert war, daß der Papst ihn als »Herrn der Sarazenen« beschimpfte. Karl von Anjou wiederum, der der Herrschaft der Staufer aus Sizilien ein Ende bereitete, ließ die medizinische Enzyklopädie des Razi übersetzen. So entstand ein Zentrum von Übersetzungen ins Lateinische, ins Arabische und ins Italienische, das den intellektuellen

Eliten die Werke der Antike und des Orients zur Verfügung stellte.

Von noch grundlegenderer Bedeutung war die Rolle der Übersetzer und Gelehrten Spaniens. Damals wurde eine gigantische Arbeit geleistet, an der sich Christen, Juden und Muslime aller Nationen beteiligten. Schon bald strömten die Gelehrten aus ganz Europa zu diesen neuen Brennpunkten der Kultur, wo sie die Werke der Antike finden konnten, die sie bis dahin nur in Auszügen gekannt hatten. Einer der ersten, die sich nach Spanien begaben, war der Mathematiker und Philosoph Gerbert von Aurillac, der im Jahr 999 unter dem Namen Sylvester II. den Papstthron bestieg. Drei Jahrhunderte lang sollten ihm viele andere folgen, insbesondere der englische Philosoph Daniel de Morley.

Um 1200 waren die bedeutendsten wissenschaftlichen Werke der Antike alle ins Lateinische übersetzt. In Segovia übersetzte Robert von Chester die *Algebra* des Khwarizmi. In Barcelona übersetzte Platon von Tivoli Mitte des 12. Jahrhunderts die *Abhandlung über die Astronomie* von al-Battani, das *Opus quadripartitum* des Ptolemäus und die *Algebra* des Abraham bar Hiyya. Hermann der Slawe übersetzte den Koran sowie mehrere Werke über die Astronomie. Gerhard von Cremona übersetzte den *Almagest,* aber auch Werke von al-Kindi, Euklid, Archimedes, Ptolemäus, Hippokrates, Razi und Ibn Sina – insgesamt siebenundachtzig Bücher. Man vermutet daher, daß er eine ganze Übersetzerschule leitete.

Im Vergleich dazu waren die Übersetzungen ins Hebräische von untergeordneter Bedeutung. Unter den jüdischen Gelehrten der damaligen Zeit sei die Familie der Tibbon erwähnt, die sich in Granada, Lunel, Marseille und in Montpellier niedergelassen hatte. Über mehrere Generationen war sie bei weitem die produktivste. Moses Tibbon zeichnete für ungefähr dreißig Übersetzungen verantwortlich. Prophatius, der in Marseille wohnte, verfaßte auch eigene Werke, darunter einen *Almanach,* dessen lateinische

Übersetzung bis zur Renaissance von den Astronomen benutzt werden sollte.

Die Könige und Fürsten des christlichen oder maurischen Spanien förderten diese wissenschaftliche Bewegung. Im 11. Jahrhundert erlebten so Sevilla, Málaga, Córdoba, Almería, Mallorca und bald auch Toledo eine erstaunliche wissenschaftliche Blüte.

Die kleinen christlichen Fürsten bekämpften zwar einerseits die Mauren, förderten aber andererseits die arabischen Studien und die Übersetzungen. Im 13. Jahrhundert sollte die große Gestalt Alfons des Weisen alle überragen: Er war selbst ein Gelehrter, der möglicherweise die Alfonsinischen Tafeln zusammenstellen ließ, welche den Seefahrern lange Zeit als Navigationsgrundlage dienten. In Portugal schuf einer seiner Enkel, König Dionysius (Dinis), ein vergleichbares Werk, wenngleich von geringerem Umfang, indem er arabische, lateinische und spanische Werke ins Portugiesische übersetzen ließ. Er gründete die Universität von Lissabon, die später nach Coimbra verlegt wurde.

Die Arbeit jener Gelehrten, die mit den Kreuzzügen in die Levante kamen, nahm sich im Vergleich dazu dürftig aus. Nur wenige interessierten sich für die wissenschaftlichen Werke der muslimischen Völker. Nur Adelard von Bath und Stephan von Antiochia ließen sich eine Zeitlang im Orient nieder und betätigten sich als Übersetzer. Adelard, der englischer Herkunft war, übersetzte vor allem die *Astronomischen Tafeln* des Khwarizmi und die *Elemente* des Euklid. Der Geschichtsschreiber Wilhelm von Tyrus war freilich mit der Geschichte des Islam wohlvertraut.

Die Dichtung im Jahrhundert des Rechtgeleiteten

Auf die arabische Poesie übten die griechische Antike und auch Iran und Indien nur geringen Einfluß aus. Die Araber kannten die griechische Dichtung nicht. Homer war für sie nur ein Name, und auch der des Aristophanes war ihnen unbekannt. Unter den Abbasiden wurde keine fremde Dichtung übersetzt. Im übrigen meinte der Schriftsteller Dschahiz, es sei unmöglich, Poesie zu übertragen: »Das poetische Gefüge wird zerrissen, das Metrum ist nicht mehr richtig, die Schönheit der Poesie verschwindet, es bleibt nichts Bewundernswertes in den Gedichten. Das ist anders in der Prosa.«[7] Die Araber interessierten sich für die Philosophie und die Wissenschaften der von ihnen besiegten Völker, nicht aber für ihre Dichtkunst.

Im Laufe der vorislamischen Jahrhunderte hatte die mündlich vorgetragene lyrische Dichtung uneingeschränkt dominiert. In einer sehr reichen Sprache besang sie seit undenklichen Zeiten die Tapferkeit der Helden, die Natur, die geliebte Frau, die Tiere und die Einsamkeit des Nomaden in der Wüste. Diese Poesie gab es noch unter den Omayyaden, doch in dem Maße, wie sich die Lebensweise der Araber änderte, entwickelte sich auch der Ausdruck von Gefühlen. Der Einfluß des Iran ist unverkennbar. Die städtische, verfeinerte Literatur trat an die Stelle der Literatur der weiten Räume. Das Beduinenleben war nur noch eine Erinnerung, und es kam eine neue Form von Poesie auf: kurze Kompositionen, die in einem leichteren Versmaß, dem *radschaz,* den Wein, die Gärten, die Jagd, die Liebe zu den Sängerinnen und den Jünglingen besangen.

Der berühmteste Vertreter dieser Schule ist Abu Nuwas. Der Name dieses Dichters ist in den volkstümlichen Erzählungen untrennbar mit dem von Harun al-Raschid verbunden. *In Tausendundeiner Nacht* wird er oft erwähnt: »Der Kalif Harun al-Raschid, der Beherrscher der Gläubigen, war eines Nachts von quälender Unruhe geplagt und in trübe Gedanken versunken ... Als es nun Morgen war, begab er sich in seinen Staatssaal und sandte nach Abu Nuwas ...«[8] In Basra, einem großen kulturellen Zentrum, verbrachte dieser seine frühesten Jahre. Als Typ des bacchantischen Dichters beschrieb er seine Ausschweifungen und setzte sich inmitten von Jünglingen, die, wie er sagte, weder seinen Geldbeutel noch seine Empfindlichkeit schonten, in Szene. Er machte sich gern über sich selbst lustig, wenn er beispielsweise von den Streichen berichtete, deren Opfer er wurde, wenn er betrunken war oder seine jungen Gefährten ihn hereingelegt hatten. Wir zitieren sein Gedicht *Rausch:*

Wohlan! Gieß Wein ein, nochmals und nochmals!
Und sag mir: Das ist der Wein!
Und laß mich nicht heimlich trinken, wenn du es
Vor allen sagen kannst (…)
Ich habe eine eingenickte Schankwirtin aus ihrem
Schlummer gerissen (…)
Sie sagt:
– Wer klopft da an meine Tür?
– Eine Bruderschaft, haben wir geantwortet, deren
Gläser leer sind.
Für sie wollen wir Wein.
…
…
– Ich gebe, sagt sie, um mich freizukaufen,
Einen Mann mit schmachtenden Blicken, strahlend wie
die Morgenröte.

Wie viele orientalische Dichter beweint Abu Nuwas die Zeit, die vergeht, die fröhlichen Kumpanen, die verschwunden sind, mit denen er sich einstmals so ausgelassenen Trinkgelagen hingegeben hatte. Manchmal versinkt er in völligen Pessimismus:

Die Menschen sind nichts anderes
Als ein Haufen lebender Toter, gezeugt von toten Lebenden.
Der, dessen Geschlecht
Viele Helden hervorbringt, fügt verfaulte Knochen hinzu.
Und der intelligente Mensch,
Wenn er alle Güter dieser Welt gründlich betrachtet,

Ohne Schleier, dann sind sie für ihn
Ein erbitterter Feind, verkleidet als Freund.

Als großer Sünder hofft Abu Nuwas dennoch auf Gottes Barmherzigkeit, denn, so sagt er, ich bin eine zu schwächliche Kreatur, als daß Er sich um mich kümmerte. Und er ruft aus:

Meine Sünde erschien mir in ihrer Ungeheuerlichkeit
Aber sogleich, oh mein Gott,
Habe ich sie an die Seite mit dieser Gnade gestellt,
Die Dir eignet ..., und ich habe nachgesehen:
Deine Gnade ist größer.

Als hochbegabter Improvisator in einer Epoche, in der es üblich war, sich in Versen auszudrücken, galt er als eines der fruchtbarsten Genies der arabischen Literatur. Mas'udi hat uns ein Porträt von ihm hinterlassen: »Abu Nuwas hat den Wein besungen, seinen Geschmack, seinen Duft, seine Schönheit, seine Farbe, sein Feuer und den Einfluß, den er auf die Seele ausübt. Er hat den Prunk der Bankette beschrieben, die Becher und die Krüge, die Tischgenossen, die Zechgelage am Morgen und die am Abend ..., und er hat das mit so viel Talent getan ...«

Es heißt, Abu Nuwas sei infolge von Mißhandlungen gestorben, die ihm die Naubakht zugefügt hätten (jene Familie von Gelehrten, aus der der Bibliothekar Harun al-Raschids hervorgegangen war), gegen die er angeblich beleidigende Verse geschrieben hatte. Andere behaupten, er habe seine Tage im Gefängnis beendet, wo ihn »satanische Verse« hingeführt haben sollen, und wieder andere, daß er bei einer Schankwirtin den Tod gefunden habe, was mit seiner Persönlichkeit noch am ehesten zu vereinbaren wäre.

Haruns Lieblingsdichter und bevorzugter Begleiter seiner Abende mag die übrigen Poeten überstrahlt haben, hat sie aber trotzdem nicht vergessen lassen. Als Dichter des städtischen Lebens, »modern« in Stil und Inspiration, führten sie dasselbe ungeregelte Leben und hatten dieselbe Liebe zum Wein. So etwa der überaus populäre Ibn Dibl, ein Vagantendichter, eine Art François Villon des 9. Jahrhunderts, voller Boshaftigkeit und galligem Humor.

Erwähnen wir noch Muslim ibn al-Walid, diesen Bohémien voller Talent, der für die Eleganz seines Stils und die Originalität seiner erotischen Verse berühmt war.

Ein anderer Vertrauter Harun al-Raschids und, vor ihm, von dessen Vater Mahdi, war der Poet Abu l-Atahiya. Nach einem ausschweifenden Leben sollte er Asket werden und der philosophischen Poesie verfallen:

> Die Jugend, die Muße und die Habgier,
> Sind die vollkommenen Keime, die Menschen zu verderben.
> Um dem Bösen zu entgehen, muß man mit ihm brechen.
>
> Wenn meine Frist verstrichen sein wird,
> Genügen mir die Klagen der Klageweiber nicht.
> Man wird meine Erinnerung verlassen...

Er verstand es auch, in vollendeter Form, den Befehlshaber der Gläubigen zu bitten und ihm zu danken:

> Mein Emir ist so edel, daß die Leute, wenn sie nur könnten, für ihn einen Teppich aus ihren Wangen auf den Boden breiten würden.
> Über dich könnten sich mit Recht unsere Reittiere beklagen,
> sie führen uns zu dir, leicht und ohne Lasten;
> wenn sie von dir weggehen, sind sie schwer beladen.

Baschar ibn Burd, ein Vertrauter Mahdis und des Hofes, gehörte derselben Generation an. Dieser große Dichter persischer Herkunft schrieb in Arabisch, verbarg aber seine Sympathien für den Mazdaismus seiner Vorfahren nicht. Er war zwar vor allem infolge seiner Attacken gegen die Araber übelgelitten, wurde jedoch seines großen Talents und der Protektion wegen, der er sich erfreute, toleriert. Als Mahdi ihn 783 fallenließ, wurde er umgebracht und seine Leiche in den Tigris geworfen. Seine Sinnenfreude, die manchmal fast an Obszönität grenzte, brachte er in einen vollkommenen Ausdruck. So besang er die Liebe:

Ja, bei Gott,
Ich möchte verhext werden
Vom Zauber deiner Augen.

aber auch Enttäuschung und Wehmut:

Ich weine über jene, die mich den Geschmack
ihrer Zuneigung haben kosten lassen,
Dann, seit sie mich geweckt haben zur Begierde,
sind sie eingeschlummert (...)
Zwischen der Traurigkeit und mir,
habe ich lange Beziehungen gebunden,
die nie aufhören werden,
es sei denn, daß ein Tag der Ewigkeit aufhört.

Lang ist die Liste dieser Dichter des 8. und 9. Jahrhunderts, die Erotik mit Mystik verbanden und die Liebe zum Wein und zu Gott, die Leidenschaft für die Jünglinge und die schönen Sklavinnen besangen – und dabei immer an die Enttäuschungen des Lebens und die Angst vor dem Tod erinnerten. Abschließend zitieren wir den Dichter, der Harun al-Raschid am nächsten stand, nämlich Abbas ibn al-Ahnaf, der ebenfalls persischer Abstammung war Er verherrlichte die höfische Liebe und übte in Spanien großen Einfluß aus:

> Du hast mir von ihr erzählt, oh Sa' d, und so meinen Wahnsinn entflammt,
> Bleib nicht stehen, oh Sa'd, und du wirst deine Worte entflammen …
> Ich empfinde brennendes Verlangen für sie,
> Und mein Herz kennt überhaupt nichts anderes mehr.
> Ein brennendes Verlangen, das kein Vorher und kein Nachher mehr hat.

Diese zu Zeiten Harun al-Raschids und seiner Söhne überaus lebendige Dichtung hinterließ tiefe Spuren in der Überlieferung der arabischen Literatur. Sie sollte recht bald erstarren und im folgenden Jahrhundert verschwinden. Dann tauchte die alte, authentischere, den echten menschlichen Gefühlen nähere Poesie wieder auf.

Die Geburt der Prosa

Im Bereich der Literatur blieb der griechische Einfluß sehr gering. Das trifft auf das Erbe Persiens nicht zu. Zahlreiche Gebildete und »Sekretäre« iranischer Herkunft förderten die Übersetzung von Werken in ihre Sprache. Das berühmteste Beispiel ist die indische Erzählung *Kalila und Dimna,* die zuerst ins Persische und später dann von Ibn al-Muqaffa ins Arabische übersetzt wurde. Dieses von einem Brahmanen des 4. Jahrhunderts, Bidpai, verfaßte Buch erzählt die Geschichte zweier Schakalenbrüder am Hofe des Löwen. Es fand sehr weite Verbreitung und regte zu zahlreichen Erzählungen an. Al-Muqaffa übersetzte auch eine umfangreiche *Geschichte des Iran* ins Arabische, die lange Zeit hindurch die Grundlage der Historiographie über dieses Land bleiben sollte. Andere aus Iran stammende Werke bereicherten die arabisch-islamische Kultur von der Geschichte über die Moral bis hin zu den okkulten Wissenschaften.

So kam es zu einer Reaktion pro-iranischer Kreise auf die arabische Kultur. Diese Bewegung war die *schu'ubiyya*, die Claude Cahen mit »Nationalismus der nichtarabischen Völker« übersetzt hat. Auf der einen Seite standen nun die Nachahmer Irans, die auf ihre intellektuelle Überlegenheit und die wichtigen Positionen, die sie im Reich besetzten, stolz waren und eine verfeinerte gesellschaftliche Elite darstellten, auf der anderen die Bewahrer der arabischen Traditionen, die ihre Treue zu ihrer ruhmreichen Vergangenheit bekräftigten. Dieser Streit zwischen Alten und Modernen, dem es nicht an einer sozialen, ja rassistischen Komponente fehlte, spielte insbesondere zu Zeiten Harun al-Raschids in alle Bereiche des Lebens hinein.

Im frühen 9. Jahrhundert, als die arabische Poesie eine neue Richtung einschlug, verlieh Dschahiz der arabischen Prosa eine ungeheure Schwungkraft. Der in Basra Geborene kehrte in seine Heimatstadt zurück, um dort als über Neunzigjähriger zu sterben, nachdem er den größten Teil seines Lebens in Bagdad verbracht hatte. Diesem Mischling ist ein Werk zu verdanken, das zu seiner Zeit – und vielleicht auch später – nicht seinesgleichen kannte. Er hat beinahe zweihundert Werke über die verschiedensten Themen – Naturwissenschaften, Geschichte, Völkerkunde, Theologie und Grammatik – hinterlassen. In dem *Buch über die Geizigen* porträtiert er die Gesellschaft und preist die Großzügigkeit der Araber, denen er die Perser mit ihrem Geiz entgegensetzt. Bei seinem *Buch der Tiere* handelt es sich um eine naturkundliche Abhandlung, beim *Bayan* um einen Traktat über Rhetorik. Er schrieb auch Bücher, die sich mit den Türken, den Christen, den Juden und anderen Völkern beschäftigten. Als enzyklopädischer Geist stellte er einen Überblick über das Wissen seiner Zeit zusammen. In seiner Eigenschaft als Moralist und Essayist hat man ihn mit Lukian, Montaigne, Molière und Voltaire verglichen. Ein

Schriftsteller und Zeitgenosse, Ibn Qutaiba, sagte über ihn: »Er ist der größte Theologe, der überzeugendste, wenn es um das Finden von Beweisen geht, der geschickteste, wenn es darum geht, das größer zu machen, was klein ist, und das klein zu machen, was groß ist. Und seine Macht ist so groß, daß er sich selbst widersprechen kann: Er versteht es, die Überlegenheit der Schwarzen und die der Weißen zugleich zu beweisen.« Für den großen Dschahiz-Spezialisten Charles Pellat »steht er im Hinblick auf Beobachtung und Schilderung seiner Mitmenschen eher in einer Reihe mit La Bruyère und Molière als mit den übrigen arabischen Schriftstellern«.

Dschahiz' Werk, das hinsichtlich seines Umfangs und seines innovativen Charakters bemerkenswert ist, nimmt in der arabischen Literatur einen hervorragenden Platz ein. Der Einfluß, den es auf die neue Kultur ausübte, entsprach seiner Produktivität. Als Initiator des *adab* führte er die arabisch-islamische Kultur zum Gipfel der Vollkommenheit.

Adab bedeutet eigentlich ›Gewohnheit‹, ›Brauch‹. Aber in den ersten Jahrhunderten des Islam nahm dieses Wort die Bedeutung von ›gute Erziehung‹, ›Urbanität‹, ›Höflichkeit‹ an. Es bezeichnet F. Gabrieli zufolge »die fortschreitende Verfeinerung der Ethik und der Sitten der Beduinen durch den Islam«. Im erweiterten Sinne erhielt das Wort eine intellektuelle Bedeutung, um ›die Summe der Kenntnisse, die den höflichen und gebildeten Mann ausmachen‹ zu bezeichnen. Es handelte sich also um das Gegenstück zu unserem »Honnête Homme«, dem vielseitig gebildeten Weltmann des 17. Jahrhunderts.

In den Anfangszeiten des Islam galt derjenige als gebildet, der die Botschaft Mohammeds und die Feinheiten der arabischen Sprache kannte. Der Stadtmensch ging deshalb mitunter zu den Beduinen, um seine Sprachkenntnisse zu vervollkommnen. In dem Maße, wie die Lehre des Islam ausgearbeitet wurde, kamen dann nach und nach die religiösen Wissenschaften und später auch die Kenntnis der Kulturen der eroberten Länder hinzu. Der erste *adib* im erweiterten Sinne war daher Ibn al-Muqaffa, der Übersetzer von *Kalila und Dimna,* der eine Synthese zwischen der arabischen und der persischen Kultur herstellte.

Das erstaunliche Anwachsen der Kenntnisse, das man damals verzeichnete, konnte paradoxerweise die arabische Kultur in Gefahr bringen. Sie hätte beinahe eine Schwächung zur Folge gehabt, mit der Neigung, unter dem Einfluß der *kuttab* die persischen und indischen Kulturleistungen und daher den Triumph der *schu'ubiyya* zu begünstigen. Es war Dschahiz, der, ohne eine Lehre im eigentlichen Sinne hervorzubringen, die Allgemeinbildung – Dichtung, Geschichte, Redekunst, Geographie, Religionswissenschaften – definierte und formulierte, indem er Nachdruck legte auf die Rolle der Reflexion sowie auf die Notwendigkeit, in einer klaren, nicht hochgestochenen Sprache zu schreiben.

Dieser Begriff des *adab,* einer Allgemeinbildung, die die Freiheit des Denkens implizierte, sollte nach Ma'muns Regierungszeit eine Änderung erfahren. Der *adab* wurde dann zur verbalen Virtuositat, zum Purismus ohne Ziel. Die Literatur sollte sich für die *kuttab* auf bestimmte Abhandlungen sowie auf jene gefälligen Werke beschränken, deren einziger Verdienst darin bestand, die Gesellschaft in einem oft raffinierten Stil zu beschreiben; das waren die sogenannten *maqamat.* In dieser Literaturgattung taten sich hauptsächlich Hariri und Hamadhani hervor.

Ein anderer Prosaschriftsteller, Qutaiba, übte in der Abbasidenära ebenfalls großen Einfluß aus. Er hat unter anderem ein *Buch über die Dichtkunst und die Dichter* hinterlassen sowie das *Buch des Wissens,* das älteste Handbuch der Geschichte in arabischer Sprache. Obwohl sein Werk von geringerer Qualität ist als das von Dschahiz, bekämpfte er die *schu'ubiyya* heftig; er warf seine ganze Begabung als Polemiker in die Waagschale, um das Arabertum gegen die *kuttab,* die Anhänger der fremden, nichtarabischen Wissenschaften, zu verteidigen.

Man könnte noch eine Menge von Werken anderer Schriftsteller derselben Epoche nennen. Wir besitzen die Liste dank dem *Fihrist,* dem von einem Bagdader Bibliothekar, Ibn al-Nadim, veröffentlichten Katalog, der nicht nur zahlreiche Übersetzungen enthält, sondern auch Originalwerke in arabischer Sprache: Darin nehmen die literarischen Werke breiten Raum neben den wissenschaftlichen ein.

10. Kapitel

Vom Rechtgeleiteten zum Prächtigen

Gott hat die Herrschaft
über Himmel und Erde.
Koran XLII, 49

Die Spuren, die der Bürgerkrieg in Bagdad hinterlassen hatte, wurden ziemlich schnell getilgt. Die Stadt wurde nach und nach wieder aufgebaut, und die lange Konfrontation der beiden Söhne Haruns geriet in Vergessenheit. Ma'mun starb 833. Dann ergriff sein Bruder Mu'tasim die Macht. Zwei aufeinanderfolgende Verschwörungen sollten ihm zeigen, daß er sich nicht auf die *abna* verlassen konnte und daß er Männer zu seiner Verfügung haben mußte, die ihm persönlich ergeben waren. Da die *abna* in Bagdad stationiert waren, beschloß er 836, eine andere Stadt für sich selbst und seine Soldaten zu bauen; das war Samarra. Es lag am Ostufer des Tigris, ungefähr hundert Kilometer stromaufwärts von der Hauptstadt entfernt. Die Freiwilligen strömten herbei, viele aus dem Osten, die meisten Türken. Diese neuen Truppen bereiteten einer neuen Macht den Weg.

Es dauerte nicht lange, bis sie begriffen, daß sie die einzige Kraft darstellten, auf die der Kalif sich stützte, und daß er ohne sie nichts war. Von dieser Erkenntnis bis zur Ergreifung der Macht war es nur ein Schritt, der auch bald vollzogen wurde. 861 ermordeten die Führer der Armee Mutawakkil, den Kalifen, der Nachfolger von Mu'tasim war. Zu dem Mord hatte wahrscheinlich sein ältester Sohn, Muntasir, angestiftet, der dann zum Kalifen ausgerufen wurde. Die Prätorianer hatten nun im Reich das Sagen.

Künftighin sollten die Armeeführer die Kalifen einsetzen, die immer noch der Familie der Abbasiden entstammten. Das geschah aber eher aufgrund ihrer Bereitschaft, deren Forderungen zu erfüllen, als wegen ihrer persönlichen Fähigkeiten. Es fehlte nicht an starken Persönlichkeiten – hier sei vor allem Muwaffaq, der Bruder des Kalifen Mu'tamid (Ende des 9. Jahrhunderts) erwähnt –, aber trotz ihrer Bemühungen nahmen die Kalifen die Zügel des Reiches nicht mehr in die Hand. Selbst um 865 sollte es noch zwei Kalifen geben: Mu'tazz in Samarra und Musta'in in Bagdad, die beide ermordet wurden. Samarra wurde 892 aufgegeben, doch es änderte sich nichts. Die Truppen beherrschten den Staat immer mehr und erstickten mehrere Revolten. Die der Zendsch[1], die eine Regierung eingerichtet und eine Zeitlang Basra besetzt hatten, überzog den Süden des Irak von 869 bis 883 mit blutigen Unruhen. Kurz darauf folgte der Aufstand der Qarmaten[2], der ungefähr dieselben Regionen erfaßte – so entstand in Bahrain ein demokratischer und egalitärer qarmatischer Kleinstaat.

Ein anderer Grund für das Gewicht der Armee waren die Kosten für ihren Unterhalt, die etwa die Hälfte des gesamten Staatshaushaltes ausmachten. Um das aufzubringen, blieben der Regierung nur zwei Möglichkeiten: Entweder billigte sie den militärischen Führern verschiedener Regionen eine Art Autonomie zu: Sie mußten dann die Armee aus dem Steueraufkommen bezahlen und die Restbeträge nach Bagdad schicken. Oder sie ließ den Generälen die Einkünfte bestimmter, persönlich zugeschriebener Ländereien zukommen. Dieses dem Lehnswesen Europas nicht ganz unähnliche System, *iqta,* existierte bereits; bis dahin aber hatten davon nur die Mitglieder der Herrscherfamilie und jene Würdenträger profitiert, die außergewöhnliche Dienste geleistet hatten. Seine Anwendung auf militärische Führer trug zur Schwächung der Zentralgewalt bei. Die Gouverneure, die das *iqta* praktizierten, erlangten rasch eine de-facto Unabhängigkeit. Bagdad übte nicht mehr die finanzielle Kontrolle über diese Provinzen aus, und diese entzogen sich ihm immer mehr. In Ägypten herrschte Ahmad ibn Tulun, der die Armee und die Administration neu organisiert und Syrien annektiert hatte, wie ein rechter Souverän. Er vererbte die Macht an seinen Sohn. Der Kalif sollte einen Augenblick lang dort seine Autorität wieder herstellen, doch nur, um sie in die Hände einer türkischen Dynastie, den Ikhschididen, fallen zu sehen, die dann über fünfzig Jahre lang, bis zu den Fatimiden, an der Macht bleiben sollten.

So löste sich das Reich auf. In Aserbaidschan, in Schirvan, in Dailam und in Nordsyrien traten lokale Dynastien an die Stelle des Gouverneurs des Kalifen, orientalische Söldner – vor allem Türken – an die der abbasidischen Armee. In Khorasan, das Ma'mun jenem Mann – Tahir ibn al-Husain – überlassen hatte, dem er seine Rückkehr nach Bagdad verdankte, wurde die Souveränität erblich. Diese Provinz fiel später in die Hände der Saffariden, dann der Samaniden. Sie wurden wiederum von den Ghaznaviden verjagt, die ihrerseits, von Afghanistan ausgehend, ein mächtiges Reich errichteten, das sich bis zum Pandschab erstrecken sollte. Überall war die Souveränität des Kalifen unterhöhlt worden. Aber keiner der neuen Herren wagte es, ohne seine Investitur zu regieren, wie wenn seine Gegenwart, im Inneren seines Palastes in Bagdad, für die Ordnung der Welt notwendig gewesen wäre. Und nach wie vor prägte man Münzen mit seinem Bildnis und hielt die Freitagspredigt in seinem Namen.

Der Zerfall der staatlichen Autorität hatte die Etablierung einer Aristokratie zur Folge, die nach und nach die Gesellschaft des Reiches verändern sollte. In seiner Anwendung auf die unteren Ränge zeitigte das *iqta* dieselben Wirkungen wie auf die Generäle, die die Provinzen beherrschten: Der Offizier, dem die Einkünfte aus einem Stück Land zugeteilt wurden, betrachtete sich, obgleich er nicht dessen Besitzer war, bald als Angehörigen einer besonderen Klasse. Und nun wurden unter dieser Schicht, die sich mehrheitlich aus Fremden zusammensetzte, die Mitglieder des öffentlichen Dienstes rekrutiert. Aus seinen Rängen sollte 924 der *amir al-umara*, der Befehlshaber der Befehlshaber, der oberste Befehlshaber sowohl der zivilen Verwaltung als auch der Armee, hervorgehen. Noch über den Wesiren stehend, war er im Besitz sämtlicher Vollmachten. Aber um was zu tun? Die Ernennung eines starken Mannes war eine Verzweiflungstat, die »das Reich nicht rettete, weil es kein Reich gab, das man hätte retten können.«[3]

Das Chaos nahm noch zu. In zehn Jahren folgten fünf *amir alumara* aufeinander. Die Kalifen wechselten einander im selben Tempo ab. Radi, der 932 durch die Armee an die Macht gebracht worden war, starb acht Jahre später. Sein Bruder bestieg den Thron: Er wurde abgesetzt, nachdem man ihm die Augen ausgestochen hatte. An seiner Stelle wurde Mustakfi zum Kalifen ausgerufen. Die Zeit war reif, daß die Kühnsten und am besten Bewaffneten die Macht an sich rissen. 945 etablierten sich die aus Dailam, vom Ufer des Kaspischen Meeres, stammenden Buyiden in Bagdad.

Die Buyiden waren Schiiten. Konnten sie mit dem Kalifen, dem Wächter des sunnitischen Glaubens, den sie verabscheuten, koexistieren? Wen sollten sie an seine Stelle setzen, ohne zu riskieren, eine neue Auseinandersetzung mit den sunnitischen Fürstentümern vom Zaun zu brechen? Die Staatsräson obsiegte, und der Kalif wurde gehalten. Seiner ganzen Autorität beraubt, stellte der Befehlshaber der Gläubigen seiner eigenen Religion und Garant der Gerechtigkeit keine Gefahr für sie dar. Das wichtigste Mitglied der Familie nahm den sasanidisch klingenden Titel *schahanschah*, König der Könige, an.

Mehr als ein Jahrhundert sollte vergehen, ehe die Konföderation der Buyiden ihrerseits unter den Schlägen anderer, aus dem Osten gekommener Eindringlinge zusammenbrach. Aber von da an sprühte die arabisch-islamische Zivilisation unter der Herrschaft dieser anfänglich rohen Krieger noch einmal mächtige Funken, die an die Zeiten Harun al-Raschids und der ersten Abbasiden erinnerten.

Die Auflösung des Kalifats und die Entmündigung des Kalifen bedeuteten keineswegs den Niedergang der Gesellschaft und der Kultur. Bagdad erlebte eine Neubelebung der Aktivitäten auf allen Gebieten. Die Buyidenfürsten, große Mäzene, förderten die Männer des Geistes. Sie ließen Denkmäler in der Hauptstadt und in jenen Gebieten errichten, wo ihre Familien die Macht ausübten, insbesondere in Schiraz und in Isfahan. In Kairo, Aleppo, Nischapur und Ghazna erschlossen neue Dynastien das Land und förderten das geistige Leben. Es gab keinen Fürsten oder reichen Kaufmann, der nicht seine eigene Bibliothek gehabt hätte. In Afghanistan hielt Mahmud von Ghazna, der Eroberer Indiens, an seinem Hof vierhundert Dichter, die seine Heldentaten verherrlichten, und Firdausi dichtete sein wunderbares *Schahnameh,* das *Buch der Könige,* in dem er die ruhmreiche Vergangenheit Irans in neupersischer Sprache besang, in einer Sprache, die sich mit diesem Werk herausbildete und die der iranischen Renaissance ihr Aufblühen ermöglichte. In Aleppo sammelte Saif al-Daula – von dem sich die Erzähler von *Tausendundeiner Nacht* teilweise inspirieren ließen, um die Person Harun al-Raschids zu porträtieren – eine Plejade von Dichtern, Schriftstellern und Gelehrten um sich. Der aus Transoxanien gekommene al-Farabi vollendete sein Werk, und al-Mutanabbi dichtete seine schönsten Verse. Zentralasien und Nischapur, die Hauptstadt der Samaniden, erlebten ihr Goldenes Zeitalter, während sich in der soeben gegründeten Stadt Kairo – al-Qahira, »die Siegreiche« –, die Fatimiden mit einem Hof von unerhörtem Prunk umgaben, dessen Glanz sich nur mit dem der Abbasiden vergleichen ließ.

So ging der Zerfall der Macht des Kalifen nicht mit einem Verlust der Vorliebe für die Gelehrsamkeit einher. Im Gegenteil, die verstreuten Zentren der Macht entwickelten sich zu Zentren der

Kultur und des Wohlstandes. Jeder Fürst konzentrierte seine Bemühungen auf seine Provinz. Durch diese Rivalität und mehr noch durch das Anwachsen der Bevölkerung und der neuen Städte angespornt, expandierte die Wirtschaft in der ganzen islamischen Welt.

1055 zogen die türkischen Seldschuken in Bagdad ein. Sie waren sunnitische Muslime, und mit ihrer Ankunft verwandelte sich die politische Karte des Orients, ohne den Gang der Zivilisation zu stören. Das wichtigste Ergebnis ihres Vordringens war, daß dem Kalifat wieder ein gewisser Glanz verliehen wurde. Ende des 12. Jahrhunderts sollte al-Nasir, einer der brillantesten Kalifen, versuchen, Sunniten und Schiiten miteinander auszusöhnen, indem er sich auf halb religiöse, halb zunftartige Verbindungen, die *futuwwa*, stützte. Da stellte der Mongoleneinfall diesen Neuanfang – angefangen beim Kalifat selbst – wieder radikal in Frage.

Und nun brach alles zusammen. In den ersten Tagen des Jahres 1258 nahm Hülägü, der Enkel Dschingis Khans, Bagdad im Sturm. Am 18. Februar ergab sich der Kalif al-Musta'sim: Hülägü ließ ihn und seine ganze Familie hinrichten. Achtzehn Tage lang folgte Massaker auf Massaker. Die Chronisten berichten, daß es zwischen 800000 und zwei Millionen Tote gab; diese – sicher stark übertriebenen – Zahlen enthüllen das Ausmaß der Vernichtung: Ganze Stadtviertel wurden geplündert und in Brand gesteckt, die Große Moschee und die von Kazimain, einer der heiligsten Stätten der Schiiten, wurden zerstört. Es war eine Katastrophe ohne Beispiel. Bagdad sollte nie wieder die Hauptstadt des Islam werden. Es überlebte, aber in den Händen aufeinanderfolgender Eroberer nur noch als Hauptort einer Provinz. 1393 brachte sich Timur in den Besitz der Stadt.

Das Kalifat blieb dennoch bestehen, wenn auch nur noch rein nominell. Ein Abbaside, al-Mustansir, fand Zuflucht bei der aus einer Elite von Militärsklaven hervorgegangenen Dynastie der Mamluken von Kairo, und Baibars, ihr Sultan, rief ihn zum Kalifen aus, um seine Macht zu legitimieren. Der neue Kalif besaß keinerlei Autorität mehr. Das einzige Privileg, das ihm blieb, war, einigen fernen Fürsten, vor allem dem Sultan von Delhi, die Investitur zu gewähren, die sie von jenem verlangten, der, trotz allem, in ihren Augen immer noch der »Stellvertreter Gottes auf Erden« war. 1517 zog der osmanische Sultan Selim I., Selim der Schreckliche, in Kairo ein und nahm jenen Mann gefangen, der seit langem kaum noch der Schatten des Befehlshabers der Gläubigen war. Der Kalif wurde nach Istanbul geschickt, wo Sulaiman der Prächtige ihm die Rückkehr nach Ägypten gestattete. Er starb dort 1543. Dann verlor sich die Spur der Abbasiden.

Anhang

Anmerkungen

ANMERKUNGEN ZU KAPITEL 1

1 Die vier ersten Kalifen werden *raschidun* (»Rechtgeleitete«, »Die, die dem rechten Weg folgen«) genannt. Sie heißen so im Gegensatz zu ihren Nachfolgern, denen man vorwarf, die Institution in ihrem persönlichen Interesse oder dem ihrer Familien mißbraucht zu haben. Diese vier ersten Kalifen waren: Abu Bakr (632–634), Omar Ibn al-Khattab (634–644), Othman Ibn Affan (644–656) und Ali Ibn Abi Talib (656–661). Auch Harun sollte den Beinamen »Raschid« tragen.

2 Die Bezeichnung »Omayyaden« ist abgeleitet von dem Namen Omayyas, des gemeinsamen Urahnes von Othman und Mu'awiya.

3 Der Zyklus der Propheten endete mit Mohammed, dem Siegel der Propheten. Dann beginnt der Zyklus der Initiation *(walaya)*, das heißt die Nachfolge jener, deren Aufgabe es ist, die Offenbarung in einem esoterischen Sinne zu interpretieren und die Menschen im spirituellen Leben zu führen.

4 Abbas, der Bruder von Abdallah (Mohammeds Vater) und Abu Talib (Alis Vater), hatte in der Anfangszeit des Islam keine bedeutende Rolle gespielt. Später erhielt er den Auftrag, die Pilger mit Lebensmitteln zu versorgen, was ihm den Erwerb eines gewissen Vermögens ermöglichte.

5 Die von den Abbasiden geschwungenen schwarzen Fahnen waren bereits von anderen anti-omayyadischen Bewegungen als Zeichen der religiösen Revolution benutzt worden. Ihnen kam auch eine messianische Bedeutung zu; denn sie versinnbildlichten die Erfüllung der Hoffnungen, die durch die Proteste gegen die Abweichungen und die Ungerechtigkeit geweckt worden waren. – Schwarz wurde zur Farbe der abbasidischen Revolution.

6 Dieses Wort kann auch der »Blutrünstige« bedeuten.

7 Tabari.

8 Mas'udi: Les Prairies d'or. Französ. Übers. aus d. Arab.

9 B. Lewis: The Arabs in History.

10 Ya'qubi.

11 Die Stadt des Friedens war nicht die erste runde Stadt in der Geschichte.

Es sei an Hagmatana (Ekbatana) in Iran erinnert, das im 8. Jahrhundert v.Chr. erbaut wurde, sowie an Mantinea, das Epaminondas 370 v.Chr. baute, Ktesiphon und Hatra (Irak), Darabdscherd (Iran) und Gur (das heutige Firuzabad im Iran).

12 Koran VI, 127: die »Behausung des Heils«.

13 Die Erbauung der Runden Stadt soll vier Millionen Dinar gekostet haben (unter den ersten Abbasiden entsprach 1 Dinar dem Wert von 4,55 Gramm Gold).

14 Tabari.

15 Abu l-Faradsch: Kitab al-Aghani.

16 Die Anhänger der Omayyaden versammelten sich unter roten Zeichen.

17 Huang-Tsang, ein chinesischer Mönche, reiste nach Indien, um dort die heiligen Bücher des Buddhismus zu studieren.

18 Nizam al-Mulk, dem Wesir des Seldschukensultans Malik Schah (11. Jahrhundert), zufolge sollen die Barmakiden erbliche Wesire des Königs von Persien gewesen sein. Khwondamir, Chronist der Timuriden-Epoche (15. Jahrhundert), machte aus ihnen gar Abkömmlinge dieser Könige. In Wirklichkeit war der Name *barmak* zunächst der Titel eines Abtes eines buddhistischen Klosters (D. Sourdel).

19 Zitiert bei C. Schefer: Chrestomathie persane.

20 Nach Mas'udi, op. cit.

21 Nach Tabari, op. cit.

22 Id., Ibid.

23 N. Abbot.

24 Abu l-Atahiya.

ANMERKUNGEN ZU KAPITEL 2

1 Diese Ermächtigung zu strengen Strafmaßnahmen war keine bloße Formsache. Die jungen Prinzen wurden – manchmal ohne jede Schonung – ausgepeitscht.

2 Der Historiker Ibn al-Tiqtaqa berichtete, daß Saffah eines Tages zu Khalid sagte: »Khalid, du wirst erst dann zufrieden sein, wenn du mich zu deinem Diener gemacht hast.« Erschrocken fragte Khalid: »Wie soll das geschehen, o Befehlshaber der Gläubigen, da ich doch *dein* Diener und *dein* Sklave bin?« Da entgegnete ihm Saffah lachend: »Meine Tochter Raita und deine Tochter schliefen im gleichen Bett. Als ich in der Nacht aufstand, sah ich, daß ihre Decke auf den Boden gefallen war, und breitete

sie über die beiden.« Da küßte Khalid Saffah die Hand: »Ein Herr, der den Lohn von seinem Diener und seiner Dienerin empfängt! …«

3 Der Leser wird in diesem Buch öfters Zitaten aus *Tausendundeiner Nacht* begegnen. Die berühmten Erzählungen, die eine wertvolle historische Quelle darstellen – dies gilt vor allem für jene Geschichten, die Bagdad und Basra zum Schauplatz haben –, bieten ein getreues Abbild des Lebens und der Szenerie zur großen Zeit der arabo-islamischen Zivilisation. *A. d. Ü.:* André Clot hat in seinem Text die französische Übersetzung von Mardrus benutzt, deren Urtext stellenweise und auch in der Zählung der Nächte weit von der Ausgabe abweicht, die der deutschen Übersetzung von E. Littmann zugrunde liegt. Da manche von Clot zitierten Passagen bei Littmann fehlen, mußten hie und da deutsche Übersetzungen nach Mardrus angefertig werden. In diesen Fällen wird die Textstelle unter Angabe der betreffenden Nacht zitiert. Wird nach der sechsbändigen Littmann-Ausgabe zitiert, folgen wir dem üblichen Verfahren und schreiben z. B.: Band I, S. 507.

4 Das heißt in erster Linie diejenigen, die für die Schatzkammer und die Kanzlei zuständig waren.

5 Laut Mas'udi.

6 Um dieselbe Zeit nahmen christliche Häretiker Abweichungen von der Lehre zum Vorwand für Angriffe auf die Autorität.

7 Vgl. D. Sourdel: Le vizirat abbasside.

8 Von al-Khuld ist nichts erhalten geblieben. Doch in Ukhaidir, ungefähr 200 km südwestlich von Bagdad, finden sich noch die Überreste einer Burg, die mit Sicherheit aus der zweiten Hälfte des 8. Jahrhunderts stammt. Dem Archäologen K. A. C. Creswell zufolge gehörte sie Isa ibn Musa, dem Neffen von Saffah und Mansur. Die mit vier Ecktürmen bewehrte Einfriedung mißt 175 mal 169 Meter, und der Palast selbst bedeckt eine Fläche von 9000 Quadratmetern. In der Architektur von Ukhaidir vermischen sich die alten Traditionen des arabischen und omayyadischen Orients mit jüngeren sasanidischen Einflüssen. Die Thronsäle sind dem komplizierten Zeremoniell angepaßt, das die Beinahe-Vergöttlichung des Kalifen erforderte. Sie wurden immer luxuriöser ausgestattet. Einige Jahrzehnte später wurden die neuen Paläste von Bagdad (Rusafa, al-Tadsch) und vor allem die von Samarra gebaut – allesamt gewaltige Anlagen.

9 Diese Beschreibung wurde zwar hundert Jahre nach Haruns Regierungszeit abgefaßt, gestattet uns aber dennoch einen Einblick in den Prunk, der zur Zeit des Rechtgeleiteten am Hofe herrschte. Dieser war unter ähnlichen Umständen sicher der gleiche.

10 Nichts läßt den Schluß zu, daß es im Palast von Harun al-Raschid einen zoologischen Garten gab; doch wahrscheinlich besaßen er und vielleicht auch schon sein Vater Mahdi – ebenso wie die Omayyaden – wilde Tiere.

11 Nach Al-Khatib al-Baghdadi: Introduction à l'histoire de Bagdad. Französ. Übers. aus d. Arab.

12 Übers. Mardrus, 552. Nacht.

13 Diese Dynastie stammte aus der Gegend des Kaspischen Meeres und sollte zwischen 945 und 1055 die tatsächliche Macht in Bagdad ausüben. Vgl. S. 310 ff.

14 Ma'mun hatte zehn Söhne, Mahdi sechs und mindestens ebenso viele Töchter. Harun hatte vierzehn Söhne, und vier seiner Töchter sind uns namentlich bekannt.

15 Übers. Mardrus, 926. Nacht.

16 Harun hatte seinem Bruder geschworen, Ghadir niemals zu heiraten. Diese hatte denselben Eid abgelegt, doch einen Monat nach Hadis Tod heirateten sie. Eines Tages aber schreckte Ghadir aus dem Schlaf empor. Sie hatte geträumt, Hadi hätte ihr ihre Heirat vorgeworfen und zu ihr gesagt: »Wenn der Tag anbricht, wirst du schon bei mir sein.« Eine Stunde später war sie tot.

17 Auf die Textilien kommen wir in Kap. VIII, S. 257 zurück.

18 *Tausendundeine Nacht.*

19 Er wurde am Ostufer des Tigris errichtet und kostete 20 Millionen Dirham.

20 Der Kalif Mutawakkil sollte einem seiner *nadim,* der ihm eine hervorragende Speise zubereitet hatte, 200 Dinar schenken.

21 Harun setzte den guten Schachspielern Pensionen aus. Im Palast wurden Wettbewerbe veranstaltet, und es wurden Schach-Lehrbücher veröffentlicht. Dieses Spiel war von Indien nach Iran gekommen und dort von den Arabern übernommen worden. – Tricktrack stammt wahrscheinlich ebenfalls aus Indien. Ein Spieler mußte ein eleganter und ehrenhafter Mann sein, über ein gutes Gedächtnis und angenehme Umgangsformen verfügen »und bereit (sein), zu antworten, wenn man ihm eine Frage stellte« (Ahsan). Die Geschichte hat die Namen einiger großer Schachspieler und Sklavinnen des Palastes überliefert, die zu den besten der damaligen Zeit gehörten. Die Herrscher schenkten sich gegenseitig kostbare Schachspiele, deren Figuren aus Bergkristall, Edelsteinen u. ä. angefertigt waren.

22 Dschahiz: Kitab al-Tadsch … Französ. Übers. von Ch. Pellat unter dem Titel: Le Livre de la Couronne.

23 Übers. Mardrus, 926. Nacht.

24 Er war der Halbbruder Haruns: Ihr gemeinsamer Vater Mahdi hatte ihn mit einer Konkubine namens Schikla gezeugt. Seine zwei Jahre ältere Schwester Ulaiya hatte eine andere Sklavin zur Mutter.
25 Musik war bei den orthodoxen Muslimen verpönt, die meinten, sie sei mit der strikten Befolgung der Religion kaum vereinbar.
26 Nach Mas'udi.
27 *Tausendundeine Nacht.*
28 Dem *Buch der Könige* zufolge trank Harun niemals in der Öffentlichkeit, und an seinen Weingelagen nahmen nur seine Günstlinge teil.
29 Ibn Khaldun.
30 Vgl. D. Sourdel: Op. cit. Die politische Rolle der Barmakiden wird im nächsten Kapitel ausführlicher erörtert.

ANMERKUNGEN ZU KAPITEL 3

1 Schon bald nach dem Tod von Abu Muslim (755) beriefen sich verschiedene Bewegungen auf ihn und schlossen sich zu messianischen Sekten zusammen, die vor allem unter den Persern und den Türken Khorasans und Transoxaniens verbreitet waren. Ihr Glaube beeinflußte die Mazdäer, Zoroastrier, den Islam und selbst das Christentum.
2 Khaizuran, Haruns Mutter, besaß riesige Immobilien in Bagdad und in den benachbarten Regionen, die man »Khaizuraniyya« nannte und deren Erträge jedes Jahr um 160 Millionen Dirham anwuchsen. Sie verwaltete ihr Vermögen selbst mit Hilfe ihres Sekretärs Omar ibn Mahran.
3 Nach G. Wiet: Histoire de la nation égyptienne.
4 Das heißt, die Mitglieder der Familie des Propheten.
5 Er wandelte auch den buddhistischen Tempel dieser Stadt in eine Moschee um. Er soll damals den Entschluß gefaßt haben, Lampen in den Moscheen aufzuhängen; dieser Brauch sollte sich dann in der ganzen muslimischen Welt verbreiten.
6 Musa al-Kazim war eine der bedeutendsten Persönlichkeiten in der Geschichte der Schia. Sein Bruder Isma'il war von seinem Vater Dscha'far al-Sadiq als Nachfolger ausersehen, aber Isma'il starb frühzeitig, und einige seiner Anhänger schlossen sich seinem jungen Sohn, Mohammed ibn Isma'il, an. Die Isma'iliten arbeiteten eine philosophische Lehre auf hohem intellektuellen Niveau aus. Einige Schiiten schlossen sich Musa al-Kazim, dem 7. Imam, an. Ihnen zufolge ist sein Nachkomme Mohammed, der 940 unter geheimnisvollen Umständen verschwand, in eine Periode der »Entrückung« eingetreten, aus der er erst an jenem Tag wieder heraustre-

ten wird, an dem die Menschen imstande sein werden, den »vollkommenen Menschen« zu erkennen.

7 Am gefährlichsten war die Revolte der Azraqiten, die 684 in Basra ausgebrochen war. Sie breitete sich in Khorasan, Fars und Kirman aus und konnte erst 700, nach blutigen Kämpfen, erstickt werden. Andere Erhebungen lähmten zahlreiche reguläre Truppen der Omayyaden, während die Häresie sich im Irak und in Syrien sowie in Nordafrika, in erster Linie in Tripolitanien, ausbreitete.

8 C. Cahan.

9 B. Lewis.

10 Die ersten Söldner, zumeist Türken, traten in Haruns Leibwache in Erscheinung.

11 Abgeleitet vom Namen Seleukos II. Kallinikos (256 bis 226 v. Chr.), der sie gegründet hat.

12 Dem Dichter Marwan ibn Hafsa zufolge.

13 Man sieht dort noch eine Ecke des Saales, der mit Stalaktiten geschmückt war. Zum ersten Male trat diese Dekoration auf, der man in der seldschukischen Kunst und sogar in der osmanischen Kunst wiederbegegnen sollte. Sonst gibt es keine Überreste des Palastes von Raqqa, aber der Grundriß ähnelte ohne Zweifel dem des Palastes von Samarra, wo einer der Söhne von Harun, al-Mu'tasim, 836 seine Hauptstadt einrichtete.

14 Beim *tschauggan,* bei dem man ein besonderes Gewand mit einem vergoldeten Gürtel und rote Stiefel trug, mußte man einen Ball, der zumeist aus Leder war, so hoch wie möglich werfen. Einer der Spieler mußte ihn mit dem Ende seines Stocks auffangen, dann weiterwerfen; nun fing ihn ein anderer Mitspieler auf, und so weiter, bis der Ball in einen durch zwei Stöcke abgegrenzten Raum eindrang, der von vier Reitern aus jedem Lager verteidigt wurde. Die Holzstöcke waren ähnlich wie unsere Keulen am unteren Ende gekrümmt.

ANMERKUNGEN ZU KAPITEL 4

1 Die *ribat* wurden hauptsächlich an den küstennahen Grenzen errichtet, um Angriffe – vor allem seitens der Christen – zurückzudrängen und den Heiligen Krieg fortsetzen zu können. Die Männer, die dort in Garnison lagen, waren eine Art von Mönchssoldaten, die sich dem Kriegshandwerk und dem Gebet widmeten. An den Küsten Ifriqiyas befanden sich zahlreiche Festungen mit Bastionen und Türmen. Ibn Khaldun schätzte ihre

Zahl auf 10 000, was stark übertrieben ist. Die *ribat* bestanden im allgemeinen aus einer von Türmen flankierten Ringmauer; innerhalb dieser Mauern säumten Säulengänge einen Hof, der zu einem Gebetssaal und einem Raum für die rituellen Waschungen führte. Im ersten Stockwerk lagen, wie im Erdgeschoß, Zellen. Ein an einer Ecke der Mauer errichteter Turm diente zur Übermittlung von Feuersignalen. Außer dem *ribat* von Monastir existiert ein solches noch in Sousse und in Sfax.

2 Der westliche Teil von Ifriqiya.

3 Das heutige Tunesien und Westalgerien.

4 Nach demselben Grundriß wie der Palast von Raqqa.

5 »Es gibt bei uns keine Magd, der die Tierkreiszeichen unbekannt sind«, behauptete ein Rustamide (zitiert bei G. Marçais).

6 Es wurde behauptet, daß sie der Mu'tazila angehangen hätten. Aber das ist wenig wahrscheinlich. Die mu'tazilitische Häresie beruht auf fünf Prinzipien: Der Koran ist Gott nicht wesensgleich, sondern von ihm geschaffen worden, um an die Menschen übermittelt zu werden; der Mensch besitzt Willensfreiheit; die Qualen der Hölle sind ewig für jeden, der dort eingegangen ist; der Muslim, der sich eines Fehlers schuldig gemacht hat, kommt in die Hölle, wenn er ihn nicht bereut; Ziel einer Regierung ist es, das Gute zu befehlen und das Böse zu verbieten. Das impliziert das Recht, sich gegen jeden ungerechten Imam zu erheben.

7 Der abbasidische Einfluß auf das muslimische Spanien sollte sich in vielen Bereichen sehr stark auswirken. Córdoba und Sevilla orientierten sich in jeder Hinsicht an dem, was aus Bagdad kam. Der Luxus, in dem die Muslime und Christen der Iberischen Halbinsel lebten, wetteiferte mit dem, der in der abbasidischen Gesellschaft vorherrschte. Als zu Beginn des 9. Jahrhunderts der berühmte Bagdader Sänger Ziryab nach Córdoba kam, bewirkte dieser Besuch eine Beschleunigung der »Orientalisierung«. Ziryab stand als Musiker bald in hohem Ansehen und mehr noch als Schiedsrichter in Fragen des guten Tons: Er zeigte den Bewohnern und Bewohnerinnen von Córdoba, wie sie sich in der Abfolge der Jahreszeiten zu kleiden hatten, und lehrte sie die Kunst, sich zu frisieren und zu schminken. Er unterwies sie auch im Gebrauch von Zahnpasten usw. Unter der Anleitung dieses ehemaligen Sklaven des Kalifen Mahdi wandelte sich die Wohnkultur, und die Tafelkunst wurde verfeinert.

8 Laut Mas'udi.

9 Ibid.

10 Ibid.

11 In Haruns Abrechnungen stieß man auf den Betrag von 10 *kirat* für Naphtha und Werg für die Verbrennung von Dscha'fars Leichnam.

12 Harun rief einmal, kurz nach Yahyas Tod, Dananir zu sich und bat sie zu singen. Die Barmakiden, sagte er, hätten das Vertrauen ihres Herrn mißbraucht und eine schreckliche Strafe verdient. Sie müsse sie vergessen. Dananir entgegnete, daß sie den Barmakiden alles verdanke, selbst die Ehre, sich dem Kalifen zu nähern, und daß sie seit deren Tod nicht mehr singen könne, weil die Tränen ihr die Stimme erstickten. Da rief Harun Masrur und befahl ihm, Dananir so lange allerhand Mißhandlungen auszusetzen, bis sie sänge. Sie entschloß sich endlich, heiße Tränen vergießend, zu singen: »O Wohnstätte Salmas! Du bist fern von uns, aber dein Bild ist für immer in mein Herz gegraben. Als ich die Häuser einstürzen sah, war ich überzeugt, daß die glücklichen Zeiten nie wiederkehren würden.« Ergriffen schickte Harun Dananir weg und quälte sie nicht weiter.

13 In Quatremère, Journal asiatique.

14 Im *Buch der Krone*.

15 Tabari, Mas'udi und andere Geschichtsschreiber, die Erzähler von *Tausendundeiner Nacht* und, in jüngerer Zeit, unter anderen G. Zaidan (Al Abbassa ou La Sœur du calife) und vor allem C. Hermary-Vireneille, Le Grand Vizir de la nuit (Paris, 1981).

16 Nach Tabari, op. cit.

17 In Yazdi, Ta'rikh.

18 Prolégomènes, op. cit.

19 Ein schöner, »redegewandter und gebildeter« Araber namens Zurara ibn Mohammed al-Arabi kam eines Tages in den Palast. Er wurde vom Kämmerer al-Fadl ibn al-Rabi, dem eingeschworenen Feind der Baramakiden, vorgestellt. Er stand schon bald mit dem Kalifen auf vertrautem Fuß und wurde für Dscha'far ein gefährlicher Rivale. Dieser erreichte sogar, daß Zurara für tot gehalten wurde, bis dieser aus dem Grab stieg, wo er sich versteckt hatte. »Aber du warst doch tot!« rief Harun aus. – »Ja, ich war tot, aber Allah hat mir gestattet wiederaufzuerstehen, um dem Befehlshaber der Gläubigen zu berichten, welch üblen Machenschaften ich zum Opfer fiel.« Harun zeigte noch mehr Freundschaft für Zurara, der ein gefährlicher Gegner für Dscha'far wurde (Yazdi nach Bouvat).

20 Die Barmakiden, ursprünglich Buddhisten, waren in Wirklichkeit niemals Mazda-Verehrer.

21 Mas'udi zufolge war der Immobilienbesitz der Barmakiden über das ganze Reich verstreut. Khalid und Yahya besaßen ein ganzes Viertel von Bagdad, wo sie Häuser und Geschäfte vermieteten. Yahya ließ einen anderen Palast bauen, den er bescheiden Qasr al-Tin (Lehmschloß) nannte. Er bewohnte auch einen anderen Palast gegenüber von al-Khuld, dem

Kalifenpalast. Der Palast, den Dscha'far besaß und den dieser Ma'mun schenkte, lag stromabwärts, auf derselben Seite. Es gab auch Suks, die Yahya und Dscha'far gehörten, sowie den »Fadl-Kanal« und den »Khalid-Platz«. In den Provinzen trugen ihnen ihre landwirtschaftlichen Güter stattliche Summen ein. In Basra besaßen sie das Schloß von Seihan und in der Nähe von Balkh das große Dorf Raven. In Balkh gab es ein »Yahya-Tor«, in Buchara ein »Fadl-Tor« usw.

22 In *Tausendundeine Nacht* findet sich ein Hinweis auf diese Allmacht der Barmakiden: »Man sprach nur vom Ruhm des Hauses der Barmakiden. Man konnte ohne ihr direktes oder indirektes Dazutun keine Gunst erlangen; die Mitglieder ihrer Familie füllten den Hof von Bagdad, die Armee, die Magistratur und in den Provinzen die höchsten Ämter...; die Umgebung ihres Palastes war von der Menge von Höflingen und Bittstellern mehr überlaufen als die Residenz des Kalifen.«

ANMERKUNGEN ZU KAPITEL 5

1 Vor allem nach dem Scheitern des Aufstands des al-Ala ibn al-Mughith, den die Abbasiden 763 gegen den Emir von Córdoba angezettelt hatten.

2 F. W. Buckler.

3 K. F. Werner, Die Ursprünge Frankreichs.

4 Vasiliev zufolge war der Besitz von Elefanten ein Monopol des Kalifen. Dieser ließ sie aus Indien kommen.

5 Unter welchen Umständen, ist nicht bekannt. Man darf vermuten, daß sie einer Krankheit zum Opfer fielen, denn wenn sie ermordet worden wären, hätte ein Chronist dies verzeichnet.

6 G. Musca.

7 Nach den *Fränkischen Reichsannalen.*

8 Laut A. Kleinclausz.

9 Dieser Bericht ist sicherlich in jeder Hinsicht der Phantasie Notkers des Stammlers entsprungen, der ihn ungefähr fünfzig Jahre später abfaßte und dessen Buch *Gesta Karoli magni* ein die Gestalt des Kaisers verklärendes Loblied auf Karl ist.

10 In den *Fränkischen Reichsannalen* wird klar gestellt, daß es sich um eine Sanduhr handelte, die zu jeder Stunde mit Glockenklang kleine bunte Kügelchen in ein Becken fallen ließ; zur Mittagsstunde erschienen zwölf Reiter aus zwölf Fenstern.

11 Vgl. dazu: E. Joransen, A. Kleinclausz u. S. Runciman.

12 Arculf I. (zitiert bei Kleinclausz, Syria). Bischof Arculf (624–704) unter-

nahm eine Reise ins Heilige Land und verfaßte einen ausführlichen Reisebericht.

13 810 befahl ein Kapitular Karls des Großen, Geld für die Wiederherstellung der während des Bürgerkrieges verwüsteten Kirchen von Jerusalm zu sammeln.

14 831 jedoch schickte Ma'mun zwei Gesandtschaften zu Ludwig dem Frommen, dem Sohn und Nachfolger Karls des Großen. Die eine war muslimisch, die andere christlich. Ihre Aufgabe bestand wahrscheinlich darin auszukundschaften, welche Absichten der Frankenkönig zu dem Zeitpunkt hegte, als der Kalif sich gerade anschickte, einen neuen Feldzug gegen Byzanz in die Wege zu leiten.

15 Nichtmuslimische Untertanen, die einer Religion der Schrift anhingen und zur Zahlung der *dschizya* verpflichtet waren.

16 B. Lewis: Die Welt der Ungläubigen.

17 Das war Mehmed II., der die Stadt 1453 eroberte, nachdem er Breschen in die Mauer geschossen hatte.

18 Die Verwendung von flüssigen oder sonstigen Brandsätzen reicht weit ins Altertum zurück. Herodot, Thukydides und Titus Livius erwähnen sie. Bei Ammianus Marcellinus werden die »Malleoli« erwähnt; das sind Pfeile, die brennbare Substanzen enthielten. Zu diesen »Ölen« gehörten Pech, Harz, ungelöschter Kalk, Wachs, Schwefel und Salpeter. Die Perser tränkten Werg damit, das man mit den Pfeilen zusammen abschoß. Die Verwendung von Naphtha war besonders gefährlich, denn seine Flammen verbreiteten sich überallhin. Die Araber benutzten auch brennbare Flüssigkeiten, vor allem im Zuge einer Expedition nach Indien, die im Jahre 779 stattfand, und Harun al-Raschid verwendete sie bei der Belagerung von Herakleia im Jahre 806. – Die Bezeichnung »Griechisches Feuer« geht auf den Griechen Kallinikos zurück, der dieses Feuer von Syrien nach Byzanz gebracht hatte.

19 Diesem Konzept der territorialen Verteidigung zufolge, das auf das Jahr 625 zurückgeht, aber erst nach und nach angewandt wurde, war das Reich in Militärbezirke eingeteilt, in denen die Männer jeweils an Ort und Stelle rekrutiert wurden. Der Stratege, der sämtliche militärische und zivile Vollmachten besaß, war der absolute Träger der Befehlsgewalt. Die landbesitzenden Familien mußten Kriegsdienst leisten: Im Kriegsfall präsentierten sich die Männer in Waffen und mit einem Pferd. Die Bauern, die zu arm waren, wurden auf Kosten der Dorfgemeinde ausgerüstet. Dieses System erlaubte es dem Staat, schnell kampftaugliche Kontingente zum Einsatz zu bringen. Die Marine war derselben Reform unterzogen worden.

20 Diese enge Auslegung wurde bald ausgeweitet: Den Rechtsgelehrten gelang es, Gesetz und Notwendigkeit miteinander zu vereinbaren, indem sie sich einen »Waffenruhe« genannten Zwischenstatus ausdachten, der es auch einem Nicht-Muslim erlaubte, sich in ein muslimisches Land zu begeben, etwa um dort Handel zu treiben. – Über Handel und Wirtschaft siehe Kapitel 8.

21 In Wirklichkeit wurde sie hauptsächlich von Juden vorgenommen.

22 v. Grunebaum, Der Islam im Mittelalter.

23 *Tausendundeine Nacht,* Übers. Littmann I, 507.

24 Es handelte sich der Legende nach um sieben junge Männer, die sich im 2. Jahrhundert in eine Höhle in der Nähe von Ephesus geflüchtet hatten, um den Verfolgungen durch Kaiser Decius zu entgehen. Sie schliefen ein, um erst zweihundert Jahre später wieder zu erwachen. Nach ihrem Tod wurden sie dort beerdigt, und aus der Höhle wurde ein im ganzen Nahen Osten bekannter Wallfahrtsort.

25 Nach der Etikette des Briefverkehrs, wie sie das »Zeremonienbuch« des Konstantinos Porphyrogennetos vorsah, wurde der Name des Kalifen bei der Anrede vor dem des Kaisers genannt, während bei Herrschern des Abendlandes die Reihenfolge umgekehrt war.

26 Der Fluß, der im Anti-Taurus entspringt und in den Golf von Iskenderun mündet.

27 Mu'awiya 655, 668 und 674, Sulaiman ibn Abd al-Malik 715.

28 Nach Bréhier.

29 Nach Theophanes.

30 Es wurde 799 erbaut und besteht noch heute.

31 Städte im Landesinneren – Ankyra, Kaisareia, Dorylaion, Nikaia und andere – erlebten im Schutz ihrer Festungswälle, wie ihre Bevölkerung und ihre Bedeutung ohne große Einbrüche bis zur osmanischen Zeit zunahm, als dann etwa die Stadt Priene unterging.

32 Ihre Auswirkungen traten 806 zutage, als die Araber über Zypern herfielen.

33 805 hatten die Aghlabiden von Kairuan Überfälle auf den Peloponnes organisiert und den Slawen, die Patras belagerten, Hilfe geleistet.

34 Die Fußtruppen erhielten einen verhältnismäßig hohen Sold (der das Doppelte oder Dreifache des Lohnes eines Arbeiters in Bagdad ausmachte) und die Reiter dreimal soviel. Vgl. C. Cahen.

35 Abu l-Faradsch, zitiert bei Mercier, Le Feu grégeois.

ANMERKUNGEN ZU KAPITEL 6

1 Tabari
2 Abu l-Atahiya
3 Koran LXIX, 28–29

ANMERKUNGEN ZU KAPITEL 7

1 Ya'qubi: Les Pays.
2 1 Parasange = circa 6 Kilometer.
3 Die Instandhaltung von Bauwerken war dem orientalischen Denken lange Zeit hindurch fremd.
4 Zitiert bei Mez: Die Renaissance des Islams.
5 Der in der zweiten Hälfe des 9. Jahrhunderts unternommene Versuch, die Sümpfe im Süden des Irak durch aus Ostafrika importierte Sklaven trockenlegen zu lassen, wurde durch die Revolte der Zendsch unterbrochen, die das Reich eine Zeitlang erschütterte. Es sollte dann bei diesem Versuch bleiben.
6 »Dann führten die Israeliten die Frauen und die Kinder Midians gefangen fort…« (Numeri XXXI, 9).
7 Sure XVI, 71 (73).
8 Mohammed rät dem Gläubigen auch, seine Sklaven freizulassen (Sure XXIV, 33). Er geht hier weiter als das Alte Testament, das nur zur Freilassung solcher Israeliten rät, die ihrer Schulden wegen in die Sklaverei geraten waren.
9 Die Kastration war im Islam streng verboten, und die Eunuchen waren alle bereits als Kastrierte gekauft.
10 »Er kaufte sie überall, wo er sie finden konnte, und sie umgaben ihn Tag und Nacht während seiner Mahlzeiten und seiner Trinkgelage, selbst zu den Stunden der Arbeit. Er wollte keine Frau sehen, ob sie nun frei war oder eine Sklavin. Die weißen Eunuchen nannte er *Heuschrecken* und die schwaren *Raben.*« (Tabari, III).
11 Übers. Mardrus, 32. Nacht.
12 Nischwar al-Muhadara, engl. Übers. von D. S. Margoliouth: The Tabletalk of a Mesopotamian Judge, London 1922.
13 Ein noch heute in den Golfstaaten übliches System.
14 G. Marçais.
15 Zu Beginn der Hidschra zielten die Geschichten der *qussas* meistens darauf ab, die Gläubigen zu mehr Frömmigkeit zu ermahnen. Auf dem

Schlachtfeld stärkten sie den Mut der Kämpfer, indem sie ihnen die Seligkeit des Jenseits schilderten. Die Obrigkeit förderte daher diese volkstümlichen Theologen.

16 Er hat einer Speise, der Ibrahimiyya, seinen Namen gegeben.

17 Vgl. 29. und 116. Nacht.

18 Zitiert bei Mez, op. cit.

19 Für einige diente dieser Brauch dazu, das Böse zu vertreiben, für andere, die verdorbene Luft zu verjagen und sogar den Körper von den Ausdünstungen des Winters zu reinigen.

ANMERKUNGEN ZU KAPITEL 8

1 André Miquel: L'islam et sa civilsation.

2 Das Ende des 8. Jahrhunderts von Abu Yusuf verfaßte *Buch über die Grundsteuer* gibt den Regierungen Ratschläge bezüglich der Wiedererlangung von Ländereien und ihrer Verwertung. »Wenn man dem Kalifen mitteilt, daß es in dieser Gegend Land gibt, das bebaut werden könnte, sofern es bewässert würde, und wenn das bestätigt wird, dann erteilst du den Befehl, Kanäle zu graben. Die Kosten werden durch den Fiskus gedeckt und nicht von Einheimischen bezahlt. Es ist in der Tat besser, die Leute sind wohlhabend als ärmlich, und sie bereichern sich, statt sich zu ruinieren und zur Ohnmacht verurteilt zu sein« (zitiert bei Sourdel, *Le Vizirat abbasside*).

3 Das Rad ist aufgrund der ungenügenden Anschirrtechniken und der zu hohen Transportkosten für Karren verschwunden. Man mußte bis zur Ankunft der Türken im 12. Jahrhundert warten, bis wieder Fahrzeuge mit Rädern eingeführt wurden.

4 Maurice Lombard.

5 Ibn al-Tiqtaqa.

6 Prolégomènes, II.

7 Die kufische Schrift war eckig. Ursprünglich sehr einfach, wurde sie im Laufe der Jahrhunderte mit stilisierten Blättern und Blumen ausgeschmückt.

8 Einige Stoffe wurden entweder durch eine dichte Webart oder dadurch wasserdicht gemacht, daß man sie mit einer dünnen Wachsschicht überzog.

9 Ibn Khaldun.

10 Nach M. Lombard, op. cit.

11 Ein Wort persischer Herkunft, das soviel wie ›Heuchler‹ (und nicht Mann aus dem Rhônegebiet!) bedeutet und das die Bedeutung von (einem nicht unbedingt jüdischen) ›Händler‹ annahm.

12 *Tausendundeine Nacht,* dt. Übers. E. Littmann Bd. IV, 103.

13 In den Gewässern des Indischen Ozeans verkehrten nur wenige chinesische Schiffe. Der Schwerpunkt Chinas lag im Norden, und die kaiserliche Regierung tat kaum etwas, um die Entwicklung der Häfen im Süden zu beleben. Man mußte warten, bis die Verwaltung der Sungdynastie im 11. und 12. Jahrhundert diese Region und die Handelstransaktionen mit den fernen Ländern förderte.

14 Araber und Perser machten sich indessen einen großen Vorteil zunutze. Mit dem dreieckigen sogenannten Lateiner-Segel konnte man auch gegen den Wind segeln. Die Mittelmeerländer und die Länder Nordeuropas übernahmen es im 15. Jahrhundert. Die Magnetnadel, die chinesischen Ursprungs ist und dem Abendland durch die Araber übermittelt wurde, wurde nicht vor Mitte des 11. Jahrhunderts von ihnen benutzt.

15 Der Moschus wurde von einer Damhirschart abgesondert. Der beste kam aus Tibet.

16 Unter Harun gab es nur wenige türkische Sklaven.

17 *Tausendundeine Nacht* I, 423.

ANMERKUNGEN ZU KAPITEL 9

1 Ibn al-Nadim, zitiert bei J. Vernet, 99.

2 Über diese Kontroverse vgl.auch J. Vernet, op. cit.

3 Der sog. Nestorianismus entstand zu Beginn des 5. Jahrhunderts. Er wies Christus zwei Naturen zu: Der Mensch Jesus hatte Maria zur Mutter; die andere Natur bestand aus dem göttlichen Logos.
Nach langen Auseinandersetzungen, vor allem zwischen Kyrill, dem Bischof von Alexandrien und Verfechter der orthodoxen Lehre, und Nestorios, dem Bischof von Konstantinopel und hauptsächlichen Propagandisten der neuen Lehre, wurde 431 ein Konzil nach Ephesus einberufen, das den Nestorianismus verurteilte. Dieser sammelte rasch zahlreiche Anhänger um sich und breitete sich mit über zweihundert Diözesen im Iran, in Arabien, in Indien und bis nach China aus. Zahl und Einfluß der Nestorianer verminderte sich bald nach den Invasionen Timurs im 14.–15. Jahrhundert und dann nochmals im 19. Jahrhundert infolge der Kämpfe der Nationalitäten im Vorderen Orient.

4 Mansur hatte den Kaiser von Byzanz gebeten, ihm Werke über Mathema-

tik, insbesondere die Werke Euklids, zu schicken. Durch die Plünderung der eroberten Städte – Amorion, Ankyra– wurden die Bibliotheken der Kalifen bereichert. Die Araber verlangten manchmal von den Byzantinern Bücher als Kriegsentschädigung.

5 Der Legende zufolge soll Ma'mun die Bedeutung des griechischen Erbes während eines Traums begriffen haben, in dem ihm Aristoteles erschien und seine Fragen beantwortete: »Was ist die Schönheit?« – »Was der Vernunft schön erscheint.« – »Und was ist das?« – »Was vor dem Gesetz schön ist.« – »Und was ist das?« – »Was von der Mehrheit akzeptiert wird.« – »Und was ist das?« – »Frage nun nicht mehr weiter!« – »Sage mir noch etwas!« – »Wer dir einen Ratschlag gibt hinsichtlich des Goldes, wird für dich wie Gold sein. Verehre die Einheit (Gottes)!« (Ibn al-Nadim, zitiert bei J. Vernet,101).

6 Zitiert bei Abd al-Salam.

7 Zitiert bei Ch. Pellat.

8 Siehe *Tausendundeine Nacht,* Übers. Littmann III, 298.

ANMERKUNGEN ZU KAPITEL 10

1 In dieser Bewegung waren Leute unterschiedlicher Herkunft vertreten: Schwarze, Araber, Perser, Juden und Christen. Der weithin akzeptierten These zufolge brach die Revolte infolge der unmenschlichen Bedingungen aus, denen die Schwarzen auf den Zuckerrohrplantagen unterworfen waren. Shaban (Islamic History II) jedoch meint, daß es bei dieser von Kaufleuten unterstützten Erhebung um die Herrschaft über die Handelswege Nordafrikas ging.

2 Das Qarmatentum – abgeleitet vom Namen seines Gründers, Hamdan Qarmat – war eine Form der Ismailiyya oder Siebener-Schia. Diese Bewegung mit sozialem Charakter war stark messianisch gefärbt.

3 M. A. Shaban: Islamic History.

Sach- und Personenlexikon der arabischen Kultur und Geschichte

Abbasia: eine von dem Barmakiden Fadl ibn Yahya in Khorasan aufgestellte Elitetruppe von 50 000 Mann.

abna: ar. »Söhne«; eigentlich *abna al-daula,* »Söhne der Revolution« oder »Söhne des Regimes«; die Soldaten des im Ostiran aus Arabern und Iranern rekrutierten, in Bagdad angesiedelten abbasidischen Revolutionsheeres und deren Nachkommen.

Abu l-Atahiya: arabischer Dichter am Hof von Bagdad, geb. 748 in Kufa, gest. 825 oder 826.

Achämeniden: auf Achaimenes (um 700 v. Chr.) zurückgeführtes altpersisches Herrschergeschlecht.

akritai: griech.; christliche Grenzkämpfer, vor allem an der Grenze zum Kalifenreich in Kleinasien und Armenien; den muslimischen *ghazi* entsprechend.

Aliden: die Nachkommen Alis, des Vetters und Schwiegersohnes des Propheten und vierten Kalifen (656–661), aus seiner Ehe mit Mohammeds Tochter Fatima. Nach schiitischer Auffassung sind allein die Aliden legitimiert, die islamische Gemeinde als Oberhäupter (Imame) zu lenken.

aman: ar. »Sicherheitsgarantie«, die dem sich unterwerfenden Feind gewährt wird.

amir: ar. »Befehlshaber«; in frühislamischer Zeit der Militärgouverneur einer Provinz.

amir al-mu'minin: ar. »Befehlshaber der Gläubigen«; militärischer Titel des Kalifen.

awasim: ar. »die Schützenden«; unter Harun angelegter, tiefgestaffelter Gürtel von befestigten Städten im Hinterlang der Grenze zu Byzanz, zwischen Antakiya (Antiochia) und dem oberen Euphrat, nördlich von Aleppo.

bai'a: ar.; Huldigungs- und Treueid.

barid: ar., von lat. *veredus;* der Postdienst des Kalifenreiches, dem neben der Nachrichtenübermittlung auch geheimdienstliche Aufgaben oblagen.

Basileus: griech. »König«; der Titel des byzantinischen Kaisers.

Dailam: iranische Gebirgslandschaft südlich des Kaspischen Meeres; ihre Bewohner waren als Söldner hochgeschätzt.

dhimmi: ar. »Schutzbefohlener«; steuerpflichtiger nichtmuslimischer Untertan des Kalifen.

dihqan: pers. »Dorfherr«; kleiner Landadliger, Baron.

dinar: ar., von lat. *denarius;* islamische Goldmünze.

dirham: ar., von griech. *drachme;* islamische Silbermünze.

Dschahiz: arabischer Schriftsteller am Hof von Bagdad und Samarra, geb. um 776 in Basra, gest. 868 oder 869; besonders als Satiriker bekannt.

Dschazira; ar. »Insel«; Bezeichnung für das obermesopotamische Steppenland westlich von Mosul.

dschihad: ar. »Anstrengung, Mühe, Einsatz«; nach Koran 2, 190 f. und 2, 218 Pflicht des Gläubigen; im Mittelalter meist gedeutet als Heiliger Krieg gegen die Nichtmuslime außerhalb des Kalifenreiches.

dschizya: ar. »Tribut«, nach Koran 9, 29 die von den nichtmuslimischen Untertanen *(dhimmi)* zu zahlende Kopfsteuer.

Fars: ar. für pers. Pars; iranische Landschaft um Schiraz; die antike Persis mit Persepolis.

fay: ar., die Beute der Muslime im Heiligen Krieg.

ghazi: ar. »Streifzügler«, von *ghazwa* »Streifzug, Überfall« (davon unser Wort Razzia); freiwilliger muslimischer Grenzkämpfer oder Teilnehmer am Heiligen Krieg.

Ghaznawiden: ostiranische Dynastie türkischer Abkunft im heutigen Afghanistan; benannt nach ihrer Hauptstadt Gahzni südwestlich von Kabul; 10. bis 12. Jahrhundert.

hadit: ar. »Vorfall«; kurze, anekdotenhafte Tradition über Handlungen und Aussprüche des Propheten Mohammed; das auf diese Weise zunächst mündlich überlieferte Verhalten des Propheten in bestimmten Situationen gilt für den Muslim als vorbildlich und verbindlich.

hadschib: ar. »Verhüller«; Kämmerer des Kalifen.

Harem: ar. »unverletzlich, geheiligt«; der der Öffentlichkeit unzugängliche private Wohnbezirk des Kalifen und seiner Familie.

Haschimiten: Angehörige des Clans Haschim vom mekkanischen Stamm Quraisch. Da der Prophet Mohammed diesem Clan angehörte, wird den H. ein außergewöhnliches Charisma zugeschrieben; nach sunnitischer Auffassung sind nur sie für das Amt des Kalifen qualifiziert.

Hidschaz: die Küstenlandschaft Nordwestarabiens mit Mekka und Medina.

Ibn Khaldun: arabischer Historiker; geb. 1332 in Tunis, gest. 1406 in Kairo; besonders berühmt wegen seiner soziologischen Theorien zur Entstehung und zum Verfall von Herrschaft, die er im Vorwort *(Muqaddima)* zu seiner Weltgeschichte entwickelt.

Ifriqiya: ar., von lat. *Africa;* die Kernprovinz des islamischen Nordafrika mit der Hauptstadt Kairuan; etwa das heutige Tunesien, Nordostalgerien und das libysche Tripolitanien umfassend.

imam: ar. »Oberhaupt«, Führer der religiösen Gemeinschaft *(umma)* aller Muslime; vor allem das alidische Oberhaupt der Schiiten.

iqta: ar. »Zuteilung«; Militärlehen.

iwan: pers. »Halle«; gewölbte, nach der Hofseite offene Halle iranischer Schlösser, oft als Thron- oder Empfangssaal genutzt; später auch Bestandteil islamischer Bauten, z. B. der iranischen Moscheen.

Ka'ba: ar. »Würfel«; das altarabische Heiligtum von Mekka; von Mohammed vom Götzendienst gereingt und dem Kult Allahs geweiht.

Kadi: ar. »Richter«.

Kalif: ar. *khalifa,* »Stellvertreter«; eigentlich *khalifat rasul Allah,* »Stellvertreter des Gesandten Gottes«; Titel des Oberhauptes des islamischen Reiches.

kharadsch: ar., von aramäisch *kraga* »Steuer«; die islamische Ernteertragssteuer.

Kharidschiten: eine während des Kalifats Alis (656–661) entstandene islamische Glaubensrichtung, die der Gemeinde das Recht zugestand, ihr Oberhaupt – den besten der Muslime – ohne Rücksicht auf seine Abstammung frei zu wählen und bei Versagen wieder abzusetzen.

al-Khatib al-Baghdadi: arabischer Historiker (1002–1071); Verfasser eines biographischen Lexikons aller prominenten Einwohner Bagdads.

Khorasan: die iranische Nordostprovinz; sie umfaßte das heutige Nordostiran mit den Städten Nischapur und Tus, das nordwestliche Afghanistan mit Balkh und Herat sowie die südlich des Oxus (Amu Darya) gelegenen Teile des ehemals sowjetischen Zentralasien mit der Hauptstadt Merv (Mary/Turkmenistan).

al-Khuld: ar. »die Ewigkeit«; Palast des Kalifen al-Mansur außerhalb der Runden Stadt am Tigrisufer von Bagdad.

Khuzistan: die heute zu Iran gehörenden südöstlichen Teile des irakischen Tieflandes mit der Hauptstadt al-Ahwaz.

kohl: Antimon, Bleiglanz zum Schminken der Augen.

kuttab: ar. »Sekretäre« (Sing. *katib*); die leitenden Beamten der zentralen Verwaltungsbehörden (Diwane) des Kalifenreiches.

Maghrib: ar. »Stätte des Sonnenuntergangs, Okzident«; Nordafrika westlich von Ifriqiya, also Zentral- und Westalgerien und Marokko.

Manichäismus: von Mani begründete gnostische Weltreligion der Spätantike und des frühen Mittelalters. Der Manichäismus nahm einen radikalen Dualismus an: Dem Herrscher des Lichts steht der König der Finsternis gegenüber.

Mas'udi: arabischer Reisender, Geograph und Historiker, gest. 956 in Fustat in Ägypten.

mawali: ar. »Klienten« (Sing. *maula*); zum Islam konvertierte Nichtaraber.

mazalim: ar. »Ungerechtigkeiten«; Beschwerdeinstanz für Klagen der Untertanen gegen Übergriffe der Regierung und der Verwaltung.

Mazdaismus: die altiranische, vorislamische Staatsreligion der Sasaniden, benannt nach dem höchsten Gott Ahura Mazda; auch Zoroastrismus oder Zarathustrismus, nach dem Namen des prophetischen Stifters.

minbar: ar. »Kanzel« des Predigers in der Moschee.

Monophysitismus: in der alexandrinischen Theologie entstandene Lehre, daß in Christus nicht zwei Naturen (göttliche und menschliche) verbunden seien, sondern nur eine Natur des fleischgewordenen Wortes Gottes sei.

Monotheletismus: die Lehre, daß in Christus zwar zwei Naturen seien, aber nur ein einziger Wille.

muhtasib: ar. »Rechner«; der Marktvogt, der mit Polizeigewalt ausgestattete Beamte, dem die Aufsicht über den Bazar und die Maße und Gewichte – daher wohl der Name – obliegt.

Muqaddasi: aus Jerusalem stammender arabischer Reisender und Geograh, gest. kurz nach 1000.

murabitun: ar. »Posten«, in Kastellen *(ribat)* stationierte freiwillige Glaubenskämpfer, mit dem Schutz der Grenzen des Islam betraut.

nadim: ar. »Zechgenosse«; Gesellschafter des Kalifen.

Omayyaden: mekkanischer Clan und Kalifendynastie in Damaskus (661–750), von den Abbasiden gestürzt. Eine Nebenlinie regiert in Spanien bis zum Anfang des 11. Jahrhunderts mit dem Sitz in Córdoba.

Parther: ursprünglich iranischer Stamm im Gebiet des westlichen Khorasan.

qati'a: ar. »Abschnitt«; zugeteiltes Stück Land.

raschidun: ar. »die den rechten Weg Gehenden, die Rechtgläubigen«; die vier ersten Kalifen Abu Bakr, Omar, Othman und Ali (632–661).

Rum: ar. für Rom und das Byzantinische Reich; auch: die Byzantiner (»Romäer«) oder Griechen.

sadaqa: ar. »Almosen«.

Samaniden: ostiranische Statthalterdynastie mit dem Sitz in Buchara (819–1005).

Sarazenen: antike Bezeichnung für die Araber; im Mittelalter für alle Muslime verwendet.

Sasaniden: Herrschergeschlecht im vorislamischen Iran.

Schi'a: ar. »Partei«; die Anhänger Alis und seiner Nachkommen, der Aliden, die nach schiitischer Auffassung allein zur Leitung der islamischen Gemeinde legitimiert sind; innerislamische Oppositionsbewegung, die sich allmählich zum religiösen Bekenntnis wandelt.

Sufi: islamischer Asket und Mystiker, Derwisch (von ar. *suf* »Wolle«, nach dem Material der Kutte)

sunna: ar. »Brauch, Usus, Tradition«; die überlieferte vorbildliche Lebensführung des Propheten und seiner Gefährten.

Sure: ar. »Kapitel«, Bezeichnung für die 114 Abschnitte des Koran.

Tabari: arabischer Historiker, geb. 839, gest. 923 in Bagdad; Verfasser der bedeutendsten Weltchronik der frühen Abbasidenzeit.

Tabaristan: Küstenlandschaft im Südosten des Kaspischen Meeres.

thughur: ar. »Öffnungen«; Grenzübergänge, auch: Grenzfestungen, besonders an der Grenze zum byzantinischen Kleinasien.

tiraz: Webereien, in denen unter staatlichem Monopol kostbare Stoffe mit eingewirktem Namen des regierenden Kalifen hergestellt wurden; auch Bezeichnung für diese Stoffe selber.

ulema: ar. »Gelehrte« (Sing. *alim*); die Kenner des islamischen religiösen Rechts.

uschr: ar. »Zehnt«; die von den Muslimen zu entrichtende Steuer.

wali: ar. »Gouverneur«.

waqf: ar. »Blockierung«; unaufhebbare Stiftung zu religiösen oder sozialen Zwecken, etwa für Moscheen oder Krankenhäuser.

Wesir: ar. *wazir* »Helfer«; Ratgeber, später Minister des Kalifen; oberster Chef der zentralen Verwaltung des Reiches.

Ya'qubi: arabischer Historiker, zunächst im Dienst der Tahiriden in Khorasan, dann in Ägypten, wo er 897 starb; Verfasser einer bis zum Jahr 872 reichenden Weltgeschichte und eines wichtigen geographischen Werkes, dem wir vor allem genaue Beschreibungen von Bagdad und Samarra verdanken.

Zaiditen: schiitische Sekte, Anhänger des Aliden Zaid, der 740 bei einem gescheiterten Aufstandsversuch in Kufa ums Leben gekommen war. Die Zaiditen waren vor allem im Jemen und in Dailam verbreitet.

zakat: die jedem Muslim vom Koran vorgeschriebene Armen- oder Almosensteuer zum Unterhalt der sozial Schwachen.

zindiq: pers. »Ketzer«; unscharfe Bezeichnung für alle vom Islam nicht geduldeten Sekten und Glaubensrichtigungen, vor allem für die Manichäer und ähnliche Religionsgemeinschaften.

Zoroastrier: s. Mazdaismus.

Genealogie der Familie des Propheten Mohammed

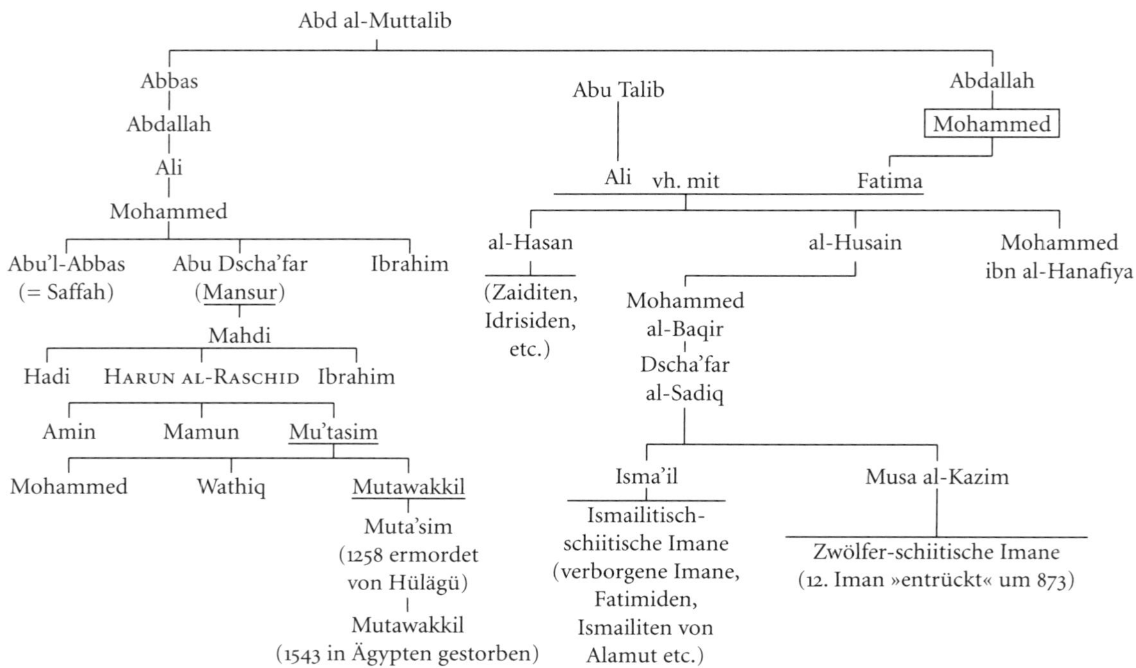

Chronik der Ereignisse

	in der islamischen Welt	*in der übrigen Welt*
570	Geburt Mohammeds	
612	Mohammed beginnt zu predigen	
618		Tangdynastie in China
622	Mohammed in Medina, Hidschra	
630	Rückkehr Mohammeds nach Mekka	
632	Mohammeds Tod. Omar Kalif.	
634	Niederlage der Byzantiner bei Adschnadain	
635	Eroberung von Damaskus	
636	Niederlage der Byzantiner am Yarmuk	
638	Einnahme Jerusalems	
640	Eroberung von Heliopolis	
642	Zusammenbruch des Sasanidenreiches	
644	Ermordung Omars. Othman Kalif.	
646	Eroberung Alexandrias	
655	Niederlage der byzantinischen Seestreitkräfte	
656	Othman stirbt. Ali Kalif.	
657	Schlacht von Siffin. Die Kharidschiten verlassen Ali.	
661	Ali wird in Kufa ermordet. Mu'awiya wird Kalif in Damaskus.	
663–677	Arabische Feldzüge gegen Konstantinopel	
670	Gründung von Kairuan.	
680	Tod al-Husains in Kerbela	Pippin I. gewinnt als Hausmeier die Herrschaft über das Frankenreich
685	Bewegung Mukhtars	

	in der islamischen Welt	*in der übrigen Welt*
711	Tarik in Spanien	
716	Belagerung von Konstantinopel durch Maslama – Beginn der abbasidischen Verschwörung	Karl Martell
717		Leo III. der Isaurier Kaiser von Byzanz
726		Beginn des Bilderstreits
732		Schlacht von Poitiers
747	Abbasidische Erhebung in Khorasan (Abu Muslim)	
749	Saffah, erster Abbasidenkalif	
751	Niederlage der Chinesen am Talas	Pippin III. wird König der Franken
754	Mansur Kalif	
755	Hinrichtung Abu Muslims	
756	Abdarrahman Emir von Córdoba	
762	Gründung Bagdads	
766	*Geburt Harun al-Raschids*	
771		Karl der Große, König der Franken
775	Mahdi wird Kalif.	
778		Schlacht bei Roncesvalles
779	Haruns erster Feldzug gegen die Byzantiner	
781	Haruns zweiter Feldzug	
785	Hadi wird Kalif.	
786	(14. September) Harun al-Raschid Kalif	
787		Die Regentin Irene führt den Bilderkult wieder ein.
789	Die Idrisiden in Marokko, Gründung der Stadt Fes	
796	Harun verläßt Bagdad und läßt sich in Raqqa nieder.	
797	Harun unternimmt einen Feldzug gegen die Byzantiner.	Irene, Kaiserin von Byzanz Karl der Große schickt eine erste Gesandtschaft zu Harun.
800	Die Aghlabiden in Ifriqiya	Krönung Karls des Großen

	in der islamischen Welt	in der übrigen Welt
802	Vereinbarung von Mekka. Teilung des Reiches	Ankunft zweier muslimischer Würdenträger bei Karl dem Großen. Neue Gesandtschaft Karls des Großen beim Kalifen. Nikephoros nach Irenes Vertreibung Kaiser von Byzanz
803	Sturz der Barmakiden. Harun unternimmt einen Feldzug gegen die Byzantiner.	
805	Mission des Kalifen bei Karl dem Großen	
806	Feldzug Haruns gegen die Byzantiner. Einnahme von Herakleia	
807		Entsendung einer weiteren Gesandtschaft Karls des Großen zu Harun al-Raschid
809	(24. März) *Tod Harun al-Raschids* in Tus	
809–813	Konflikt zwischen Ma'mun und Amin. »Bagdader Commune«	
810	Die Tahiriden in Khorasan	
813	Ma'mun Kalif	
814		Tod Karls des Großen
825	Die Araber auf Kreta	
831	Die Araber in Sizilien	
832	Gründung des Hauses der Weisheit *(bait al-hikma)*	
833	Tod Mamuns. Mu'tasim Kalif	
945	Die Buyiden in Bagdad	
1055	Die seldschukischen Türken in Bagdad	
1096–1099		1. Kreuzzug (Gründung des Königreiches Jerusalem)
1147–1149		2. Kreuzzug

	in der islamischen Welt	*in der übrigen Welt*
1189–1192		3. Kreuzzug (muslimische Eroberung von Jerusalem)
1202–1204		4. Kreuzzug (lat. Kaisertum, christl. Staaten im Orient)
1258	Die Mongolen erobern Bagdad	
1393	Timur in Bagdad	
1453		Eroberung Konstantinopels durch die osmanischen Türken
1517	Selim nimmt den Abbasidenkalifen in Kairo gefangen	
1543	Sulaiman der Prächtige befreit den Abbasidenkalifen, der bald darauf stirbt.	

Bibliographie

I. ÜBERGREIFENDE WERKE

Lexikon des Mittelalters, 9 Bde., München 1977–98.

Tabari: Annales. Französ. Übers. Zotenberg, Paris, 1867–1874.

Ya'qubi: Les Pays (Kitab al-Buldan). Französ. Übers. G. Wiet, Kairo, 1937.

Mas'udi: Les Prairies d'Or (Murudsch). Französ. Übers. Barbier de Meynard und Pavet de Courteille, Paris, 1861–1877.

Baladhuri: The Origins of Islamic State (Futuh al-Buldan), Engl. Übers. P. K. Hitti, London, 1916.

Bibliotheca Geographorum Arabicorum.

Encyclopaedie des Islam, I. Leiden, 1913–1934.

Encylopédie de l'Islam, II. Leiden/Paris seit 1954.

Kreiser, K., Wielandt, R.: Lexikon der Islamischen Welt, Stuttgart, 1992.

Miquel, A.: L'islam et sa civilisation. Paris, 1968.

Histoire générale des sciences, Bd. I, Paris, 1966.

Cahen, C.: Der Islam I. Vom Ursprung bis zu den Anfängen des Osmanenreiches. Frankfurt, 1974, 3. Aufl.

Mantran, R.: L'Expansion musulmane. Paris, 1968.

Lévi-Provençal, E.: Histoire de l'Espagne musulmane. Paris, 1944–1953.

Sourdel, D. und J.: La Civilisation de l'islam classique. Paris, 1968.

The Cambridge History of Islam.

The Cambridge History of Iran.

Der Koran. Deutsche Übers. R. Paret. Stuttgart, 1962, 7. Aufl. 1996.

Tausendundeine Nacht. Deutsche Übers. E. Littmann, 6 Bände. Wiesbaden, 1953.

Historical Atlas of Islam, Leiden, 1981.

Cahen, C.: Introduction à l'Histoire du monde musulman médiéval. Paris, 1982.

van Ess, J.: Theologie und Gesellschaft im 2. und 3. Jh. Hidschra, 6 Bde., Berlin 1991–97.

Nagel, T.: Die islamische Welt bis 1500, München 1998.

II. LITERATUR ZU EINZELNEN THEMEN

Abbot, N.: Two Queens of Baghdad. Chicaco, 1946.

Abel, A.: »Les marchés de Bagdad«. Bulletin de la Société belge d'études géographiques, 1939.

Ahrweiler, H.: Byzance et la mer. Paris, 1966.

– »L'Asie Mineure et les invasions arabes«. Revue historique, 1962.

Ahsan, A. M.: Social Life under the Abbasids. London, 1978.

Arnold, T. W.: »Essai sur l'alimentation des diverses classes sociales dans l'Orient médiéval«. Annales E. S. C., 1960.

– Histoire des prix et des salaires dans l'Orient médiéval, Paris, 1969.

– »Migrations de l'Irak vers les pays méditerranéens«, Annales E. S. C., 1972.

Assfalg, J.: Kleines Wörterbuch des christlichen Orients. Stuttgart, 1975.

Audisio, G.: La Vie et la Mort de Haroun al-Rachid. Paris, 1930.

Aziz, A.: A History of Sicily. Edinburgh, 1975.

Badawi, A.: Transmission de la philosophie grecque au monde arabe. Paris, 1968.

Bagdad. Sammelband zur 1200-Jahrfeier der Stadt. Arabica, Leiden, 1962.

Barbier de Meynard, M.: »Ibrahim, fils de Mehdi«, Journal asiatique, 1869.

Barthold, V. V.: Turkestan down to the Mongol Invasion. London, 1939.

– La Découverte de l'Asie. Paris, 1947.

– Four Studies on the History of Central Asia. Leiden, 1962.

Bitterman, H. B.: »Harun al-Raschid's gift of an Organ to Charlemagne«. Speculum, 1929.

Bosworth, C. E.: The Islamic Dynasties. Edinburgh, 1967.

– The Ghaznavids. Beirut, 1973.

Bouisson: Le Secret de Shéhérazade. Paris, 1961.

Boulnois, L.: La Route de la Soie. Paris, 1963.

Bousquet, G. H.: L'Éthique sexuelle de l'Islam. Paris, 1966.

Bréhier, L.: Vie et mort de Byzance. Paris, 1948.

– Les Institutions byzantines. Paris, 1949.

– La Civilisation byzantine. Paris, 1950.

Brooks, E.: »Byzantines and Arabs in the time of early Abbassids«. English Historical Review, 1900.

Buckler, F. W.: »The diplomatic relations of the early Abbassids and the Carolingian houses«. Journal of the American Oriental Society, 1927.

– Harun al-Raschid and Charles the Great. Cambridge, 1931.

Bulliet, R. W.: »Le Chameau et la roue au Moyen-Orient«. Annales E. S. C., 1969.

Cahen, C.: Leçons d'histoire musulmane. Paris, 1957–1958.
– Les peuples musulmans dans l'histoire médiévale. Damaskus, 1977.
Canard, M.: »Quelques à-côtés des relations entre Byzance et les Arabes«. Mélanges Levi Della Vida. Rom, 1956.
– Byzance et les Musulmans au Proche-Orient. Variorum Reprints, 1973.
– »Byzantinum and the Muslim World«. In: The Cambridge Medieval History, IV.
Chejne, A. G.: »Al-Fadl b. al-Rabi, a politician of the early Abbassid period«. Islamic Culture, 1962.
– »The boon Companion in early Abbassid Time«. Journal of the American Oriental Society, 1965.
Christensen, A.: L'Iran sous les Sassanides. Paris, 1944.
Cipolla, C.: »Sans Mahomet Charlemagne est inconcevable«. Annales E. S. C., 1962.
Classicisme et déclin culturel dans l'histoire de l'islam. Symposium. Paris, 1977.
Cook, M. A.: Studies in the economic History of the Middle East. London, 1970.
Corbin, H.: La Philosophie islamique. Paris, 1964.
Creswell, K. A. C.: Early Muslim Architecture. London, 1958.
Crone, P.: Slaves on Horses. London, 1980.
Dietrich, A. I.: »Quelques aspects de l'éducation princière à la cour abbasside«. Revue des études islamiques, 1976.
Dionys von Tell-Mahre: Chronique. Französ. Übers. Chapot, Paris, 1895.
Djaït, H.: »L'islam ancien récupéré à l'histoire«. Annales E. S. C., 1975.
Dschahiz: Le livre de la Couronne. Französ. Übers. Pellat. Paris, 1954.
Ducellier, A., Kaplan, M. und B. Martin: Le Proche-Orient médiéval. Paris, 1978.
Elisseel, N.: Thèmes et motifs des Mille et Une Nuits. Beirut, 1949.
Ettinghausen, R.: La Peinture arabe. Genf, 1962.
– From Byzantium to Sassanian Iran and the Islamic World. Leiden, 1972.
Farag, F. R.: »The Arabian Nights«. Arabica, 1976.
Gabrieli, F.: »La successione di Harun al Rasid e la guerra fra al Amin e al Mamun«. Rivista degli studi orientali, 1928.
Gardet, L.: La Cité musulmane. Paris, 1957.
Gaudefroy-Demombynes, M.: Le Monde musulman jusqu'aux croisades. Paris, 1941.
– Les Institutions musulmanes. Paris, 1946.
Ghazi, M.: »Un groupe social: les raffinés«. Studia Islamica, 1959.
Gibb, H. A. R.: The Arab Conquests in Central Asia. New York, 1923.
Glubb, J. B.: Haroon al Rasheed. London, 1976.

Goitein, S.: »The Rise of the Near Eastern Bourgeoisie«. Cahiers d'histoire mondiale, 1957.
Grabar, O.: Die Entstehung der Islamischen Kunst. Köln, 1977.
Grousset, R.: L'Empire des steppes. Paris, 1939.
v. Grunebaum, G.: Der Islam im Mittelalter. Zürich/Stuttgart, 1963.
Heyd, W.: Histoire du commerce extérieur du Levant. Amsterdam, 1959.
Horowitz, J.: »The Origins of the Arabian Nights«. Islamic Culture, 1927.
Hourani, A. H. und M. S. Stern: The Islamic City. Oxford, 1970.
– »Sea Faring in the Indian Ocean«. Journal of the Economic and Social History of Orient, 1973.
Ibn Fadlan: Ibn Fadlān's Reisebericht. Deutsche Übers. A. Zeki Validi Togan. Leipzig, 1939.
Ibn Khaldun: Prolégomènes. Französ. Übers. Slane-Monteil, 1975.
Ibn Khurdadbeh: Le Livre des Routes et des Provinces. Französ. Übers. De Meynard. Paris, 1975.
Islam and Trade of Asia. Hrsg. D. S. Richards. Colloquium. Oxford, 1970.
Islam, la philosophie et les sciences. UNESCO, 1981.
Iwersen, J.: Lexikon der Esoterik, Düsseldorf 2001 (mit breiter Würdigung der islamischen Strömungen)
Joransen, E.: »The allegred Frankish Protectorate in Palestine«. American Historical Review, 1927.
Kennedy, H.: The Early Abbasid Caliphate. London, 1981.
Kleinclausz, A.: »La légende du protectorat de Charlemagne sur la terre sainte«. Syria, 1926.
Lacy O'Leary (E. de): How Greek Science passed to the Arabs. London, 1957.
Lane, A.: Early Islamic Pottery. London, 1957.
Laoust, H.: Les Schismes dans l'Islam. Paris, 1983.
Lassner, J.: The Shaping of Abbassid Rule. Princeton, 1980.
Laurent, J.: L'Arménie entre Byzance et l'Islam. Paris, 1919.
Lemercier-Quelquejay, C.: La Paix mongole. Paris, 1970.
Lerch, W. G.: Denker des Propheten. Die Philosophie des Islam, Düsseldorf, 2000.
– Muhammads Erben. Die unbekannte Vielfalt des Islam. Düsseldorf, 1999.
Le Strange, J.: Bagdad during the Abbassid Caliphate. Oxford, 1924.
– The Lands of the Eastern Caliphate. London, 1930.
Lewis, A.: »Les marchands dans l'océan Indien«. Revue d'histoire économique et sociale, 1976.
– Power and Trade in Mediterranean Sea. Princeton, 1951.

Lewis, B.: The Arabs in history. Rev. Ausg. London, 1958.
– Les Assassins. Paris, 1982.
– Die Welt der Ungläubigen. Wie der Islam Europa entdeckte. Ffm., 1983.
Lombard, M.: Les Textiles dans le monde musulman. Paris, 1968.
– L'Islam dans sa première grandeur. Paris, 1971.
– Espaces et Réseaux du haut Moyen Age. Paris, 1972.
– Le Fer et les Métaux précieux. Paris, 1975.
Lopez, R.: »Mohammed and Charlemagne. A Revision«. Speculum, 1942.
– »East and West in the Early Middle Ages«. Internationaler Kongreß der Geschichtswissenschaften. Rom, 1955.
Mango, C. A.: Byzantium. The Empire of New Rome. New York, 1980.
Marçais, G.: La Berbérie Musulmane et l'Orient au Moyen Âge. Paris, 1946.
Massignon, L.: La Passion d'al-Hallaj. Paris, 1928.
– »Les méthodes de réalisation artistique des peuples de l'Islam«. Syrie, 1931.
Massignon, L. und Arnaldez: Les Sciences antiques et médiévales. Paris, 1957.
Melikoff, I.: Abu Muslim le porte-hache du Khorasan. Paris, 1962.
Mercier, M.: Le Feu grégeois. Paris, 1952.
Mez, A.: Die Renaissance des Islams. Heidelberg, 1922 / Hildesheim 1968.
Mieli, A.: La Science arabe. Leiden, 1939.
Musca, G.: Carlo Magno e Harun al-Rasid. Bari, 1963.
Nadvi, R. A.: »Industry and Commerce under the Abbassids«. Journal of Pakistan Historical Society, 1953.
Nagel, T.: Untersuchungen zur Entstehung des abbasidischen Kalifats, Wiesbaden, 1972.
Nagel, T.: Rechtleitung und Kalifat, Wiesbaden, 1975.
Omar, F.: The Abbassid Caliphate. Bagdad, 1969.
Otto-Dorn, K.: L'art de l'Islam. Paris, 1967.
Pellat, Ch.: Le Milieu basrien et la Formation de Djahiz. Paris, 1953.
– Langue et Littérature arabes. Paris, 1955.
– Etudes sur l'histoire socioculturelle de l'Islam. London, 1976.
– Arabische Geisteswelt. Dargestellt … auf Grund der Schriften von al-Ǧāhiz 777–869. Zürich/Stuttgart, 1967.
Perroy, E.: »Encore Mahomet et Charlemagne«. Revue historique, 1954.
Piper, D.: »Turks in Early Muslim Service«. Journal of Turkish studies, 1968.
Pirenne, H.: Mahomet und Karl der Große. Frankfurt, 1963.
de Planhol, X.: Le Monde islamique. 1957.
– Kulturgeographische Grundlagen der islamischen Geschichte. Zürich/München, 1975.
Popovic, A.: La Révolte des esclaves en Iraq au IIIe/IXe siècle. Paris, 1976.
Prinz, F.: Von Konstantin zu Karl dem Großen. Düsseldorf, 2001.

Quatramère, E.: »Les Barmécides«. Journal asiatique, 1861.
Rodinson, M.: »Recherches sur les documents arabes relatifs à la cuisine«. Revue des études islamiques, 1949.
– Mahomet. Paris, 1961; deutsche Übers.: Mohammed. Luzern/Frankfurt, 1975.
– Islam et Capitalisme. Paris, 1966.
Rotter, G.: Die Umayyaden und der zweite Bürgerkrieg (680–692). Wiesbaden, 1982.
Roux, J. P.: Les Explorateurs au Moyen Âge. Paris, 1985.
Runciman, S.: »Charlemagne and Palestine«. English Historical Review, 1935.
Sabari, S.: Mouvements populaires à Bagdad à l'époque abbasside. Paris, 1981.
Sadan, J.: »Meubles et acculturation dans la civilisation califienne«. Annales E. S. C., 1970.
– Le Mobilier au Proche-Orient médiéval. Leiden, 1976.
Salmon, G.: Introduction à l'histoire topographique de Bagdad. Französ. Übers. nach Khatib al-Baghdadi. Paris, 1904.
Sauvaget, J.: La Poste aux chevaux dans l'empire des Mamelouks. Paris, 1941.
– Morceaux choisis des historiens arabes. Paris, 1946.
– Introduction à l'histoire de l'Orient musulman. Paris, 1961.
Schacht und Bosworth: Das Vermächtnis des Islams. Zürich/München, 1980.
Schimmel, A.: Mystische Dimensionen des Islam. München, 1987.
Scholz, P. O.: Der entmannte Eros. Eine Kulturgeschichte. Düsseldorf/Zürich, 1997.
Shaban, M. A.: Islamic History, A New Interpretation. Cambridge, 1976.
Sharon, M.: Black Banners from the East. Leiden, 1983.
Shimizu Makoto: »Les Finances publiques dans l'Etat abbasside«. Islam, 1965.
Sourdel, D.: Le Vizirat abbasside. Damaskus, 1960.
– »Questions de cérémonial abbasside«. Revue des études islamiques, 1960.
Sourdel-Thomine, J.: »Art et Société dans le monde de l'islam«. Revue des études islamiques, 1968.
Suleyman: Relation de la Chine et de l'Inde. Französ. Übers. Sauvaget. Paris, 1948.
Tibawi, A. L.: »Muslim Education in the Golden Age of the Caliphate«. Islamic Culture, 1954.
Tibbetts, G. T.: »Arab Navigation in the Indian Ocean before the Entry of the Portuguese«. Journal of the Royal Asiatic Society, 1971.
Tritton, A. S.: The Caliphs and Their Non-Muslim Subjects. Oxford, 1930.
– »Sketches of Life under the Caliphs«. The Muslim World, 1964.
Tuma, E. H.: »Arly economic policies«. Islamic Studies, 1965.

Tyan, E.: »L'idée dynastique dans le gouvernement de l'islam«. Journal asiatique, 1933.
Ullmann, M.: Die Medizin im Islam. Leiden, 1970.
Vasiliev, A.: Histoire de l'Empire byzantin. Paris, 1932.
Vernet, J.: Die spanisch-arabische Kultur in Orient und Occident. Zürich/München, 1984.
Vilar, P.: Or et Monnaie dans l'histoire. Paris, 1978.
Watt, M.: The Influence of Islam on Medieval Europe. Edinburgh, 1972.
Werner, K. F.: Die Ursprünge Frankreichs bis zum Jahr 1000. Frankfurt a. M., 1989.
Wiet, G.: »L'Empire néo-byzantin des Omeyyades et l'Empire néo-sassanide des Abbassides«. Cahiers d'histoire mondiale, 1953.
– L'Egypte arabe. In: G. Hanotaux: Histoire de la Nation Egyptienne IV. Paris, 1938.
– Grandeur de l'islam. Paris, 1961.

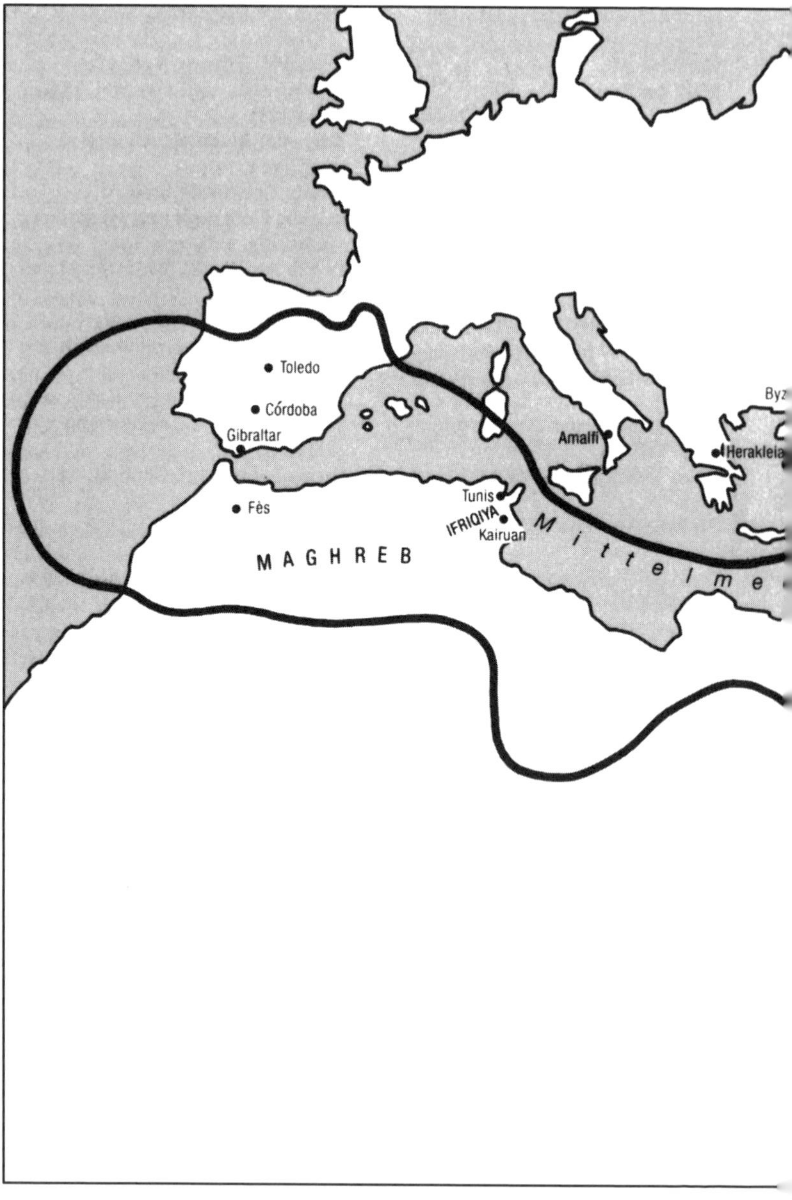

Toledo
Córdoba
Gibraltar
Fès
MAGHREB
Tunis
IFRIQIYA
Kairuan
Amalfi
Herakleia
Mittelme

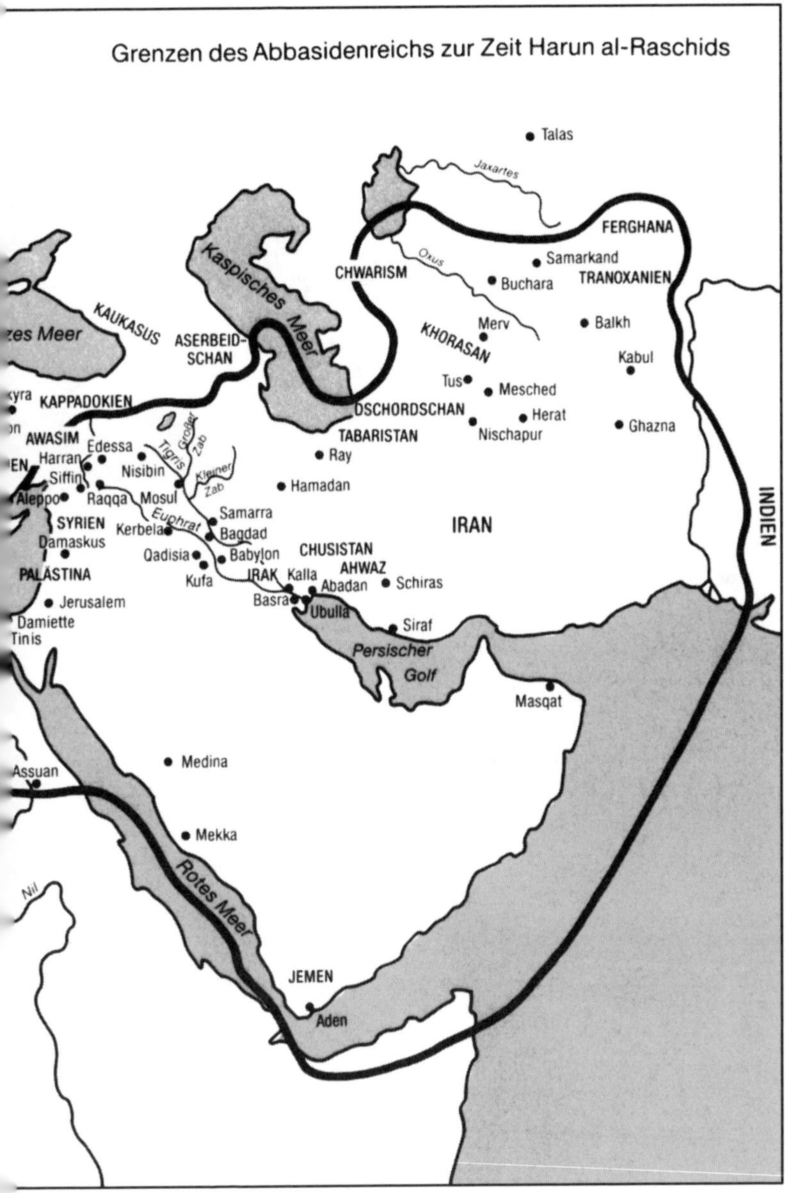
Grenzen des Abbasidenreichs zur Zeit Harun al-Raschids
Talas
Jaxartes
FERGHANA
Samarkand
TRANOXANIEN
CHWARISM
Oxus
Buchara
Kaspisches Meer
KAUKASUS
es Meer
ASERBEID-
SCHAN
Merv
KHORASAN
Balkh
Kabul
Tus
Mesched
KAPPADOKIEN
DSCHORDSCHAN
Herat
Ghazna
AWASIM
TABARISTAN
Nischapur
Edessa
Großer Zab
Tigris
Ray
Harran
Nisibin
Siffin
Kleiner Zab
Hamadan
Aleppo
Raqqa
Mosul
Euphrat
Samarra
IRAN
INDIEN
SYRIEN
Kerbela
Bagdad
Damaskus
Qadisia
Babylon
CHUSISTAN
AHWAZ
PALÄSTINA
IRAK
Kalla
Kufa
Abadan
Schiras
Basra
Jerusalem
Ubulla
Damiette
Siraf
Tinis
Persischer Golf
Masqat
Medina
Assuan
Mekka
Rotes Meer
Nil
JEMEN
Aden

Sternstunden der Kulturgeschichte
Artemis & Winkler · Die Sachbuchreihe

Friedrich Prinz
Von Konstantin zu Karl dem Großen
Entfaltung und Wandel Europas
ISBN 3-538-07112-8

Eberhard Cyran
Abend über der Alhambra
ISBN 3-538-07108-x

Eberhard Cyran
Zeit läßt steigen dich und stürzen
Friedrich II. und die letzten Staufer
ISBN 3-538-07097-0

Klaus van Eickels und Tania Brüsch
Kaiser Friedrich II.
Leben und Persönlichkeit in Quellen des Mittelalters
ISBN 3-538-07093-8

Suraiya Faroqhi
Herrscher über Mekka
Die Geschichte der Pilgerfahrt
ISBN 3-7608-1227-9

Allan Oslo
Der Kreuzzug der keiner war
ISBN 3-538-07095-4

Wilfried Westphal
Die Töchter der Kleopatra
Frauen in Ägypten
ISBN 3-538-07105-5

Richard Barber und Juliet Barker
Die Geschichte des Turniers
ISBN 3-538-07124-1

Andrea Carandini
Die Geburt Roms
ISBN 3-538-07129-2

Norbert Ohler
Pilgerstab und Jakobsmuschel
Wallfahren in Mittelalter und früher Neuzeit
ISBN 3-538-07101-2

Norbert Ohler
Reisen im Mittelalter
ISBN 3-7608-1210-4

Veronika Beci
Musiker und Mächtige
ISBN 3-538-07126-8

Veronika Beci
Giuseppe Verdi
Ein Komponistenleben
ISBN 3-538-07111-x

Claude Lecouteux
Die Geschichte der Vampire
Metamorphose eines Mythos
ISBN 3-538-07127-6

Claude Lecouteux
Das Reich der Nachtdämonen
Angst und Aberglaube im Mittelalter
ISBN 3-538-07120-9

Maurice Keen
Das Rittertum
ISBN 3-7608-1216-3

Richard Allen Brown
Die Normannen
ISBN 3-538-07100-4

Peter Schulthess und Ruedi Imbach
Die Philosophie im lateinischen Mittelalter
ISBN 3-7608-1218-x

Joachim Wollasch
Cluny – Licht der Welt
ISBN 3-7608-1129-9

Bernhard Dietrich Haage
Alchemie im Mittelalter
Von Zosimos bis Paracelsus
ISBN 3-7608-1222-8

Julia Iwersen
Lexikon der Esoterik
ISBN 3-538-07119-5

Georges Minois
Geschichte der Zukunft
Orakel, Prophezeiungen, Utopien, Prognosen
ISBN 3-538-07072 -5

Eckhart Peterich und Pierre Grimal
Götter und Helden
Die Mythologie der Griechen, Römer und Germanen
ISBN 3-7608-1965-6

Pierre Grimal
Vergil
Biographie
ISBN 3-7608-1226-0

Heidrun Merkle
Tafelfreuden
Eine Geschichte des Genießens
ISBN 3-538-07128-4

Trude Ehlert
Das Kochbuch des Mittelalters
ISBN 3-7608-1025-x

Apicius
Das Kochbuch der Römer
ISBN 3-538-07094-6

Gerhard Fink
Die schönsten Sagen der Antike
ISBN 3-7608-4084-1

Josef Wiesehöfer
Das antike Persien
ISBN 3-7608-1205-8

Karl-Wilhelm Weeber
Alltag im Alten Rom
Zwei Bände
ISBN 3-7608-1206-6 · ISBN 3-7608-1963-x

Marion Giebel
Reisen in der Antike
ISBN 3-7608-4085-x

Bernhard Kytzler
Frauen der Antike
Von Aspasia bis Zenobia
ISBN 3-7608-1224-4

Bernhard Kytzler
Mythologische Frauen der Antike
ISBN 3-538-07091-1

Annette und Reinhard Pohlke
Alle Wege führen nach Rom
Deutsche Redewendungen aus dem Lateinischen
ISBN 3-7608-1967-2

Rainer Pohlke
Das wissen nur die Götter
Deutsche Redensarten aus dem Griechischen
ISBN 3-7608-1964-8